La mirada inquieta

Divulgación

Eugenia Tenenbaum

La mirada inquieta

Cómo disfrutar del arte con tus propios ojos

temas de hoy

Corrección de estilo a cargo de Cristina Baquerizo

Ediciones Temas de Hoy, un sello editorial de Editorial Planeta, S. A.
Avda. Diagonal, 662-664, 08034 Barcelona (España)
www.temasdehoy.es
www.planetadelibros.com

Adaptación de la cubierta: Booket / Área Editorial Grupo Planeta, a partir de la idea original de Vasava
Primera edición en Colección Booket: julio de 2025

Depósito legal: B. 11.260-2025
ISBN: 978-84-10293-94-6
Impreso en España

Biografía

Eugenia Tenenbaum es historiadora del arte. Gallega afincada en Madrid, a través de sus redes sociales y Patreon se ha convertido en los últimos años en una de las divulgadoras digitales con más impacto de nuestro país. Su ámbito de especialidad es la perspectiva de género aplicada al mundo del arte. *La mirada inquieta* es su primer libro y *Las mujeres detrás de Picasso* es su primer trabajo de ficción.

A mi abuela Mercedes,
cuya ausencia me envuelve como un abrazo

ÍNDICE

PRÓLOGO
UNA MIRADA FEMINISTA A LA HISTORIA DEL ARTE

> Me citan, lo que significa que mis frases penetran por los poros y quedan bajo la piel, aunque no se den cuenta.
>
> GERTRUDE STEIN

No recuerdo exactamente el momento exacto, pero sí recuerdo el contexto en que ocurrió: era el último año de una licenciatura que por entonces aún duraba cinco años, y era mientras estudiaba en la Universidad Complutense con una beca Séneca. Fue entonces cuando, tras cuatro años de asignaturas diversas (como Teoría del Arte, Fuentes de la Historia del Arte, Arte en la Antigüedad, Edad Media, Renacimiento, Barroco, Historia del Cine, Historia de la Música y un largo etcétera), caí en la cuenta de que, en la larga lista de asignaturas, no había estudiado a mujeres artistas. Horas de clases, años de universidad, siglos a aprender y memorizar... y nada. Resulta curioso que fuera también en el final de la licenciatura, y no ocurrió por casualidad, no; no me levanté un día y de repente fui consciente de que no había conocido a ni una mujer artista; en realidad, el despertar de la conciencia feminista vino de la mano de una profesora que nos abrió los ojos (a mí y a muchas) sobre esta desigualdad constante en la historia, no solo con la mitad de la población humana (las mujeres), sino con grupos minorizados que habían sido apartados del exclusivo canon masculino occidental. A la profesora Estrella de Diego y a sus asignaturas de Historia del Cine y Arte Latinoamericano les debo un cambio trascendental en mi forma de entender la labor que iba a desarrollar los años siguientes como historiadora del arte.

Han pasado poco más de diez años desde esto y el camino recorrido da cuenta de lo que hemos conseguido las feministas. Hoy ya no permitiríamos que las mujeres no estuvieran en los currículos académicos y, de ser así, la conciencia y la denuncia cambiarían (y han cambiado) lo que aprendemos en las escuelas, en las universidades. Esta labor nunca es anodina y tiene profundas raíces en una genealogía feminista que nos permite no solo reconocer a las que antes que nosotras aportaron, pensaron y crearon, sino que nos sitúa en un hilo continuo de mujeres que nos hemos transmitido saberes y cuya continuidad histórica nos facilita aportar a las que vendrán después. Como afirma Adrienne Rich, «toda la historia de la lucha de las mujeres por su autodeterminación ha quedado sepultada bajo el silencio una y otra vez. Un grave obstáculo cultural con el que se topa cualquier autora feminista es la tendencia a recibir cada obra feminista como si surgiera de la nada; como si cada una de nosotras hubiera vivido, pensado y trabajado sin un pasado histórico y sin el contexto de un presente. Este es uno de los procedimientos por los que las obras y el pensamiento de las mujeres se han presentado como algo esporádico, accidental, huérfano de tradición propia».[1] Por ello, la labor de historiar debe ser siempre un ejercicio feminista, porque, de lo contrario, nos estarán contando la historia no solo a medias, yo diría que en una proporción ínfima.

En este contexto presente se publicaba *La mirada inquieta* de Eugenia Tenenbaum, con un éxito inmediato que celebro; y digo éxito no solo en ventas (que también), sino en las profundas narraciones feministas que plantea la autora y que permiten a quien lee acercarse al arte sin prejuicios (en todos los sentidos), pero también adquirir una mirada crítica sobre aquello que está mirando. El sector del arte ha sido, tradicionalmente, elitista y patriarcal, y Tenenbaum consigue dinamitar ambas cosas con su riguroso análisis.

En *La mirada inquieta* la autora se confiesa desde un primer momento: en un ejercicio de escritura situada nos ubica en una narración con perspectiva de género, decolonial y antirracista. Hace uso del lenguaje femenino plural como herramienta política y responde, por adelantado, a quienes piensen acusarla de presentismo histórico. Todo esto lo cuento porque, párense a pensarlo, ¿en qué libro de historia del arte (o de historia en general) se han encontrado una introducción en la que su autor indique su perspectiva desde el primer momento? ¿Se imaginan a Ernst Gombrich iniciando su *Historia del arte* —traducido a más de veinte idiomas y con más de ocho millones de ejemplares vendidos— señalando que no iba a incorporar ni una sola mujer porque su visión cumplía con el canon BBVAh (blanco, burgués, varón, adulto, heterosexual) sin diversidad funcional, urbano, occidental? El problema es que lo que hemos aprendido a lo largo de las décadas parecía ser el relato «neutral» y luego estaban los relatos feministas. Afortunadamente, ya sabemos que no es así y que la genealogía de la historia del arte ha sigo sesgada y profundamente androcéntrica. Para que veamos lo arraigada que está la visión patriarcal: en 1550 Giorgio Vasari escribe *Las vidas de los más excelentes arquitectos, pintores y escultores italianos* y en esta pionera biografía incluye a cuatro mujeres; cuatrocientos años después, Gombrich no incluye a ninguna en su libro.

Historiadoras como Eugenia Tenenbaum han sido fundamentales en este cambio de tendencia en el que, hoy por hoy, no dejamos pasar ni una. Su labor de divulgación es, sobre todo, activista. Con los medios en su mano (papel, redes sociales, medios de comunicación...) Tenenbaum está transformando nuestra forma de mirar hacia una más democrática, esto es, una mirada más feminista. No permitimos una historia patriarcal y racista, y no queremos aprender de un relato histórico sesgado. Como ya señalara la maestra Griselda Pollock, pionera en los estudios visuales feministas, cada aportación con perspectiva de género a la historia y al arte transforma el relato y lo hace más poliédrico, más completo y veraz. Pollock habla de que la historia se ha escrito de manera androcéntrica y de cómo las «inscripciones» feministas (como este libro) son profundamente revolucionarias.

La mirada inquieta es un libro activista y es un libro de historia del arte; sus páginas nos invitan a recorrer la historia a través de los siglos sin miedo a esa idea según la cual «hay que entender para disfrutar del arte», pero también nos proporciona herramientas críticas para elaborar nuestros propios argumentos. Tenenbaum elabora cada capítulo como un pequeño tesoro de conocimiento feminista que pone al alcance de quien quiera leer y aprender. Desde la Prehistoria y la Antigüedad Clásica Europea al Impresionismo, las Vanguardias y el Arte Contemporáneo, estas páginas solo nos piden querer aprender, querer adentrarnos en la historia sin prejuicios y dispuestas a ver más allá de lo que nos enseñan. Tenenbaum nos regala una mirada inquieta y feminista para disfrutar el arte sin los sesgos patriarcales.

Como señala Griselda Pollock, las alianzas escritas en las historias del arte y los análisis culturales son, aún hoy, más urgentes si caben, «en unos momentos en que nuestro mundo destruye el planeta con la misma indiferencia hacia todo lo que no sea el beneficio económico que impera en el mercado actual del arte».[2] Este libro es una buena forma de empezar a mirar con otros ojos y transformar nuestra historia, pero también nuestro presente y nuestro futuro. Por muchas miradas inquietas que nazcan de estas páginas.

Semíramis González
Comisaria de exposiciones, historiadora del arte

INTRODUCCIÓN

Cuando era niña, pensaba que arte era todo aquello que fuese bello y armónico. A medida que fui creciendo, empecé a asimilar que arte era también todo lo que cupiese entre las paredes de un museo, fuese bello o no. Al matricularme en la universidad, entendí que el arte era a lo que pretendía dedicar mi vida. Y, ahora que ya me dedico a ello, pienso en cuánta razón tenía aquel profesor que nos dijo que arte es todo aquello que, de manera más o menos consensuada, *se decide* que lo es.

Descubrir quiénes lo han decidido y qué parámetros han empleado para hacerlo es uno de los ejes centrales de este libro, el cual intenta brindarles herramientas a todas las personas que quieran disfrutar del arte con sus propios ojos —sus propias opiniones—, a pesar de que no sepan cómo o por dónde empezar a tirar del hilo. Mi cometido en este viaje será, por tanto, cogerte la mano, guiarte a través de las salas de un museo imaginario e ir explicándote tanto lo que puede que ya sepas como aquello que quizás no te han contado. Mi intención es acompañarte desde una posición de horizontalidad en la que no te sientas mal por no saber, sino motivada a seguir aprendiendo, a seguir haciéndote preguntas y a seguir intentando hallar respuestas. Es por ello que el recorrido que vamos a emprender juntas trasciende la mera familiarización con el arte de diferentes periodos: busca ser un medio en lugar de un fin. El camino es difícil —no te voy a mentir—, pero verás que en compañía se lleva mucho mejor.

A lo largo de este paseo, no pretendo que nos limitemos a conocer algunas de las corrientes y discursos de la historia del arte, sino que también he intentado que nos acerquemos a su negativo: a aquello que no se ha contado, que se ha ocultado o que se ha tergiversado. En algunas ocasiones, para disfrutar del arte debemos desprendernos antes de todo aquello que hemos asumido sobre él. Solo así podremos situarnos delante de una obra y *verla* realmente. No como algo bello ni como algo feo. No como algo figurativo ni como algo abstracto. No como la obra de «un gran genio» ni como «algo que podría hacer mi hija de siete años». La manera en la que hablamos de arte y en la que nos relacionamos con él dice más de nosotras mismas que de aquello que tenemos delante. Por eso el arte también debe ser entendido como un diálogo continuo entre el presente y el pasado.

Y, en este diálogo, ha sido habitual silenciar las voces de las visitantes, quienes acuden a un museo para absorber todo lo que pueden con poco margen para el cuestionamiento. Como una mamá pingüino que alimenta a sus crías regurgitando la comida en sus bocas, los libros de historia del arte y los museos transmiten en ocasiones un mensaje cerrado que, en lugar de aportarnos libertad, lo que hace es restringirla. Metiéndonos en la piel de un autómata, recorremos las salas con los ojos como platos, mirando brevemente las obras, prestando demasiada importancia a las cartelas y, en ocasiones, hasta preguntándonos «pero ¿qué hace esto expuesto aquí?».

Este libro pretende que nos cuestionemos cómo habitamos estos espacios y cómo nos desenvolvemos en ellos. Pretende enseñarnos a resetear nuestro *modus operandi* en pro de un mayor disfrute, uno que escojamos nosotras en lugar de uno que nos venga impuesto. No pretendo satisfacer aquí los estándares académicos; más bien, pretendo demostrar que tenemos derecho a desafiarlos. A poner un puño en la mesa y a decir: «Esto a mí no me gusta y es totalmente respetable que así sea» o «esto a mí me encanta, aunque no sepa explicar por qué» o «esto me chirría; creo que hay algo que se nos está escapando».

La historia del arte no solo es lo que *es*: también es lo que *falta*. Lo que nos cuentan, pero también lo que nos ocultan. Lo que damos por hecho y lo que nunca nos habíamos planteado. Dar cabida a todas estas cuestiones es complicado, pero es el motor de este proyecto: conseguir que gente no interesada en el arte pueda acercarse a él de manera asequible y que gente ya interesada en él pueda seguir alimentando su curiosidad y sus conocimientos; poniendo al alcance de cualquier persona tanto el discurso oficial como algunas de sus posibles réplicas. Restaurando esa confianza —tantas veces traicionada— que nos hace pensar que el arte es para todo el mundo, cuando en la práctica se demuestra solo al alcance de unos pocos intelectuales capaces de descifrar el intrincado lenguaje de los paneles, de las cartelas, de los catálogos. Democratizar el acceso al arte pasa también por democratizar el lenguaje que usamos para hablar de él. Cada vez que una aficionada no entiende lo que un panel informativo quiere transmitir —o lo que un artículo divulgativo pretende expresar— estamos fallando como profesionales. El arte se debe a la gente que goza con él, que se ve reflejada en él, que aprende con él. Si convertimos el arte en una carrera solo apta para intelectuales, estaremos cometiendo un error. Por eso, pretendo asimismo que encontréis terminología específica explicada de forma sencilla y contextualizada, de manera que seáis capaces de entenderla cuando la veáis empleada en otros lugares o, incluso, de introducirla en vuestros propios trabajos, estudios o conversaciones. Las palabras no deberían ser un obstáculo para comprender el arte, sino —más bien— un vehículo para entenderlo mejor.

Ojalá en este libro encuentres el confort que puede haberte faltado en otros espacios, en otros textos, en otros relatos. Ojalá recuperes las ganas de conocer, de aprender y de disfrutar de algo tan complejo, tan bello y tan controvertido como es el arte en todas sus formas. Y ojalá, al final de esta lectura, sientas que tienes derecho, medios y palabras para hacer valer tu mirada y tu inquietud por encima de lo establecido, de lo regurgitado y de lo absolutizado. El arte y su historia también te pertenecen.

CONCEPTOS BÁSICOS

Antes de empezar, es importante dejar sentadas las bases terminológicas sobre las que se construye este libro. Muchos de los términos aquí mencionados aparecen explicados más adelante; algunos son referidos, aunque no nombrados directamente; y otros, a pesar de no poder encuadrarse en ninguna de las dos opciones anteriores, pueden ser de utilidad. Más que un glosario de términos específicos —que pueden encontrarse en cualquier diccionario especializado—, esta sección es un popurrí de términos artísticos y sociológicos. Habría sido impensable para mí escribir un libro que no se viese atravesado por la perspectiva de género, de clase y decolonial en la medida en la que mis conocimientos me lo permitan, por lo que también se incluyen términos propios de estas metodologías, los cuales nos servirán para aproximarnos y referirnos a ellas de la mejor manera posible.

En primer lugar, conviene dejar claro algo que, quizás, habrás notado en la introducción: el empleo del **plural femenino**. En la medida de lo posible, esta es la voz que he empleado a lo largo de todo el libro, salvo cuando su utilización podía llevar a confusiones. Esta decisión viene dada por varios motivos: el primero de ellos es que la mayoría de personas que leen libros son mujeres, concretamente un 68,3 % frente al 56 % de los hombres.[1] Por tanto, las probabilidades de que este ejemplar caiga en manos de una mujer son más altas. El segundo es que, para mí, como divulgadora feminista, la decisión de emplear el plural femenino es también un acto político (o politizado): a lo largo de los años, he ido dándome cuenta de que el plural masculino excluye en lugar de incluir; y que, en la historia, la mayoría de las veces en las que se ha dicho «hombre», en realidad no se ha incluido a las mujeres, por mucho que así se haya justificado. Esto lo iremos demostrando a lo largo del libro. En tercer lugar, cabe destacar que —antes que lectoras o lectores, antes que hombres o mujeres— somos personas. Y el género de «persona» es, como bien sabemos, femenino. Por último, esta decisión viene respaldada por lo que, a mi parecer, es un ejercicio interesante de disrupción: soy consciente de la incomodidad que les produce a muchas personas esta decisión, y es por ello por lo que la elijo cada día. Preguntémonos por qué nos sorprende o por qué nos molesta. Por qué las mujeres nos sentimos incluidas en el plural masculino, pero no los hombres en el plural femenino. ¿De dónde viene la sorpresa y de dónde la molestia o el rechazo? Rasquemos un poco, a ver con qué nos encontramos. Hacer política a través del lenguaje suele ser una opción muy denostada: todas entendemos que «hay cosas más importantes». Y es cierto. Por ello, el plural femenino no debería suponer una incomodidad. Porque hay cosas más importantes, ¿no?

Aclarado este punto, pasemos al siguiente. Como bien advertía al principio, este libro no tendría sentido sin la combinación de la perspectiva de género, la perspectiva antirracista y la perspectiva de clase, aunque mi especialidad sea la primera. Vamos a ver en qué consisten estas metodologías:

La **perspectiva de género** es una corriente revisionista, además de una categoría de análisis, aplicable a cualquier campo. Esta metodología parte de la base de que, en la construcción de conocimiento de cualquier disciplina, los aportes de las mujeres y sus situaciones concretas no han sido tenidas en cuenta, así como los aportes y situaciones concretas de los hombres no han sido estudiados ni analizados en relación a los de las mujeres. Es decir, no se ha tenido en cuenta la variable del género y del sexo y, por tanto, se han implementado diferentes sesgos que esta perspectiva pretende combatir. Es necesario incidir en que —por mucho que resulte novedosa para no pocas personas— esta metodología lleva vigente en la historia del arte desde principios de los años setenta, siendo conceptualizada como tal en la Cuarta Conferencia Mundial sobre la Mujer[2] de Pekín de 1995. Esto quiere decir que, a día de hoy, tiene más de cincuenta años en la práctica y más de veinticinco en la teoría. Una cosa es que algo no nos suene —preguntémonos, entonces, por qué— y otra muy distinta es que sea novedoso.

La **perspectiva decolonial** ha sido teorizada por Walter Mignolo,[3] Catherine Walsh[4] y Arturo Escobar,[5] entre otras personalidades. A través de ella se pretende generar propuestas de conocimiento, análisis y resignificación estableciendo «una relación entre la historia del pasado y la política del presente, haciendo resurgir las historias y voces perdidas de las culturas originarias y mestizas de América» para, como consecuencia, «pensar de forma diferente las dinámicas de desarrollo culturales y las diversas lógicas puestas en marcha para dar forma a las estructuras sociales presentes en América Latina».[6] Es decir, una perspectiva decolonial es aquella que combate el eurocentrismo y presta atención a cómo se construyen los relatos alrededor de las culturas no-europeas.

El **enfoque antirracista**, por su parte, es aquel que pretende dar cuenta de los sesgos raciales en la construcción y difusión del conocimiento, además de cómo ha operado y sigue operando la construcción social de la raza a través de herramientas como la supremacía blanca o el racismo científico. Han hecho aportaciones en este campo figuras como Angela Davis[7] (que ya introduce la coordenada de la clase social en sus análisis), Audre Lorde,[8] Reni Eddo-Lodge,[9] bell hooks[10] o Kimberlé Crenshaw,[11] además de las que citaré en breve.

Alrededor de las perspectivas decoloniales y antirracistas surgen algunos términos mencionados a lo largo del libro, como «persona racializada», «colectivos minorizados» o «Abya Yala».

El periodista y escritor Moha Geherou[12] designa el término «**persona racializada**» como una categoría diferencial que divide a las personas en función de la etnia a la que pertenecen. En este sentido, todas las personas somos racializadas; el problema aparece cuando la racialización atiende a un eje positivo (la blanquitud) o a un eje negativo (la no-blanquitud). Es por ello que, desde los movimientos antirracistas, se utiliza el término «persona racializada» para referir a cualquier sujeto que se vea atravesado negativamente por su categoría étnica. También, como dice la activista antirracista, escritora y comunicadora Desirée Bela-Lobedde, a pesar de que no exista un consenso sobre el uso de este término, en ningún caso supone un eufemismo de «persona negra», pues su campo de acción es mucho más amplio: incluye a las personas negras, a las personas latinas, a las personas asiáticas y a las personas marrones, como refiere la activista y escritora Safia El Aaddam para nombrar a las personas árabes y amazigh, entre otras. En una sociedad racista, si no se goza del privilegio que otorga la blanquitud, lo más probable es que tu identidad pase por un proceso de racialización.

En muchos casos, se habla de las mujeres y de las personas racializadas como sujetos minoritarios cuando, en realidad, el término correcto debería ser el de «**colectivo minorizado**». Desirée Bela-Lobedde —en su libro *Minorías*— lo explica de manera sencilla: «Los colectivos minorizados no son minoritarios cuantitativamente, sino que son minorizados cualitativamente». Ocurre algo semejante cuando decimos «países pobres» en lugar de «países empobrecidos». Esta misma autora, al igual que Walter Rodney en su libro *Cómo Europa subdesarrolló a África*, mantiene que hablar de determinados países o continentes como África o América del Sur en términos de «pobreza» en lugar de en términos de «empobrecimiento» anula el papel que Europa y sus potencias colonizadoras e imperialistas han jugado —y siguen jugando— en ello.

Abya Yala es «la expresión empleada por los pueblos originarios para autodesignarse, en oposición a la expresión "América"».[13] Para cualquier movimiento social, el lenguaje es otro medio más de resistencia, pues en el lenguaje cristalizan también los sistemas de opresión. En lengua cuna, *abya yala* significa «tierra madura», «tierra viva» o «tierra que florece». La sustitución del término «América» por esta expresión «indica la presencia de otro sujeto enunciador del discurso»[14] que restaura la capacidad de agencia para nombrarse a sí mismo.

Es importante que nos planteemos desde dónde se construyen y confeccionan los términos que tenemos interiorizados. Es por este mismo motivo por el que —desde hace ya varios años— se señala que la palabra «indígena» adolece del mismo sesgo eurocentrista, aconsejándose su sustitución por «nativa» o «nativo». También ocurre esto con el término «esquimal», actualmente descartado como válido ya que fue usado con fines peyorativos para referirse al pueblo inuk (inuit en plural); y con el término «bereber» (que significa «bárbaro» en árabe) para designar al pueblo amazigh («imazighen» en plural).

La continua infravaloración de la importancia de estas cuestiones se puede entender como un tipo de **violencia epistémica**, definida como «el conjunto de prácticas científicas, disciplinares y cognitivas que, intencionadamente o no, invisibilizan la aportación de determinados sujetos sociales a la construcción, discusión y difusión del conocimiento científico».[15]

Por otra parte, el debate sobre estas cuestiones siempre suele terminar en la acusación de cierto grado de **presentismo histórico**; es decir, analizar y juzgar el pasado con los ojos del presente. Esto no deja de ser curioso si tenemos en cuenta que el presentismo surge en el siglo XIX y sigue impregnando muchos de los discursos dominantes: es habitual ver señaladas como presentistas las metodologías que pretenden combatirlo. Identificar las dinámicas nocivas del pasado para nombrarlas con rigor no implica mirar el pasado con ojos del presente, sino —más bien— implica asegurar que los errores pasados no pervivan en la actualidad.

Esto nos lleva a los términos «paradigma» y «cambio de paradigma». En el caso del primero, según la RAE, se entiende como «**paradigma**» la teoría o conjunto de teorías aceptadas como modelo ejemplar sin cuestionamiento y que suponen la base central sobre la que avanza el conocimiento. Por eso mismo, y en palabras de Griselda Pollock, un **cambio de paradigma** ocurre «cuando se descubre que el modo dominante de investigación y elaboración de explicaciones no logra dar cuenta satisfactoriamente de los fenómenos que esa ciencia o disciplina tiene la tarea de analizar». La teoría de la relatividad desarrollada por Mileva Einstein y su marido o el modelo heliocéntrico teorizado por Copérnico y Galileo constituyeron un cambio de paradigma. Cada nuevo cambio de paradigma presenta, a su vez, el desarrollo de nuevos términos que sirven para nombrar realidades o dinámicas no tenidas en cuenta por el paradigma anterior. Es así como en 2021, dos profesoras de la Universidad de Valencia, Begoña Pozo-Sánchez y Carles Padilla-Carmona, acuñaron el neologismo «criptoginia»* para designar «la ocultación de los referentes femeninos en los diferentes ámbitos de prestigio social y, por tanto, la desaparición o minusvaloración de las aportaciones de las mujeres en cualquier espacio de poder donde se valore la visibilidad y notoriedad.[16]

Comprendo la reticencia de muchas profesionales —también de muchas personas de a pie— a introducir nuevos conceptos tanto en su práctica profesional como en su día a día, pero si entendemos que el lenguaje, si bien puede o no configurar realidades, sí es indudable que nos ayuda a acercarnos a ellas, también entenderemos la pertinencia de desarrollar nuevas herramientas conceptuales y metodológicas para nombrar la realidad y estar un paso más cerca de solucionar algunos de los problemas que plantea. En esta línea, la pensadora Miranda Fricker conceptualizó el término «injusticia hermenéutica» para explorar «la incapacidad cognitiva para dar cuenta de forma clara y precisa de lo que está sucediendo, de su impacto y también de su gravedad» y abordar su principal consecuencia: «la dificultad para comprender, verbalizar y compartir experiencias que guardan relación con una situación de subordinación y subalternidad».[17] No es casual que los colectivos culturalmente minorizados enfrentasen todo tipo de problemas y obstáculos para poder acceder a la educación y, sobre todo, para que se les permitiera aprender a leer y escribir. Seguir esperando —o exigiendo— a día de hoy que las personas pertenecientes a dichos colectivos no generen y conceptualicen palabras hechas a medida es seguir alimentando la injusticia hermenéutica y, por tanto, es un ejemplo de violencia epistémica.

* Neologismo compuesto por dos lexemas griegos: *crypto* (ocultar) y *gyné* (mujer).

A lo largo del libro se mencionan en repetidas ocasiones los términos «historiografía» y «corrientes historiográficas». La **historiografía** es el conjunto de técnicas y teorías relacionadas con el estudio, el análisis y la manera de interpretar la historia. Dentro de este conjunto, como es lógico, existen diferentes corrientes en las que he decidido no profundizar para evitar el riesgo de confusión o solapamiento, pero algunas de las más conocidas en el terreno de la historia del arte son las metodologías biográficas, formalistas, sociológicas, estructuralistas o iconográficas, del mismo modo que en el campo de la historia lo son el positivismo, el materialismo histórico o el revisionismo.

Un método historiográfico al que aludo habitualmente es al desarrollado por Erwin Panofsky: el **método iconográfico**. La iconografía, que puede ser entendida como una ciencia en sí misma, es la encargada de analizar, sistematizar y estudiar los modos de representación, sus significados y su evolución a lo largo del tiempo. También es la herramienta que nos permite poder identificar una obra de manera más o menos exacta pese a no tener información sobre ella. Por ejemplo, aunque no tengamos ni idea de iconografía, es probable que, si nos cruzamos con una obra en la que se representa a una pareja desnuda al lado de un árbol y de una serpiente que lleva en su boca una manzana, sepamos que se trata de la representación de Adán y Eva. El análisis iconográfico es el que nos permite, por tanto, conocer cómo se representa un tema en función de las fuentes en las que se basa y los atributos de los que suele ir acompañado, es decir, los elementos asociados a determinado personaje o tema y que nos ayudan a identificarlo. Panofsky lo desarrolló a través de tres niveles: el preiconográfico, el iconográfico y el iconológico. Profundizaré en ellos en el primer capítulo.

La **mirada masculina** fue un concepto acuñado por Laura Mulvey en 1975 a través de su libro *Placer visual y cine narrativo*. En él, define la mirada masculina como «una estructura o sistema que, sobre la base de la diferencia sexual masculino/femenino, determina la mirada o el punto de vista. En esta estructura dicotómica, el hombre se ubica en el polo activo de quien mira y la mujer en la posición pasiva de ser observada. A través de esta perspectiva, Mulvey propone que, en la pantalla, la mujer o lo femenino se constituye como un "fetiche" o como pura imagen».[18] Esto es lo que Griselda Pollock vendría a desarrollar en uno de sus artículos como la «construcción histórico-artística de la mujer como signo».[19] A pesar de que Mulvey se refiera al cine, su teoría sobre la mirada masculina puede aplicarse a cualquier soporte, medio o disciplina.

Por último, tenemos el concepto de **mímesis**. Dentro del campo de la estética, este término remite a las teorizaciones aristotélicas sobre las funciones y finalidades del arte. En este sentido, la mímesis sería el ejercicio de reproducir de la manera más fiel posible la realidad. Dicho de otra manera: mímesis es también imitación. Esta categoría estética tiene tanto alcance que es, en muchos casos, el principio por el que se rigen las valoraciones generales sobre arte. Cuanto más verosímil sea una obra —es decir, cuanto más nos recuerde a algo que ya conocemos—, más parece gustarnos; de ahí que la gente prefiera —por norma general— una obra renacentista a una conceptual o abstracta.

PREHISTORIA Y ANTIGÜEDAD CLÁSICA EUROPEA

Arte, tiempo y verdad

Cuando su infraestructura lo permite, es habitual enfrentarse a la entrada a los museos a través de un gran vestíbulo, diáfano e impersonal a partes iguales. Su magnificencia —entendida en términos de espacialidad— puede hacernos sentir entre confundidas, sobrepasadas y desubicadas. Si contratamos una guía, lo habitual será que nos apiñemos junto a ella como abejas que protegen a su reina, moviéndonos al compás de sus indicaciones y su talante desenvuelto. Si la visita la emprendemos por nuestra cuenta, su transcurso no estará aliñado con tantas anécdotas ni datos técnicos sobre las obras, pero a cambio obtendremos la libertad de movernos (y perdernos) a nuestro aire.

Mientras escribo esto, recuerdo mi asombro la primera y única vez que pisé el Museo del Louvre, el más visitado del mundo. En aquel momento sentí que, si me lo montaba lo suficientemente bien, podría quedarme a vivir en aquel recibidor, como Tom Hanks en *La terminal*. Su amplitud es tal que decenas de menores podrían aprender a montar en bicicleta en él; incluso podría instalarse una pista de patinaje sobre hielo, aunque bien es cierto que la luz que entra a plomo por los vidrios de la pirámide no tardaría mucho en derretirla. Hay algo tan mágico como perverso en la capacidad que tienen las entradas de determinados museos de hacernos sentir pequeñas, chiquititas, encogidas en nosotras mismas, perdidas en un entorno entre sagrado y hostil.

Aquella vez me perdí —al menos— tres veces en el Louvre. Fui en compañía de un grupo de personas a las que les parecía innecesario pasar más de dos horas y media en cualquier museo, así que lo que en un principio me asombraba terminó causándome un gran estrés: tuve que atravesar varias veces ese *hall* de dimensiones monstruosas para acceder a las diferentes alas e ir corriendo a ver las obras que no me quería perder antes de tener que irme. Algo parecido me ocurrió cuando visité con mi mejor amiga la Galleria degli Uffizi, en Florencia. Nada más llegar a la ciudad, fuimos corriendo al apartamento a dejar las cosas, llegamos jadeando al patio del palacio y, cuando entramos, solo disponíamos ya de dos horas hasta el cierre. Las prisas, esta vez, nacieron de la falta de organización. Aun así, la rapidez parece ser el denominador común de todos los museos, o al menos de los más conocidos y visitados; esto es un ejemplo casi perfecto de la brutal economización del tiempo a la que estamos sometidas.

El Louvre —cuyas galerías abarcan más de sesenta mil metros cuadrados— posee casi medio millón de obras de arte, aunque solo tiene expuestas alrededor de treinta y cinco mil. Teniendo esto en cuenta, haberme perdido solo tres veces parece hasta un milagro: para ver todas sus obras son necesarios cien días, y eso solo si dedicásemos treinta segundos a cada pieza.[1] Los Museos Vaticanos cuentan con más de setenta mil pinturas y esculturas expuestas a lo largo de cincuenta y cuatro galerías. La Galleria degli Uffizi, por su parte, tiene inventariadas más de cuatro mil quinientas obras, de las cuales menos de la mitad están expuestas.[2] La National Gallery de Londres cuenta con más de tres mil doscientas en su colección permanente. En 2015, el inventario del Museo del Prado ascendía a prácticamente treinta mil obras, de las cuales casi ocho mil son pinturas, aunque solo alrededor de mil doscientas sean accesibles para el público.[3] El otro museo español por excelencia, el Reina Sofía, tenía inventariadas en 2014 más de dieciocho mil piezas, de las cuales solo el 6 % estaban expuestas. ¿Qué nos dicen estas cifras?

En primer lugar, que los museos guardan más de lo que muestran. En segundo lugar, que quizás Dubuffet tenía razón cuando los denominó «tanatorios de embalsamamiento». Y, en tercer lugar, que disfrutar de su oferta artística por entero es misión imposible. ¿Qué emociones generan estos hechos en el público? Generalmente, una abrumadora sensación de frustración. Parece que, hagamos lo que hagamos, el arte se nos escapa de entre los dedos. Y el tiempo que le dedicamos, también.

Los museos, además de constituir centros de exposición y preservación de las obras que acogen, son asimismo centros de enseñanza. Me da la sensación de que lo que nos enseñan hoy en día es, sobre todo, a tener prisa: a ver todo lo posible en el menor tiempo posible. O bien, a ver todo lo posible antes de que la infinidad de estímulos nos arrastre hacia la apatía. De ahí que la recomendación de pasar un mínimo de noventa minutos y un máximo de dos horas en un museo sea, cuanto menos, deprimente. Es en este espacio —comprendido entre la oferta artística de los museos y nuestras reducidas posibilidades de abarcarla— donde entra en juego el peso de la autoridad: la de *esa* autoridad que nos dice cuáles son las obras que no deberíamos perdernos y de cuáles podemos prescindir.

Cuando nos arremolinamos frente a los grandes hitos de la historia del arte expuestos en los museos, ¿nos preguntamos por qué es *tan importante* verlos? ¿Nos damos tiempo para cuestionarnos si las obras nos gustan *de verdad*, si nos decepcionan, si nos sorprenden? ¿O lo que hacemos es consumirlas de manera voraz para poder decir que, efectivamente, las hemos tenido delante? ¿Quién dictamina el estatus de una obra? ¿Es el público o es ese ente informe al que conocemos como «los entendidos»? ¿Cuál es el margen de error de la crítica del arte y del discurso tradicional que se estructura alrededor de determinadas piezas, ensalzadas en detrimento de otras? ¿Es este proceso de selección objetivo e imparcial o está plagado de sesgos y subjetividades bien disfrazadas? En otras palabras: cuando nos ponemos delante de una obra de arte, ¿lo hacemos porque nos gusta o porque nos han dicho que tiene que gustarnos? Cuando acudimos a un museo, ¿vamos por el arte o vamos por la foto?

El tiempo medio que invertimos en observar una obra se comprende entre los quince y los treinta segundos: un tiempo insuficiente para tener en cuenta estas preguntas o, mucho menos, plantearnos siquiera sus posibles respuestas. Cuestionarnos por qué visitamos un museo y cómo nos desenvolvemos en él es también cuestionarnos qué es el arte para nosotras, qué lugar ocupa en nuestras vidas y hasta qué punto todo esto se ve influenciado por factores externos en lugar de por coordenadas internas como, por ejemplo, nuestras preferencias, nuestras inquietudes o nuestra curiosidad.

El acceso a este museo no se produce atravesando un gran recibidor bien iluminado de colores neutros. El terreno que pisan nuestros pies ni es liso ni está asfaltado: es tierra húmeda que se pega a nuestros zapatos y salpica nuestros tobillos mientras avanzamos. Delante del grupo que formamos, se abre una gruta de paredes cubiertas de musgo por la que caminamos despacio debido al desnivel del terreno y a la iluminación parcial que recibe todo aquello que nos rodea. No hay carteles que indiquen una salida; tampoco salas que se abran a los lados. Así que, por un momento, nos sentimos como un grupo de espeleólogas que se han lanzado a la aventura. Hasta que nos encontramos con una trifurcación del camino, sin ninguna señalización que nos indique cuál es el que debemos tomar. Como no estamos en una película de terror, la sensación de inquietud que recorre al grupo no es excesiva: sabemos que lo peor que puede pasar es que escojamos un camino sin salida que nos obligue a dar media vuelta en algún punto, por lo que nos enfrentamos a la situación como si se tratase de un juego. Mientras debatimos qué dirección deberíamos tomar, aparecen por el pasillo situado en el medio un par de personas que, gracias a las tarjetas identificativas que llevan colgadas en la solapa, reconocemos como personal del museo. Nos comunican que debemos dividir el grupo en dos: un grupo irá por el pasillo de la izquierda y el otro tomará el de la derecha. Mientras tanto, yo iré por el del medio y os esperaré al final del recorrido para cruzar impresiones.

Aproximadamente una hora después, todas volvemos a estar juntas, esta vez en un espacio más amplio, aunque igualmente cavernoso, en el que las antorchas han sido sustituidas por una cálida y uniforme luz artificial. Pese a que ambos grupos parecen satisfechos, uno de ellos —el que ha ido por el camino de la izquierda— se muestra especialmente agitado; las visitantes murmuran entre sí, otras niegan exasperadas con la cabeza y algunas claman: «¡No me lo puedo creer! ¡Es que no me lo puedo creer!». Esta reacción sorprende al grupo que ha seguido el itinerario de la derecha, cuyas integrantes no entienden muy bien qué está pasando; ellas están tranquilas y, a pesar de haber aprendido algunas cosas nuevas, lo que han oído les recuerda en líneas generales a sus tiempos de estudiantes.

Debido a la separación de los grupos, ha coincidido que dos amigas tuvieron que ir cada una por un recorrido distinto. Cuando una le transmite a la otra lo que ha aprendido, salta la alarma. «¿Tú sabías que las *Venus* paleolíticas no deberían llamarse "Venus"?», comenta una de ellas, mientras su amiga se queda mirándola con el ceño fruncido antes de soltar un «Tía, ¿qué dices?». Con el chute de adrenalina que suele seguir a cualquier gran revelación, la amiga continúa: «¡Que sí, que sí! ¿En serio no has flipado cuando hablaron del matriarcado prehistórico en la sala de las estatuillas?». El rostro de su compañera va mudando de la confusión a la sorpresa. Reconoce que a ella no le han hablado de nada de eso y se gira hacia el grupo, intentando averiguar qué otras cosas no han formado parte de su recorrido. Es en este momento, en el que las visitantes empiezan a poner en común la información recibida, cuando se dan cuenta de que, a pesar de haber visto las mismas obras y haber recorrido salas muy similares, les han contado cosas distintas. Y no solo eso: aquello que les han contado es contradictorio. Para resolver esta especie de enigma es necesario rebobinar, volver mentalmente al principio del recorrido e ir analizando las diferentes salas con sus respectivos discursos, así que vamos a ello.

Como es lógico, las visitas guiadas a los yacimientos arqueológicos de la prehistoria suelen empezar por un acercamiento a los modos de vida y cosmovisiones de las poblaciones que los habitaron. Analizar obras de arte es, en gran medida, entender el momento en el que fueron creadas. El contexto prehistórico suele dividirse en cuatro grupos:

el más antiguo sería el Paleolítico (hasta el año 10000 a. C.); seguido por el periodo intermedio del Mesolítico (del 10000 al 8000 a. C.); después, el Neolítico (desde el 8000 hasta el 6000 a. C.); y, posteriormente, entraríamos ya en la conocida como Edad de los Metales, estructurada a su vez en la Edad de Cobre (6000 a. C.-3600 a. C.), la Edad de Bronce (3600 a. C.-1200 a. C.) y la Edad de Hierro (1200 a. C.-550 a. C.). Estas cronologías nos sirven más como un marco de referencia que como una medida aplicable a nivel global, ya que la periodización del continente americano y la de algunos territorios del continente asiático —como la India— difiere de la aceptada en Europa.

Una de las manifestaciones artísticas por excelencia de la prehistoria son las famosas pinturas rupestres. Estas, como cabe esperar, toman el nombre del soporte sobre el que aparecen: las paredes rocosas presentes en el interior de cuevas y al aire libre, aunque estas últimas sean menos habituales debido a la erosión propiciada por factores como el paso del tiempo, los desprendimientos o el clima. A pesar de que en el siglo XIX ya se tenía conocimiento de determinadas estatuillas, cerámicas y objetos elaborados en piedra y hueso, este tipo de pintura prehistórica no fue oficialmente *descubierta* hasta finales de siglo en Cantabria. Corría la década de 1860 cuando Modesto Cubillas, un aparcero contratado por Marcelino Sanz de Sautuola, dio con la entrada de una cueva oculta entre la maleza gracias a que su perro, con el que iba de caza, se coló en ella. Como Cubillas había sido contratado por Sanz de Sautuola para realizar trabajos de limpieza y poda de árboles en algunos de sus terrenos, estaba familiarizado con las inquietudes arqueológicas de este, así que no tardó en comunicarle el hallazgo y su ubicación.[4] Sanz de Sautuola visitó por primera vez lo que hoy en día conocemos como Altamira unos cuantos años después, en 1876, aunque en su primera visita no reparó en las pinturas que cubrían el techo de la sala principal.

> Fue en 1879 cuando en una de sus visitas a Altamira descubrió, gracias a la intervención de su hija María Justina, de ocho años y medio, las pinturas animales del techo de la célebre cueva [...]. Su hija, que le acompa-

ñaba, debido a que era pequeña, pudo percibir las pinturas al mirar al techo, cuya altura era en la sala principal de unos dos metros y treinta centímetros al fondo, momento en el que pronunció al verlas la célebre frase: «¡Papá, mira: bueyes pintados!».[5]

El siguiente paso importante fue comunicar el hallazgo a la comunidad académica y científica en el Congreso de Lisboa de 1880. A él asistieron naturalistas de renombre como Quatrefages y Cartailhac, junto a prehistoriadores de gran prestigio como Mortillet, Rivière, Girod o Henri Martín,[6] que dudaron de la autenticidad de las pinturas al considerar que la destreza técnica que demostraban no podía, de ninguna manera, asociarse con el periodo paleolítico.

> Tampoco se creyó, entonces, por parte de los escépticos y de los desconocedores de la prehistoria, que las discutidas pinturas fueran obra del hombre de las cavernas, ya que su calidad hacía que resultara imposible atribuirlas al «hombre salvaje», como se denominaba entonces a los primeros pobladores de las cuevas prehistóricas, razones en las que se apoyó Eugenio Lemus cuando afirmó no encontrar «en su dibujo ningún acento que revele el arte bárbaro».[7]

En otras palabras: en lugar de plantearse que las teorizaciones que habían desarrollado sobre el «hombre salvaje» de las cavernas eran quizás erróneas, y mostrarse flexibles ante una posible nueva evidencia, estos señores se cerraron en banda. Esta actitud, por desgracia, fue muy habitual tanto en el siglo XIX como en los albores del siglo XX. También en nuestros días. Aunque el método científico sea entendido bajo parámetros de objetividad, lo cierto es que olvidamos que la ciencia la hacemos las personas y que todas nos encontramos no en pocas ocasiones presas del ego y de los prejuicios. Hoy en día sabemos que a la comunidad científica no le quedó más opción que sacarse un poco la cabeza del culo y reconocer que, efectivamente, las pinturas rupestres de Altamira pertenecían al periodo paleolítico y que, por tanto, se habían pasado de listos sentenciando que las gentes de dicho periodo eran qué menos que *salvajes*, incapaces de realizar cualquier hazaña artística de calidad. Ahora bien, si les costó reconocer que fallaron en esto, la pregunta que debemos hacernos es «¿en qué más lo hicieron?».

Sanz de Sautuola, ávido en catalogar las pinturas dentro del periodo paleolítico, afirmó en sus apuntes que, «examinadas detenidamente estas pinturas, desde luego se conoce que su autor estaba muy práctico en hacerlas, pues se observa que debió ser su mano firme y que no andaba titubeando [...], no siendo menos dignas de tomarse en cuenta las infinitas posturas que el autor hubo de tomar, pues en algunas partes apenas podía ponerse de rodillas y a otras no alcanzaba ni estirando el brazo [...], todo lo que demuestra que su autor no carecía de instinto artístico».[8] Esta información sería ampliada por el informe que realizaron Rafael Torres Campos —profesor de la Institución Libre de Enseñanza— y el geólogo Francisco Quiroga y Rodríguez, publicado en un boletín de dicha institución: «Según lo dicho, en la técnica del pintor de Altamira entran estos elementos: perspectiva lineal, perspectiva aérea, color desleído en agua o grasa, pincel».[9] Lo más probable es que al leer estas observaciones no hayamos notado nada raro, pese a que todos ellos daban por supuesto sin demasiada base científica que la autoría recaía sobre un hombre.

Una cosa que siempre me ha fascinado y asustado de la prehistoria es la certeza absoluta con la que hablan de ella sus especialistas. Cuando cursé la asignatura «Arte de las primeras civilizaciones» en mi primer año de carrera, me quedaba pasmada viendo a la profesora contarnos con pelos y señales qué pensaban las gentes habitantes del Paleolítico y del Neolítico; por qué lo pensaban; y cómo esto se veía, sin duda alguna, reflejado en el arte de dichos periodos. Yo no podía parar de preguntarme: «¿¡Pero es que acaso alguien ha ido a preguntarles!? ¿Cómo sabemos que esto es la *Verdad Absoluta* y no una de las múltiples posibles interpretaciones?». No me cabía en la cabeza que un periodo tan lejano, cuyo patrimonio nos ha llegado tan fragmentado y casi con cuentagotas, pudiera ser historiado con una amplitud de miras tan limitada y, al mismo tiempo, tan reticente a admitir que podía haber margen de error. ¿Lo peor? No me equivocaba demasiado.

La razón por la cual los dos recorridos a través del arte prehistórico son iguales en contenido pero opuestos en discurso es para mostrar, valiéndonos de un ejercicio muy sencillo, cómo los sesgos aplicados a una narrativa histórica pueden modificar profundamente nuestra comprensión sobre ella. Dicho en palabras de Riane Eisler: «La prehistoria es como un puzle gigante en el que más de la mitad de las piezas se han destruido o perdido. Es imposible reconstruirla totalmente. Con todo, el mayor obstáculo para una reconstrucción precisa de la prehistoria no es que falten tantas piezas, sino que el paradigma predominante dificulta sobremanera interpretar con precisión las piezas que sí tenemos y proyectar un patrón real en el que puedan encajar».[10]

No en pocas ocasiones, a las estudiantes y profesionales que nos especializamos en corrientes metodológicas que contradicen el discurso oficial —como hace la perspectiva de género o la perspectiva decolonial— se nos acusa de intentar «malversar la historia» a través de «la imposición sobre el pasado de esquemas morales que pertenecen al presente». Es decir, se nos acusa de presentismo. Lo que estos sectores reaccionarios suelen obviar es que fue —y es— el propio discurso tradicional el que, valiéndose del paradigma dominante, volcó en el pasado estereotipos y prejuicios que pertenecían al presente. Las metodologías revisionistas no buscan reinventar el pasado: lo que buscan es acercarse a él haciendo uso del menor número de sesgos posibles.

Por eso, cuando a través de ambos recorridos se entra en una sala parecida a Altamira (con sus bisontes cobrando tridimensionalidad al aprovechar el relieve rocoso del techo y con la impronta en negativo de manos más que milenarias), una de las guías explica que las representaciones rupestres de animales servían al propósito de propiciar la caza a través de la magia primitiva,[11] mientras la otra guía lo cuestiona. Y lo hace porque esta visión, comúnmente aceptada, puede considerarse más la proyección de estereotipos que la interpretación lógica de lo que se observa.[12] Entre otras cosas, dar por hecho que el motivo principal para representar animales era favorecer la caza implica dar por hecho, también, que la base de la dieta paleolítica era la carne, lo cual yerra el tiro: es más probable que estos pueblos dependieran mayoritariamente de la vegetación como alimento y que, por tanto, la recolección tuviera mayor importancia que la caza.[13]

Siguiendo esta premisa, la de la vegetación como base del entorno y como base de la alimentación, figuras como Alexander Marshack empezaron a preguntarse en los años sesenta del siglo pasado por qué estos elementos carecían de representación en las pinturas rupestres del paleolítico. Marshack llegó a la conclusión de que los dibujos con forma de vara y líneas pintados en las paredes de cuevas paleolíticas no tenían por qué remitir a flechas, dardos, lanzas o arpones, sino que podían tratarse perfectamente de representaciones de plantas, árboles, ramas, juncos u hojas, y fue un paso más allá: «Examinó cuidadosamente los grabados en un objeto de hueso que habían sido descritos como dibujos de arpones. Bajo el microscopio descubrió que las lengüetas de este supuesto arpón no solo apuntaban a la dirección equivocada, sino que las puntas del largo mango también estaban en el extremo incorrecto [...]. Resultó que las líneas coincidían con el ángulo correcto de las ramas que crecen en la punta de un largo tallo. En otras palabras, estos y otros grabados, descritos tradicionalmente como símbolos peniformes u objetos masculinos, probablemente no fueran más que representaciones estilizadas de árboles, ramas y plantas».[14]

¿Qué demuestra esto? Que los expertos, al examinar y analizar inicialmente las obras fragmentarias de la prehistoria, proyectaron sobre ellas unas dinámicas, estructuras y actividades sociales que no se correspondían con la lectura lógica de dichas etapas, sino con las estructuras mentales y sociales en las que estaba enclaustrado su propio pensamiento. Si vivimos en una sociedad que solo puede explicar el desarrollo, el progreso y la evolución en función de la supremacía a través de la violencia —ya sea hacia animales o hacia otros seres humanos—, es lógico que no seamos capaces de mirar más allá. No sabemos cómo.

Es por esto que la prehistoria parece tener al menos tres cosas importantes que enseñarnos. La primera de ellas es que, a veces, la respuesta absoluta que buscamos no existe y que debemos aprender a sentirnos cómodas ante este hecho. La segunda es que ostentar una posición de autoridad académica o disciplinar no impide que cometas errores de interpretación ni que tu praxis profesional pueda ser cuestionada. Esto, a su vez, nos lleva al tercer nivel de aprendizaje: tenemos derecho a (y también razones para) desconfiar de cada una de las verdades universales que nos han sido legadas, pues la propia historia nos demuestra que el paradigma predominante puede dejar de serlo en cualquier momento a la luz de nuevos descubrimientos, nuevos análisis y nuevos acercamientos. En resumidas cuentas: que lo académico no nos quite lo curioso y que lo asimilado como definitivo no frene nunca nuestra inquietud.

Una confianza ¿ciega? en la autoridad

De la mano de estas revelaciones, el grupo que recorrió el camino de la izquierda pudo disfrutar de las pinturas rupestres paleolíticas con un incentivo de curiosidad e imaginación que les permitió salirse de los rígidos moldes de la lectura generalizada. Mientras tanto, las visitantes del otro grupo disfrutaron de esta parte de la visita dejándose conquistar por los juegos de luminiscencia presentes en esa sala. Iluminadas por lámparas de aceite y antorchas de una luz titilante que se desplazaba de manera irregular por el techo, las paredes y el suelo, se sintieron envueltas por una atmósfera cuanto menos mistérica, mientras pensaban en esos *hombres* primitivos pasando sus manos y utensilios por techos y paredes.

De nuevo nos topamos con la cuestión de los «hombres de las cavernas», otro gran invento decimonónico que todavía seguimos arrastrando a los libros de texto de nuestros días. Debido a que no podemos interpretar aquello que no podemos concebir, no fueron pocos los teóricos, expertos y eruditos que desde el primer momento interpretaron la cultura y el arte prehistórico en clave masculina y patriarcal. Como la sociedad decimonónica estaba regida por la dominación masculina, los estudiosos no fueron capaces de imaginar sociedades equitativas en las cuales la cooperación, y no la subyugación, fuese el principio regulador de las relaciones humanas. Desde entonces, hemos cometido de manera recurrente el error de seguir haciéndoles caso.

Sociólogas como Riane Eisler en *El cáliz y la espada*,[15] prehistoriadoras como Marylène Patou-Mathis en *El hombre prehistórico es también una mujer*[16] e historiadoras del arte como Merlin Stone en *Cuando Dios era una mujer*[17] han dedicado años de investigación, esfuerzo y escritura a combatir el paradigma institucional en pro de un mayor rigor a la hora de mirar al pasado. De esta forma, han contribuido a perfilar las sociedades prehistóricas, tanto paleolíticas como neolíticas, introduciendo en ellas las contribuciones de las mujeres que, al contrario de lo que nos han metido en la cabeza, sí participaron en las intervenciones artísticas; sí cazaron; y no, no estuvieron subyugadas a sus homónimos masculinos ni limitadas a la recolección. Para hacernos una idea de hasta qué punto sus contribuciones han sido opacadas, debemos tener en cuenta que Stone publicó *Cuando Dios era una mujer* en 1976 y Eisler su *El cáliz y la espada* (*best seller* internacional) en 1987; en cambio, no fueron traducidos y publicados en castellano hasta el año 2021.

Las siguientes salas compartidas por ambos recorridos tienen como protagonistas a las estatuillas paleolíticas. Estas, igual que los útiles en hueso o minerales, se encuadran dentro de una amplia categoría denominada «arte mueble» debido a su fácil posibilidad de traslado; y pueden subdividirse en otras clases en función de las características que se tengan en cuenta: el soporte (que puede ser orgánico, como el hueso, el marfil o las conchas; o inorgánico, como los minerales), la funcionalidad, el tema o la decoración que presentan.

Las estatuillas antropomorfas paleolíticas son otro caso interesante para señalar la disonancia entre el discurso oficial y la realidad material conservada. Por ejemplo, tomando como referencia las pinturas rupestres, se ha establecido que las sociedades paleolíticas estaban protagonizadas principalmente por hombres cazadores que, a su vez, eran los responsables de la totalidad del arte de esta etapa. En cambio, si tomamos como referencia las representaciones antropomorfas de las estatuillas, nos damos cuenta de que las representaciones masculinas son poco habituales y, en comparación, escasas. Si a este hecho le sumamos que estas estatuillas se suelen vincular con usos y funciones rituales, ¿cómo es posible que, si los hombres eran el centro de las sociedades paleolíticas, apenas aparezcan representados en ellas? Es decir, si las sociedades paleolíticas estaban dominadas por los hombres, se basaban en la caza y, por ello, se representaban a sí mismos sobre las paredes de las cuevas, ¿por qué no hicieron lo mismo sobre otros soportes de manera generalizada? Básicamente, porque esta lectura del arte paleolítico está sesgada y es presentista.

Ciñámonos a lo que tenemos. Contamos con un elevado número de estatuillas antropomorfas femeninas, identificadas como tal por referencias explícitas o simbólicas a sus genitales y senos. De este grupo de estatuillas, las más conocidas (y las más malinterpretadas) son, sin duda alguna, las «venus esteatopigias», de entre las que destaca la *Venus de Willendorf*, considerada una de las obras de arte más antiguas. Como no podía ser de otra manera, su propio nombre muestra una doble proyección del presente sobre el pasado. Por un lado, porque el término «esteatopigia» remite a una condición —presente en algunas mujeres de comunidades nativas contemporáneas,* como la comunidad khoikhoi**— que «propicia la acumulación de grasa de modo voluntario o no en ciertas zonas del cuerpo, deformando o desarrollando los volúmenes sobre todo de las caderas».[18] Por otro lado, porque el nombre «Venus» hace referencia a la deidad del panteón mitológico romano y, por tanto, supone un anacronismo.

Si rastreamos el origen de esta asociación con la deidad romana, nos toparemos con el marqués de Vibraye,[19] quien descubrió en 1864 —en el yacimiento magdaleniense*** de Laugerie-Basse— una de estas

* Se conoce la presencia de, al menos, dos mujeres khoikhoi que fueron esclavizadas y traídas forzosamente a Europa para ser expuestas como atracción de circo. Una de ellas fue Sara Baartman, a quien su esclavista llamó «Venus Hotentote» como reclamo.

** La comunidad khoikhoi es un grupo étnico presente sobre todo en Botsuana y Namibia. Sus integrantes aparecen referidas en algunos textos como «hotentotes», aunque actualmente se desaconseja el uso de este término por ser una deriva de la colonización y no una designación propia (algo semejante a lo que ocurre con el término «esquimal», cuya designación correcta es «inuit»; o con el pueblo «amazigh», al que se suele referir de manera incorrecta como «bereber»).

*** El Paleolítico suele dividirse en tres periodos: Inferior, Medio y Superior. Este último periodo se subdivide a su vez en otros cuatro cuando hablamos de Europa: auriñaciense, gravetiense, solutrense y magdaleniense.

figuras y la acuñó como «venus impúdica». Así, el marqués no solo introducía un sesgo anacrónico, sino también un juicio moral influenciado por el puritanismo victoriano.[20] Es en este punto cuando, sin ninguna prueba factual, estas figuras comienzan a ser entendidas como deidades prehistóricas de la belleza y la fertilidad, vertiéndose sobre ellas unas dimensiones eróticas cuestionables.

> Esta asignación tradicional de las figuras al erotismo (siempre en la concepción actual de lo que se entiende por «erótico») viene [...] de la interpretación de las representaciones figurativas de cuerpos donde se resaltan sus senos y su vulva desde un prisma androcéntrico, donde se considera al hombre como ejecutor de las actividades que tienen mayor relevancia en la sociedad moderna, restando importancia a la posible contribución de la mujer.[21]

Respecto a la posibilidad de participación femenina activa en la creación de estas figuras, Catherine Hodge McCoid y Leroy D. McDermott publicaron en 1996 un artículo conjunto en el que planteaban una nueva hipótesis. Quizás no eran objetos sexuales. Tal vez las mujeres no fueran espectadoras pasivas de la mentalidad creativa de la prehistoria, siendo relevantes sus cuerpos únicamente como representación de las preocupaciones e intereses masculinos. A lo mejor, los (aparentemente) exagerados atributos sexuales de las figuras no eran símbolos mágicos de fecundidad. Cabe la posibilidad de que haya otra explicación plausible: que se originaran como una forma de autorrepresentación hecha por mujeres.

En palabras de Hodge McCoid y McDermott: «la sobrecogedora mayoría de estas imágenes reflejan una inusual estructura anatómica que André Leroi-Gourhan (1968) acuñó como "composición romboidal". Lo que hace de esta fórmula estructural algo llamativo es que consiste en una serie de desviaciones de la precisión anatómica. Los rasgos característicos incluyen cabezas sin rostro generalmente inclinadas hacia abajo; brazos estrechos que desaparecen bajo los senos o se cruzan por encima de ellos; un torso anormalmente delgado; senos de gran tamaño; [...] un prominente abdomen que presupone un embarazo; [...] y piernas antinaturalmente cortas [...]. Lo que en un principio parecen distorsiones anatómicas pasan a ser representaciones aptas si consideramos el cuerpo como si fuese visto por una mujer que se mira a sí misma desde arriba».[22] Para probar esta hipótesis, McCoid y McDermott compararon las figuras vistas desde arriba con fotografías que simulaban lo que una mujer ve de sí misma desde esa perspectiva cenital, y los resultados encajaron a la perfección.[23] El hallazgo de estas dos investigadoras parece demostrar que no solo nos hemos acercado a estas estatuillas desde un discurso equivocado, sino también desde un punto de vista limitado: abrir el abanico de posibilidades no puede más que enriquecer nuestra comprensión de la prehistoria.

Otro de los elementos —a mi parecer— más apasionantes de estas figuras ginecomorfas (es decir, con forma de mujer) es que aparecen en territorios muy distantes entre sí en un mismo periodo. Se puede rastrear su presencia en la Europa occidental y en la Europa oriental (concretamente en Rusia y, más específicamente, en Siberia), por lo que son un elemento común que bien podría servirnos para señalar cierta unidad cultural en la Europa paleolítica. Una de las causas que podrían explicar este fenómeno constituye uno de los temas centrales del ya citado estudio *El cáliz y la espada*, realizado por Riane Eisler. Según sus investigaciones, la razón de la presencia de este tipo de estatuillas en regiones tan distantes tiene relación con el culto a la Diosa, propio de sociedades de cooperación y previo al culto al Dios, asociado a las posteriores sociedades de dominación.

Eisler mantiene que las estatuillas femeninas de los pueblos del Paleolítico —junto a las pinturas rupestres, los santuarios en cuevas y los sitios funerarios— constituyen un intento organizado por parte de estas comunidades de controlar las fuerzas y los procesos de la naturaleza, como mantuvo también el historiador de la religión E. O. James.[24] Estas tradiciones sagradas, a su vez, asocian los poderes que gobiernan la vida y la muerte con la mujer, a través de la figura de la gran Diosa Madre. Es decir, que el arte paleolítico puede entenderse como la representación de una preocupación por sobrevivir, entender y actuar sobre la vida. Parece lógico, por tanto, que el culto girase alrededor de la madre, dadora de vida, y que su importancia se aplicase también a la vida animal y la vida vegetal; de ahí la pervivencia todavía a día de hoy de términos como «la Madre Tierra» y «la Madre Naturaleza».

Como en los siglos XIX y XX la variable sexo-género no se tenía en cuenta a la hora de generar conocimiento e historiar el pasado, los investigadores, historiadores y expertos desarrollaron sus aportes introduciendo preconceptos sexistas en ellos; de ahí la ya mencionada construcción del Paleolítico alrededor del hombre cazador. Esto derivó, a su vez, en una omisión reiterada de la presencia femenina en las pinturas rupestres, relacionadas con la práctica de la caza incluso cuando «se representaban mujeres bailando»,[25] como es el caso del abrigo rocoso de Cogul, en Cataluña. La consecuencia inmediata de este hecho, como apunta Eisler, es que «las pruebas de una forma de culto antropomórfico centrado en lo femenino —como los hallazgos de representaciones de mujeres de caderas anchas y embarazadas— tuvieron que ser ignoradas o clasificadas como meros objetos sexuales masculinos: obesas venus eróticas o imágenes bárbaras de la belleza».[26]

Teniendo en cuenta la importancia central que juegan estas estatuillas en la producción cultural del Paleolítico, sorprende que en el manual de Historia del Arte más vendido de la historia, el escrito por Ernst Gombrich, no haya ni una sola mención a ellas en el capítulo de arte prehistórico. ¿Cuál podría ser la conclusión? Eisler propone, por un lado, que «la visión tradicional del arte paleolítico como una magia primitiva relacionada con la caza puede considerarse más la proyección de estereotipos que la interpretación lógica de lo que se observa»;[27] y, por otro, que estas expresiones artísticas «eran expresiones del intento de nuestros antepasados por entender su mundo [...] y confirman lo que podríamos asumir como lógico: junto con la primera conciencia del ser en relación con otros humanos, animales y el resto de la naturaleza, debió de existir una conciencia del asombroso misterio —y la importancia práctica— sobre el hecho de que la vida surge del cuerpo de la mujer».[28]

Como cada vez vamos adentrándonos más en la gruta, al abandonar la galería de las pinturas rupestres las temperaturas bajan, el acceso de la luz natural es inviable y nos encontramos en la más absoluta oscuridad. El terreno es más inestable, las paredes se estrechan —impidiendo que más de dos personas caminen una al lado de la otra— y comenzamos a ser conscientes de que —a pesar de que sí se hayan identificado yacimientos en cuevas y grutas que prueban su habitabilidad[29]— un número considerable de los espacios donde fueron encontradas obras de la prehistoria no estaba destinado a actuar como vivienda, sino a albergar lugares ceremoniales o santuarios. A cada visitante se le ofrece una antorcha junto con instrucciones para manejarla sin riesgo de quemarse (o de quemar a alguien) con ella. Las guías son las encargadas de prender primero las suyas para encender después con ellas las demás. De esta forma, vamos transitando en silencio por el laberíntico interior de la cueva hasta llegar a la sala de las estatuillas.

Esta sala sirve al propósito de potenciar un acercamiento en primera persona. Cuando entramos en ella, el sonido de las pisadas reverbera en las paredes y son nuestras antorchas las que se encargan de ir llenando gradualmente la estancia de luz. En contraste con la antigüedad del espacio, que nos hace viajar en el tiempo, nos topamos a lo largo de él con una sucesión de altares cuadrangulares contemporáneos sobre los que descansan diferentes estatuillas antropomorfas. Lo primero que nos sorprende de ellas es su reducido tamaño. Acostumbradas a verlas reproducidas en libros o a través de proyectores, tenerlas delante es descubrir que podrían caber hasta en los bolsillos de un pantalón. En los museos suelen aparecer protegidas en vitrinas, tanto por motivos de seguridad como por motivos de control de humedad y temperatura, pero esta vez se sustentan sobre los soportes sin ningún vidrio que las rodee. Esto genera un efecto sobrecogedor que multiplica su vulnerabilidad: bastaría extender el brazo, agarrarlas con la mano y cerrar esta en un puño para hacerlas trizas. Como se presupone que —además de estar en un museo poco convencional— somos todas personas decentes, las obras no necesitan ser aisladas para apreciarse. Podemos rodearlas, acercarnos a ellas y verlas desde todos los ángulos, incluido el ángulo cenital, para así poder realizar un ejercicio de observación parecido al llevado a cabo por McCoid y McDermott a la hora de sustentar su hipótesis de la autorrepresentación femenina.

Algunas de estas estatuillas son más redondeadas; otras, más estilizadas. En ocasiones, su cabeza aparece cubierta por adornos (a los que se alude a veces con el nombre de «capuchas»); y en otras, en cambio, se extiende como una zona carente de detalles. Los materiales empleados varían: contamos con ejemplos en piedra, en terracota, en marfil y en hueso. Podemos acercarnos también a otras obras conocidas que se alejan un poco de las figuras que hemos visto hasta ahora, como la *Venus de Laussel*, tallada en bajorrelieve sobre un bloque de piedra caliza y portando un cuerno en una de sus manos; o la *Dama de Brassempouy*, un fragmento de cabeza tallada en marfil de mamut que sí representa los detalles de un rostro humano.

Esta sala plantea otro desafío: cómo acercarse al posible culto a la Diosa sin caer en la dicotomía del patriarcado versus el matriarcado. En el recorrido de la derecha, el paso por esta habitación está protagonizado por el discurso tradicional masculino, que reduce las Venus a la línea del culto a la fertilidad y a la belleza; que no problematiza su nombre; y que tampoco hace referencia a la centralidad de lo femenino en el Paleolítico. Por otro lado, el recorrido de la izquierda sí cuestiona que se nombren como «Venus»; y sí introduce el debate sobre el culto prehistórico a lo femenino, pero lo hace a través de un mito igualmente falso: el del matriarcado.

Una de las consecuencias de que la mayor parte de la historia se haya estructurado alrededor de sistemas de dominación monopolizados por el hombre es que esto nos ha arrebatado la posibilidad de imaginar un mundo donde la dominación no fuese la norma. Debido a ello, cuando se dejó de sostener que el patriarcado se remontaba a la prehistoria, estudiosas y estudiosos se inclinaron hacia el punto opuesto de la balanza: si no podemos hablar de patriarcado, entonces tendremos que hablar de matriarcado. Craso error: ¿por qué damos por hecho que, si una comunidad no se estructura alrededor de la supremacía masculina, debe entonces estructurarse alrededor de la supremacía femenina? ¿Por qué solo somos capaces de explicar las comunidades prehistóricas siguiendo marcos basados en la dominación y la opresión?

Como no vivimos en sociedades equitativas, nos resulta complicado imaginar que este pudo ser el principio regulador de las relaciones entre personas. Quizás lo más dramático de este hecho no es que nos hayamos acostumbrado a vivir en sociedades no equitativas en cuanto a sexo, género, raza y clase; quizás lo más dramático es que nos hemos creído que este hecho es algo natural y, por tanto, irreversible, en lugar de algo culturalmente impuesto y, como consecuencia, reversible. Pero, por suerte, esta lectura de la prehistoria nos acerca a una etapa donde mujeres y hombres pudieron convivir pacíficamente entre ellas,* aunando esfuerzos por el bien común.

Fue en el siglo XIX cuando comenzó a gestarse el mito del matriarcado, engullido y amplificado también por algunas feministas del siglo XX. Si rastreamos su origen, nos topamos con la figura de Johann Jacob Bachofen, un jurista suizo apasionado de la filología que —en su obra *El derecho materno*, publicada en 1861— defendía que el inicio de las comunidades humanas estuvo basado en la ginecocracia.[30] Pese a que Bachofen no emplea en ningún momento el término «matriarcado», su obra sirvió como base para desarrollarlo hacia finales del siglo XIX como lo opuesto al patriarcado.

El punto ciego de Bachofen —y de cualquier personalidad que posteriormente se valió de su teoría— fue confundir el carácter matrilineal y matrilocal (un sistema de descendencia que se define por la línea materna y cuya residencia se organiza alrededor de ella) de estas comunidades con un carácter matriarcal. Que las sociedades se estructuren a través del linaje materno en lugar del paterno no implica *per se* un estatus de supremacía. De esta forma, Bachofen y sus posteriores partidarios, en lugar de romper el molde, lo duplicaron. ¿En qué se traduce esto? Pues en que, como dice Margarita Díaz-Andreu,[31] tenemos, por un lado, el inmovilismo del discurso arqueológico tradicio-

* Aquí cabe destacar una puntualización que ofrece Eisler: «No ha habido sociedades utópicas [...]. Una sociedad pacífica no significa la ausencia de toda violencia».

nal —que hace aguas por todas partes— y, por otro, una interpretación subversiva en pretensiones pero igualmente errónea una vez cotejada. Este hecho deja a la visitante en una situación cuanto menos espinosa: no puede fiarse del paradigma predominante, pues sabe que hay demasiadas probabilidades de que esté sesgado; pero tampoco puede confiar plenamente en el paradigma desafiante, pues sabe por experiencia que puede que también lleve a interpretaciones erróneas.

Llegadas a este punto, lo mejor que podemos hacer es portar la inquietud como bandera y actuar, siempre que podamos, con toda la perspicacia posible. Esto implica romper una de las dinámicas más arraigadas tanto en la academia como fuera de ella: la confianza ciega en la autoridad otorgada por el saber. En nombre de la autoridad que ofrece el saber se han dicho, mantenido y perpetuado auténticas atrocidades. Esto ha sido posible, en gran parte, debido a nuestra estrechez de miras respecto al conocimiento. Nuestra sed de verdades absolutas y nuestra desconfianza ante respuestas parciales nos impiden contemplar como válidas otras opciones y, por tanto, solemos creer que cualquier hecho comunicado con la suficiente contundencia constituye una verdad. De esta forma, a día de hoy seguimos creyendo a las autoridades académicas cuando dicen que las gentes prehistóricas vivían en cuevas y que el hombre era el único productor de arte; que no ha existido un periodo donde la dominación no fuese la norma; que las mujeres apenas han realizado aportes sustanciales a la mayoría de ámbitos; o que ya existe la igualdad formal y simbólica entre hombres y mujeres, igual que entre personas blancas, negras y racializadas. A esto es a lo que llamamos violencia epistémica: al conjunto de prácticas científicas, disciplinares y cognitivas que, intencionadamente o no, invisibilizan la aportación de determinados sujetos sociales a la construcción, discusión y difusión del conocimiento científico.[32]

Durante el Neolítico, la etapa posterior al Paleolítico, el culto a la Diosa se intensificó en lugar de mitigarse. El desarrollo de la agricultura permitió a las comunidades ir asentándose en determinados territorios, abandonando la itinerancia y, con ella, también el nomadismo. La capacidad de cultivar el suelo y los alimentos propició, a su vez, el desarrollo de todo tipo de tecnologías materiales y sociales. Y en todos estos lugares se ha encontrado presencia del culto a la Diosa: desde Catal Huyuk y Hacilar, en las llanuras de Anatolia (en la actual Turquía), hasta Harappa y Mohenjo-Daro, en la India, pasando por el yacimiento neolítico de Jericó, siguiendo por Tell-es-Sawwan, un yacimiento en la orilla del Tigris, y también por Cayonu, al norte de Siria.[33]

El afinado análisis e interpretación de muchos de estos yacimientos arqueológicos se debe a su descubrimiento tardío, ya en el siglo XX, y se explica en oposición a las primeras intenciones arqueológicas, motivadas no tanto por una curiosidad intelectual, sino —más bien— por «propósitos afines a aquellos de los saqueos de tumbas: la adquisición de asombrosas antigüedades para museos de Inglaterra, Francia u otras naciones coloniales».[34] No sería hasta después de la Segunda Guerra Mundial cuando la arqueología tomaría la forma bajo la que la conocemos y entendemos hoy. Es decir, la de la investigación sistemática de la vida, pensamientos, tecnología y organización social de nuestras ancestras.[35] Esto ha provocado que, desde mediados del siglo pasado, se hayan tenido que revisar las dataciones y secuencias temporales, así como las interpretaciones que en el siglo XIX y en la primera mitad del XX se habían hecho sobre la prehistoria. Un importantísimo cambio de paradigma como este, por desgracia, todavía tiene que tener lugar en las aulas, a las que llega con mucho retraso.

Esta nueva motivación, combinada con métodos de análisis inéditos, ha desplazado considerablemente la frontera de la revolución agrícola que supuso el Neolítico: ahora sabemos que pudo trazarse hace más de diez mil años, entre el 9000 y el 8000 a. C. Por otro lado, autores ya mencionados, como James Mellaart, afirmaron, en 1975, que «la civilización urbana, que durante mucho tiempo se había creído un invento mesopotámico, tiene predecesores en yacimientos como Jericó o Catal Huyuk, en Palestina y Anatolia, que durante años se habían considerado páramos».[36] Esto implica que no hubo una única cuna de la civilización, sino varias que se desarrollaban de manera paralela. Y, en todas ellas, Dios parecía tener forma femenina.

Grandes superficies de terreno fueron contempladas como páramos inhabitados también en territorio europeo. Siguió siendo así hasta que la arqueóloga Marija Gimbutas, en su libro *Diosas y dioses de la Vieja Europa*,[37] contradijo que los habitantes del sureste europeo de hacía siete mil años fuesen «aldeanos primitivos»: «Si definimos "civilización" como la habilidad de un determinado pueblo para adaptarse a su entorno y desarrollar arte, tecnología, escritura y relaciones sociales adecuadas, es evidente que la Vieja Europa alcanzó un éxito considerable».[38] Los yacimientos de la Vieja Europa cuentan, además, con una característica interesante: no estaban fortificados y no se asentaban en puntos estratégicos, por lo que apuntan a civilizaciones pacíficas no interesadas en habitar terrenos que pudiesen defender, sino terrenos apacibles. La cultura Vinca, que abarca zonas de las actuales Serbia, Rumanía, Bulgaria y Macedonia, nos enseña a través de sus enterramientos que existía una división sexual del trabajo, pero que no existía superioridad alguna entre sus miembros: «una sociedad igualitaria entre hombres y mujeres se pone de manifiesto en el ajuar funerario de prácticamente todos los cementerios conocidos de la Vieja Europa».[39]

A tenor de esto, Eisler propone —en *El cáliz y la espada*— un ejercicio que bien podemos extrapolar a cualquier experiencia dentro de un museo: prestar atención ya no tanto a lo que tenemos delante, a lo que está expuesto, sino a aquello que falta. El arte nos habla no solo a través de la presencia, sino también —y, sobre todo— a través de la ausencia.

> Un tema notorio por su ausencia en el arte neolítico, lo que supone un fuerte contraste con el arte posterior, es la imaginería que idealiza el poderío de las armas, la crueldad, el poder basado en la violencia. Aquí no hay imágenes de nobles guerreros o escenas de batallas [...]. El arte de este periodo está asombrosamente desprovisto de la imaginería del gobernante-gobernado, amo-siervo, tan característica de las sociedades dominantes [...]. Lo que sí se encuentra por todos sitios —en santuarios y casas, en pinturas murales, en los motivos decorativos de las vasijas, en esculturas de bulto redondo, en las estatuillas de arcilla y en los bajorrelieves— es una amplia variedad de símbolos basados en la naturaleza.[40]

Cuando leo a Almudena Hernando en su libro *La fantasía de la individualidad*[41] o en su artículo «¿Por qué la arqueología oculta la importancia de la comunidad?»,[42] a Riane Eisler, con quien este capítulo contrae una deuda inmensa; o a María Mies en *Patriarcado y acumulación a escala mundial*,[43] suelo sentir una mezcla entre euforia y frustración. Euforia porque sus enfoques amplían las miras que había interiorizado y estimulan mi ansia por saber más; y frustración porque hacen que me pregunte de manera inevitable qué tipo de historia estaría transmitiendo o qué clase de narrativa estaría perpetuando en estas páginas de no haber conocido sus aportaciones.

Algo parecido ocurre con la civilización minoica, establecida en la isla de Creta (de ahí que se denomine también «civilización cretense»). Esta cultura se remonta a la Edad de los Metales y suele ser referida como antecedente de la griega. En comparación con las ilustraciones primitivistas que aparecen en internet si buscamos «Edad de Cobre» o «Edad de Bronce», la civilización cretense nada tiene que ver con esos hombres barbudos vestidos con pieles que viven en aldeas y cuyas viviendas son chozas con tejados de paja. En Creta se alzó, en el segundo milenio a. C., un auténtico complejo palaciego. Las pinturas murales conservadas —junto a la cerámica, vasijas y figuras— muestran tal grado de libertad y flexibilidad artística que, cuando el yacimiento fue redescubierto y excavado, los especialistas creyeron que no podía tratarse de una cultura tan lejana en el tiempo.[44] Es decir, que ocurrió algo semejante a lo que había pasado con la cueva de Altamira: se volvió a subestimar la complejidad de las sociedades prehistóricas.

Las primeras excavaciones de este yacimiento cretense estuvieron a cargo del arqueólogo griego Minos Kalokerinos y se remontan a 1878, aunque el descubrimiento del Palacio de Cnosos se asocia con el británico Arthur Evans, quien dirigió sucesivos trabajos de excavación en las tres primeras décadas del siglo pasado. Para que nos hagamos una idea, el complejo palaciego abarcaba unos veinte mil metros cuadrados y contaba, en su momento, con sistemas hidráulicos, de drenaje y desagüe.[45] Estos avances permitieron que la población de la isla fuese creciendo (se estiman cerca de cien mil habitantes), que las construcciones fuesen aumentando y que el palacio adquiriese una estructura laberíntica. Debido a ello, el complejo se vinculó con el mito griego del laberinto del Minotauro y el rey Minos, y de ahí tomó prestado su nombre la cultura minoica. No obstante, al contrario que en dichos mitos, las pinturas y obras de arte halladas en la zona no remiten a un poder armado autocrático, y la organización social y gubernamental tampoco parecía estructurarse exclusivamente alrededor de los hombres, sino que partió de una base matrilineal y matrilocal que fue centralizándose: «Una característica notable de la cultura cretense es que no hay estatuas ni relieves de aquellos que se sentaron en los tronos de Cnosos o del resto de los palacios. Más allá del fresco de la Diosa —o, tal vez, reina o sacerdotisa— [...] no parece haber retratos reales de ningún tipo hasta la última fase».[46] Es decir, que si no tenemos indicios de quién gobernaba, no podemos determinar si eran sociedades regidas por hombres o por mujeres, aunque siempre se suela hacer referencia a los reyes. De lo que sí tenemos indicios gracias al arte minoico es de que los sujetos centrales —los que son representados con más frecuencia en las artes, la artesanía y la esfera pública— eran las mujeres.[47]

Al contrario que la civilización que conquistaría la isla posteriormente (la micénica), la cultura minoica sobresale por un marcado carácter hedonista: continuando la línea de arte neolítico, los restos artísticos en Cnosos no remiten a la guerra ni celebran victorias bélicas, sino que representan el goce y lo bello. Tampoco hay rastro de una estructura social jerarquizada que presente grandes contrastes: ni extrema riqueza ni extrema pobreza, sino —más bien— la distribución equitativa de la primera y la ausencia de la segunda. Estas son algunas de las razones por las que la civilización cretense fascinó a quienes la descubrieron, la estudiaron y se familiarizaron con sus restos. Además, también se encontró un gran número de tablillas que apuntaban a dos sistemas de escritura diferentes: el lineal A y el lineal B. Las bases para descifrar este último las debemos a Alice Kober, quien se encargó en la década de los cuarenta de aislar las secuencias de signos y que, por desgracia, murió poco antes de cosechar los frutos de su trabajo, finalizado por Michael Ventris en 1952.[48] En el caso del sistema lineal A, todavía no se ha podido descifrar por completo.

El contenido de las tablillas de lineal B es mayoritariamente administrativo, pero este hecho subraya el desarrollo burocrático cretense y, al mismo tiempo, permite rastrear (aunque de manera fragmentada) algunas de sus relaciones comerciales con otros territorios, como —por ejemplo— Egipto, a donde llegaron a enviar embajadores y piezas de arte.

Antigüedad clásica e idealización

Una vez dejamos atrás la sala de las estatuillas paleolíticas y del arte neolítico, una estancia de dimensiones mucho mayores y techos de gran altura nos recibe. El eco de nuestras conversaciones y pisadas reverbera en las paredes, esta vez cubiertas —a la derecha— por pinturas egipcias y —a la izquierda— por reproducciones de algunos de los murales de Cnosos. Ambos lenguajes pictóricos comparten características tales como la ausencia de tridimensionalidad y, por tanto, de perspectiva; la representación de sus figuras de perfil; y la realización de pinturas que muestran vegetación o animales de manera clara y concisa, fruto de una observación interesada en que dichas imágenes fueran reconocibles. La principal diferencia entre las dos civilizaciones es que el hieratismo y solemnidad presente en la pintura egipcia no se refleja en la misma medida en la minoica (más preocupada por representar el movimiento y cierto grado de dinamismo).

La pintura egipcia nos sirve para perfilar qué es la iconografía y cómo funciona. Aunque no siempre ha sido definida en los mismos términos, actualmente llamamos «iconografía» a la ciencia que nos permite «conocer las imágenes, en cuanto formas y también en sus aspectos semánticos, puesto que consiste tanto en el conocimiento y análisis de los prototipos formales, basados en las fuentes escritas que aluden a ellos, como en el propósito de desvelar, al menos parcialmente, los mensajes que en ellas se encierran. Además, la iconografía es también el estudio de la evolución de los iconos, lo que Fritz Saxl llamó "la vida de las imágenes", y el análisis de su desarrollo».[49] De las diferentes escuelas dedicadas a esta ciencia, la más conocida fue la iniciada por Aby Warburg en 1944, pero —en este caso— nos ceñiremos al método propuesto por otro de sus integrantes, Edwin Panofsky.

En *El significado de las artes visuales*, Panofsky estructuró cualquier obra de arte en tres niveles de significación: el primario (preiconográfico), el secundario (iconográfico) y el terciario (iconológico).[50] Vayamos paso a paso, porque —aunque pueda parecer complicado— este hombre consiguió sacarse de la manga una sistematización increíblemente útil (y lógica, ahora que la conocemos) para acercarnos al arte de cualquier época.

En el primer nivel tenemos la significación primaria o natural (es decir, preiconográfica), la cual nos permite describir qué tenemos delante. Pongamos un ejemplo: en la pared dedicada a las pinturas egipcias, nos encontramos con una mujer que porta un tocado del que salen dos cuernos de vaca en cuyo centro hay una esfera naranja. Hasta aquí, todo bien. En el siguiente nivel tenemos la significación secundaria o convencional (iconográfica). Para llegar a ella, no nos basta con describir lo que vemos: debemos relacionarlo con su contenido temático. Así que este estadio requiere que acudamos a fuentes a veces icónicas y, otras, literarias. En la mitología egipcia, Hathor era una diosa vinculada al cielo, relacionada con los dioses Horus y Ra y madre simbólica de los faraones. ¿Cómo se la solía representar? En pintura, mayoritariamente portando un tocado con cuernos de vaca y un disco solar en medio, aunque también tenemos referencias a su culto en los capiteles de algunos templos (como el de Hatshepsut), en los que aparece representada de frente, con orejas de vaca y el pelo enmarcando su cara. Si añadimos este nivel de significación al anterior, llegaremos a la conclusión de que la mujer que vemos representada es, en efecto, la diosa Hathor.

El tercer nivel de significación, al que Panofsky llama «significación intrínseca» (iconológica), es más complejo, pues no basta ni con describir lo que vemos ni con saber identificar el tema o figura representada;

es necesario, también, que sepamos qué función cumple, para así poder relacionar la obra directamente con su contexto y señalar la finalidad a la que responde. Es por ello que, en muchos casos, no podemos llegar a este nivel: al implicar un profundo conocimiento de las fuentes, los registros visuales y el contexto cultural en el que se inserta la obra, es muy fácil caer en aseveraciones incorrectas que incluyan ciertos sesgos. Así que, en este caso, mejor ser prudentes y no arriesgarnos.

«Los artistas griegos realizaron sus aprendizajes con los egipcios, y todos nosotros somos alumnos de los griegos», decía Gombrich.[51] Una manera clara de ver esto es comparar la escultura conjunta del faraón Micerinos y su esposa Jamerernebty con el grupo escultórico de Cleobis y Bitón. A pesar de que existe más de un milenio y medio entre ambas, en las esculturas griegas se pueden apreciar características muy parecidas a las de la estatuaria egipcia: absoluto hieratismo; frontalidad; brazos pegados al cuerpo que terminan en puños cerrados, y la pierna izquierda adelantada respecto a la derecha. Enmarcadas dentro del periodo arcaico del arte griego (siglos VIII-VI a. C., aproximadamente), estas esculturas responden a una tipología conocida como los *kuroi* (*kouros*, en singular) y las *korai* (*koré*, en singular). En la sala podemos verlas apostadas en sus respectivas paredes: *kuroi* y *korai* a la izquierda, cerca de las pinturas murales cretenses; y la escultura de Micerinos y Jamerernebty a la derecha, al lado de las egipcias.

Si estos tres tipos de arte pertenecientes a tres civilizaciones diferentes (cretense, griega y egipcia) conviven en un mismo espacio es para incidir tanto en sus divergencias como en sus semejanzas. En este sentido, Creta se considera el último reducto de las sociedades de colaboración en el gradual paso a las de dominación, trasvase que Marija Gimbutas vincula a las sucesivas oleadas de kurganes, término acuñado por la misma autora para referirse a la cultura proveniente de las estepas eurasiáticas: «Los kurganes eran lo que los expertos denominan europeos o estirpe de lengua aria, un tipo idealizado en los tiempos modernos por Nietzsche y, más tarde, por Hitler como la única raza pura europea. De hecho, no eran de origen europeo [...] y tampoco eran originarios de la India».[52] Como consecuencia, el término «indoeuropeo», aunque persista en la actualidad, ya no se utiliza como identidad racial sino para referirse a un grupo de lenguas de raíz común compartidas por diferentes pueblos nómadas que —junto a los arios en la India; los hititas y los mitanni en el Creciente Fértil; los luvitas en Anatolia; los aqueos, los hebreos y, posteriormente, los dorios en Grecia— «impusieron gradualmente su ideología y modo de vida a las tierras y pueblos que conquistaron».[53]

Este choque gradual de culturas se manifestó también en Creta, primero bajo la presencia micénica y, posteriormente, bajo la creciente amenaza de otra oleada de invasiones provenientes del continente. Durante el periodo micénico, el arte se volvió menos espontáneo y libre que el minoico, al mismo tiempo que aparecieron nuevas preocupaciones, como la muerte y los subsiguientes ritos funerarios a los que hasta entonces no se les había dado demasiado importancia en la isla, pues la civilización minoica prefería celebrar la vida.[54] Los motivos por los cuales la presencia minoica en Creta dio paso al dominio micénico siguen sin estar claros, pero la hibridación entre ambas culturas dio paso a los orígenes de la mitología griega, a través de deidades como Atenea, Zeus, Artemisa y Hera, mencionadas en algunas tablillas[55] de lineal B.

La civilización egipcia y la cretense también conviven en la sala para mostrar que en ambos casos se produjeron problemas de interpretación y asociación. Ya hemos analizado cómo la sociedad minoica fue entendida en términos de gobierno masculino a pesar de que no hubiera evidencias que lo confirmaran, y algo parecido pasó cuando se descubrió en Egipto la tumba de Meryet-Nit. El egiptólogo Flinders Petrie asumió automáticamente que se trataba de un rey hasta que, con posterioridad, se determinó que se trataba del sepulcro de una mujer y que, a juzgar por su riqueza, debía tratarse de una reina. Lo mismo ocurrió en las excavaciones dirigidas por Jacques de Morgan, en la tumba de Nagada: «Se dio por hecho que se trataba del sitio funerario de un rey: Hor-Aha, de la primera dinastía. Sin embargo, como escribe el egiptólogo Walter Emery, las investigaciones posteriores demostraron que era el sepulcro de Nit-Hotep, la madre de Hor-Aha».[56]

Al fondo de la sala, el terreno se eleva, formando una rampa que nos indica el camino de salida. Una vez superada la pendiente, dejamos atrás los interiores cavernosos para adentrarnos en el interior de un templo dividido en tres naves. Están separadas por dos filas de columnas superpuestas a las que apenas prestamos atención, eclipsadas por una estatua colosal que nos vigila desde que ponemos un pie en la estancia. Mide más de cinco metros y está situada encima de un pedestal. A primera vista, vemos que está vestida con un manto dorado que la cubre hasta los pies. Al lado de uno de ellos descansa un escudo en cuyo interior asoma una serpiente. Sobre su hombro reposa una lanza y lleva la cabeza cubierta por un casco, adornado con una esfinge y dos grifos (no las llaves del agua, sino la criatura mitológica alada con cuerpo de león y cabeza de águila). La deidad tiene ambas manos ocupadas: una sujetando el escudo; la otra sosteniendo en la palma otra escultura, mucho más pequeña que ella, de cuya espalda salen dos alas. Con esto ya tenemos el análisis preiconográfico. Ahora bien, ¿de quién se trata? La escultura de menor tamaño que se encuentra erguida en una de las manos es una Niké (victoria alada), la cual nos indica con su presencia un triunfo. Pero ¿cuál? El casco y el escudo nos muestran lo que necesitamos saber: son los atributos iconográficos principales de Atenea, hija de Zeus y patrona de Atenas. La victoria alada señala la conmemoración de su triunfo sobre Poseidón, a quien se enfrentó para convertirse en protectora de la ciudad griega que tomó su nombre. En honor a este mito, cuando Pericles inició las obras de la Acrópolis de Atenas, pidió a Fidias que realizase una escultura en honor a la diosa para situarla en el interior del Partenón.

Fidias no escatimó y apuntó bien alto (nunca mejor dicho): la escultura original medía más de once metros y era crisoelefantina, es decir, sus materiales combinaban el oro y el marfil sobre un núcleo de madera. De esta forma, la *Atenea Parthenos* vestía de oro y su piel era de marfil. Por si fuese poco, en las cuencas de los ojos tenía incrustadas piedras preciosas. Dicha escultura colosal no fue la única obra de estas características que realizó Fidias: también consta la existencia de un Zeus en Olimpia y otras dos de Atenea, aunque ninguna de las cuatro ha llegado a nuestros días. Sí contamos, en cambio, con descripciones literarias. En el caso de esta Atenea fue Pausanias quien se encargó de reseñarla.

Una vez superada la conmoción inicial de ver una obra de tal magnitud, podemos prestar atención a otros elementos que también nos ayudan a acercarnos al arte de la Antigua Grecia. Por ejemplo, las columnas. A través de ellas podemos enumerar los tres órdenes arquitectónicos griegos como si estuviésemos cantando la canción de Las Bistecs: dórico, jónico y corintio. Podríamos complicarnos la vida e intentar diferenciarlos por el tipo de fuste de las columnas (si tiene estrías o aristas) o por el tipo de entablamento (si el friso es corrido o si presenta triglifos y metopas), pero —a efectos reales— lo único en lo que necesitamos fijarnos es en los capiteles. El orden dórico sobresale por su sobriedad: es el más soso de todos y, por tanto, el más fácil de identificar, aunque solo sea por descarte. El jónico se caracteriza por tener dos volutas en el capitel, es decir, dos adornos con forma de espiral o de caracol. Y el corintio, por rizar el rizo y ser el más ornamentado, simulando una decoración vegetal (en concreto, hojas de acanto).

Lo que estos tres órdenes nos cuentan es que, a medida que fueron pasando los siglos, el arte griego se fue complejizando más, añadiendo más elementos decorativos y explorando nuevas formas artísticas. Esto ocurre en paralelo a la valoración social de las artes y la artesanía. En las primeras etapas, las artes de la pintura y la escultura no gozaban de mucha relevancia —por aquel entonces, ni siquiera computaban como artes propiamente dichas—, así que las personas que se dedicaban a ellas solían ser consideradas inferiores al resto.[57] Un poco como cuando tu familia quiere que estudies Derecho o Medicina pero tú les dices que te metes a Bellas Artes: digamos que, tanto por aquel entonces como ahora, la sociedad consideraba que había mejores caminos que el arte. Pese a todo, estos artistas se esmeraban por buscar la perfección y, para conseguirla, empezaron imitando las formas egipcias y asirias[58] hasta que, progresivamente, fueron encontrando su propio estilo. La periodización del arte griego se divide en diferentes etapas: la geométrica, la orientalizante, la arcaica, la clasicista y la helenista. Los nombres que solemos asociar con la escultura griega son los de Fidias, Mirón, Policleto, Praxíteles, Lisipo y Scopas. Los seis se encuadran en el clasicismo (entre los siglos v y vi a. C., aproximadamente), pero —para diferenciarlos— vamos a dividirlos en dos grupos: en la primera etapa del clasicismo se encuentran Fidias, Mirón y Policleto; en la segunda fase, Praxíteles, Lisipo, y Scopas.

Para disfrutar de algunas de sus obras, debemos abandonar el centro de la sala y desplazarnos hacia las naves laterales, a lo largo de las cuales aparecen diseminadas las piezas. No me recrearé aquí hablándoos del *Discóbolo*, del *Diadúmeno*, del *Apoxiomeno*, del *Doríforo* o del *Apolo Sauróctono*: creo que es mejor evitar el mal trago de fingir que es fácil familiarizarse con sus nombres y sus respectivos escultores, y más cuando todavía recuerdo lo que sudé para conseguirlo yo misma (y no os creáis que me ha servido de mucho). Lo que sí considero importante que tengamos en cuenta respecto a la estatuaria griega son nociones como, por ejemplo, los paños mojados, el *contrapposto*,* la curva praxiteliana, los diferentes cánones de proporción y los conceptos del *ethos* y del *pathos*. Creo que, teniendo claras estas nociones, podemos disfrutar más de las obras que memorizando sus nombres.

Por ejemplo, es a Fidias a quien se le suele atribuir la técnica de los paños mojados. Como su nombre indica, a través de ella se pretende simular el efecto que presenta el tejido al pegarse a la piel, lo cual permite trabajar la anatomía de la figura y, al mismo tiempo, aportar volumen y textura valiéndose de los juegos de pliegues. Esta técnica sería asimilada posteriormente por la escultura romana y la veremos también presente en piezas barrocas y neoclasicistas, esta vez incluso aplicada a bustos de mujeres veladas en una magnífica demostración de virtuosismo.

En cuanto a las proporciones, Policleto fue el primero en sistematizar las medidas que se consideraban adecuadas para potenciar una relación armónica de las partes con el todo. La Antigüedad clásica no perseguía representar las cosas tal y como eran, sino —más bien— tal y como se creía que debían ser: aunque se tomasen modelos del natural, se depuraba aquello que no fuese necesario y se realzaba todo lo

* Palabra italiana que significa «contrapeso».

demás. La finalidad detrás de esta idealización era la perfección; de ahí que Policleto estipulase en su canon que las proporciones perfectas de una escultura correspondían a que la totalidad de la pieza fuese equivalente a siete veces el tamaño de una de las partes (la cabeza). Después llegaría Lisipo, a quien no terminaba de encajarle el canon de las siete cabezas y decidió añadir una más, de manera que las proporciones se alargaron y las figuras se estilizaron.

Respecto al progresivo dinamismo y ruptura de la frontalidad de las figuras, la inclusión del *contrapposto* y de la curva praxiteliana fueron decisivas. Si el *contrapposto* consistía en desplazar el peso de la figura hacia una pierna, para así poder generar una inclinación en la cadera (tal y como lo hizo Policleto), la curva praxiteliana la marcaba todavía más. ¿Cómo podemos diferenciar un *contrapposto* de la curva de Praxíteles? Por norma general, fijándonos en los hombros: el *contrapposto*, al ser más sutil, mantiene cierta frontalidad y los hombros permanecen en la misma altura. La curva praxiteliana, en cambio, al requerir una mayor inclinación de la cadera, fuerza la inclinación de los hombros, los cuales dejan de estar a la misma altura.

En el caso de los conceptos de *ethos* y *pathos* —aunque puedan explicarse también a través del campo de la filosofía e impliquen una descripción y unos matices mucho más profundos—, a la hora de la verdad, si los trasladamos al arte, podemos resumirlos a través de los binomios contención/expresión y estatismo/dinamismo. De esta forma, la representación del *ethos* podemos encontrarla en las esculturas griegas del periodo arcaico y —sobre todo— clasicista, en las que las facciones no expresan ninguna emoción concreta. Mientras, el *pathos* lo vemos representado en el helenismo. Un buen ejercicio comparativo para entender cómo se personifican estos conceptos es cotejar, por ejemplo, el *Discóbolo* de Mirón —todo contención emocional, incluso en pleno esfuerzo físico— con el grupo escultórico del *Laocoonte*, que expresa justo lo contrario.

Alrededor de la estatuaria griega hay también otras cuestiones interesantes, como —por ejemplo— la pervivencia de sus modelos representativos pero no de sus originales. La pérdida del patrimonio griego a lo largo de los siglos ha sido colosal, así que la mayor parte de esculturas helenas que conocemos han llegado a nuestros días a través de copias romanas adquiridas por coleccionistas o turistas.[59] La absorción de la civilización de la Antigua Grecia por parte del Imperio romano se tradujo en una «romanización» de las estructuras y organizaciones griegas; y en una «helenización» del arte romano, por mediación del cual las formas y la estética griega sobrevivieron al paso del tiempo, aunque reconfiguradas en base a nuevas necesidades y fines. Al fin y al cabo, quienes trabajaron en los talleres romanos procedían mayoritariamente de Grecia (razón por la que no profundizaremos en el arte del Imperio romano en estas páginas).

Sobre la escultura grecorromana pervive todavía una falsa creencia que suele romper nuestros esquemas cuando es confrontada: la escultura grecorromana y la arquitectura griega no mostraban los materiales tal y como los vemos hoy en día, sino que los policromaban. Esto quiere decir que el mármol y la piedra no quedaban a la vista: eran pintados con vistosos colores. Con el paso del tiempo, los pigmentos fueron desprendiéndose de algunas obras y se fue desarrollando una visión y lectura romantizada de la blancura del mármol como otra característica más de la perfección y armonía clásicas. Pero nada más lejos de la realidad. Esta creencia ha calado tanto en nuestra forma de disfrutar del arte clásico que, cuando vemos reproducciones de cómo eran en realidad estas obras, nos llevamos las manos a la cabeza porque su impacto visual da un giro de ciento ochenta grados. Podemos entonces preguntarnos si nos atrae el arte clásico europeo por lo que fue o por la imagen idealizada que se fue creando de él. Para cuando se descubrieron los yacimientos de Pompeya y Herculano en el siglo XVIII o se produjeron avances tecnológicos en el siglo pasado —los cuales permitieron extraer restos de pigmentos y reconstruir la apariencia original—, el mito sobre la blancura del mármol estaba tan extendido que ya era demasiado tarde para cambiar el discurso.

Es indudable que el arte griego constituyó una revolución en la historia del arte occidental, lo cual no implica que no sirva también de pretexto para ilustrar cómo la propia historia del arte actúa a veces como un relato que (nos) contamos y que no tiene por qué corresponderse con la realidad. Por ejemplo, durante muchas décadas se mantuvo que el arte indio se había desarrollado como una extensión del arte griego.[60] Esto es lógico, en parte, si tenemos en cuenta el estilo Gandhara, también conocido como estilo grecobudista, fruto de las relaciones comerciales que establecieron estas dos civilizaciones en el siglo VI a. C. ¿Dónde reside el problema? Se dio por hecho que las influencias fueron unidireccionales, lo cual demuestra cierta tendencia europeizante a la hora de analizar el arte de otras culturas. En cambio, cuando se excavaron los yacimientos de Harappa y Mohenjo-Daro, se descubrió que el territorio de la India había estado habitado por una civilización tan milenaria y desarrollada como la mesopotámica o la egipcia: la cultura del valle del Indo. Este hallazgo forzó la aparición de otras hipótesis[61] que tuvieron que sustituir a Grecia como foco irradiador para poner en su lugar a Mesopotamia o, quizás, para apuntar a una raíz común entre India y Grecia: los pueblos indoeuropeos. Esto, lejos de intentar ofrecer una respuesta única, lo que hace es señalar un problema: que Grecia —y, por tanto, Europa— no fue siempre la influencia, sino también la influenciada. El arte es lo que es, pero también es lo que se cuenta de él. Esta no será la primera ocasión en la cual la idealización —o la degradación— de determinados periodos afecte a los modos en que los percibimos, los analizamos y los disfrutamos.

EDAD MEDIA
Siglos V-XV

La leyenda negra

Puede que los siglos que comprenden lo que hoy conocemos como Edad Media conformen el periodo histórico europeo sobre el que más prejuicios artísticos se han vertido desde el Renacimiento hasta nuestros días. También es uno de los periodos en los que más se ensancha la brecha entre las personas formadas en arte y aquellas que no lo están.

Este capítulo y sus correspondientes salas pretenden, por tanto, poner a vuestra disposición una revisión crítica de las lecturas que —desde el terreno de la cultura de masas, pero también desde el terreno de la historiografía del arte— han potenciado la llamada «leyenda negra» sobre la Edad Media y, como consecuencia, la falta de rigor con la que solemos hacer referencia a esta época.

La Edad Media, al contrario de lo que nos han enseñado a pensar, no fue una época tan oscura; tampoco tan primitiva ni, por supuesto, carente de obras de arte de gran calidad. Las informaciones y argumentaciones que contrarrestan la leyenda negra de la Edad Media suelen venir dadas por profesionales medievalistas que desde sus clases, ponencias y congresos —a través de un gran amor y vocación por la etapa en la que se especializan— intentan derribar una serie de mitos construidos desde otras especializaciones, generados además hace muchos siglos y que, pese a todo, siguen presentes a día de hoy en el imaginario colectivo. También cabe destacar que, durante mis años de formación, pocas asignaturas disfruté tanto —para mi sorpresa— como aquellas dedicadas al periodo medieval. No es que estuviese dispuesta o deseosa de conocerlo (entré en la carrera cargada con esa mochila de prejuicios sobre el medievo), sino que gracias al profesorado medievalista redescubrí lo que es la pasión por el arte y, también, las ganas de contagiarla.

De manera semejante a lo que ocurre con los edificios griegos y las esculturas grecorromanas de la Antigüedad, los interiores y exteriores de la gran mayoría de iglesias medievales, a excepción de aquellas pertenecientes al gótico, han llegado a nuestros días profundamente modificadas. Para ofrecer una imagen que se acerque más a lo que la feligresía se encontraba al entrar en estos espacios, en la sala de acceso a esta zona del museo se ha recreado un interior religioso europeo y medieval en todo su esplendor. Lejos de las paredes de piedra desnudas a las que estamos acostumbradas, las de este espacio aparecen encaladas y decoradas con multitud de pinturas murales que remiten tanto a pasajes bíblicos como a personajes concretos de las escrituras cristianas. La luz que aportan las paredes blancas y el festival de color que generan las pinturas contradicen la experiencia actual de visitar un interior medieval, cuyo recubrimiento ha desaparecido con el tiempo; donde la policromía de las esculturas se aprecia únicamente a través de análisis concienzudos (o gracias a lentes fotográficas de gran aumento); y en el que las pinturas murales que decoraban la cabecera, las arquerías o el intradós* de los arcos se han perdido o han sido trasladadas a determinados espacios museísticos con el fin de preservarlas.

El arte medieval europeo fue, ante todo, un arte pedagógico que utilizó los dispositivos artísticos para educar a la feligresía a través de

* El intradós es el nombre dado a la superficie que recorre la parte interior del arco, es decir, aquello que vemos cuando nos situamos debajo y miramos hacia arriba.

imágenes. Desde el siglo IX, las misas y celebraciones tenían lugar en latín, un idioma oficial cuya comprensión no estaba extendida, por lo que —para familiarizarse con el dogma y culto cristiano— era necesario que el grueso de fieles tuviese acceso a representaciones visuales para, así, poder entender de qué iba la cosa. El culto era mayoritariamente colectivo, es decir, tenía lugar en las iglesias y en compañía (a excepción de la vida monacal). No fue hasta pasados unos cuantos siglos, cuando a principios de la Edad Moderna aparece la imprenta de tipos móviles de Johannes Gutenberg, que el culto individual y doméstico se convierte en una posibilidad. Hasta entonces, cualquier publicación literaria producida en Europa debía ser reproducida a mano, generalmente por monjes y frailes. O bien a través de la xilografía,* empleada, sobre todo, para publicaciones de poca longitud —lo cual no era el caso de la Biblia, desde luego—. Si a esta dificultad técnica sumamos los altísimos índices de analfabetismo y la carencia de centros educativos más allá de los propios monasterios, lo que encontramos es una preeminencia del conocimiento religioso a través de las imágenes y no de los textos.

A la hora de valorar estas representaciones, nos solemos dejar llevar —aun sin saberlo— por los análisis parciales realizados a partir del Renacimiento. El propio término de «Edad Media» ya implica un sesgo en sí mismo. ¿Edad media entre qué y por qué? Muy sencillo: «Edad Media» porque —durante el Renacimiento— consideraron que los diez siglos comprendidos entre la caída del Imperio romano y el auge del humanismo habían servido entre poco y nada, por lo que todo aquello ocurrido y producido entre el siglo V y el siglo XV d. C. estaba *en medio* de *las grandes obras de arte* y de *los grandes momentos históricos de Europa*. También se debe tener en cuenta algo que a veces se nos escapa, y es que las gentes medievales no se consideraban «medievales» a sí mismas: seguían considerándose romanas. De hecho, du-

* La xilografía es un tipo de impresión realizada con planchas de madera grabadas que, una vez impregnadas en tinta, permiten reproducir un número reducido de veces (debido al desgaste de la madera) el contenido grabado en ellas.

rante las primeras etapas de la Tardoantigüedad* —y también más adelante, en los periodos tanto prerrománico como románico—, no fueron pocos los elementos clásicos que fueron reaprovechados. Por tanto, la Antigüedad y su esplendor no desaparecieron totalmente durante la Edad Media. Lo que sí es cierto es que el contexto religioso, político y cultural de Europa cambió, y el arte también tuvo que cambiar con él.

Espero que —a estas alturas— nadie esté pasando un mal trago al no ser capaz de estructurar en su cabeza los siglos y nombres utilizados para categorizar los diferentes periodos dentro del medievo, porque para eso está también este capítulo. Es normal no saber diferenciar, en un principio, lo tardoantiguo de lo altomedieval, lo visigodo de lo ostrogodo, lo islámico de lo mudéjar y todo lo anterior de lo románico; no incluyo el periodo gótico en esta sopa de letras y términos porque es, quizás, el más reconocible y el que cuenta —a día de hoy— con mayor valoración. Mi cometido aquí es ofrecer las herramientas para que nadie tenga ganas de darse un cabezazo contra la pared o tirarse de los pelos cuando escuche hablar o lea algo relativo al periodo medieval. Acercarnos a un periodo histórico-artístico de nada más y nada menos que diez siglos de duración aproximada no va a ser fácil, así que vamos a ver si consigo, al menos, hacerlo ameno.

Lo primero que debemos hacer es tener en mente determinadas fechas. La primera de ellas es 313, año en el que los emperadores Constantino I y Licinio promulgaron el llamado Edicto de Milán y, con él, instauraron la libertad religiosa en el Imperio romano. Hasta entonces, habían tenido lugar persecuciones de creyentes —sobre todo, cristianos— que, en ocasiones, culminaban con el asesinato de determinadas personalidades. Dichas víctimas, al morir por defender su fe, eran consideradas mártires de la religión cristiana y, como consecuencia, obtenían el calificativo de santas y santos, con el consiguiente pistole-

* Término empleado para referirse al periodo de transición entre la Edad Antigua y la Edad Media, respecto al que no parece haber un consenso en cuanto a periodización: algunas veces se enmarca entre el siglo III hasta el siglo V y otras se extiende hasta el siglo VIII d. C., en función de los parámetros que se tengan en cuenta.

tazo de salida del culto dedicado a ellas. La veneración de estas mártires no dejaba en muy buen lugar a los dirigentes del Imperio romano —¿qué es eso de asesinar a quien no cree en las mismas cosas que tú?—, quienes no solo tenían que hacer frente a crisis políticas internas y conflictos bélicos externos, sino también a una creciente crisis religiosa. Por ello, la promulgación de la libertad de culto en el 313 y la constitución del cristianismo como religión oficial mediante el Edicto de Tesalónica en el 380 —segunda fecha a tener en mente— no seguían en exclusiva motivos religiosos: fueron, al mismo tiempo, estrategias políticas que buscaban combatir la fragmentación interna del Imperio.

Una vez se establece la libertad de culto en el Imperio romano, el siguiente paso fue caminar hacia la estructuración del dogma de la religión cristiana; esto es, el establecimiento de determinadas verdades absolutas para la Iglesia, a las que se llegó tras muchos debates, algunos de ellos un tanto encarnizados.

Por ejemplo, en el año 325, en el Concilio de Nicea, los obispos debatieron sobre la naturaleza de Cristo: ¿es humano?, ¿es divino?, ¿es ambas cosas? La gran mayoría estuvieron de acuerdo en que Cristo, en tanto en cuanto hijo de Dios y su representante en la tierra, aglutinaba en sí mismo un componente divino que era incuestionable. En cambio, el obispo Arrio consideraba que Cristo, al haber nacido como hombre y haber muerto como tal, poseía naturaleza humana y no divina. Tras varias semanas de divagaciones, los apoyos concedidos a la lectura que Arrio hizo de la naturaleza de Cristo (conocida como «arrianismo», debido a ello) se fueron retirando y una de las resoluciones a las que se llegó en el Concilio de Nicea fue, precisamente, a la de la naturaleza divina de Cristo. Este tipo de debates pueden parecer, a día de hoy, una nimiedad, pero lo cierto es que generaron conflictos hasta tal punto que, posteriormente, el arrianismo fue considerado una herejía, sus seguidores excomulgados y perseguidos (es decir, que en no pocos casos los cristianos hicieron con los enemigos del dogma lo mismo que los romanos habían hecho con ellos) y los escritos arrianos quemados.

A finales de este convulso siglo IV, otro de los asuntos que se debatieron fue la cuestión trinitaria: la importancia dada y la vinculación existente entre las figuras de Dios, Cristo y el Espíritu Santo. De nuevo, a día de hoy, se entienden estos tres ejes como indisolubles (la Santísima Trinidad), como una misma esencia distribuida a través de tres figuras divinas. Pero, entonces, también corrieron ríos de tinta para llegar a una conclusión que ahora se abraza con total naturalidad. La cristalización de estos debates dogmáticos en el terreno de la teoría y la escritura tuvieron consecuencias en los modos de entender y representar el arte cristiano en etapas iniciales.

Parte de la problemática subyacente a encuadrar los periodos históricos en fechas concretas es que esto —aunque sea necesario para poder hacer referencia a ellos— genera dificultades a la hora de entender que los cambios y la evolución no tienen lugar de la noche a la mañana ni, tampoco, de un día a otro. Es por ello que los primeros estadios del arte medieval presentan muchas reminiscencias romanas. En primer lugar, porque los trabajos artísticos y artesanos fueron llevados a cabo por los mismos talleres, cuya función era aplicar a las nuevas nociones cristianas formas estilísticas romanas (al fin y al cabo, eran las formas que conocían). En segundo lugar, porque las crisis políticas, económicas y territoriales que provocaron la desaparición del Imperio romano de Occidente en el 476 —tercera fecha importante, considerada el inicio de la Edad Media— potenciaron la reutilización de materiales por aquel entonces ya considerados como paganos —es decir, no cristianos— para usos y funciones que sí lo eran. De esta forma, muchos sarcófagos de fábrica imperial asociados a la mitología romana fueron reutilizados bajo una lectura cristiana a través de las llamadas «pervivencias iconográficas», las cuales otorgaban un nuevo sentido a imágenes reconocibles para la gente. La figura de Afrodita/Venus, cuyo atributo más representativo es la desnudez, pasó a ser asimilada bajo la figura de Eva. Y el Hermes crióforo, que representa a dicha deidad griega portando un cordero sobre sus hombros, se vinculó con la idea de Cristo como el «Buen Pastor» que guía a la humanidad lejos del pecado. ¿Qué implican estas pervivencias iconográficas?

Que determinados lenguajes de la Antigüedad clásica permanezcan vigentes a lo largo de la Edad Media. Dicho en palabras de Juan Antonio Ramírez: «La propagación paulatina de la religión cristiana en el ámbito geopolítico del Imperio romano no implicó, al principio, cambios sustanciales en los lenguajes plásticos. Los adeptos a la nueva religión estimularon, eso sí, la aparición y extensión de otra iconografía, aunque para representar las creencias e historias de su fe recurrieron con frecuencia a prototipos visuales preexistentes».[1]

Esto puede servirnos para apreciar hasta qué punto resulta espinoso entender las fricciones entre periodos histórico-artísticos en términos de ruptura en lugar de en términos de continuidad relativa. La diferencia principal de estos enfoques suele ser el medio a través del cual se expresan. Por ejemplo, bajo mi experiencia, en la asignatura de secundaria dedicada a la Historia del Arte (actualmente llamada «Fundamentos del Arte») o en las conversaciones sobre esta disciplina en entornos ni académicos ni especializados suele primar el enfoque rupturista. Las razones pueden ser desde la falta de tiempo para profundizar en los contextos artísticos hasta la selección de obras de diferentes etapas que, comparadas y confrontadas, ponen de manifiesto con efectividad que tienen poco o nada que ver entre sí.

Si cuando hablamos de arte clásico romano lo hacemos utilizando una imagen de la escultura de Augusto Prima Porta —que representa al emperador con uniforme militar en actitud de arengar a sus tropas— e, inmediatamente después, cuando hablamos de arte medieval, lo hacemos empleando las esculturas románicas que decoran el pórtico de una catedral, la conclusión a la que llegaremos es que se produce una clara ruptura entre ambos lenguajes artísticos. Pero, en realidad, lo que demuestra este hecho es la falta de medios —ya sean temporales, curriculares o de otra índole— para profundizar en las obras intermedias, a las que no se les da un espacio y que dejan al grueso de la gente en una cierta situación de orfandad a la hora de rellenar los huecos temporales entre etapas artísticas.

Otro asunto espinoso nace de preguntarnos en qué pensamos cuando pensamos en arte medieval. ¿Qué imágenes se nos vienen a la cabeza? ¿Sobre qué soportes? Y, lo más importante, ¿en qué territorios? El eurocentrismo que atraviesa la historiografía del arte —responsable de categorías y nomenclaturas ideadas para Europa y desde Europa que, con posterioridad, han sido aplicadas a otros territorios— es problemático. Ya hemos visto cómo la Edad Media se llama así porque durante el Renacimiento fue considerada una época oscura en la que se perdió el esplendor de la estética y principios clásicos. Pero si esto ocurrió en Europa, entonces, ¿por qué utilizamos la categoría de «Edad Media» para referirnos a lo acontecido entre los siglos V y XV en otros continentes? Una respuesta lógica y fácil sería, por ejemplo, afirmar que el uso de una estructuración del tiempo diferente en función del continente dificultaría el acceso a la información, ya que tendríamos que familiarizarnos con muchas más categorías, distintas según el territorio que estuviésemos estudiando. Pero vayamos un poco más allá con nuestro cuestionamiento: ¿es que acaso ha habido un consenso internacional respecto a la categorización vigente? Os hago un adelanto: no, no lo ha habido. Europa ha nombrado el tiempo y estipulado la duración de sus periodos, y Europa también ha impuesto esta periodización a otros continentes. Ser conscientes de esto no nos va a permitir cambiarlo —ya es demasiado tarde—, pero sí puede ayudarnos a incluir en nuestros análisis y en nuestras formas de percibir la realidad un punto de vista menos eurocéntrico que nos ayude, a partir de ahora, a afrontar el presente y el futuro de manera diferente a como se ha afrontado e historiado el pasado.

Cuando estudié la asignatura de Historia del Arte en el instituto, en ningún momento apareció incluido en los contenidos qué había pasado entre los siglos V y XVI en otros continentes. ¿Qué pasó en Asia? ¿Y en América? ¿Oceanía y África acaso no existían? Europa es el segundo continente de menor tamaño después de Oceanía y, en cambio, es el que monopoliza las conversaciones y temarios sobre arte. Podríamos pensar que esto ocurre porque vivimos y estudiamos dentro de sus fronteras, pero es cuanto menos impactante darse cuenta de que en Abya Yala, por ejemplo, además de estudiar el arte precolombino, estudian también el arte europeo. El propio término de «arte precolombino» toma a Cristóbal Colón y su llegada al continente como bisagra para establecer una periodización tanto histórica como artística. En dicha periodización, Europa es, de nuevo, tomada como centro y referencia para definir incluso aquello que excede sus propias fronteras. Por otra parte, el eurocentrismo como dinámica de poder extendida de manera global no solo sitúa a Europa como centro, sino que también es una dinámica que actúa de forma unidireccional, de modo que lo que ocurre o ha ocurrido en Europa es conocido en todo el mundo, pero lo ocurrido en todo el mundo en raras ocasiones es conocido en Europa.

Dicho esto, volvamos a prestar atención a la sala en la que nos encontramos. Recordemos que su interior imita el de una iglesia medieval de planta basilical. Se cree que este tipo de planta fue tomada directamente de las basílicas romanas,[2] cuya función fue múltiple y varió entre usos vinculados al comercio, al culto, a la justicia o a la reunión ciudadana. Se caracteriza por tener un cuerpo rectangular formado por una nave central, la cual está separada de las naves laterales por filas de columnas o pilastras. El número de naves siempre es impar y la del centro suele ser más ancha y alta que el resto, además de acabar en una cabecera semicircular. Fue el tipo de planta más habitual en los primeros siglos de la Edad Media europea y, por tanto, también en los primeros siglos del arte cristiano, en ocasiones denominado «arte romano rebautizado»[3] debido a su deuda con el mundo clásico.

Figuras como la de San Agustín se encargaron de ofrecer un sentido moral a estos espacios arquitectónicos, plagándolos de simbolismo. De esta forma, la entrada a la iglesia se correspondería con el plano terrenal y el recorrido hacia la cabecera por la nave central con el camino hacia lo divino, es decir, hacia Dios. En lo que se conoce como arquitectura moralizada, «el creyente que recorra la vía de salvación, simbolizada por la nave central [...], no podrá olvidar que el templo es, ante todo, símbolo del cuerpo de Cristo».[4]

Pese a todo, hay algo que falla en el interior de esta iglesia: más que una reconstrucción o una representación fiel, es una especie de trampantojo. Al haber accedido a ella por los pies de la nave central, lo primero en lo que descansan nuestros ojos, siguiendo una línea recta, es en el final de dicha nave. Cuando miramos hacia los lados, en compañía de las pinturas murales, vemos arcos de herradura de tipo cordobés, con sus dovelas intercalando blanco y rojo; en las naves laterales, si miramos hacia arriba, en lugar de bóvedas de cañón nos encontramos con bóvedas de mocárabes, propias de la arquitectura islámica y presentes, por ejemplo, en la Alhambra de Granada. Pero eso no es todo, porque al final de la nave central, en la parte que ocupa la cabecera —también llamada ábside— nos encontramos con una bóveda cubierta por miles de teselas que forman un mosaico bizantino.

En toda su incoherencia estilística, la sala en la que nos encontramos pone de manifiesto la riqueza estética del medievo y, al mismo tiempo, enfatiza la necesidad de dejar de referirnos a él como una época de parcos logros artísticos. Dudo mucho que quien pasee por la Alhambra de Granada, por la Mezquita de Córdoba o de Damasco, por Santa Sofía de Constantinopla, por Santa María del Naranco o por la Capilla palatina de Aquisgrán se quede con la sensación de que lo que está contemplando carece de belleza o de valor. Incluso teniendo en cuenta que el arte no debe ser bello para gozar de dicha condición, queda claro que —en función del catálogo de obras que seleccionemos— nos quedaremos con una impresión positiva o negativa del periodo artístico al que pertenecen.

Antes mencioné el papel que jugó Constantino I —uno de los principales responsables de la libertad religiosa en el Imperio romano— en el desarrollo del cristianismo. Pues bien, aprovechando que ha salido a colación Santa Sofía de Constantinopla, vamos a detenernos un poco en esta ciudad. Fundada por el emperador homónimo, podríamos decir que la actual Estambul fue la sede del arte bizantino, uno de los más fructíferos de la Alta Edad Media (del siglo v al x), asociado con el Imperio romano de Oriente y, por tanto, también con el Imperio bizantino. En aquella época, Constantinopla fue el eje de una civilización próspera, gracias a su ubicación geopolítica entre Oriente y Occidente, además de «continuadora del Imperio romano primero y defensora de su propio concepto de espiritualidad después».[5]

Fieles a nuestra mirada inquieta, en lugar de hablar de Constantino y de la importancia que tuvo la victoria en la batalla del puente Milvio para su conversión al cristianismo —como apunta su biógrafo Eusebio de Cesarea[6]—, nosotras pondremos el foco en su madre, Santa Elena. Fue ella quien, previamente, había intentado familiarizar a su hijo con los preceptos cristianos. De este modo, cuando Constantino tiene una visión en la cual Dios se le aparece prometiéndole la victoria si acude a la batalla portando el símbolo del crismón* —y él lo hace y gana la contienda—, el emperador parece descubrir que quizás su madre no estaba tan equivocada «con eso de la fe cristiana». Como ya hemos visto, un año después, en el 313, promulga el Edicto de Milán, el cual pone cese a las persecuciones. Y, entre el 324 y el 325, proclama a su madre «Augusta», es decir, «emperatriz». Santa Elena ostentó este cargo hasta el año 330, cuando falleció en Jerusalén tras haber peregrinado hasta allí desde Constantinopla.[7] Esta última le debe a la madre de Constantino —en buena medida, y más por aquel entonces— su carácter cristiano.

Doscientos años más tarde, en el año 532, el emperador Justiniano y la emperatriz Teodora encargaron a Antemio de Tralles e Isidoro de Mileto la construcción de la basílica de Santa Sofía de Constantinopla, «buscando superar a Salomón y Constantino con una iglesia que habría de ser definida como la más impresionante de la cristiandad».[8] El templo que la precedió, ubicado donde hoy en día todavía se alza Santa Sofía, había sufrido graves daños durante la revuelta popular de la Nika, por lo que el novedoso planteamiento tenía una doble intencionalidad. Por un lado, era una declaración de intenciones por parte de Justiniano, animado por su esposa Teodora a no abandonar la ciudad y a hacer frente a los grupos insurgentes. En este sentido, no sería justo hablar de dicha revuelta sin incidir en las grandísimas presiones fiscales y tributarias a las que estaba expuesta la población bizantina, la cual —en última instancia— sufragaba los gastos bélicos de las campañas para conquis-

* Anagrama formado por la superposición de las dos primeras letras del nombre de Cristo en griego («X» y «P») que se convierte también en su símbolo y en un emblema de victoria tanto militar como espiritual.

tar los antiguos territorios del Imperio romano: fue este descontento el que llevó a la insurrección. Por otro lado, la construcción de esta nueva catedral suponía un golpe sobre la mesa y un intento de legitimación de la Iglesia de Oriente respecto a la de Occidente.

Hablar del emperador Justiniano sin mencionar en igualdad de condiciones a su esposa Teodora es como pretender que una mesa o una silla se sustente sin dos de sus patas. De manera semejante a lo que ocurrió con Santa Elena, Teodora obtuvo el título de Augusta. Pese a la oposición misógina y elitista de la sociedad bizantina y de la familia de Justiniano, este exigió e impuso a sus oficiales que le jurasen lealtad a ella de la misma forma en la que se la habían jurado a él. Teodora provenía de una familia humilde y, además, era mujer, por lo que aparece reflejada en las fuentes casi siempre de forma maniquea, es decir, que las referencias a su persona «oscilan entre el elogio más exaltado y la crítica más cruel y misógina. No hay término medio. Se la glorifica o se la descalifica [...]. ¿Por qué? Podemos afirmar esta cuestión diciendo que Teodora fue una plebeya de oscuro origen y turbulento pasado que llega al Poder en mayúsculas, a la "púrpura" bizantina».[9]

Hay tantos sesgos disfrazados de objetividad que resulta imprescindible revisar constantemente qué aprendemos, dónde lo leemos o escuchamos y hasta qué punto se corresponde con la realidad pasada. Quizás, solo a través de un exhaustivo cotejo de fuentes —tanto de las que idealizan como de las que demonizan su figura— seremos capaces de acercarnos a una visión de la emperatriz Teodora lo más atinada posible, al margen de la imagen que nos brinda de ella, por ejemplo, uno de los biógrafos más importantes del Imperio bizantino del siglo VI, Procopio de Cesarea. Sus escritos, a pesar de constituir una fuente primaria de incalculable valor para las investigaciones sobre este periodo, subrayan que no siempre una fuente primaria equivale a una fuente que se caracterice por su rigor: en sus obras, son constantes las críticas políticas a Justiniano pero, sobre todo, las críticas mordaces y misóginas a su esposa, marcada por un pasado como prostituta que nunca le fue perdonado en esa longeva dicotomía entre la buena y la mala mujer, la santa y la puta, la devota y la pecadora.

En el siglo VIII, Bizancio empezó a distanciarse de la Iglesia occidental. Fue el inicio de un proceso que se alargaría hasta la disolución del Imperio bizantino, alrededor de 1453, pasando previamente por el llamado Gran Cisma (siglo XI) entre los imperios de Oriente y Occidente. La tensión entre ambos situó el problema del culto a las imágenes en el centro del debate. Las discusiones sobre la presencia de iconos religiosos en los centros de culto se volvieron recurrentes y giraban alrededor de la posibilidad de que estos potenciaran la idolatría, alejando al grueso de fieles de la fe y de la buena praxis cristiana; es decir, alejándolos de las escrituras para acercarlos a la veneración ciega de las imágenes en la primacía de lo material sobre lo espiritual.

Este rechazo a la figuración, conocido como iconoclastia, no era en absoluto novedoso. De hecho, hundía sus raíces en el judaísmo y se combinaba con la incipiente expansión del islam. En los conocidos cuadernos de historia del arte de *Historia 16* se dice que «los teólogos iconoclastas de principios del siglo IX [...] han sido unánimes en considerar que los sarracenos, enemigos de las imágenes, influyeron decisivamente en la actitud de los emperadores iconoclastas».[10] Pero pensar que esta crisis de las imágenes se debía únicamente a divergencias religiosas o artísticas es, en cierto modo, sustentar una visión reduccionista. Lo que parece que hubo en realidad fue una pugna de poder entre emperadores y cargos eclesiásticos. Controlando el culto a las imágenes, los emperadores bizantinos pretendieron también controlar el auge de la Iglesia en favor de la perpetuación de su propio poder, puesto que el movimiento iconoclasta no condenaba la representación artística general, sino la representación artística religiosa en concreto.

El emperador León III encontró en la Iglesia y en los monasterios un obstáculo para la construcción de su proyecto de estado de corte militarista. Así que, prohibiendo el culto a las imágenes, prohibía también a la Iglesia emplear su medio de propaganda más eficaz.[11] Esta prohibición fue seguida de cerca por la destrucción de iconos* y obras

* En el arte bizantino, «icono» es el nombre que reciben las obras de santas y figuras bíblicas (sobre todo, de Cristo y de la Virgen). Estilísticamente, suelen ser representaciones planas sobre tabla en

de arte para su posterior sustitución por obras no figurativas. Los protagonistas de estas eran los motivos vegetales, ornamentales y animales, lo cual contribuyó a vincular las producciones bizantinas con las producciones orientales que estaban teniendo lugar en territorios islamizados.

Esto continuó hasta que apareció la figura de otra emperatriz: esta vez, la emperatriz Irene. Dicha mujer estuvo a la cabeza del Imperio bizantino durante diez años (780-790), como regente de su hijo Constantino VI, quien no tenía la edad suficiente para gobernar.

La figura de Irene es bastante controvertida, y suele ser descrita desde el morbo y el sensacionalismo. El principal foco de controversia es que cegó a su propio hijo al descubrir que formaba parte de una trama de conspiración contra ella, que pretendía deponerla del gobierno porque era consciente de la oposición que su condición de mujer y gobernadora estaba causando en el seno del poder imperial. La querían lejos de la toma de decisiones sin más motivo que la ya antigua historia de pretender alejar a las mujeres de puestos de poder político y/o religioso, como pasaría posteriormente con la imposición en toda Europa de la Ley Sálica, encargada de regular la línea sucesoria de la monarquía a favor de los hombres y en detrimento de las mujeres. No es que las mujeres no hayan gobernado porque no hayan querido, porque no hayan estado preparadas para ello o porque, cuando ostentaron el cargo de regentes, no lo hicieran apropiadamente: las mujeres no han gobernado porque no se les ha permitido hacerlo. Y, cuando así ha sido, han abundado los dispositivos e intrigas palaciegas, puestos en marcha para inhabilitarlas. Otro ejemplo de esto es lo que le ocurrió a Juana I de Castilla, mayormente conocida como Juana la Loca,* cuando su madre Isabel la Católica le cedió el trono como legítima heredera en el siglo XV, ocho si-

las que el dorado contaba con un gran protagonismo, ya fuese a modo de fondo o a través de los nimbos que acompañaban a las figuras.

* A día de hoy, sabemos que la *locura* de Juana I de Castilla respondió más a la construcción de un relato histórico —a través del cual se pretendía invalidarla— que a un hecho constatado. No es nada nuevo que la locura sea empleada como mecanismo de control y arma arrojadiza contra las mujeres.

glos después del intento bizantino de derrocar a la emperatriz Irene. Diferente territorio, diferente cronología, mismo problema de misoginia.

Conspiraciones aparte, la emperatriz Irene fue una pieza muy importante para la restauración del culto a las imágenes, esencial para entender el desarrollo del arte altomedieval. Frente a las posiciones iconoclastas adoptadas por León III unas décadas antes, ella se inclinó hacia la recuperación de la veneración de imágenes sagradas, una posición —conocida como «iconodulia»— que puso fin a la cuestión y que perduraría más allá de sus infelices últimos años de vida: a principios del siglo IX, Irene fue depuesta de su cargo y forzada al exilio en la isla de Lesbos. Allí fallecería poco después, mientras Carlomagno era nombrado emperador romano-germánico.

Si bien no podemos decir que la historia del Imperio bizantino fuera amable con las mujeres, sí cabe destacar que en la sociedad ortodoxa bizantina su papel no fue el mismo que en las sociedades católicas occidentales. Estudios como el llevado a cabo por Lynda Garland en su libro *Byzantine Empresses. Women in Byzantium, 527-1204*[12] ponen de manifiesto sus contribuciones en el terreno del comercio, la agricultura y la artesanía, además de enumerar los oficios y trabajos que podían desempeñar en Bizancio. Asimismo, Teresa M. Mayor Ferrándiz[13] establece que la mujer bizantina no estaba encerrada en su hogar en la misma medida en la que la mujer griega lo había estado en el suyo. Aunque la condición de enclaustramiento solo mutó ligeramente a una de semienclaustramiento, la mujer bizantina salía a la calle y era más visible. No es anecdótico en este sentido que a las esposas de los emperadores se las nombrara augustas. Aún subordinadas al hombre a través del contrato matrimonial, este título parecía ir de la mano del derecho a influir y a tomar decisiones en igualdad de condiciones que ellos. Después del siglo XI, sin embargo, incluso esto dejó de ser una realidad.

De vuelta en el museo, continuamos nuestro camino por la larga Edad Media atravesando el interior de la iglesia hasta la siguiente sala. Para nuestra sorpresa, esta se abre a un patio interior repleto de naranjos y limoneros que aseguran una atmósfera impregnada de olor a azahar. El espacio es diáfano y tranquilo. Hace un día espléndido y despejado y la amplitud del cielo queda enmarcada en el rectángulo que forma el patio. El contraste entre el recogimiento de la anterior sala y la apertura de esta provoca un silencio que, lejos de ser incómodo, nos recorre como una caricia, viéndose interrumpido por el sonido de algunos pájaros y el borboteo del agua que sale de la fuente situada en medio del jardín. Por un momento, parecemos olvidar dónde estamos y qué estamos haciendo aquí. Nos olvidamos del medievo, de los iconos bizantinos y de todo lo que tenga que ver con el arte. Lo único que sentimos es calma y la tranquilidad que nos proporciona un espacio que invita a sentarse en recogimiento, dejándose llevar por los sonidos y olores naturales que lo envuelven todo, incluyéndonos a nosotras.

Tras un tiempo que no podría determinarse como corto ni tampoco como prolongado, es hora de retomar la visita, de explicar por qué estamos aquí y qué hace este patio en medio del museo. Como todo en él, tiene su sentido y también su finalidad: contextualizar el arte islámico, otro de los más fructíferos de la Edad Media. Se cree que la casa del profeta Muhammad (Mahoma) es el origen de la primera tipología de mezquita islámica,[14] la mezquita hipóstila, conformada por dos espacios diferenciados pero comunicados entre sí: un patio exterior que sirve para la reunión y un templo techado que sirve para la oración. Fue en su propia casa donde Muhammad acogió a las primeras agrupaciones musulmanas, y muchos de los elementos presentes a día de hoy en su liturgia son reminiscencias de esos primeros años del islam. Su datación comienza oficialmente en el año 622 de la era cristiana, cuando el profeta es expulsado de su ciudad natal, La Meca, por los grupos prominentes que la gobernaban (los coraichitas). Justo después, Muhammad inicia su emigración —conocida como

«Hégira»— hasta llegar a Medina, donde muere una década después, en el 632.

El islam tiene como base el libro sagrado del Corán, el cual recoge la palabra de Allah revelada a Muhammad en lengua árabe. Como el árabe fue la lengua de transmisión del mensaje divino, se convirtió también en lengua oficial de la religión y en vehículo de unidad de esta. El islam cuenta con otra fuente fundamental que es el hadiz, nombre dado al conjunto de hechos y dichos del profeta que fueron recogidos por sus discípulos y transmitidos de forma oral hasta el siglo IX, cuando se pusieron por escrito.[15] Antes del nacimiento de Muhammad, en el actual territorio de Arabia Saudí y sus alrededores coexistían diferentes grupos tanto nómadas como sedentarios que practicaban distintos credos, entre ellos el cristianismo, el judaísmo y el politeísmo preislámico. Se reunían en La Meca, alrededor de la Kaaba, para comerciar, llevar a cabo ofrendas religiosas y rezar. Actualmente, la Kaaba es el monumento religioso más importante para el islam y La Meca, la ciudad en la que se encuentra, su lugar sagrado por excelencia. De manera parecida a lo que ocurría en etapas preislámicas, una vez al año se convierte en el destino de una gran peregrinación, aunque a día de hoy solo se permite el acceso a la población musulmana.

Casi treinta años después del fallecimiento de Muhammad, se inaugura el Califato omeya, el cual constituye la primera dinastía hereditaria del islam y el comienzo del proceso de expansión de la religión a cargo del califa Muawiya y de sus descendientes. La capital se establece en Damasco,* ciudad que acoge una de las mezquitas más antiguas y de mayor relevancia del islam. Sin embargo, para asistir al desarrollo y patrones artísticos de esta religión de nueva formación, habría que esperar prácticamente un siglo, algo lógico si tenemos en

* La guerra que tiene lugar en Siria desde marzo de 2011 ha causado daños irreparables en el patrimonio cultural del territorio, incluyendo la Mezquita de Damasco, cuya fachada de mosaico fue alcanzada por un proyectil; la de Alepo, actualmente en ruinas; y la milenaria Palmira. Esta destrucción patrimonial no es más que la cara visible del horror bélico, que se ha cobrado en esta última década las vidas de casi medio millón de personas, de las cuales más de veinte mil eran menores de edad. Doscientas mil permanecen todavía desaparecidas.

cuenta que en las primeras etapas era prioritario centrar la atención en la expansión y no en la representación. De ahí que debamos al Califato omeya (en concreto, al califa Abd al-Malik) la instauración del árabe como lengua oficial y, también, la configuración de la mezquita hipóstila como centro de culto prototípico.

Aunque en el plano artístico las representaciones todavía bebían en gran medida del mundo helenístico y del Imperio sasánida (continuación del Imperio persa), se incorporaron algunas novedades. Entre ellas cabe destacar la utilización de la escritura árabe como motivo ornamental en templos y palacios. Esta escritura, conocida como «caligrafía cúfica», se origina en un territorio iraní del que toma prestado el nombre: Kufa.[16] La tradición de que la caligrafía sirva de motor de transmisión escrita y, a su vez, de motivo artístico sigue vigente todavía a día de hoy tanto en espacios religiosos como en las creaciones artísticas procedentes del mundo islámico. Por ejemplo, la artista contemporánea Shirin Neshat emplea la caligrafía persa* en su serie fotográfica *Women of Allah* y, a través de ella, recupera la poesía de poetas iraníes que hablaron sobre el amor y sobre el deseo.

No toda la comunidad islámica estaba a favor de que la dinastía omeya se asentara en el poder. Como consecuencia, en el año 750 tuvo lugar el baño de sangre que terminaría con ella. O eso creían los abasíes cuando asesinaron a todos los miembros de la familia en el gobierno para fundar su propio califato. Y digo «creían» porque un descendiente omeya consiguió salvarse y escapar del exterminio: Abd al-Rahman, quien llegó al Maghreb y, de ahí, pasó a la península ibérica para fundar al-Ándalus, propiciando con ello el inicio de la presencia musulmana en España. Pero no adelantemos acontecimientos.

Los abasíes son referidos de esta forma porque legitimaban su ascenso al poder arguyendo una línea hereditaria con al-Abbas, tío del profeta Muhammad. Se mantuvieron en el gobierno hasta mediados del siglo XIII y el gran renacimiento cultural que patrocinaron ha hecho

* Aunque el farsi (persa) y el árabe sean dos idiomas distintos, comparten desde hace siglos el mismo alfabeto.

que se considere este periodo como la «etapa dorada» del arte islámico.[17] A lo largo de esta, la capital fue trasladada de Damasco a Madinat as-Salam («la ciudad de la paz», conocida hoy día como Bagdad), un proyecto de ciudad circular promovido por el califa al-Mansur que pronto se quedó pequeña y forzó la fundación de una nueva metrópoli para la élite califal, Samarra. Fue en esta nueva ciudad, Samarra, donde se desarrolló el primer estilo propiamente abasí y, por tanto, también propiamente islámico.

En el discurso que rodea al arte islámico se dan tendencias parecidas a las que vimos cuando hablamos de la influencia griega en el arte indio. Al respecto, conviene destacar que el arte islámico se vio influenciado por los aportes artísticos del Imperio persa-sasánida; también, por las técnicas cerámicas provenientes de China; e, incluso, por motivos vegetales presentes en contextos helenísticos. El problema —en este caso— no es la presencia de influencias en el arte de territorios cercanos o comunicados a través del comercio (¡faltaría más que lo fuese!): el problema son los matices o la importancia dada a reconocer, citar y profundizar en dichas influencias únicamente cuando se dan en territorios no europeos. No puedo evitar identificar —y, por tanto, señalar— una leve inclinación a prestar menos atención a esta tendencia cuando hablamos del arte de nuestro continente que cuando nos acercamos al de otros.

Como decíamos, es a partir del califato abasí cuando el arte islámico añade innovaciones propias a esa mezcla de lenguajes ya existentes que es todo arte. Antes hablábamos del uso estético de la caligrafía cúfica, pero esa no es la única innovación que alcanzaron: otra de las aportaciones más importantes del arte abasí fue la cerámica de reflejo metálico.

La consideración de la cerámica como un arte menor o como, directamente, una artesanía ha sido una de las razones para que, más allá de círculos especializados, no se les haya dado a estas piezas la importancia que merecen. El arte islámico, en concreto, y las producciones medievales, en general, nos sirven en este museo para reivindicar una serie de objetos tanto cotidianos como de lujo cuyo reducido tamaño los ha privado de obtener el título de «obra de arte» en el pasado. Estamos demasiado acostumbradas a valorar las grandes pinturas y las grandes esculturas, y demasiado poco a hacer lo mismo con el arte cerámico, el arte textil o las artes suntuarias —todos ellos fundamentales para el arte islámico, que nos ha proporcionado piezas de suma relevancia en estas disciplinas—. Un ejemplo de ello es el bote de Zamora, tallado en marfil. Una exclusiva urna destinada a contener alhajas o perfumes que nos da buena cuenta del tipo de regalos que se hacían dentro de las cortes califales y que, además, nos enseña que los objetos artísticos han sido empleados como regalos personales y diplomáticos a lo largo de los siglos.

Uno de los poderes que desafió la soberanía del Califato abasí de Bagdad fue la dinastía fatimí, cuyo nombre también deriva de una línea genealógica, en este caso de la de Alí, hermano de Muhammad, y de su esposa Fátima, de quien toman el nombre. Esta dinastía conquistó Egipto y fundó en él una nueva ciudad, al-Qahira («la triunfante»), la cual es —nada más y nada menos— que la actual El Cairo. Desde allí, la corte califal patrocinó una variada y suntuosa producción de piezas de lujo muy codiciadas en Occidente; y se encargó también de patrocinar la evolución estilística desde la abstracción hacia lo figurativo en forma y lo anecdótico en tema, a través de trabajos tanto en madera como en marfil. Se realizaron excelsos trabajos de orfebrería que producirían profundos dolores de cabeza a investigadoras y catalogadoras contemporáneas, como es el caso del *grifo de Pisa* (estamos hablando del animal mitológico con cabeza y alas de águila, pero cuerpo de león), del cual no se tiene claro si es de factura fatimí o andalusí. De nuevo, viendo esta serie de piezas, conviene que nos preguntemos por qué solemos menospreciar el arte medieval. ¿Por qué esta falta de cariño hacia él? ¿A quién podemos o debemos echar la culpa de ello o, al menos, quizás, derivar la responsabilidad? ¿No estaremos acaso haciendo *bullying* al arte medieval sin motivo y sin remordimiento?

Como parte de nuestra reivindicación del arte medieval y del arte islámico, pensemos ahora en la Alhambra de Granada, realizada bajo la dinastía nazarí, o en la mismísima ciudad de Córdoba, establecida unos cuantos siglos antes por el propio Abd al-Rahman (fundador de al-Ándalus), tras llegar a la península ibérica, para conmemorar que sobrevivió a la masacre perpetrada por los abasíes. ¿Acaso no es arte medieval la Mezquita de Córdoba? ¿Acaso no sigue presentando a día de hoy elementos hispanomusulmanes —y, por tanto, medievales— la ciudad de Toledo, como su fortificación o su alcazaba? ¿Y el Palacio de la Aljafería de Zaragoza? Nuestro país está repleto de obras de arte medievales que esperan ser miradas con nuevos ojos. Y una cosa que no deja de sorprenderme cuando pienso en estas cuestiones es cómo en España, por un lado, los partidos de ultraderecha promueven discursos islamófobos y antiinmigración —los cuales se traducen en asesinatos sociales, como el de Younes Bilal en 2021, y en asesinatos institucionales, como lo fue la tragedia del Tarajal o las más de cuatro mil personas que se ahogaron tratando de llegar a nuestro país solo en 2021[18]—, mientras, por otro, sacamos rédito económico de la herencia musulmana en España y de su patrimonio cultural. La forma que tenemos de atender al pasado importa y moldea nuestra forma de enfrentar el presente. Seguir alimentando la noción de que los ocho siglos de presencia musulmana en España fueron qué menos que un tumor que los Reyes Católicos consiguieron extirpar[19] (en el mejor de los casos) o seguir ignorando su relevancia (en el peor) solo puede traducirse en dos cosas: una gran pérdida y un gran error. Situar en otro lugar esta herencia sigue potenciando su componente exótico en lugar de su componente integrador, ya que nos obliga a entender el arte islámico como algo ajeno en lugar de como lo que es: una parte integral en la historia y en el arte de nuestro país. Preguntémonos, pues, cómo influye esta valoración artística en la comprensión de los movimientos migratorios actuales y, sobre todo, en el tratamiento que damos a sus gentes.

Otro matiz existente a la hora de hablar de la Edad Media es el de invasión/conquista, cuyas implicaciones son bastante diferentes. Generalmente hablamos de «invasión» vinculándola a la presencia musulmana en la península o a la aparición en Europa de los pueblos *bárbaros*. En cambio, cuando hablamos de la llegada de Cristóbal Colón al continente americano nos referimos a ello con el término «conquista», al igual que cuando nombramos la toma de Granada por los Reyes Católicos como «la Reconquista». En resumidas cuentas, cuando la gente de Europa se desplaza a otros territorios lo hace para conquistar, pero cuando gente de otros continentes aparece en el nuestro lo hace para invadir. Invertir la dirección de este razonamiento puede levantar ampollas: las mismas personas que se vanaglorian de la conquista de América o de la toma de Granada suelen negarse a tratarla como una invasión, del mismo modo que se niegan a reconocer como conquista la presencia musulmana en territorio peninsular español. Este es un ejercicio al que deberíamos acostumbrarnos si queremos liberar nuestra mirada para profundizar en la comprensión histórica, atendiendo a cómo influyen en nuestra percepción las palabras que utilizamos.

Con esto en mente, busquemos un lugar donde sentarnos para hablar un poco de las invasiones bárbaras.

El término «bárbaro» fue empleado como un cajón de sastre para referirse a la multitud de pueblos que iniciaron una masiva ruta migratoria desde Asia hasta Europa entre los siglos V y VIII. La terminología es clave porque nos ayuda a entender y delimitar las intenciones de estos desplazamientos. Cuando pueblos tan dispares como los godos (visigodos, ostrogodos), los alanos, los lombardos, los suevos, los alamanes o los vándalos aparecieron en nuestro continente, no lo hicieron con intención de conquistar ni, tampoco, con intención de invadir: estaban migrando y, en muchos casos, también huyendo de la presión ejercida por los hunos sobre sus poblaciones. Es por ello que el término «invasiones bárbaras» está actualmente desfasado al no corresponderse ni en motivo ni en forma con lo que ocurrió a lo largo de esos siglos en el continente, que no fue otra cosa que la concatenación de movimientos migratorios sucesivos.

El concepto «invasión bárbara» nos sirve para hablar de otros dos problemas. El primero de ellos es cómo la aparición en nuestro territorio de gentes externas a él se considera una amenaza incluso cuando está justificada por motivos de seguridad, es decir, cuando tiene lugar porque se está huyendo de algo. Ocurrió con las invasiones *bárbaras* y ocurre actualmente con los movimientos migratorios cuando se dan desde el sur global, a través de discursos tales como «los inmigrantes vienen a quitarnos el trabajo», «nos están invadiendo». Estas narrativas obvian que la mayor parte de migrantes que llegan a nuestras fronteras lo hacen azuzados por conflictos bélicos, por la precariedad o por la necesidad de sobrevivir, de buscar algo mejor, igual que hicieron nuestras madres, abuelas y bisabuelas cuando lo necesitaron. Aquí, el lenguaje también importa.* El segundo problema es que la continua deshumanización de estas poblaciones externas fomenta a su vez que sean concebidas como una masa homogénea e indistinta: estos grupos *bárbaros* fueron concebidos como una misma cosa, aunque cada uno contase con su propia idiosincrasia, y la palabra usada para referirse a ellos se cargó de connotaciones negativas. Lo mismo ocurrió —y ocurre— con los imazighen,[20] un conjunto de etnias autóctonas del norte de África (la zona del Mahgreb, en árabe; Tamazgha, en tamazigh) que fueron colonizadas por los árabes y denominadas «bereberes» («bárbaras») de manera peyorativa.

Respecto a la influencia que estos pueblos germánicos marcaron en el arte altomedieval europeo, hay un posicionamiento más o menos unánime que declara que fue mínima: la cultura material desarrollada en estas nuevas naciones fue esencialmente obra de inspiración romana,[21] por lo que no nos pararemos a examinar algo ya visto a estas alturas. En cambio, sí conviene incidir en el periodo posterior a estos movimientos migratorios, es decir, a la etapa prerrománica. Encuadrada dentro del arte altomedieval, esta etapa se extiende aproximadamente desde finales del siglo VIII hasta el siglo X. A lo largo de esos ciento veinte años se gestó, por un lado, el primer Imperio cristiano de la historia de Europa, el Sacro Imperio Romano Germánico. Y, por otro,

* Generalmente, cuando una persona llega a nuestro país, se la concibe como «inmigrante» si proviene del sur global y como «extranjera» si proviene del norte global. Por eso, cuando nuestra prima la de Cuenca emigra a otro país va «a buscarse la vida», pero cuando a nuestro edificio se muda una familia marroquí es porque «vienen a quitarnos el trabajo». ¿Dónde estriba la diferencia? En el color de piel y, por tanto, en el racismo.

se sentaron las bases del periodo artístico inmediatamente posterior: el románico.

¿Recordáis cuando, hablando del Imperio bizantino, mencionaba la figura de la emperatriz Irene y cómo finalmente fue depuesta de su cargo, viéndose obligada a exiliarse en la isla de Lesbos? En caso de no recordarlo, os acabo de refrescar la memoria. Pues bien, corría el año 800, concretamente el día 25 de diciembre, cuando un tal Carlomagno fue coronado por el papa León III como «Imperator Romanorum», es decir, «emperador de los romanos». ¿Veis cómo los medievales no se consideraban «medievales» a sí mismos, sino dignos herederos y continuadores de la estirpe romana? La figura de Carlomagno ratifica que la emperatriz Irene no pudo gozar del título hasta su muerte porque, básicamente, el propio papa se lo había concedido a otra persona. Esta persona, Carlomagno, descendía de una estirpe de mayordomos de palacio* que, poco a poco, fue haciéndose hueco entre la élite merovingia (la dinastía imperante en el reino franco) hasta conseguir, finalmente, gobernar.

Una vez llegó al poder, Carlomagno batalló contra todo *lo batallable*: musulmanes, lombardos, sajones, avaros, eslavos y daneses se cuentan entre los pueblos y estirpes a las que combatió y frente a las que, de manera generalizada, salió victorioso. Debido a dichos éxitos, se convirtió en gobernador de una vasta extensión de territorio, en la que implantó una visión cultural y artística sin precedentes que se ha llegado a bautizar como «Renacimiento carolingio» y que es otro de los grandes acontecimientos artísticos altomedievales. Lo hizo, además, mirando a la Roma clásica y buscando restaurar la gloria imperial: es aquí donde debemos poner nuestro interés. Carlomagno «pretendió rodearse de toda una puesta en escena que reprodujese lo más fielmente posible el ambiente en el que había vivido Constantino, del que se consideraba heredero legítimo».[22] Buena cuenta de ello da el interior de la Capilla palatina de Aquisgrán, actualmente el único vestigio conservado del complejo palacial de Carlomagno en esta ciudad y uno de sus lugares

* En lo que es el territorio de la actual Francia, Bélgica, una parte de Alemania y de Suiza, gobernó la dinastía merovingia. Sus reyes contaban con una especie de asesores que recibieron el nombre de «mayordomos de palacio» y que llegaron a ejercer funciones similares a las de un primer ministro.

predilectos, a pesar de que tanto él como su corte no tuviesen una residencia oficial fija. El biógrafo de Carlomagno, Eginardo, señala en su *Vida de Carlomagno* que «el emperador hizo traer de Roma y de Rávena columnas antiguas», una práctica que confirma algo ya apuntado en esta sección del museo: la reutilización de materiales romanos para construcciones medievales; y, por tanto, la continuidad de determinadas formas, aunque esta vez ligadas al culto cristiano. En la figura de Carlomagno se condensan, de esta forma, un renacimiento cultural medieval con miras al pasado romano de Europa; el impulso de parte importante del arte prerrománico; y, también, el inicio de las estrechísimas relaciones entre poder político y poder religioso que caracterizarían el devenir de la historia del continente hasta la Revolución francesa.

Si nos desplazamos al territorio de la península ibérica, nos encontramos con un asentamiento extranjero que lleva allí desde principios del siglo V, pese a que no se oficializó hasta el año 507: el de los visigodos. Desde los discursos nacionalistas, se rastrea el inicio de la españolidad hasta este preciso momento,[23] lo cual no deja de ser curioso si tenemos en cuenta que las gentes visigodas eran migrantes. Improductivas búsquedas del «gen español» aparte, lo que nos interesa es saber que el asentamiento visigodo en la península cristalizó en su consiguiente reino; y que uno de sus monarcas, Recaredo I, al convertirse al cristianismo, consiguió la unificación territorial y espiritual hispana en este nuevo marco geopolítico posterior al hundimiento del Imperio romano de Occidente.

Inicialmente, los padres de la Iglesia hispana mantenían una postura que rozaba la iconoclastia, como había ocurrido anteriormente en el caso bizantino y como ocurriría de forma posterior en el caso musulmán. Pero, finalmente, tuvieron que ceder a las necesidades de una población que precisaba ver imágenes para entender unos textos religiosos que eran incapaces de leer. Al respecto, el manual de arte medieval de Alianza Editorial dirigido por Juan Antonio Ramírez* indica

* Aunque este manual haya servido como bibliografía base de este capítulo, me parece necesario señalar que, cuando hablamos de publicaciones con más de veinte años de antigüedad, es pertinente ir con pies de plomo. En este texto, por ejemplo, se mantiene que el Reino visigodo fue la primera

que, durante los primeros siglos de presencia visigoda en la península, los interiores de las iglesias aparecían decorados con «resplandecientes elementos suntuarios, especialmente cruces y coronas votivas». Los tesoros de Guarrazar y Torredonjimeno son dos buenos ejemplos para acercarnos a cómo sería el aspecto de estos interiores eclesiásticos decorados, por un lado, con complejos programas iconográficos en pintura mural y, por otro, con el tipo de objetos lujosos que en la actualidad engrosan los catálogos de artes suntuarias, fruto en su momento de las donaciones de las élites sociales de la época a diferentes espacios religiosos.

Las artes suntuarias visigodas eran producciones artesanales a través de las cuales se atestigua, una vez más, la continuidad de la participación de fundidores romanos, que introducían en sus creaciones ciertas fórmulas cristianas como novedad. Esta continuidad de la artesanía romana se aprecia también en la musivaria, es decir, en el arte y la técnica del mosaico. La musivaria se suele asociar de inmediato con el arte bizantino y, en concreto, con la ciudad de Rávena. Allí se encuentra la Iglesia de San Vital, en cuyo ábside —todavía a día de hoy— puede contemplarse el mosaico en el que aparecen la emperatriz Teodora, el emperador Justiniano, el general Belisario y su esposa Antonia, ya junto a algunas iconografías cristianas. Es en la ciudad de Rávena, y también en Roma, donde la musivaria consiguió sobrevivir a la crisis que sufrió esta técnica en el resto de Europa, gracias a la pervivencia de talleres que fueron capaces de perpetuar la tradición musivaria de los romanos incorporando influencias bizantinas.

No son muchas las obras del periodo altomedieval que han sobrevivido al paso del tiempo. Esto es algo que deberíamos tener siempre en cuenta: cuando miramos al pasado, lo hacemos a través de una mirilla cuyo diámetro va disminuyendo cuanto más lejos pretendemos llegar. Esto implica que, a veces, cuando observamos el arte medieval europeo, tengamos la posibilidad de escoger si lo valoramos teniendo en

nación europea. De no haber contrastado posteriormente la información, yo misma habría caído en la trampa de perpetuar unas nociones del pasado incorrectas y problemáticas, más vinculadas a la propaganda nacionalista iniciada por el franquismo que a la evidencia histórica.

cuenta que sus grandes obras fueron, seguramente, las que menos posibilidades tuvieron de permanecer intactas o localizables o si lo hacemos atendiendo a aquellas más numerosas en cantidad aunque de menor calidad, que son las que gozaron de mayores probabilidades de sobrevivir a lo largo de los siglos.

La cuestión de la autoría y del androcentrismo

Como nos hemos entretenido demasiado en este patio soleado y ajardinado, será mejor que pasemos a la siguiente sala antes de que a alguien le dé una insolación. Nos despedimos del olor a azahar y del trino de los pájaros para adentrarnos en un espacio que contrasta en tamaño, en olor y en luminosidad. El ambiente está cargado y un aroma a libro viejo recorre toda la estancia, la cual apenas podemos vislumbrar: nuestros ojos todavía están acostumbrándose a la tímida luz de algunos cirios y de unas pequeñas ventanas que se abren a los lados. Del mismo modo que el anterior espacio invitaba a la expansión, a deambular por él, a sentarse cómodamente, este consigue que nos invada una sensación de desconfianza, quizás potenciada por la falta de luz, insuficiente para saber por dónde estás caminando y, lo más importante, con qué cosas te puedes chocar.

Es momento de descorrer las cortinas que impiden que las ventanas situadas a los laterales iluminen de manera natural aquellos espacios que no consiguen iluminar los cirios de manera artificial. Es solo entonces cuando entendemos mejor dónde estamos. Esparcidos por la sala hay numerosos pupitres de madera, robustos y con una estructura triangular sobre ellos que actúa de atril. En algunos vemos que hay códices abiertos, como invitándonos a acercarnos para curiosear, ver qué tienen que contarnos y qué es lo que en ellos aparece reflejado. Estamos, efectivamente, en un *scriptorium* medieval: el lugar donde se realizaban los códices y manuscritos dentro de los monasterios.

Estas obras suponen una de las manifestaciones artísticas más importantes del arte medieval; también una de las más olvidadas y desconocidas por el gran público, a pesar de que a todas puedan sonarnos vagamente las Cantigas de Santa María de la Educación Secundaria Obligatoria. Los códices y manuscritos nos servirán para recordarnos por enésima vez las trampas de la categorización entre artes mayores y artes menores, dentro de las cuales se encuentran enmarcados los códices. Pero, también, para plantear la cuestión de la autoría y del anonimato a lo largo de la Edad Media en Europa.

Aunque bien es cierto que se puede rastrear la participación de determinados talleres en algunas piezas —en ciertas obras arquitectónicas puede verse en algunos de sus sillares la marca de un símbolo distintivo, que remite a la presencia de cierto taller en su construcción; y en algunos códices y manuscritos se han encontrado firmas y autorretratos—, esto constituye a día de hoy más una excepción que una regla. Pese a que lo que nos ha sido legado es una pequeña parte, no es descabellado afirmar que —a lo largo de la Edad Media— la consideración del individuo no tenía tanta relevancia como así ocurrió con posterioridad. No era importante quién hubiese realizado la obra, sino la finalidad de la obra en sí. El arte en Europa fue puesto primordialmente al servicio de la religión y quienes lo realizaban eran poco más que meros peones en ese proceso. Además, no existía por aquel entonces la denominación de artista como tal: el arte se concebía como una artesanía y, por tanto, también como artesanas las personas que lo llevaban a cabo. En cambio, el campo de la literatura sí otorgaba un mayor reconocimiento individual a las gentes que formaban parte del proceso creativo. San Buenaventura, de hecho, identificó hasta cuatro formas distintas de autoría en la creación de un mismo libro:[24] el escriba, que se limita a copiar material ya creado; el compilador, que recopila materiales realizados por otras personas; el comentador, que añade aportes de cosecha propia a materiales ya existentes, y, por último, el autor, que es quien genera conocimiento propio, aunque cite materiales de otras personas.

Algo parecido ocurre con los códices iluminados, llamados de esta forma cuando presentan en su interior miniaturas. Al escribir estas líneas no puedo evitar recordar a mi profesor de la asignatura Arte

Tardoantiguo y Altomedieval, Francisco Moreno Martín, quien nos habló en clase, precisamente, sobre la iluminación de códices. Lo recuerdo pidiéndonos, por favor, que jamás se nos ocurriese referirnos a las miniaturas como ilustraciones ni como dibujos ni como pinturas, y tampoco a los códices iluminados como «códices ilustrados». Ahora bien, ¿si utilizásemos estos términos, estaríamos haciendo referencia a lo mismo? Sí. ¿Existe la terminología específica para ser utilizada con propiedad? También.

En los códices iluminados con miniaturas suele reconocerse la presencia de varias manos, es decir, la intervención de una cadena de personas involucradas en su desarrollo. En estos manuscritos, por ejemplo, las letras capitales (aquellas que encabezan el inicio de la obra, el inicio de la página o el inicio del capítulo) son miniaturas que —además de representarse a un tamaño mucho mayor que el cuerpo de texto— generan un espacio circundante que, en ocasiones, se aprovecha para representar algún pasaje de forma visual. La realización de estas letras capitales solía estar a cargo de una mano diferente que la que realizaba el cuerpo de texto. Y estas manos, a su vez, solían ser diferentes de aquella —o aquellas— que llevaba a cabo las miniaturas a lo largo del códice. En algunos casos, el personal investigador es capaz de determinar cuántas personas participaron en la confección del códice, aunque no siempre se pueden conocer sus nombres. Gracias a esto, hoy sabemos que la cadena de producción literaria de los códices iluminados estaba integrada por tres figuras: el amanuense, que debía ser letrado y, preferiblemente, serlo en latín; el escribano, y el miniaturista. Por encima de todos ellos se situaba el donante, es decir, la persona que sufragaba los gastos de elaboración y que, por tanto, era quien tenía la última palabra respecto a los modos y formas de confección del manuscrito. En los códices, esta persona es la que suele aparecer mencionada; el amanuense lo hace en algunas ocasiones y el miniaturista, casi nunca.[25]

De las múltiples producciones monásticas de códices, destaca la que tuvo lugar en las islas británicas, pobladas por anglos, jutos, sajones y frisones como consecuencia de movimientos migratorios. Fue allí donde apareció San Patricio, dispuesto a evangelizar el actual territorio de Irlanda a mediados del siglo v, y también donde San Agustín fundó el primer monasterio benedictino fuera de Italia —concretamente, en Canterbury—, potenciando a su vez la evangelización de los reinos sajones. En estos monasterios tuvo lugar uno de los mayores aportes de las islas británicas al arte medieval europeo. Y sí, efectivamente, este aporte tuvo que ver con el arte de la miniatura. Desde allí se contribuyó a la copia de importantes obras provenientes de *scriptoriums* romanos que los misioneros llevaban consigo, así como también se configuró la iconografía irlando-sajona. Por ejemplo, vieron la luz los *Evangelios de Durrow* —los más antiguos conservados y enteramente decorados— y el *Libro de Kells* —la obra más abundante de este tipo de miniatura insular—.[26] En el caso de los *Evangelios de Durrow*, al inicio de cada uno de ellos está presente el símbolo de su autor.

A riesgo de repetirme, debo recordar que ha sido y sigue siendo habitual que la historiografía del arte occidental —hija predilecta del androcentrismo— emplee el masculino como garantía de universalidad. ¿Qué implica esto? Que hemos sido educadas para pensar que allí donde pone «hombre» se puede leer también «humanidad», aunque lo cierto es que basta con contrastar esta tendencia para que una se dé cuenta de que donde pone «hombre», en líneas generales, se quiere decir única y exclusivamente eso mismo. Para muestra, un botón:

En enero de 2019, varios noticiarios y periódicos cubrían la que consideraron una «sorprendente revelación»: un resto de lapislázuli —uno de los pigmentos más caros de la historia— fue encontrado en la dentadura de una monja enterrada en el Convento de Dalheim, en Alemania, en la Edad Media. Cito textualmente las líneas del artículo del *ABC*: «De forma inesperada, el sorprendente hallazgo ha revelado a una artista de escritos medievales de alta calidad, la primera identificada por su esqueleto y una evidencia añadida de que probablemente las mujeres también escribían y pintaban los antiguos libros en Europa».[27]

Aquí nos encontramos con, al menos, tres problemas. El primero de ellos, el uso de vocabulario sorpresivo para acercarse a una cuestión que, sin ir más lejos, ya fue tratada dentro del campo de la historia del arte por la autora Germaine Greer en su libro *La carrera de obstáculos*, publicado en 1979. Greer dedica un capítulo entero a hablar sobre la creación femenina en contextos monacales medievales y, a lo largo de sus páginas, menciona al menos a veinte mujeres que se vieron involucradas en la creación e iluminación de manuscritos. ¿Cómo puede ser inesperado algo que ya se sabía desde hace más de cincuenta años? Esto nos lleva al siguiente problema: la mayor parte de avances llevados a cabo por teóricas e historiadoras del arte feministas desde la década de los setenta del siglo pasado no ha conseguido permear los currículos educativos y, como consecuencia, mucho menos ha conseguido hacerlo en el grueso de la población, que sigue sin estar familiarizada con dichas cuestiones. ¿Esto qué implica? Que la mayor parte de la población sigue pensando que las mujeres no contribuyeron a la creación artística, ya no solo en la Edad Media, sino en cualquier otra época, lo cual supone un problema en sí mismo. ¿Cuál sería el último problema? Tildar de probable lo que es un hecho probado: que las mujeres también escribían y pintaban manuscritos y códices en la Europa medieval. No es algo que se intuya: es algo que se sabe y que había sido constatado mucho antes del hallazgo del pigmento lapislázuli en el esqueleto de una monja alemana medieval en 2019. Sin ir más lejos, un texto del siglo XVI ya enumeró nada más y nada menos que cuarenta y cinco libros de la mano de la monja Diemunda, del monasterio de Wessobrun en Baviera, y también contamos con el ejemplo de otra religiosa llamada Guda, que nos relata que escribió y pintó un homiliario de San Bartolomé. Como explica Núria Rodríguez Calatayud: «La mayor parte de estos trabajos iluminados son anónimos, con algunas excepciones, como el llamado *Beato del Apocalipsis de Girona*, que aparece firmado por un monje llamado Emerio y una mujer llamada Ende, que se identifica a sí misma como *pintrix* (pintora) y *dei aiutrix* (ayudante de Dios)». Por último, destaca también el *Hortus Deliciarum* de Herrada de Langsberg, que «contenía 324 páginas con 636 ilustraciones, unos 1.200 textos de diversos autores, poemas de la abadesa y funcionaba como una enciclopedia religiosa».[28] Por desgracia, este libro iluminado fue destruido durante la invasión de Estrasburgo de 1870 y las únicas referencias que se conservan son un pequeño número de ilustraciones reproducidas en el siglo XIX y una extensa descripción de la obra por Engelhardt, un comentarista del mismo siglo.[29]

El enfoque androcentrista no solo deslegitima las apuestas feministas por un lenguaje verdaderamente inclusivo —«¿para qué cambiar el lenguaje cuando el masculino ya os incluye a vosotras también?»— en una retorcida maniobra de luz de gas, sino que también pervierte el imaginario colectivo: como los centros de conocimiento se presuponen objetivos, llegamos a creer que no nos hablan de las contribuciones de las mujeres porque estas no existen, y no porque estos centros de conocimiento sean mucho más subjetivos de lo que pensamos y de lo que están dispuestos a reconocer.

La combinación entre el androcentrismo y la cuestión de la autoría en la Edad Media se vuelve una mezcla explosiva con resultados generalmente desastrosos: como la historia se ha escrito en clave masculina, se da por supuesto que detrás del anonimato siempre habrá un nombre masculino por descubrir. Entonces, en lugar de universalizar el «no podemos saber si esto lo ha realizado un hombre o una mujer», a las historiadoras del arte se nos pone contra la espada y la pared bajo el imperativo «si no lo ha hecho un hombre, tendréis que demostrar que lo hizo una mujer». No recuerdo que a ningún estudioso, teórico o catedrático se le haya exigido en sus conferencias, sus clases o sus textos que probase que aquello de lo que hablaba fue realizado por manos masculinas antes de asumir que así había sido. Supongo que esto ocurre porque solo a las corrientes revisionistas se les pide un nivel de exigencia nunca impuesto a los discursos que pretenden combatir.

En su obra *La carrera de obstáculos*, Greer contradice la lectura optimista del monacato femenino como un paraíso al que las mujeres podían escapar si así lo deseaban. Lo cierto es que las mujeres medievales, y también las mujeres de la Edad Moderna, no solían tener la oportunidad de obviar el matrimonio: o se casaban con un hombre o se casaban con Dios. Sea como sea, ambas vías implicaban un recorte en sus libertades y en su toma de decisiones. En un principio, los monasterios femeninos eran instituciones aristocráticas fundadas por mujeres de familias reales que les aseguraba el estatuto nobiliario, y las abadesas de estos espacios ejercían poderes como los de los obispos,[30] según afirma Greer. La diferencia principal era que los monasterios masculinos se rendían cuentas a sí mismos y los monasterios femeninos rendían cuentas a los masculinos con los que se vinculaban. También se producían diferencias respecto a la capacidad económica de estos espacios, que dependían de las donaciones que percibían; y respecto a las labores que en su interior se potenciaban. De esta manera, los hombres tallaban, esculpían, pintaban y trabajaban metales y vidrieras, mientras las monjas tejían, cosían y bordaban kilómetros cuadrados de ropajes, posteriormente empleados en miles de iglesias repartidas por toda Europa.[31] Es decir: ya en la Edad Media se producía una segregación sexual del trabajo y, curiosamente, el trabajo que realizaban las mujeres era también el que se degradaba. Y esta degradación del trabajo considerado femenino ha potenciado la poca importancia que se les da en manuales y temarios, transmitiendo, así, la falsa noción de que las mujeres no generaban ni contribuían a la producción de objetos artísticos.

Greer también señala que trabajar con los libros era una actividad mucho más prestigiosa que coser. Dentro de la complejidad de la confección de manuscritos, la tarea más dura era la de quien los escribía, no la de quien los iluminaba: «Solo intenta hacerlo tú mismo y verás cuán ardua es la tarea del que escribe. Te nubla la vista, te da dolor de espalda, te pega el pecho al vientre. Es una prueba terrible para todo el cuerpo», reflejaba el prior Petrus en el *Comentario al Apocalipsis* del Beato de Liébana. Resulta irónico, como señala Greer, que —teniendo en cuenta la invisibilización de las mujeres en la tradición miniaturista occidental— la primera escuela del Renacimiento carolingio fuera llamada «la escuela de Ada» por una de sus donantes.

A medida que iba transcurriendo la larga Edad Media, los monasterios empezaron a reproducir en su interior la estratificación estamental que imperaba en el exterior. De esta forma, los cargos de mayor importancia —como el de priora o el de abadesa— eran llevados a cabo por mujeres que procedían de estirpes nobles y/o aristocráticas; y el grueso de novicias podía proceder del tercer estamento, realizando en el interior del convento las labores para las que no se precisaba ni leer ni escribir. Muchas de estas mujeres pobres entraron en el convento siendo analfabetas y salieron de él con los pies por delante, todavía siéndolo.

¿Os parece si nos sentamos a los pupitres? Son réplicas, no os preocupéis. Hay una figura de la historia del monacato medieval en la que siempre me gusta pararme, ya que la considero un buen ejemplo de los logros que pudieron alcanzar las mujeres en el medievo a pesar de todas las restricciones que se les impusieron. Estoy hablando de Hildegarda de Bingen, una mujer que empezó siendo monja, terminó siendo abadesa en el 1136 y que —en su trayectoria monacal— fue capaz de fundar su propio monasterio femenino; trabajar como consultora de reyes y aristócratas; ser mística; y cosechar grandes aportes en materia de medicina, fitoterapia, filosofía y teología. No fueron pocos los detractores que intentaron tildar sus visiones divinas de posesiones demoníacas, pero el papa Eugenio III —tras iniciar una profunda investigación sobre su primer libro de visiones, *Scivias*— no solo animó a Hildegarda a seguir su camino, sino que incluso leyó en público algunas de sus visiones. Poco después de contar con la aprobación del papa es cuando De Bingen decide abandonar el monasterio dúplice de Disibodenberg para fundar el suyo propio, exclusivamente femenino, y alejarse del opresivo control que sobre ella ejercía su abad.[32] En el territorio de Flandes y de los Países Bajos surgió una iniciativa femenina parecida, formada por grupos de mujeres de las clases medias urbanas «que vivían juntas y mantenían su trabajo fuera del control masculino y sin subordinación al control monástico».[33] Fueron conocidas como «beguinas»; se dedicaron primordialmente a actividades relacionadas con la caridad; y, en el 1312, fueron condenadas por sospecha de herejía, «posiblemente por la intolerancia del clero hacia las mujeres que escapaban del control masculino».[34]

En el nuevo monasterio, Hildegarda se permitió a sí misma, y también a las monjas que la acompañaban, realizar algo tan sencillo como cantar durante la liturgia. Desde el siglo IV había ido imponiéndose la idea del silencio femenino como parte de la devoción religiosa —también en lo referente al canto— y es este el germen de los *castrati*: durante no pocos siglos (hasta mediados del XIX), la Iglesia católica prefirió castrar a determinados hombres para que pudieran alcanzar notas agudas que permitir que las mujeres alzaran su voz. Contra todo pronóstico, según dice Ángeles Caso, han llegado a nuestros días setenta y siete composiciones musicales de Hildegarda de Bingen que prueban su éxito contra el silencio.[35]

Entre sus aportes a otras materias, podemos destacar su *Physica*, un tratado pionero de lo que ahora conocemos como ciencias naturales, y su *Causae et curae*, un extenso tratado medicinal que nos recuerda que —antes de la monopolización de la medicina por parte de los hombres— fueron las mujeres las que se dedicaron a ella junto a la investigación fitoterapéutica, a la enfermería y al acompañamiento del parto. No debería extrañarnos que una abadesa apasionada por la naturaleza y la biología —entre otras muchas cuestiones—, como era Hildegarda, desarrollase este tipo de investigaciones al frente de su monasterio.

También forma parte de su producción artística y teológica el intento —habitual a lo largo de la historia del arte— de configurar el ideal del ser humano, semejante a lo que había intentado Leonardo da Vinci con su famoso *Hombre de Vitruvio* e inspirada por los textos de este arquitecto. De Bingen actúa de bisagra femenina entre estos dos aportes masculinos, desarrollando en una miniatura la representación de una figura humana asexuada enmarcada por lo que parece el cuerpo de un ángel que rodea con todo su cuerpo el círculo en el que se inscribe la figura. En la parte superior de la miniatura, el rostro de Dios supervisa la representación; y, en el extremo inferior izquierdo, dentro de una estructura arquitectónica porticada, aparece retratada Hildegarda de Bingen, contemplando su obra mientras sostiene un libro abierto en el que, quizás, se incluyen sus visiones, como diciendo: «esta representación me ha sido legada por Dios y yo soy la intermediaria que debe comunicarla a los fieles».

Pese a su excelsa trayectoria al servicio de la fe católica, la élite eclesiástica quiso excomulgarla poco antes de su muerte por enterrar en sus dominios monásticos a un noble que había sido excomulgado previamente. Ángeles Caso relata cómo el clero de Maguncia, en ausencia de su arzobispo, aprovechó la ocasión para tomar impulso en el proceso. Por suerte, la excomunión no fue llevada a cabo, pero De Bingen falleció seis meses después. La gran influencia que había conseguido en vida le siguió jugando una mala pasada en muerte, ya que el proceso de canonización de su figura —esto es, otorgarle el título de Santa—, iniciado en el 1233, nunca fue concluido. ¿Qué hubiese pasado si todos los logros y aportes logrados por De Bingen hubiesen sido atribuidos a un hombre? ¿Se habrían intentado combatir con la misma ferocidad? ¿Se hubiesen interpuesto tantos obstáculos en su proceso de canonización? Supongo que nunca lo sabremos. Lo que sí sabemos es que, con su figura, hemos pasado ya la frontera del prerrománico para adentrarnos en el siguiente periodo medieval europeo: el románico.

El periodo románico se caracterizó por el asentamiento del poder eclesiástico como uno de los poderes más importantes en la geopolítica medieval. De entre sus variadas características, aquí quiero destacar el componente de viralidad del arte románico. Como su propio nombre indica, la base artística de este periodo vuelve a mirar al Imperio romano tal y como intentó hacer Carlomagno, pero esta vez con soluciones mucho más precisas que se extendieron por todos los reinos de Europa. ¿Cómo lo consiguieron? A través de la peregrinación.

Del mismo modo que las redes sociales facilitan, a día de hoy, que algo que tiene lugar en la otra punta del planeta llegue a nosotras a través de los dispositivos móviles que utilizamos, las rutas de peregrinación en el románico propiciaron la difusión de las mismas formas artísticas tanto en Francia como en Alemania como en España. El principal centro de irradiación fue el territorio galo, que ya desde el gobierno de Carlomagno apuntaba maneras como generador de tendencias; en concreto, la Abadía de Cluny, fundada en el 909 por Guillermo de Aquitania y puesta inmediatamente bajo el ala protectora del papado en Roma.

El románico se ve atravesado principalmente por tres reformas. Una de ellas es la reforma cluniacense, generada en el seno de la Orden de Cluny. La segunda es la reforma cisterciense, que tiene lugar con un siglo de posterioridad, ya en el XI, y que adopta como seno la Orden del Císter. La tercera es la reforma promovida por el papa Gregorio VII, conocida como reforma gregoriana, cuya pretensión era anteponer y legitimar el poder espiritual por encima del poder político. Por su parte, tanto la reforma cluniacense como la reforma cisterciense pretendían recuperar la *Regla de San Benito* como guía para sus prácticas monásticas. Puede que muchas personas no estén familiarizadas con esta regla, o con el monje canonizado que la promovió, pero seguro que todas hemos escuchado en algún momento de nuestras vidas el *ora et labora*. En esto consiste la regla benedictina, a grandes rasgos: en rezar y en trabajar. La diferencia principal es que los monasterios cluniacenses, pese a acogerse a esta regla en la teoría, hicieron en la práctica un poco lo que les vino en gana y, como respuesta, los monasterios cistercienses se propusieron aplicarla con tesón.

Los votos de humildad y caridad promovidos por la *Regla de San Benito* chocaban de pleno con las prácticas cluniacenses. La Iglesia de Cluny llegó a ser la más grande de toda la Edad Media y supuso un fenómeno tal que sabemos, aunque a día de hoy no se conserven los restos, que tuvo que ser reformada hasta tres veces para dar cabida a las hordas de peregrinos que a ella llegaban. Sus ciento ochenta y siete metros de longitud llegaron a permitir un aforo de varios miles de personas, para que nos hagamos una idea. Por otro lado, la Orden de Cluny se convirtió en el ojito derecho del papado (llegando sus abades a ostentar incluso más poder) y los monasterios que se le anexionaron gozaron de determinados privilegios, lo que provocó que salieran monasterios cluniacenses de debajo de las piedras por todo el territorio europeo. Si añadimos a la fórmula que la orden cluniacense tenía debilidad por el culto a las reliquias, el resultado es un largo recorrido que empezaba en Francia y terminaba en Santiago de Compostela, compuesto por iglesias que seguían —a grandes rasgos— las mismas características; que contenían en su interior reliquias para ser adoradas; y que fueron llamadas posteriormente «iglesias de peregrinación», aunque a día de hoy se cuestione la pertinencia del término. Esto potenció, como es lógico, la repetición de un mismo estilo arquitectónico en lugares muy alejados entre sí, no solo a través del trayecto comprendido entre Cluny y Santiago, sino también en otras zonas de peregrinación no tan multitudinarias.

Esta es la versión oficial que la historiografía francesa ha configurado con esmero a lo largo de los siglos (sobre todo, en el XIX y en el XX) y que ha sido difundida por la historiografía española. Pero, en los últimos años, han surgido voces disidentes —como la de Adeline Rucquoi— que señalan que «semejante unanimidad por parte de los historiadores y filólogos franceses, dispuestos a darse, a través de la Orden de Cluny —bautizada "francesa" para la ocasión—, un papel de misioneros y civilizadores, debería haber suscitado por lo menos ciertos reparos, si no vivas sospechas. El paralelismo entre las actuaciones atribuidas a Cluny y las empresas coloniales francesas coetáneas —misiones y civilización, en particular frente a los musulmanes norteafricanos— debería haber suscitado aún más desconfianza. Pero no fue el caso y la gloria de Cluny siguió intacta cuando no acrecentada».[36] Por tanto, nos encontramos de nuevo ante un discurso histórico que promociona la versión que más favorece tanto a las personas como a las naciones que la cuentan. En este sentido, lo importante no es inmiscuirse en las diatribas sobre la importancia de Cluny, la configuración del camino francés o la promoción de Santiago de Compostela como lugar santo por albergar los huesos del apóstol en su catedral, sino facilitar las fuentes necesarias para explorar la Historia en mayúsculas, es decir, tanto el discurso que hemos heredado y asumido verdadero como la contrahistoria —las investigaciones encargadas de encontrar sesgos para proceder a su desestructuración—. De este modo, podremos empezar a acostumbrarnos a añadir interrogantes a lo que aprendemos y a iniciar el proceso crítico necesario para disfrutar del arte con nuestros propios ojos.

El triángulo integrado por la reforma gregoriana, las órdenes monacales y los caminos de peregrinación supuso una vía de financiación para el papado y la Iglesia sin precedentes hasta ese momento. Las rutas por mar y tierra aseguraron un flujo constante tanto de personas como de ideas y formas que favorecieron cierta homogeneidad. Esta homogeneidad es la que nos permite englobar lo ocurrido en el plano artístico entre los siglos XI y XIII bajo el título de «románico».

Una vez hemos dejado atrás el periodo plenomedieval —como se denomina también a los siglos que comprenden el desarrollo del arte románico— nos queda un último empujón para dar por visitada la Edad Media europea. Para suerte de aquellas que lleguen a estas páginas más que hartas de mis intentos de que se deleiten con el arte medieval y dejen de verlo con malos ojos, el periodo en el que nos adentramos ahora es, de entre todos los que comprende el medievo, el preferido de todo el mundo: la Baja Edad Media, también conocida como la etapa del arte gótico. Aprovechando la coyuntura, recupero una anécdota que suele contar el profesor Herbert González Zimla en sus clases cuando le toca hablar de estas nomenclaturas dadas a determinados periodos histórico-artísticos.

Puede que algunas os hayáis preguntado de dónde viene la tradición de llamar «Alta» a la etapa que comprende los primeros siglos del medievo y «Baja» a la que comprende los últimos. Pues bien, esto nada tiene que ver con cuestiones cualitativas o cuantitativas, sino con un error de traducción. En alemán, *alt* quiere decir «antiguo»; sin embargo, cuando se empezaron a traducir textos del alemán al español, este término se tradujo literalmente: la Alta Edad Media es, en realidad, la «Antigua Edad Media» y la Baja Edad Media es, por tanto, el periodo del medievo más reciente si lo analizamos desde nuestro presente. Lo mejor es que las anécdotas que involucran selección de nombres no terminan aquí: el arte gótico se llama así como consecuencia de la leyenda negra que empezó a construirse sobre la Edad Media a partir del Renacimiento.

Siguiendo la línea de considerar «bárbaros» a los pueblos germánicos que migraron hacia Europa, cuando las élites renacentistas miraban a su pasado inmediato lo hacían con auténtico terror: detestaban las formas medievales en todo su esplendor y, en particular, las del arte de los siglos XIII-XV. Por ello, denominaron «gótico» a un estilo que consideraban totalmente alejado de la Antigüedad clásica y demasiado cercano al estilo de «esos bárbaros que vinieron a asediar Europa», es decir, al de los godos. Esta tendencia a nombrar despectivamente un estilo, y que dicho adjetivo se legitime como nomenclatura universal, no se circunscribe en exclusiva a este periodo: algo similar ocurre con el barroco, con el impresionismo, el fauvismo e incluso el cubismo. Pero esto ya iremos viéndolo cuando toque hacerlo.

Lo cierto es que la Baja Edad Media destaca por un desarrollo e innovación cuantiosa en el marco de lo artístico, pero también por una crisis en los demás aspectos de la sociedad europea. Se producen diatribas entre los poderes eclesiásticos (el Cisma de Occidente); los poderes temporales atraviesan conflictos bélicos (como la Guerra de los Cien Años); y el continente se ve asediado por sucesivas pandemias, dentro de las cuales destaca la Peste Negra, que se cobró las vidas de hasta un tercio de la población. Estas crisis de fe, de poder y de demografía influyeron, como es lógico, en las creaciones artísticas hijas de su tiempo.

Hasta el techo, vidrieras

Ahora, debemos abandonar el *scriptorium* monacal en el que todavía nos encontramos. Al haber mejorado las condiciones de visibilidad en el momento en el que se descorrieron las cortinas, podemos vislumbrar al final de la sala una puerta de acceso al siguiente espacio. Su tamaño es reducido, así que como grupo debemos ir pasando poco a poco, sin apiñamientos. A medida que las primeras filas de personas van traspasando el umbral, se escucha salir de sus bocas un murmullo cargado de sorpresa, lo cual genera cierta sensación de expectación en las personas que forman parte de las últimas filas. ¿De qué se sorprenden? ¿Qué vamos a encontrarnos cuando crucemos nosotras también? ¿Sentiremos decepción al esperarnos algo mucho más grandioso que aquello con lo que nos vamos a encontrar? Una vez todo el grupo abandona el *scriptorium* y se encuentra en la siguiente sala, el espectáculo no parece decepcionar ni siquiera a las visitantes que, debido a los murmullos, ya no contaban con el factor sorpresa.

El siguiente espacio es también rectangular. En él tiene lugar un juego de luces multicolor que lo recorren por entero: los haces de luz son morados, rosas, naranjas, rojos, amarillos y azules. Impactan contra el suelo, contra las paredes y contra las visitantes, que extienden sus brazos, conmovidas ante la impresión que causa el efecto de la luz atravesando las vidrieras. La sala está cubierta por entero de ellas: no hay apenas muro pétreo porque las paredes le ceden todo su espacio —desde el suelo hasta el techo— a las ventanas decoradas con infinitas composiciones de vidrio policromado. El carácter efectista de las vidrieras parece conquistar a todo el mundo. Surge, entonces, una pregunta: si estos juegos de luz nos sorprenden todavía a día de hoy, ¿cómo reaccionarían las gentes medievales al entrar en una catedral gótica y formar parte de algo nunca antes visto?

La luz es uno de los componentes más importantes del arte gótico, sobre todo en su vertiente arquitectónica. Los avances en esta materia permitieron que la vidriera ganase terreno sobre el muro y que el interior de iglesias, basílicas y catedrales se llenase de y con ella. La arquitectura gótica también conquistó algo novedoso: la altura. A través de complejos sistemas de contrafuertes y arbotantes situados en el exterior de estos edificios, los arquitectos y constructores consiguieron desplazar exitosamente el peso de las naves para que estas se alzasen hacia el cielo sin peligro de derrumbe. Esto fue posible gracias a ejercicios de prueba y error que comenzaron su andadura en Francia, como también había pasado en el románico: las catedrales de Chartres, Reims y Notre Dame ofrecen buena cuenta de cómo, al principio de este periodo, los contrafuertes eran demasiado macizos en comparación con las necesidades que pretendían suplir, como el caso de Notre Dame, y sus formas se van depurando en sucesivos intentos, como Chartres, Reims y Amiens.

En sus clases, la catedrática de la Baja Edad Media Olga Pérez Monzón explica que no se pueden entender las innovaciones de las catedrales góticas sin entender lo que estas suponían dentro del desarrollo de las ciudades en este periodo. La catedral no solo era donde se encontraba la sede del obispo —cátedra—, sino que era también el centro neurálgico de las incipientes ciudades medievales —los burgos— y el punto de referencia que se tenía de ellas desde el exterior; no había edificio que las superase en altura. La planimetría de las ciudades se desarrollaba alrededor de estos espacios religiosos preferentes y frente a ellos es donde solía ubicarse la plaza principal, con su correspondiente mercado. De esta manera, las catedrales góticas y su entorno inmediato eran el corazón tanto religioso como económico de las ciudades sobre las que se construían. Como consecuencia, la bonanza e importancia de una ciudad debía verse reflejada en la calidad y fábrica de su catedral.

Fue el abad Suger de Saint-Denis quien se encargó de formular la teoría sobre la que se sustentaría la construcción de la catedral gótica. A él debemos las divagaciones sobre la importancia que jugaba la luz en su interior, vinculada no solo a la divinidad sino también a la belleza: «este deseo por bañar de luz el recinto sagrado obedece a principios filosóficos que se quieren representar como camino que invita a la trascendencia. A este anhelo se le podría llamar la metafísica de la luz».[37] Nuestro amigo Panofsky (el del método iconográfico) habla de Suger en estos términos: «No sin razón se le ha llamado el padre de la monarquía francesa que había de culminar con el régimen de Luis [...]. Estaba convencido de tres verdades principales. Primera, que un rey, y más singularmente el rey de Francia, era un "vicario de Dios", "que llevaba la imagen de Dios en su persona y le infundía vida" [...]. Segunda, que todo rey de Francia, pero muy especialmente el muy amado señor de Suger, Luis el Gordo [...], poseía a la vez el derecho y el deber sagrado de sojuzgar a todas las fuerzas que condujeran a luchas internas y se opusieran a su autoridad central. Tercera, que esta autoridad central, y, por tanto, la unidad de la nación, estaban simbolizadas, incluso encarnadas, en la Abadía de Saint-Denis».[38]

Suger fue capaz de combinar la adulación a la monarquía con el fortalecimiento de su poder como abad en una especie de «Al César lo que es del César y a Dios lo que es de Dios» llevado a la práctica. Emprendió en Saint-Denis una reforma que, leyendo sus textos, una no sabe muy bien si respondía a intereses propios o a puramente religiosos o, quizás, a ambas cosas. Suger fue capaz de justificar sus gustos, ofreciendo una lectura divina que disculpaba el lujo y lo ponía al servicio de la espiritualidad: «Pensaba que nada podía constituir un mayor pecado de omisión que el pretender excluir del servicio de Dios y de sus santos lo que Dios mismo había permitido a la naturaleza proveer y al hombre perfeccionar: vasos de oro y de piedras preciosas, adornados con perlas y gemas, candelabros y paneles de altar dorados, esculturas y vidrieras, esmaltes y mosaicos, vestiduras y tapices suntuosos».[39]

Esto escandalizó al cisterciense San Bernardo de Claraval, cuya orden promovía justo lo contrario: según los cistercienses, «¿para qué enriquecer lo terrenal cuando la verdadera riqueza se halla en lo espiritual?». En cambio, Suger pensaba: «¿Para qué esquivar la belleza material y entenderla como un pecado, en lugar de como un vehículo espiritual que nos ayude a concebir el universo no en monocromo, sino como una armonía de muchos colores?».[40] De ahí las continuas disputas entre cluniacenses y cistercienses, quienes, como vemos, tenían formas diametralmente opuestas de entender la espiritualidad, la fe y la religión.

El carácter persuasivo del arte de la Baja Edad Media se sustenta sobre dos pilares: uno de ellos es —como acabamos de aprender— la belleza entendida como luz; el otro, la educación. Mientras el interior de las catedrales generaba efectos nunca antes vistos, tanto en altura como en colorido, los exteriores formaban «una completa corporeización de las enseñanzas de la iglesia».[41] En los pórticos, las figuras se individualizan y naturalizan, transmitiendo tanto escenas del Antiguo Testamento como del Nuevo, con la finalidad de ofrecer un resultado artístico veraz que *persuadiera* a quien lo contemplase. Al humanizar las representaciones, alejándolas de la rigidez e inexpresión del románico, lo que se conseguía era construir una nueva relación entre arte y espectador. Es en este periodo —comprendido aproximadamente entre los siglos XII y XIV— cuando empieza a mirarse conscientemente a la Antigüedad, al menos en escultura. Aparecen pliegues que recuerdan al trabajo de paños de Fidias y la verosimilitud entre realidad y representación se afianza.

El contexto histórico de las Cruzadas (1096-1291), entendidas como Guerra Santa contra el islam, justifica que muchas de las fórmulas artísticas del románico se extiendan también a través del gótico. Es, quizás, en este momento cuando se empieza a perfilar lo musulmán no solo como *lo otro*, sino también como *lo malo*. En cualquier proceso expansionista, uno de los componentes principales es deshumanizar al oponente para excusar los medios empleados para llegar a un fin. Otro componente suele ser la instrumentalización del mandato divino: «Hacemos esto porque es lo que Dios quiere». Pasó en las Cruzadas medievales, pasó con la colonización de Abya Yala en la Edad Moderna y pasó con el imperialismo en la Edad Contemporánea. En todos estos procesos, el arte también fue un vehículo de legitimación. Como pasará en siglos siguientes con el tema de *Judit y Holofernes*, en el románico y en la Baja Edad Media se dieron lecturas políticas y morales de determinadas escenas. Un ejemplo de ello es la representación del Juicio Final.

Habitual en las portadas góticas y también presente en muchos retablos, su iconografía puede parecer compleja debido a la multitud de elementos que la forman, pero reconocerla es más fácil de lo que parece. Como hay variaciones respecto a Bizancio y al Occidente europeo, aquí nos limitaremos a dar pistas para identificarla en líneas generales, lo cual no implica que podamos toparnos con alguna versión que carezca de ciertos elementos o que presente otros nuevos.

El esquema que tuvo éxito en Francia y que se difundió después a otras zonas de Europa solía aprovechar el tímpano* de la portada para generar tres registros** horizontales superpuestos, como ocurre en la Catedral de Notre Dame. En el primero, que suele ser el de mayor tamaño, nos encontramos en medio a Cristo-Juez, reconocible porque le-

* Espacio semicircular o triangular comprendido, en este caso, entre el dintel de la portada y las arquivoltas.

** Reciben este nombre las subdivisiones presentes en una obra. En cada registro suele tener lugar una escena diferente.

vanta ambas manos o solo una de ellas en actitud de sentencia (llamando la atención, vaya). En ocasiones puede ser representado como *Maiestas Domini* o Pantocrátor (tipología que procede del arte bizantino): Cristo aparece sentado en un trono, bendiciendo con su mano derecha mientras en la otra sostiene las sagradas escrituras. También es retratado como Varón de Dolores, es decir, con el pecho descubierto, los brazos levantados y mostrando las heridas de la Pasión. Cristo puede aparecer solo; acompañado del tribunal y de la corte celestial; o enmarcado por la *Deesis*, una representación iconográfica de dos personas —la Virgen y San Juan Bautista— arrodilladas a cada uno de sus lados.[42]

A continuación, en el registro inferior, nos solemos encontrar con la *psicostasis*, es decir, con el pesaje de las almas (presente también en el arte egipcio y en el griego). Suele ser fácil de identificar tanto si hay una figura central, San Miguel, que lleve una balanza como si vemos a ambos lados la representación de dos filas de personas: los bienaventurados y aquellos que no lo son. En el arte cristiano, lo bueno siempre se sitúa a la derecha de Cristo y lo malo a la izquierda, así que, cuando miremos de frente un Juicio Final, al estar invertidas las direcciones, nos encontramos con los condenados a la derecha y los salvados a la izquierda. ¿Cómo se pueden reconocer? Principalmente por la relación orden/desorden: las filas de salvados suelen estar siempre ordenadas mientras en las filas de los condenados hay algún elemento que rompe la armonía. Lo bueno es bello y armónico, lo malo es feo y caótico. A modo de guinda del pastel, en la fila de estos últimos a veces se incluyen figuras con cuernos (todo lo híbrido tiene una connotación negativa), por si nos quedaba alguna duda de que esa es la fila en la que no deberíamos querer estar.

La iconografía del Juicio Final es perfecta para ejemplificar lo persuasivo del arte gótico, sobre todo cuando tiene lugar en entornos catedralicios. Esta representación es un recordatorio continuo del castigo al que podemos vernos abocadas en muerte en función de cómo nos hemos comportado en vida, además de una especie de amenaza chantajista cuando Cristo adquiere su forma de Varón de Dolores: «yo, que morí por ti, estoy ahora supervisando lo que haces mientras te enseño mis heridas». En estas ocasiones, por si fuera poco, puede ir acompañado de ángeles que portan las *Armas Christi*, es decir, todos los elementos constitutivos del ciclo de la Pasión:[43] la corona de espinas, la columna de la flagelación, los clavos, la cruz, las lanzas con las que comprobaron que había muerto. Todo un dispositivo de chantaje emocional: «Yo, aquí, sufriendo tras haber muerto por tus pecados y tú, ahí, pensando en cometerlos... ¡ya te vale!». Otros elementos adicionales que pueden o no estar presentes son —cómo no— los ángeles portando las trompetas y la resurrección de los muertos.

La Baja Edad Media también nos habla mucho sobre, precisamente, la muerte. Es en estos siglos cuando cobra mucho protagonismo la figura de la Virgen como intercesora de la humanidad ante Dios. Hay una iconografía en concreto que sintetiza gran parte de esta corriente: la Virgen de la Misericordia. Reconocerla no tiene ningún tipo de pérdida: centrando la composición, María extiende sus brazos —a veces con tal horizontalidad que su propio cuerpo finge la forma de la cruz en la que murió su hijo— para, así, poder cobijar bajo su manto a toda la humanidad. En algunas ocasiones, como elemento adicional, aparecen ángeles coronándola como Reina de los Cielos o, incluso, demonios alados que intentan atormentar a las gentes que protege (sin conseguirlo, claro). En cierto modo, el culto mariano de la Baja Edad Media refleja la necesidad social de encontrar consuelo en saber que una figura intercederá por nosotras. Mientras la divinidad del Juicio Final cumple una función amenazante que atemoriza, la actitud de la Virgen es mucho más amable y, por tanto, esperanzadora. De esta forma, Cristo es quien condena y María quien salva.

Si a la profusión iconográfica del Juicio Final desde el románico le sumamos el trauma de la Peste Negra desde el 1346 hasta el 1352, lo que tenemos es el caldo de cultivo perfecto para que la gente estuviera aterrorizada por qué les pasaría después de la muerte y desesperada por encontrar la salvación:

> Las ciudades medievales fueron gigantescas fosas funerarias; si a esto se añade que la muerte será siempre un acontecimiento público a nivel gre-

mial, corporativo, religioso, e incluso a nivel general servirá como escarmiento, podremos comprender la importancia de la muerte en una sociedad en que la comunidad parroquial tenía el sentimiento de articularse sobre la de los muertos, ya que las intercesiones de los muertos servían a los vivos y las oraciones de los vivos eran útiles a los muertos.[44]

Todo esto implicó que la figura de la Virgen adquiriera un reconocimiento con el que no contaba en las Sagradas Escrituras, pues la información que tenemos sobre su vida anterior y posterior al nacimiento y muerte de Jesucristo (es decir, todo aquello que la perfila como mujer y no exclusivamente como madre) lo encontramos en los evangelios apócrifos, no en los oficiales.

En las primeras etapas bajomedievales, vimos que el foco difusor fue Francia. La última etapa, la que concierne al paso entre el siglo XIV y el siglo XV, en cambio, sobresale por su diversidad de formas y por su preciosismo. Conocemos este último periodo como gótico flamígero. Aunque hemos hablado mucho de escultura, es a lo largo de la Baja Edad Media cuando se va fomentando la pintura. En este sentido, la pintura gótica bebe mucho de la corriente bizantina: en un primer estadio, las figuras presentan la misma horizontalidad y se recortan, también, sobre fondos de pan de oro, como iconos ortodoxos reformulados en la práctica católica. La emotividad y la espiritualidad se dan la mano para generar temas restringidos casi en su totalidad a la religión; y el desarrollo de la escuela flamenca introduce progresivamente un nivel de detallismo casi preciosista.

En arquitectura, los progresos tecnológicos alcanzados durante los siglos anteriores culminan en una presencia todavía mayor de detalles que no responden a lo funcional sino a lo decorativo y que se combinan con unas nociones de verticalidad todavía mayores. En España, por ejemplo, en este periodo intermedio entre el medievo tardío y el incipiente periodo renacentista, algunas voces aluden al gótico isabelino y al nacimiento del estilo plateresco. Estas denominaciones, como otras que veremos más adelante, no cuentan con un posicionamiento homogéneo dentro de la historiografía del arte, de manera que pueden encontrarse posturas en contra o a favor de su uso y sus características, un poco como lo que ocurre con las denominaciones de «arte mozárabe», «arte visigodo» o «arte de repoblación» aplicadas a la convivencia territorial entre cristianos y musulmanes. Estas cuestiones hicieron —y hacen— correr innumerables ríos de tinta, pero aquí nos limitamos simplemente a señalarlas para que, en caso de que os encontréis con ellas, sepáis al menos localizar por dónde vienen los tiros.

Como espero que hayáis podido comprobar, la Edad Media es —en realidad— una explosiva mezcla entre aquello que pensamos de ella y aquello que fue: un compendio de influencias, relaciones y pugnas por el poder que se tradujo en un arte diverso y multifocal, en ocasiones contemplado a través de miras muy estrechas. Estas suelen dar pie a la especulación, a la instrumentalización por parte de los nacionalismos contemporáneos y a una comprensión parcial de la complejidad que encerraron estos diez siglos. Aunque creo que parte del poco interés que solemos profesar por este periodo se debe a la asociación entre arte y mímesis (una obra es más bella cuanto más se parezca a la realidad), también creo que ha jugado un papel decisivo la propaganda negativa constantemente vertida sobre él. Queda en nuestras manos escoger con qué versión nos quedamos, si es que decidimos quedarnos con una en lugar de intentar aunar todas.

RENACIMIENTO
Siglos XV y XVI

Una estancia vacía

Así como el arte medieval goza, desde la Edad Moderna, de toda la mala publicidad que se le puede desear a cualquier enemigo, con el arte del Renacimiento asistimos al fenómeno opuesto: el de la revalorización continua de sus aportes. En el caso del periodo renacentista no es necesario llevar a cabo toda una serie de titánicas maniobras para acercar a la gente al arte que se generó bajo sus premisas. Su propio nombre —o el adjetivo «renacentista»— funciona, por así decirlo, como una garantía de calidad que avala la grandeza y relevancia de aquello a lo que hace alusión, sea lo que sea.

Esta predisposición general a aceptar el arte de determinados periodos, y a menospreciar el de otros, sirve para preguntarnos desde dónde se construyen estos discursos y cuál es el nivel de autonomía que tenemos nosotras, como interesadas o consumidoras de arte, para decidir qué nos gusta y por qué. En el caso del Renacimiento —aunque para referirnos al origen del término tengamos que viajar hasta el siglo XIX—, los aires de grandeza del discurso que lo envuelve se generaron de manera paralela a su desarrollo, en los siglos XV y XVI, conocidos como el Quattrocento y el Cinquecento.

Para aclararnos antes de seguir, podemos definir el Quattrocento como el periodo en el que se sientan las bases de lo que posteriormente se desarrollaría con todo su esplendor en el Cinquecento, el cual es —en realidad— el siglo que suele tener en mente la mayoría de la gente cuando piensa en el Renacimiento; el siglo de Miguel Ángel, de Leonardo y de Rafael. Cuando se mencionan estos nombres en una visita guiada, se suele desencadenar una atmósfera de acaloramiento general. Hemos oído tantas maravillas de estos tres artistas y de sus obras que, de repente, parece que no nos importa nada más. Solo queremos llegar a esa parte. El pulso se nos acelera, nos empiezan a sudar las palmas de las manos y hasta nos echamos a temblar imaginando ante nosotras la bóveda de la Capilla Sixtina, la pequeña pero matona capacidad de la *Mona Lisa/Gioconda* para reunir a su alrededor a cientos de personas en todo momento o el recuento de grandes personalidades griegas en *La Escuela de Atenas*. El desencadenante de toda esta cadena de reacciones fisiológicas es una mezcla —a mi parecer, interesantísima— entre la realidad y el mito, es decir, entre la calidad de las obras y la leyenda que, con el paso de los siglos, se ha ido tejiendo alrededor de ellas.

Para decepción de las que aquí os encontráis, debo advertiros de que todavía queda un trecho para llegar a esa parte, por lo que voy a pediros que hagáis el esfuerzo de olvidaros por un momento del Cinquecento (es difícil, lo sé) y que dirijáis toda vuestra atención al Quattrocento. En concreto, al año 1401, repetido hasta la saciedad en toda clase de Historia del Arte cuando se habla de los inicios del arte moderno. ¿Qué pasó ese año? Que en la ciudad de Florencia tuvo lugar un concurso para escoger quién se encargaría de realizar las nuevas puertas del norte del baptisterio de la ciudad. A él se presentaron siete escultores, aunque solo dos fueron escogidos como finalistas: Ghiberti y Brunelleschi. Al segundo lo conocemos de sobra, aunque fuese Ghiberti el seleccionado para la realización de estas puertas, protagonizadas por una escena del Antiguo Testamento: el *Sacrificio de Isaac*.

La figura de Ghiberti aglomera dos de las características principales de los artistas de la época. La primera de ellas es el carácter multidisciplinar de su formación. Ghiberti fue arquitecto, escultor, escritor y, ante todo, orfebre; de hecho, no fueron pocos los artistas que comenzaron su formación en el ámbito de la orfebrería. La segunda característica es su condición de artesano. En las primeras décadas del siglo XV, el concepto de artista seguía todavía sin haber sido perfilado. Ernst Gombrich,[1] al referirse al concurso de 1401 y a la figura de Ghiberti, lo hace extendiendo las coordenadas medievales: «en la Edad Media, el artista era en realidad un artesano, o más bien un comerciante que hacía pinturas/esculturas de encargo y cuyos criterios eran los de sus organizadores profesionales, los gremios». Del artesano se esperaba que trasladase al formato escogido por quien encargaba la obra lo que esta persona —o grupo de ellas— quería ver reflejado. Es decir, que el artesano actuaba únicamente como intermediario entre un deseo y su realización.

Los gremios florentinos jugaron un papel esencial en la promoción de todo tipo de obras. Las puertas del baptisterio no fueron una excepción: fue el *arte di calimala* (gremio de los comerciantes) quien concertó el concurso de 1401 y sufragó los gastos del material (bronce, nada barato ni hoy en día ni, tampoco, por aquel entonces) y ejecución. Entre los gremios existía cierta competitividad a la hora de encargar obras que realzaran su estatus y, al mismo tiempo, embelleciesen los diferentes edificios de la ciudad. Y, cuando digo «cierta», en realidad quiero decir *mucha* competitividad. Si tienes la oportunidad de visitar Florencia y, además, has estudiado Historia del Arte en la universidad, te das cuenta de que la mayoría de obras relevantes del Quattrocento se encuentran allí: es como estar viendo en vivo y en directo la materialización de tus apuntes. Recuerdo visitar la ciudad en el verano de 2021 con mi mejor amiga e ir reconociendo y describiendo juntas los diferentes edificios que habíamos estudiado hasta la saciedad y que ahora teníamos delante. Durante varios días, nos convertimos en guías tipo Free Tour, con la salvedad de que en realidad no nos dirigíamos a una audiencia, sino a nosotras mismas.

Fue la competitividad entre gremios, artistas y familias pudientes la que convirtió a esta ciudad, y no a Roma, en el germen del Renacimiento. Esta rivalidad también se respiraba entre ciudades: la enemistad entre Siena y Florencia fue una de las causas de que se cubriera el crucero del *Duomo* de Florencia (así es como llaman en Italia a las catedrales) con una cúpula colosal que «proyectase su sombra sobre toda la Toscana».[2] También fue la enemistad entre Pisa y Florencia la que alentó que la puerta norte del baptisterio florentino fuera de bronce y no de madera. El uso de esta última había sido habitual hasta que, a finales del siglo XIV, en Pisa apostaron por la aleación de cobre y estaño. La reacción de la ciudad de Florencia fue la de no quedarse atrás. Creo que nunca, hasta este momento, el arte público se había beneficiado tanto de esta clase de rencillas. Pero no fue solo la competitividad entre instituciones o ciudades la que jugó un papel importante en el embellecimiento de las ciudades, sino también la búsqueda de redención ante algún que otro pecado.

Independientemente de que conozcamos su historia, sepamos nombrar a algunos de sus miembros o señalar algunas de las obras que promocionaron, la familia Medici aparece casi siempre vinculada al arte renacentista. Sobre todo, los nombres de Cosme I y Lorenzo el Magnífico. Esta familia de banqueros se hizo con el control de la ciudad y las grandes sumas de dinero que amasaban fueron, en parte, una de las razones principales de que fuesen expulsados de Florencia durante varias décadas. Esto constituye en sí mismo una paradoja, al menos para las personas no creyentes. Por un lado, la Iglesia es conocida por haber atesorado bajo su institución una retahíla innumerable tanto de bienes materiales como de bienes económicos. En cambio, por otro lado, nunca vieron con buenos ojos el negocio de la banca, quizás porque les producía cierta reticencia que hubiese sujetos manejando grandes cantidades de dinero (y que no se tratase de ellos). Tanta reticencia les producía que, desde el dogma cristiano, tipificaron este hecho como un delito: la usura, entendida como «el acto de recibir más de lo que se ha dado». Y, como es lógico, las familias de banqueros estaban en su punto de mira.

Para combatir esta percepción negativa, la familia Medici —empezando por Cosme I y siguiendo por Lorenzo el Magnífico— procuró redistribuir parte de su capital económico hacia proyectos que revertieran en el bien de la ciudad: las donaciones, las causas benéficas y la construcción masiva de edificios se constituyeron como una especie de purga de sus pecados. La construcción en pleno centro de la ciudad de su palacio respondió a esta manera de proceder, aunque fue interpretada de manera contraria a lo que se pretendía: aparece referido que Lorenzo rechazó el proyecto de Brunelleschi[3] para construir este espacio por considerarlo demasiado ostentoso, algo así como una bofetada en la cara al resto de residentes florentinos, pero el proyecto final terminó generando el mismo rechazo. No se come pan delante de los pobres y, en el caso de la familia Medici, tampoco delante de los envidiosos.

Esta reconocida familia nos sirve para explicar el fenómeno del mecenazgo y patrocinio de las artes, otra de las características de la etapa renacentista del arte italiano, que después irradió otros focos europeos. Todavía recuerdo a una de mis profesoras de la carrera, María Ángeles Toajas Roger, explicar algunas de las malinterpretaciones más persistentes en la historia del arte en su asignatura «Arte y sociedad en la Edad Moderna». La primera de ellas: llamar «artistas» a lo que en realidad fueron «artífices». Y, la segunda, llamar «mecenas» a cualquier persona con poder que expresase cierta debilidad, ya fuese genuina o interesada, por la promoción de las artes.

La profesora Toajas establece el término «artífice» como un concepto intermedio entre el artesano medieval y el artista contemporáneo. Dado que gran parte de la Edad Moderna transcurrió entre los acalorados debates a favor o en contra de la liberalización de las artes, denominar «artistas» a personas que no gozaron de dicha categoría, sino que lucharon por ella, es incurrir en un error evitable. La catalogación de «mecenas», por su parte, también se presta a confusiones. Mecenas fue aquella persona que apostó por la carrera de un artista concreto, constituyendo como consecuencia el origen de la mayor parte de sus encargos y, por tanto, estableciéndose como su empleador principal. En el caso contrario, deberíamos hablar de «patronos de las artes», es decir, personas que encomendaron multitud de encargos pero a diferentes artífices.

Un buen ejemplo de mecenas fue Ludovico III Gonzaga, marqués de Mantua, que por activa y por pasiva procuró atraer a Andrea Mantegna a su corte. Y que —marcándose un Velázquez, en pos de ser admitido en la Orden de Santiago (aunque con mejores y más prestos resultados)— no desistió hasta conseguirlo. Ludovico Gonzaga, al desplazar todo el peso artístico y representativo de su figura, su familia y su ciudad sobre los hombros de Mantegna, no solo estaba sentando un precedente de corte renacentista, sino también perfilando la figura propiamente dicha de mecenas más allá de la de patrono de las artes. De esta manera, la profesora Toajas mantiene que patronos ha habido bastantes, pero mecenas muchos menos, y que Ludovico Gonzaga —tal y como atestigua también Kenneth Clark— fue la primera personalidad humanista en convertirse en uno.[4]

Teniendo todo esto en mente, al entrar en la primera sala dedicada al Renacimiento, a todas nos sorprende encontrarla vacía. Las paredes —pintadas de un color gris oscuro— combinan con el suelo, transmitiendo una sensación cromática plana. No hay ninguna emoción específica vinculada a la estancia; en todo caso, la sensación de ausencia haciéndose tangible. No hay cuadros colgando de las paredes; tampoco esculturas, ni siquiera mobiliario. La magnificencia que esperábamos encontrar al cruzar la entrada contrasta con el vacío, que abofetea de lleno las expectativas y las reduce a una de las sensaciones más incómodas e indeseables que pueden experimentarse dentro de un museo: la simple y llana decepción. ¿Esto es todo? Sería curioso —incluso hasta gracioso— ver las reacciones del grupo si la respuesta fuese una afirmación rotunda, pero no es el caso. Solo hay que prestar un poco de atención y perder el miedo a interactuar con la nada que se extiende delante de nosotras.

Mientras paseamos por la sala, arrastrando nuestro desconcierto, algunas personas se miran entre sí. Otras deambulan mirándose los zapatos, sin saber muy bien qué hacer. Un pequeño grupo se acerca a las paredes, intentando encontrar cualquier elemento, cualquier manilla, cualquier interruptor, que desvele el funcionamiento de la estancia. Y lo encuentran. Una de las integrantes se gira para avisar al resto mientras señala con su dedo una línea de mirillas situadas a diferentes alturas en diferentes puntos de la pared. La sala nos está pidiendo que miremos a través de ellas para descubrir qué está pasando al otro lado.

Cuando nos asomamos, lo que reconocemos es el interior de una biblioteca. Sendas estanterías de madera soportan centenares de libros, códices y manuscritos. Algunos están colocados ordenadamente, de manera que solo podemos ver sus lomos. Otros, en cambio, aparecen apilados en diferentes montañas desordenadas que transmiten la sensación de haber sido consultadas hace escasos minutos. También hay mesas plagadas de hojas sueltas y, al final de la habitación, tres retratos que nos sirven para entender el porqué de este espacio. Los que se sitúan a los lados bien podrían pertenecer a la misma persona: representan a dos hombres de perfil, vestidos con túnica; la cabeza cubierta con un manto rojo ajustado al cuello y corona de laurel. Se trata de Petrarca y Boccaccio, ambos poetas laureados y, por tanto, representados como tal. En el centro nos encontramos con un tercer hombre, pero —esta vez—, en lugar de un manto que actúa a modo de capucha, lleva sombrero negro y su cuerpo se intuye debajo de un grueso abrigo bruno que deja entrever en mangas y pecho que está forrado en piel. Esta vez se trata de Erasmo de Rotterdam.

Estos tres hombres son reconocidos como precursores e impulsores de la corriente de pensamiento vinculada al Renacimiento: el humanismo. Antes de expresarse en el arte, el humanismo encontró su germen en los libros, en concreto en los manuscritos antiguos que —poco a poco— iban siendo recuperados de la oscuridad de los monasterios europeos. Estos espacios monásticos, además de dedicarse a copiar y producir códices, manuscritos y libros —como ya vimos—, también actuaron como depositarios del saber que provenía de la Antigüedad. Los eruditos humanistas, de hecho, dedicaron una cantidad ingente de tiempo a recorrer los monasterios europeos a la busca y captura de este tipo de obras.

Petrarca no solo encontró y copió manuscritos de obras antiguas en diversas catedrales y viejos monasterios de Francia, Italia y Bélgica, sino que también encargó a otros que realizaran esta tarea por él. De este modo reunió la biblioteca privada más importante de su época, en la que se podían encontrar obras de autores sagrados (como san Agustín, san Jerónimo y san Ambrosio) o representativos de la latinidad tardía (como san Isidoro y Casidoro) junto a otras de escritores clásicos (como Cicerón, Livio, Séneca, Salustio, Virgilio, Suetonio, Juvenal, Ovidio, Lucano y Horacio).[5]

Boccaccio, por su parte, también consiguió hacer acopio de un centenar de obras clásicas «entre las que destacaban manuscritos con obras desconocidas de Varrón y Tito Livio». Coluccio Salutati, secretario de la República de Florencia, reunió «casi un centenar de códices de obras clásicas pertenecientes a los siglos IX al XII».[6] Cosme I de Medici tampoco se quedó atrás, consiguiendo atesorar una biblioteca de hasta ochocientos volúmenes de obras clásicas.

Muchas de estas obras fueron redescubiertas debido al creciente interés que suscitaban en la época, pero muchas otras aparecieron por primera vez en esta especie de «circuito literario sumergido» gracias a que los originales griegos perdidos fueron traducidos al árabe y, del árabe, pudieron ser traducidos al latín para, posteriormente, hacerlo a las diferentes lenguas vernáculas europeas.[7] Esto nos demuestra que no es que la Antigüedad clásica se desconociera durante la Edad Media, como si toda su producción se la hubiese tragado un agujero negro. Lo que pasó es que no se dieron las condiciones sociales, económicas, políticas, culturales y artísticas propicias para que se sintiese hacia ellas el suficiente interés como para emprender una recuperación masiva de sus ideales, algo que sí ocurrió más tarde.

Nos desplazamos por la sala hacia el siguiente grupo de mirillas. Lo que encontramos al otro lado de estas es la puesta en escena del método de difusión que permitió al mercado literario pasar de miles de ejemplares a millones a finales del siglo XV: la imprenta de tipos móviles de Gutenberg.

Decía Hegel que la técnica comparece cuando la humanidad la necesita. Así ocurrió con la imprenta. Los distintos «renacimientos», que con mayor o menor propiedad se han señalado a lo largo de la Edad Media, llevaron consigo la necesidad de multiplicar los textos. La aparición de las universidades, por ejemplo, hizo necesaria la difusión masiva de libros de texto, libros necesarios también para conformar las bibliotecas de los profesionales y surtir los conventos de franciscanos y dominicos en los que se impartían clases de teología [...]. Decisiva fue, también, la aparición del papel —entre cuatro y seis veces más barato que el pergamino— para la difusión de los textos. No obstante, todo este esfuerzo era insuficiente para atender la demanda, además de resultar muy caro el producto resultante.[8]

A raíz de este fragmento, podemos entender la aparición de la imprenta como el desenlace de un problema que llevaba planteándose desde hacía tiempo en el continente sin llegar a soluciones que fuesen rentables.

¿En qué medida puede vincularse la aparición de la imprenta en Europa con el desarrollo del humanismo? Todavía hoy existen posiciones enfrentadas, desde voces que mantienen que la imprenta potenció la pervivencia del pensamiento medieval frente al pensamiento renacentista[9] hasta aquellas que consideran que existe una relación causal directa entre el advenimiento de la prensa, el establecimiento de nuevos modos de comunicación y la revolución intelectual que produjo el pensamiento científico moderno.[10] Esta diferencia de hipótesis y posicionamientos refuerza la idea de que no hay una única manera de entender y explicar la realidad pasada y que, como consecuencia, la percepción que tenemos de ella depende en gran medida de la perspectiva que escojamos para contemplarla.

Lo que sí parecemos tener claro es que, a lo largo del siglo XV, fue gestándose un interés incluidible y una curiosidad punzante por el ser humano, lo cual sentó las bases de lo que hoy denominamos «antropocentrismo», es decir, la consideración del ser humano como centro de todas las cosas. ¿Cómo vemos esta nueva tendencia reflejada en el arte? Principalmente, a través del surgimiento y difusión del retrato como género pictórico autónomo.

El retrato como medio de representación se remonta al Antiguo Egipto. Lo encontramos también en la Antigua Grecia y en Roma, y cuenta con numerosos ejemplos durante la Edad Media. Como tema, pues, no representa una novedad en sí. ¿Dónde encontramos la innovación? En la forma. La propuesta humanista y renacentista se sustenta sobre una concepción más naturalista del arte y abre el rango de sujetos dignos de ser retratados, reduciendo notablemente la exclusividad del género. Además, se espera de estos retratos que reflejen tanto las dimensiones físicas como, a menudo, también las psicológicas de la persona retratada. Los dos centros más influyentes en relación con este género fueron Flandes e Italia, aunque su revitalización surgió primero en la región flamenca para, después, ser absorbida por el territorio italiano.

En la tercera habitación paralela podemos contemplar desde cierta distancia una mezcla de ambas tendencias retratísticas, así como su evolución a lo largo del siglo XV. En un primer momento, la tipología de retrato italiano era de perfil; lo vimos con los ejemplos de Petrarca y Boccaccio y también lo atestiguan los dos retratos parejos —realizados por Piero della Francesca— que conforman el *Díptico de Urbino*, presente en la habitación, el cual muestra al matrimonio de Battista Sforza y Federico de Montefeltro. De perfil son, asimismo, los retratos presentes en la numismática clásica, por lo que este modo de representación supone en sí mismo un guiño a la Antigüedad. Encontramos ejemplos de este tipo de retrato de perfil en las obras de Ghirlandaio (*Retrato de Giovanna Tuornaboni*), Masaccio (*Retrato de un joven de perfil*) o Botticelli (*Retrato de una joven*), por mencionar algunos de ellos. Todos comparten una característica común: pese a que se pretende que la persona retratada sea identificable —es decir, que se fomente la diferenciación de sus rasgos—, el hieratismo y la inexpresividad fuerzan todavía una distancia psicológica que sería superada en el futuro.

En el caso de Flandes, aunque la expresividad emocional sigue brillando por su ausencia (como en el *Retrato de una mujer joven* de Rogier van der Weyden), la posición de perfil no se ejecuta de manera tan pronunciada, sino que podemos contemplar la totalidad del rostro gracias a la introducción del retrato de tres cuartos, al menos por norma general. Y, en muchos casos, la mirada de la persona retratada se cruza con la nuestra, algo imposible en los retratos de perfil italianos que se estaban realizando de forma paralela. Es en la pintura flamenca donde, de hecho, encontramos el origen de los encargos de retratos matrimoniales en díptico, por lo que, al lado del *Díptico de Urbino* de Della Francesa, encontramos el *Retrato de un hombre* y *Retrato de una mujer*, realizados por Robert Campin.

En ocasiones, la contemplación de retratos en los museos se vuelve monótona, aburrida y hasta exasperante. Muchos de ellos remiten a personas que, a pesar de ser conocidas en su momento, ahora se nos antojan irrelevantes; otros representan a figuras directamente anónimas; y algunos nos parecen idénticos entre sí. Lo habitual es terminar con la cabeza llena de preguntas tales como «¿quiénes son estas personas?», «¿por qué estoy perdiendo el tiempo mirándolas?» o «pero ¿qué me importa a mí toda esta gente que no conozco?». La respuesta está en entender los retratos como una manera de viajar en el tiempo hacia los usos y costumbres del pasado. La representación de personajes de toda índole social nos permite acercarnos a los códigos estéticos y estilísticos de la época, siendo la retratística un caldo de cultivo excelente para, por ejemplo, esbozar la historia de la moda y la historia de la joyería y cómo ambas cuestiones configuraban las convenciones sociales de determinadas épocas.

El *Retrato de un hombre*, de Robert Campin, comparte con el *Retrato de hombre con turbante*, de Jan van Eyck, el tocado que cubre la cabeza. Se trata de un chaperón de vivo color rojo que empezó siendo adoptado por el tercer estamento para cubrirse y terminó convirtiéndose en un símbolo de distinción para comerciantes burgueses y funcionarios. De hecho, el protagonista de *El matrimonio Arnolfini* fue retratado en otra ocasión, también por Van Eyck, portando este tocado. En el caso de los retratos femeninos, las mujeres flamencas cubren sus cabezas con velos o mantos con distintos niveles de transparencia; y las mujeres italianas, aunque muestran su cabellera, lo hacen recogiéndola con algún tipo de tocado, en ocasiones profusamente decorado gracias a trenzas o adornos.

Algunos de los retratos que más juego dan, como si se trataran de adivinanzas, son aquellos que representan las inquietudes o profesiones de las personas que aparecen en ellos. Este tipo de retrato —más característico del siglo XVI que del siglo XV, por cierto— fue mucho más prolífico con los hombres que con las mujeres, limitadas a su condición de esposas o madres y acompañadas de elementos relativos a la fertilidad o a la fidelidad, como veremos próximamente. Ellos, en cambio, sí fueron representados con asiduidad desvinculados de su papel de padres (salvo en los retratos dinásticos) y esposos (salvo para conmemorar el matrimonio), gozando por tanto de una individualidad de la que ellas fueron privadas. En un retrato realizado por Lucia Anguissola a mediados del siglo XVI, por ejemplo, vemos a un hombre sentado, con un brazo apoyado sobre una mesa —en la cual descansan dos libros— mientras con la otra mano sujeta un bastón por el que asciende una serpiente. Este objeto remite a la iconografía de la vara de Esculapio, símbolo de la profesión médica. Gracias a este dato podemos identificar al retratado como un médico, en concreto como *Pietro Manna, médico de Cremona*, tal como remite el título de la obra, realizada por la artista en su adolescencia.

Hay una cuarta y última habitación paralela en la sala. Es la de mayor tamaño y ocupa el espacio de la pared del fondo. Las primeras en acercar sus rostros hacia los pequeños óculos reaccionan con un respingo. Algo al otro lado las ha sorprendido: el movimiento. La cuarta habitación no está vacía, sino todo lo contrario: está repleta de gente que parece sacada de otra época. Por las vestimentas, podemos identificar que el estatus social del grupo es más o menos homogéneo: visten lujosas túnicas de terciopelo, que resplandecen ante la luz cuando se desplazan por la sala; los engarces que las unen por encima de las camisas brillan incluso al mirarlas a distancia. También hay quienes llevan lujosos jubones de mangas abullonadas, con detalles bordados en oro. Lo que tenemos ante nosotras es todo un desfile de texturas, telas y colores. Los hombres que las portan se mueven divididos en varios grupos. Algunos hablan entre sí; otros se inclinan sobre una mesa, consultando varios libros; y, en una esquina, varios ríen mientras beben. Nosotras lo miramos todo en silencio, escuchando los ecos de las conversaciones, de las carcajadas y de los murmullos, amortizados a través de la pared. No sabemos de qué hablan ni por qué se ríen ni, tampoco, qué están consultando en los libros. Solo podemos observar a través de la mirilla, preguntándonos si pegando la oreja a la pared seríamos capaces de entender algo. Así es como imagino que tuvo que ser el Renacimiento para la mayor parte de la población: como una estancia vacía, dentro de la cual suceden un sinfín de cosas de las que no formamos parte.

Hemos visto el papel que jugaron las bibliotecas, la recuperación de los textos clásicos y la aparición de la imprenta. Sabemos por datos aproximados que, en Europa, a lo largo del siglo XV, se imprimieron alrededor de diez mil títulos y se publicaron unas treinta mil ediciones, lo que asciende a una cifra total de unos diez millones de ejemplares. Al menos la mitad de ellos correspondieron a textos religiosos, primordialmente en latín. En contraste con estas cifras, tenemos un continente poblado por unos cien millones de personas,[11] la mayor parte de ellas analfabetas. Y las que sí estaban alfabetizadas se dividían, a su vez, en tres grupos. Los dos primeros, mayoritarios, los conformaban aquellas que apenas podían permitirse económicamente la adquisición de libros y aquellas que no sabían hablar o leer en latín, una lengua culta lejos del alcance de la mayoría. El tercer grupo —el más reducido— correspondía a la élite humanista.

Esta —«élite»— es la palabra que suele faltar a la hora de hablar del humanismo. Sin ella, corremos el riesgo de pensar —e incluso de llegar a creer— que toda la sociedad estuvo invitada a formar parte de los debates que pusieron al hombre en el centro. Pero ¿de qué *hombre* hablamos? ¿De todos los seres humanos? ¿Se utiliza aquí el masculino genérico? ¿O nos estamos refiriendo únicamente a un tipo muy concreto de sujetos? ¿Cómo hemos imaginado a los hombres de la cuarta habitación? ¿Como un concepto que incluye también a las mujeres? ¿A los estamentos bajos? Cuando visualizamos la habitación repleta en nuestra cabeza, ¿tenía alguno de ellos rasgos asiáticos o la piel oscura o los hemos imaginado a todos blancos? La descripción genérica es un ejercicio para que nos planteemos cómo está estructurado nuestro imaginario y quiénes son los sujetos que lo protagonizan.

Algo parecido ocurre con la visión general del Renacimiento: hemos cogido una parte y la hemos convertido en el todo. La responsabilidad de esto la tienen, en gran parte, los italianos. En concreto, los florentinos, quienes supieron teorizar y vender de manera magnífica lo que ocurría en su país y en su ciudad. Un buen ejemplo de ello es Giorgio Vasari, escritor, arquitecto y pintor, considerado primer historiador del arte e iniciador del método biográfico. En 1550, Vasari publicó *Las vidas de los más excelentes arquitectos, pintores y escultores italianos*. El libro empezaba por la época de Cimabue y Giotto, hasta llegar a su tiempo. Su visionaria obra cubrió nada más y nada menos que ciento cincuenta años de historia del arte italiano, a través de las ciento treinta y tres biografías de los que él consideraba sus principales artistas. A través de estas narraciones, gracias a una combinación extraordinaria de mitos y realidades, Vasari contribuyó a perfilar tanto la fama como la personalidad del grueso de artistas que incluyó en su texto, independientemente de si las cosas que decía eran ciertas o no. De hecho, que las *Vidas* estén llenas de incongruencias (y precisen ser leídas a día de hoy con pies de plomo) no impide que sigan siendo una de las fuentes más importantes del Renacimiento italiano. ¿Su rigor? Dudoso. ¿Su pervivencia? Absoluta. ¿Su contribución a la visión italocéntrica del arte en la época renacentista? Total. De hecho, Vasari comienza la edición de 1550 con una sentida dedicatoria a Cosme I de Medici —apodado El Viejo— a través de la cual le concede el honor de ser la figura bajo la que renacieron las artes. Porque si hay algo que no iba con el autor era, desde luego, mantener las apariencias y esconder los favoritismos, como el que profesaba por la región toscana y, en concreto, por los artistas florentinos.

Es en Florencia donde él mismo ubica el fenómeno del «renacimiento de la Antigüedad» y es por ello que solemos referirnos a Vasari como la primera persona en emplear el término *rinascità* para definir los cambios en las preocupaciones estéticas y artísticas que estaban teniendo lugar en Italia en los siglos XV y XVI. Por este primer puesto a la hora de nombrar el Renacimiento también pelean Jules Michelet y Jacob Burckhardt. Michelet, historiador francés, lo utiliza para titular su obra *Le Renaissance* en 1855; y Burckhardt, historiador suizo, lo hace cinco años después, en 1860, con su *La civilización del Renacimiento en Italia.*[12] Al parecer, el escritor italiano marcó tendencia y, tras el éxito de las *Vidas*, en Europa comenzaron a surgir de debajo de las piedras compilaciones de biografías de artistas, como la de Van Mander en los Países Bajos, la de Von Sandrart en Alemania y la de Antonio Palomino en España. Vasari y Palomino, por cierto, tuvieron más consideración con las artistas en los siglos XVI y XVII de la que tendría Ernst Gombrich en el siglo XX con su famosísima publicación *Historia del Arte*, en la que no incluyó a ninguna. Palomino citó a Luisa Roldán como una de las mejores escultoras del barroco andaluz —y le cedió un hueco en su Museo Pictórico—; y Vasari, al menos, tuvo la decencia de incluir a cuatro: Properzia de Rossi, Plautilla Nelli, Sofonisba Anguissola y Madonna Lucrezia. Respecto a esta última, su obra y legado parecen haber desaparecido de la faz de la tierra.

Una suerte semejante corrieron las contribuciones de no pocas mujeres tanto en el Renacimiento como a lo largo de toda la Edad Moderna. En el periodo medieval fue habitual que la prole de determinada familia se emplease en el mismo oficio. Un ejemplo de ello es Sabina von Steinbach, una escultora enmarcada en los inicios del Gótico, que aparece registrada junto a su padre en las obras de las catedrales de Estrasburgo, Magdeburgo y Notre Dame. Siguiendo esta cadencia, en el Renacimiento contamos también con ejemplos de artistas cuyas hijas o hermanas se dedicaron a la pintura, como fue el caso de Margarita van Eyck,[13] hermana de Hubert y Jan van Eyck (y tocaya de la esposa de este último); o de Antonia di Paolo di Dono, hija de Paolo Uccello, de quien el propio Vasari cuenta en sus *Vidas* que «tenía una hija que sabía pintar». Favorecer la enseñanza del oficio tanto de los hijos como de las hijas era una manera lógica de asegurarse el acceso a mano de obra y, al mismo tiempo, de ir configurando la dinastía artística familiar. No debería sorprender a nadie saber que la mayoría de artesanos, artífices y artistas de la Edad Media y de la Edad Moderna no solían trabajar solos: o bien contaban con los aprendices de su taller o bien contaban con ayudantes para acometer determinados encargos. Respecto a esto, Germaine Greer afirma: «La obra que salía del taller muchas veces no tenía inscripción; si aparecía un nombre era siempre el del maestro. No se pensaba que fuera deshonesto, Giotto solía "firmar" obras que habían sido ejecutadas en su mayor parte por los ayudantes. El nombre era la prueba de su control creativo, una garantía de calidad».[14] Este modo de proceder se repite incansablemente a lo largo de la historia del arte, sobre todo tras los grandes nombres.

Lo que consideramos hoy «grandes avances» para el arte —estéticos, temáticos y formales— fueron posibles, en buena parte, gracias a una serie de avances técnicos que permitieron explorar otras formas de crear y de relacionarse con el soporte y los materiales.

> La historia de la técnica de la pintura al óleo es una incesante búsqueda de materiales verdaderamente estables y colores permanentes. Los grandes artistas se lanzaban de vez en cuando a lo desconocido, arriesgando meses de trabajo en su búsqueda constante de materiales mejores.[15]

Antes del perfeccionamiento de la pintura al óleo, del que hablaremos en breve, las dificultades que presentaba la técnica del temple eran notables: «Un cuadro al temple debía ser pintado con pericia para superar las vicisitudes del tiempo. El procedimiento empezaba con la selección y preparación de la tabla, que debía ser pulida y cubierta de una imprimación antes de disponer y aplicar los pigmentos. Los colores llamados "tierra", que aún llevan el nombre de las provincias italianas que los suministraba, eran bastante fáciles de manejar, pero los blancos eran difíciles y los azules, caros. La empresa requería tiempo y ayuda. Los pigmentos molidos muy gruesos no se adherían; los que se molían muy finos perdían su brillo; y el temple al huevo volvía verdes los preciosos azules».[16] Algo semejante ocurría con la pintura mural al fresco, la cual no permitía ningún tipo de arrepentimiento o cambio sobre la marcha y cuyo proceso obligaba a que fuese realizado «por jornadas». Es decir, que lo que se empezaba un día debía acabarse ese mismo día, desde la aplicación del enlucido y revoco sobre el muro hasta la aplicación del pigmento una vez molido.

Por este tipo de cuestiones, el perfeccionamiento de la técnica al óleo —que no su invención, pues la técnica era ya conocida desde la época romana— gracias a la adición de secativos permitió que se abriese todo un abanico de posibilidades: «La difusión y acogida del nuevo método fue rápida por la facilidad de aplicación, la diversidad de efectos cromáticos, la posibilidad de desarrollar más ricamente la técnica de las veladuras y alcanzar calidades superficiales mediante el empaste de color, sin olvidar su más lento secado, que permitía realizar correcciones o trabajar durante más tiempo con el color fresco».[17] Y esta apertura del abanico se la debemos a los hermanos Van Eyck, de Flandes, aunque fuese Antonello da Messina quien introdujera con posterioridad estos avances en la península itálica.[18]

Prestar demasiada atención al enaltecimiento italiano presente en el discurso de Vasari nos aleja de una reflexión en torno a las nociones de «centro» y «periferia». A lo largo de los siglos XV y XVI, Italia se alza como centro artístico europeo y, desde él, irradian las principales tendencias pictóricas y artísticas. También desde allí se marcan las pautas a seguir. Por tanto, todo lo que ocurre en otros territorios y latitudes queda ensombrecido: el «renovarse o morir» es sustituido por el «italianizarse o morir». Primero en Florencia en el siglo XV y después en Roma en el siglo XVI, las contribuciones artísticas de otros territorios empiezan a ser concebidas como excepciones a la regla en lugar de como otras formas igualmente válidas de entender el arte. ¿Por qué sentimos esta obligación de elegir, de categorizar? ¿No podemos separar el arte de esta necesidad de jerarquizar? ¿Por qué menospreciar la pintura flamenca de los siglos XV-XVI tal y como Vasari menospreció al periodo gótico? Uno de los juicios habituales aplicados a la pintura flamenca del siglo XV fue, precisamente, la continuidad respecto a muchas de las formas del gótico internacional. Es cierto que en obras como *La Virgen del Canciller Rolin* y *El Matrimonio Arnolfini* (ambas de Van

Eyck), *La Visitación*, de Rogier van der Weyden, o *Los desposorios de la Virgen*, de Robert Campin, podemos identificar este tipo de pervivencias. Pero también encontramos novedades que nos acercan a lo que estaba pasando en paralelo a los descubrimientos y logros italianos.

A la hora de explicar hallazgos complejos es habitual que se tomen determinados atajos con el fin de sintetizar la información. El problema es que, por el camino, se suelen generar malentendidos que son interiorizados por la población y repetidos como un mantra. Uno de ellos acabamos de verlo: hablar de la pintura al óleo en términos de «invención» renacentista en lugar de en términos de «perfeccionamiento de una técnica ya existente». Otro malentendido común es el que tiene que ver con la perspectiva. Si bien fue Brunelleschi quien formuló la perspectiva lineal siguiendo métodos matemáticos, entender la perspectiva como una invención puramente brunelleschiana puede llevarnos a pensar que con anterioridad no existió nada parecido, lo cual sería incurrir en error. La diferencia principal estriba en que Brunelleschi aplicó el método científico para refinar una técnica que ya existía: la de aplicar la perspectiva empleando métodos empíricos que creaban un efecto espacial, aun sin estar construido geométricamente.[19] Gracias a su método, el margen de error se redujo de forma considerable. Pero eso no quita que —desde el otro gran epicentro artístico, Flandes— artistas anteriormente citados como los Van Eyck, Campin y Van der Weyden ya estuvieran aplicando principios de perspectiva en sus obras. Tampoco quita que, como ya hemos visto, en la pintura del gótico tardío se puedan identificar tímidos avances en la búsqueda de la tridimensionalidad sobre una superficie plana.

Con esto no pretendo, desde luego, restar importancia a los aportes de Brunelleschi; intentarlo, además de absurdo, sería ilegítimo. Brunelleschi consiguió mirar al pasado, aprender de él, mejorar lo aprendido y codificar con ello una manera de entender la arquitectura que perduraría cuatrocientos años, lo cual no es poca cosa. Más bien, mi intención es invitar a una reflexión sobre las consecuencias de pensar desde el eje centro-periferia para nuestra comprensión general de las etapas histórico-artísticas y de los juicios y valoraciones que emitimos sobre ellas.

> El renacimiento se nos ha presentado como «el largo instante de concepción del mundo moderno» y, sin embargo, ni los fenómenos renacentistas son predominantes en Europa ni su difusión alcanza al plano colectivo.[20]

En estas líneas podríamos condensar la lectura a la que nos empuja la sala gris y aparentemente vacía en la que nos encontramos. Puerta, en principio, solo hay una, pero a estas alturas ya hemos descubierto que en este museo nada es lo que parece, así que algo nos dice que debemos buscar en alguna parte la puerta de salida. Como si de un *escape room* se tratase, nos distribuimos en grupos para encontrar alguna pista que nos indique cómo seguir el itinerario. La uniformidad en la luz y color de la sala dificulta la tarea; hay que prestar atención a lo que vemos y también a lo que tocamos. Varias manos acarician las paredes en pos de alguna protuberancia que desenmascare la presencia de una puerta. Media docena de ojos analizan el suelo, por si se topan con alguna trampilla. Por ahora, no encontramos nada.

Cuando el grupo empieza a desesperarse —y a pensar que han contratado la visita a un museo y no la participación en una yincana—, una joven se da cuenta de que, en realidad, hay un grupo de mirillas a las que nadie se ha asomado todavía. La desesperación, entonces, da paso a una frustración que corta el aire: todas estamos hartas de tener que observar desde lejos y sin nitidez lo que sea que el museo nos tiene preparado. Pero, al mirar por ellas, no logramos ver nada. Esta vez, las mirillas no marcan el espacio a través del cual tenemos que observar, sino el espacio donde debemos empujar para así conseguir que la pared, como si fuera una puerta, se abra. Una vez estamos todas situadas delante de ella, basta con presionar con las manos para ver cómo la superficie se convierte en una entrada que se repliega hacia el interior de la siguiente estancia. Prueba superada.

Llegamos a una habitación circular en la cual la sensación de claustrofobia nos abandona de golpe. La sala está cubierta por una pequeña cúpula que deja pasar la luz del día a través de los óculos de su tambor. Su carácter natural baña toda la estancia de manera uniforme aunque indirecta. Gracias a ello, no impacta directamente sobre las obras que hay, lo cual nos permite contemplarlas con la tranquilidad de saber que los reflejos del barniz no nos obligarán a hacer *break-dance* a su alrededor como suele ocurrir cuando las salas de pintura son iluminadas de manera directa por luz artificial. Todavía a día de hoy, sigo sin saber a qué genio de la museografía se le ocurrió esa gran idea de orientar la luz de los focos hacia superficies barnizadas, lo cual emite unos reflejos que permiten de todo menos ver bien los cuadros que se esconden debajo. Los que encontramos aquí no son de gran tamaño y, además, nos recuerdan a una de las salas que ya hemos visitado: la del retrato. La particularidad es que, en este espacio, las personas retratadas son las propias artistas.

El culto al individuo y a la personalidad —sumado al tratamiento de las artes como ciencias (uso de la perspectiva, importancia de la geometría, aplicación de principios matemáticos, etcétera)— favoreció los debates sobre la liberalización de algunas artes mecánicas y los procesos de ennoblecimiento del estatus de las artistas dedicadas a ellas; sobre todo en el campo de la arquitectura, la escultura y la pintura. Fue este último —el campo de la pintura— el que más se prestó a la validación de la figura del artista. Por eso, a partir del Renacimiento vamos a encontrarnos con una práctica pionera y novedosa como es el autorretrato.

Uno de los mejores ejemplos de las intenciones detrás de este subgénero puede que sea el autorretrato de Durero fechado en 1498. En él, el pintor alemán aparece vestido con sus mejores galas y con las manos enfundadas en unos guantes grises. En lugar de desviar la mirada hacia algún punto fuera del cuadro, la fija directamente en nosotras. Su gesto es apacible pero contundente y la humildad es sustituida por la seguridad. Durero, al realizar este autorretrato, no se está presentando como artista, sino como gentilhombre. En la Italia del Renacimiento, el *gentiluomo* se correspondía con el nuevo ideal masculino, confeccionado a medida por los ideales humanistas. Se trataba de un hombre tan culto como multidisciplinar que dominaba las artes, las ciencias y las humanidades. El culto a este nuevo tipo de hombre, que fue cocinándose a fuego lento a lo largo del siglo XV, lo vemos reflejado en la obra *El cortesano*, publicada por el escritor humanista Baltasar Castiglione en 1528. Durero era consciente de que en Italia se estaba luchando por conseguir que la pintura fuese entendida como arte liberal en lugar de como arte mecánica, así que toma todos los códigos representativos y psicológicos a su alcance para legitimarse a él mismo como artífice en lugar de artesano. Por ejemplo, los mencionados guantes cubren sus manos como símbolo de estatus social, conseguido en su caso gracias a su oficio de pintor. Durero nos cuenta en este autorretrato que él no es artesano, sino artista; que ser pintor es un oficio noble; y, como consecuencia, que puede vestir como tal, llevar sus manos cubiertas y posar con la seguridad y el aplomo consiguiente. Y todo esto en un formato de 52 × 41 cm. Además, firma la obra tanto con su nombre como con su anagrama (una A entre cuyas patas aparece una D): «1498, lo pinté según mi figura. Tenía yo veintiséis años. Albrecht Dürer».[21]

Mientras los artistas utilizaban sus autorretratos para demostrar el carácter noble de su oficio, representándose al margen de él, en el caso de las artistas ocurría justamente lo contrario. Como ejemplo de ello —a la izquierda, franqueando el autorretrato de Durero— tenemos el autorretrato de Catharina van Hemessen, datado en 1548, y —a la derecha— el autorretrato de Sofonisba Anguissola, fechado en 1556. Aunque la primera obra en la cual un artista se retrata a sí mismo de manera independiente, sin introducirse en ningún encargo (como se apunta que hicieron Masaccio, Botticelli, Ghirlandaio o Benozzo Gozzoli), se la disputan Jean Fourquet (*Autorretrato en medallón*, de 1450) y Jan van Eyck (en caso de que el *Hombre con turbante rojo*, fechado en 1433, se trate de él mismo), lo cierto es que el primer autorretrato de artista ejerciendo su oficio fue el de Catharina van Hemessen. Sabemos de ella que fue pintora de corte de María de Hungría, que enseñó a la reina consorte a pintar y que su producción pictórica tuvo que gozar de cierta relevancia debido a que, por Europa, rondaron algunas obras y retratos suyos.[22] Por desgracia, atravesó un lugar común de muchas artistas: una vez contrajo matrimonio, se perdió su pista.

A pesar de que el autorretrato que tenemos en la sala palidece en comparación con la técnica de Durero y Anguissola, Van Hemessen sentó un precedente para la representación de las pintoras. Como mujer noble, aparece vestida con sobriedad —aunque con ricas telas— al lado de un caballete. Se nos muestra retocando un lienzo ya enmarcado, de pequeño tamaño. Tiene uno de sus brazos apoyado sobre el tiento, instrumento que servía para asegurar el pulso y, con él, la precisión; y el otro sobre el regazo, sosteniendo la paleta y los pinceles entre los dedos. Firma el cuadro diciendo: «Yo, Catharina van Hemessen, me pinté en 1548 a la edad de veinte años». Los artistas se validaban como tal representándose como nobles y las mujeres nobles se legitimaban como artistas representándose trabajando.

Van Hemessen, consciente o no de ello, sentó precedente. Los códigos que empleó para presentarse como pintora fueron repetidos por artistas posteriores, como Sofonisba Anguissola, quien se retrata tan solo ocho años después de la misma forma, aunque con mayor naturalismo y fluidez. En su *Autorretrato frente a caballete*, Anguissola se presenta como una mujer noble, vestida de manera sencilla siguiendo los preceptos femeninos del recato, e interrumpe su trabajo para mirarnos con atención. El carácter metapictórico es más específico que en el caso de Van Hemessen, ya que en el autorretrato de Anguissola podemos ver con exactitud qué es lo que está pintando: una obra religiosa de tipo mariano protagonizada por la Virgen y el Niño en actitud cariñosa. Con esta metapintura, Sofonisba se presenta como noble, como retratista y como pintora de géneros considerados mayores, a los cuales pertenece el género religioso.

Una de las razones por las cuales la consideración de las artistas se vio notablemente mermada fue porque, en muchos casos, se limitaron —y fueron limitadas— al género del retrato, para el cual no era necesario llevar a cabo ningún proceso de invención. Algo parecido ocurrió con el desarrollo del género del bodegón y de las naturalezas muertas, al que también se dedicaron no pocas mujeres. A pesar de que no se conservan muchas obras religiosas de Sofonisba Anguissola, este autorretrato nos muestra que si no se dedicó a este género no fue por falta de capacidades. Al mismo tiempo, nos sirve para profundizar en las consecuencias que la publicación de *El Cortesano* de Castiglione tuvo en la educación cortesana y en la consideración de las damas pertenecientes a dicho estamento.

Para aquellas que no estéis familiarizadas con esta obra literaria, cabe destacar en primer lugar que se estructura a través de varios libros en los que se suceden diferentes diálogos. La obra se ambienta en la corte de Federico Gonzaga, a quien mencionamos anteriormente como el primer mecenas humanista, y —gracias a los diálogos planteados— se va perfeccionando el estereotipo de *gentiluomo* renacentista. Castiglione expresa qué se debe aprender, cómo se debe actuar y de qué forma se debe relacionar con su entorno una persona, creando así todo un tratado de comportamiento, también aplicable a las mujeres. En el caso de las damas, Castiglione espera de ellas —a grandes rasgos— lo mismo que les pide a ellos, aunque con ciertos componentes de supeditación.

En el capítulo II del tercer libro, el personaje de Julián el Magnífico y el señor Gaspar Pallavicino conversan «sobre las calidades de la Dama, los ejercicios que le competen y cómo los debe usar» y sobre por qué Julián espera de ellas que «tengan noticias de letras, música y del pintar».[23] En este sentido, podemos situar al personaje de Julián dentro de la línea de defensa de las mujeres, mientras el personaje de Gaspar se sitúa en contra, esgrimiendo argumentos reaccionarios de corte misógino. Julián, por ejemplo, mantiene que las damas deben saber de letras y de artes, pero tienen que desenvolverse en ellas con la «delicadeza blanda propia de su naturaleza». Las priva, por tanto, de educarse en determinados instrumentos, como los de percusión y viento (poniendo como ejemplos el tambor y el pífano) y las anima a hacer uso de estas cualidades desde la vergüenza (la cual considera natural en las mujeres) y con una dosis considerable de miedo; es decir, desde la humildad. Lo mismo pide de sus vestimentas: «han de ser sus vestidos de manera que no la hagan vana ni liviana». Y ya en esta época vemos asentada la obligación de la belleza: «A las mujeres es permitido y debido que tengan más cuidado de la hermosura que los hombres».[24]

Una cuestión interesante es el porqué de que las damas cortesanas deban saber manejarse en determinados temas. El motivo no tiene nada que ver con su desarrollo personal o con el alimento de su espíritu: «Yo quiero que esta Dama alcance algún conocimiento de aquello que estos caballeros han querido que sepa el Cortesano; y, aun en aquellos ejercicios que hemos dicho que no le conviene, será bien que tenga aquel juicio [...] por saber alabar y apreciar las habilidades que vea en los galanes», dice Julián. También añade que si quiere que la dama cortesana tenga «noticias de letras, de música, de pinturas, y sepa danzar bien» es para que, así, pueda «acompañar siempre desde la discreta templanza y dar buena opinión de sí» y, como consecuencia, «sepa entretener discretamente y con gusto a cuantos trate».[25]

Leyendo a Castiglione, una no sabe si está asistiendo al tratado de educación de una dama o al de un bufón, pero sus diálogos son interesantes para rastrear hasta qué punto ha calado en la forja de la personalidad de las mujeres esta supeditación al entretenimiento masculino. También nos sirve para darnos cuenta de cómo —en diferentes épocas e independientemente de los avances y progresos acaecidos en ellas— de las mujeres siempre se ha esperado humildad, gracia y saber estar, educándolas en consecuencia.

Por ello resulta curioso encontrar en este diálogo entre Julián y Gaspar menciones continuas por parte del primero a escritores, teólogos y personajes relevantes que, en sus escritos y legados, recogieron la genealogía de mujeres excelsas. En un momento dado, llega incluso a decirle a un compañero presente en la conversación: «El señor Gaspar no me dará ningún hombre excelente que yo no le dé luego la mujer o hija o hermana igual con él en valor, y alguna vez que le lleve ventaja: y más, os hago saber que algunas han sido causa de infinitos bienes a sus maridos, y a hartos de ellos han corregido de muchos yerros».[26] Es decir, que ya en época de Castiglione se estaban verbalizando esquemas parecidos al tan conocido «detrás de todo gran hombre hay una gran mujer». Pese a todo, en lugar de utilizarlo a favor de su emancipación, se empleó a favor de su supeditación.

Al final de este capítulo, Castiglione convoca a la figura de Margarita Gonzaga. Tras haber oído las menciones que Julián hace a «Octavia, mujer de Marco Antonio y hermana de Augusto; la de Porcia, hija de Catón y mujer de Bruto; la de Caya Cecilia, mujer de Tarquino Prisco; la de Cornelia, hija de Escipión; y las de otras infinitas que son por todo el mundo sabidas; y no solamente os diría la de las nuestras naciones, más aún las de extranjeras y bárbaras, como Alexandra, mujer de Alexandre, rey de los judíos»,[27] Margarita le replica tal que así: «Paréceme, señor, que vos contáis muy brevemente estos hechos tan señalados de mujeres; y así estos nuestros adversarios, aunque los hayan oído y leído, todavía muestran no saberlos y quieren que se pierda de ellos la memoria. Por eso, si hacéis que nosotros lo sepamos, no lo dejaremos caer, sino que nos honraremos con ellos».[28]

¿Cuál es la lectura que podemos hacer de este último fragmento? Que las voces que dieron a las contribuciones femeninas el valor que merecen existen desde hace mucho tiempo. Y que, de manera paralela a ellas, se alzaron con contundencia voces cuya intención era borrarlas de una memoria colectiva en la que se habían hecho hueco con todo derecho. La voz del señor Gaspar Pallavicino es también la voz de los que hoy, desde el poder simbólico que otorgan las cátedras y que se ejerce en vertical desde instituciones y aulas, siguen manteniendo que si no hay mujeres en los currículos o si no las hay en los museos es porque no fueron suficientemente buenas. Quizás debamos invertir la fórmula. Quizás quienes no fueron suficientemente buenos desempeñando su trabajo fueron los directores, los historiadores, los catedráticos, los profesores, los filósofos y los políticos que, sabiendo de su existencia, decidieron obviarla y pasar por encima de todas ellas.

Sofonisba Anguissola vuelve a ser otro gran ejemplo para explicar esta cuestión. La recuperación de su figura y la puesta en valor de sus contribuciones se la debemos, sobre todo, a la historiadora del arte e investigadora Maria Kusche, encargada de rastrear su paso por la corte de Felipe II como retratista. Anguissola llegó a España en 1560 y permaneció vinculada a la familia real durante trece años.[29] A lo largo de ellos, retrató a prácticamente todas las personas que rodeaban a la figura de Felipe II, así como al propio rey. De hecho, el retrato del monarca que suele aparecer en los libros de texto del instituto lo realizó Anguissola. Esta artista, cuyos bocetos fueron alabados por el mismísimo Miguel Ángel,[30] cuyas obras fueron reconocidas también por Vasari, llegó a la corte de Felipe II en calidad de dama de compañía de su primera mujer, Isabel de Valois, y no como pintora oficial de la corte. Ese título lo ostentaba Alonso Sánchez Coello, en cuyo taller trabajaba también Juan Pantoja de la Cruz, nombres a los que durante siglos se han atribuido obras que hoy sabemos son de Anguissola. Hasta la *Dama del Armiño* —tradicionalmente atribuida al Greco, pese a salirse totalmente de su estilo— ha pasado por largos y arduos procesos de reatribución entre Coello y Anguissola.

En su performance *Queridas Viejas*, la artista contemporánea María Gimeno aprovecha la mención a Anguissola para mostrar una comparativa entre la mitad del rostro de la *Dama del Armiño* y la mitad del retrato de la infanta Catalina Micaela, fechado en 1584. Es asombroso cómo ambas mitades, al juntarse, parecen el retrato de la misma mujer. A pesar de que ninguna de las dos está firmada, el Museo del Prado las cataloga como de Sánchez Coello, dando a entender con ello que no se trata de una atribución, sino de una autoría constatada. En cambio, en un artículo de 2019[31] en el que se habla de esta cuestión y se recogen las declaraciones de Leticia Ruiz —comisaria de la exposición *Sofonisba Anguissola y Lavinia Fontana: Historia de dos pintoras*—, esta menciona en al menos dos ocasiones que ella «cree» y «opina» que son de Sánchez Coello, igual que la Universidad de Glasgow. Es una conclusión a la que se llega siguiendo una hipótesis, pero no un hecho que se pueda probar. Sea como sea, lo importante aquí ni siquiera es de quién son las obras, sino lo curioso que resulta que los esfuerzos por descifrar su verdadera autoría comiencen después de que Maria Kusche añadiese a la ecuación la posibilidad de que una mujer estuviese detrás.

¿Cuándo empieza esta investigadora a tirar del hilo de la presencia de Sofonisba en la corte como pintora y no solo como dama de compañía? Entre otras cosas, cuando revisa la correspondencia de Isabel de Valois y, ahí, la descubre citada como profesora de pintura de la reina.[32] Esto mismo ocurrió con Catharina van Hemessen y María de Hungría. La falta de interés mostrada hacia las contribuciones femeninas se extrapola también a la falta de interés por investigar la historia desde el punto de vista de las mujeres, esto es, a través del legado escrito que dejaron detrás de ellas. A veces, también se trata de una cuestión de ceguera selectiva.

En la exposición anteriormente mencionada, realizada por el Museo del Prado entre 2019 y principios de 2020, en uno de los retratos presentes de Isabel de Valois se la ve portando en un brazo la piel de una marta. Más allá del estatus que ofrecía vestir con pieles, este detalle no solo es un aporte a la historia de la moda, sino también a la historia de la iconografía. Las martas eran empleadas como símbolo de fertilidad, tanto para potenciarla como para celebrarla, por lo que era habitual en la iconografía italiana que mujeres que acababan de ser madres o que buscaban serlo apareciesen representadas con estas pieles en algunos retratos. Así ocurre con el *Retrato de Bianca Ponzoni*, de 1557, realizado por Sofonisba, su hija. La peculiaridad es que en España no existía esta costumbre, por lo que la presencia de la marta en el retrato de Isabel de Valois desvela una importación iconográfica desde Italia. Ni Sánchez Coello ni Pantoja de la Cruz eran italianos. En cambio, Sofonisba Anguissola sí.

Cuando Germaine Greer publicó en 1979 su ya citado libro *La carrera de obstáculos*, en el capítulo que dedica al Renacimiento, Greer reconoce que no hubo grandes maestras, pese a mencionar a Anguissola. A día de hoy, gracias a los esfuerzos de investigadoras feministas como Maria Kusche, sabemos que Sofonisba Anguissola fue una de ellas:* lo que hacía falta era demostrarlo. Esto muestra los cambios de opinión y valoración que tienen lugar a lo largo del tiempo. Botticelli, por ejemplo, sufrió largos siglos de olvido hasta que, en el siglo XIX, los prerrafaelitas lo recuperaron para adorarlo como a un Dios.[33] La historia del arte se construye y modifica a diario y las verdades absolutas que la rodean pueden dejar de

* De hecho, su vivienda en Génova y Palermo fue parada habitual de artistas que reconocían su fama, su talento y su estilo, entre ellos Anton van Dyck, quien la retrata ya en su vejez.

serlo en cualquier momento. Recordemos cómo Van Gogh murió pobre y enloquecido, sin que nadie diese un duro por él, y cómo ahora no parece existir persona en este planeta que no lo considere «uno de los grandes de la historia del arte». O cómo Rosa Bonheur fue la artista más cotizada del siglo XIX, considerada por aquel entonces una de las mejores pintoras de todos los tiempos, mientras hoy en día la crítica adjudica su éxito a la moda del momento más que a una calidad excepcional. O cómo Julius von Schlosser, al confeccionar su *Literatura artística*, un manual imprescindible para rastrear textos originales sobre artistas y obtener datos de ediciones y publicaciones sucesivas a lo largo de la historia, minimizó el talento o directamente pasó por alto las contribuciones de varias artistas respecto a cuya genialidad hoy no cabe ningún tipo de duda, como el caso de Sofonisba Anguissola, quien para Schlosser estaba «excesivamente ensalzada»; Rosalba Carriera, respecto a quien subraya «su escasa importancia» o el gazapo que comete Palomino (el cual Schlosser pasa por alto) al fusionar la presencia en la corte española de obras tanto de Sofonisba Anguissola como de Artemisia Gentileschi bajo la figura de una artista imaginaria llamada Sofonisba Gentilescha.[34]

Me gustaría que estas cuestiones nos sirvieran para visitar un museo cuestionándonos si nuestros gustos son genuinos o si, en cambio, han sido confeccionados tanto social como culturalmente. Si se da el primer caso, podremos permitirnos disfrutar de determinadas obras, aunque estén firmadas por nombres que gocen de poca o ninguna relevancia. Mientras que, si se da el segundo caso, podremos preguntarnos si nos apiñamos delante de ciertas piezas porque nos gustan o porque hemos oído toda nuestra vida que deben hacerlo; y, en función de la respuesta, decidir qué hacemos.

En 1977, la historiadora Joan Kelly-Gadol publicaba un artículo titulado «¿Tuvieron las mujeres un Renacimiento?»[35] en el que contradecía la visión igualitarista que hasta entonces se tenía de esta etapa. Seleccionaba como ejemplos el ya citado *La civilización del Renacimiento en Italia* (1860) de Jakob Burkhardt, *El segundo sexo* (1949) de Simone de Beauvoir o *La dama* de Emily Jaine Putnam (1910), entre otros. Kelly-Gadol partía de la premisa de que, durante el Renacimiento, las mujeres como colectivo —especialmente las mujeres pertenecientes a las clases dominantes italianas— habían experimentado una contracción de sus opciones sociales y personales que los hombres de su mismo estatus no habían sufrido.[36] El artículo —a través de la confrontación del concepto de amor cortés medieval con las ideas presentes en *El Cortesano* de Castiglione— establece que, durante el Renacimiento italiano, las dimensiones de la identidad femenina quedaron doblemente constreñidas:

> Las ideas renacentistas sobre el amor y los modales, más clásicas que medievales, y casi exclusivamente producidas por el hombre, expresaron una nueva subordinación de la mujer a los intereses del marido y al parentesco masculino que sirvió para justificar su eliminación de posiciones de poder e independencia erótica consideradas «poco femeninas». Todos los avances de la Italia renacentista, su economía procapitalista, sus estados y su cultura humanista, trabajaron para moldear a la dama noble en un estético objeto de decoro, castidad y doble dependencia: a su marido y a su gobernador.[37]

Ahora es cuando aparece la pastilla difícil de tragar: en muchos sentidos, las mujeres gozaron de mayor independencia, poder y posibilidades durante el medievo de lo que lo hicieron a partir del Renacimiento. Aunque no todo es oscuridad. Trayectorias académicas como las de Noelia García Pérez —investigadora y profesora titular de Historia del Arte en la Universidad de Murcia— nos acercan a otro de los modos de participación femenina en el sistema del arte. Esta vez no como creadoras, sino como patronas y mecenas. Este modo de participación es mencionado también por Joan Kelly, aunque ella nos advierte de que, a pesar de que las mujeres de las familias Este, Sforza, Gonzaga o Montefeltro fueron mucho más allá de los límites establecidos por la literatura y la tratadística al convertirse en patronas de las artes, «las obras que comisionaron, compraron o encargaron para que les fuesen dedicadas no muestran ninguna correspondencia consistente con sus preocupaciones como mujeres. Ni siquiera nos ofrecen un apoyo notable a la educación femenina, con la única e importante excepción de Battista de Montefeltro, a quien uno de los pocos tratados humanistas a favor de la educación femenina le fue dedicado».[38]

Esto, extrapolado al lenguaje y circunstancias del siglo XXI, nos sirve para entender que las mujeres podemos hacer muchas cosas, pero no todo lo hecho por una mujer es en sí mismo feminista o se orienta hacia la defensa de las mujeres. Es indudable que, hoy en día, estamos atravesando una buena época para el revisionismo histórico con perspectiva de género. También es una época en la que se están recuperando los aportes realizados en los años setenta, ochenta y noventa en materia de estudios feministas, gracias —en gran parte— al impulso que han dado las redes sociales a la democratización de los distintos saberes. Pero es precisamente por eso que algunos sectores, como el museístico, habiendo contribuido a la sistemática exclusión femenina, pretenden llevar a cabo un lavado de cara, por interés económico o por presión social (o por ambas cosas), ahora que ven que estos son temas de interés general. ¿Mi consejo? No nos conformemos ni tampoco mordamos el anzuelo. No nos dejemos llevar por esta tendencia a etiquetar todo lo relacionado con las mujeres como «feminista»; sigamos observando estas propuestas con mirada crítica, exigiendo un compromiso real y no solo una estrategia de *marketing*; y demandemos que la perspectiva de género, la perspectiva antirracista y la perspectiva de clase sean resucitadas no para ser explotadas por *los mismos de siempre*, sino para quedarse y generar un cambio social radical que sea beneficioso para toda la sociedad, empezando, por supuesto, desde abajo.

Si nos paramos a pensarlo, uno de los sujetos más representados en la historia del arte europeo —desde el Renacimiento hasta nuestros días— ha sido la mujer. En el arte religioso nos encontramos con la preeminencia de la Virgen María, seguida también por Eva, Judith, Salomé, Susana, María Magdalena y una larga lista de santas. La representación de las alegorías suele ser femenina. En el arte mitológico, nos resultan conocidas sobre todo Atenea/Minerva, Artemisia/Diana,

Perséfone/Proserpina y, cómo no, Afrodita/Venus, entre otras. Esta institución de la mujer como sujeto artístico por excelencia ha sido —y sigue siendo— un arma de doble filo, ya que, en lugar de otorgarnos agencia propia, lo que ha hecho ha sido convertirnos en objeto de deseo o foco de observación. Las representaciones y la iconografía asociadas a lo femenino no fueron configuradas por mujeres, sino por hombres, por lo que hemos sido representadas en origen y como consecuencia por la mirada ajena.[39] No hemos tenido posibilidad de crear nuestras propias imágenes: más bien las hemos heredado y asumido como propias. Y, dentro de estos modos de representación, además, el protagonismo no ha sido exclusivo de la mujer: el protagonismo ha sido casi exclusivo de la mujer *blanca*. Como veremos cuando nos toque recorrer dichas salas, hasta en los orientalismos del siglo XIX las mujeres de otras latitudes eran representadas desde la blanquitud.

Por ahora seguimos ancladas en el Renacimiento, a punto de realizar el trasvase final entre el siglo XV y el siglo XVI. Antes de seguir nuestro camino, echamos un último vistazo a la galería de autorretratos.

En busca del término medio

Nos perdemos por el corredor que se abre en el otro extremo de la sala circular. Lo recorremos prácticamente a tientas. Está tan mal iluminado que caminamos por él esperando que trace una línea recta o, de lo contrario, en algún punto nos chocaremos contra la pared. Cuando empezamos a tener la sensación de que llevamos suficientes pasos dados como para que el corredor esté ya cerca de su fin, a nuestra izquierda se abre otra vía. Sentimos como si acabáramos de presenciar una aparición. Al fondo, recortada contra una luz tenue, vemos una figura de casi un metro noventa de altura. Como la vemos a contraluz, lo único que percibimos —desde la distancia a la que nos encontramos— es su complexión escuálida; sus proporciones alargadas; y lo que creemos que son jirones de ropa cayendo entre sus piernas. No es una figura que invite a acercarse a ella. Algo nos dice que lo que vamos a encontrarnos no va a ser bonito ni agradable, sino más bien inquietante y tétrico. El ambiente tampoco ayuda: el corredor a oscuras, la escultura como un vigilante que nos impide el paso y el silencio. No es descabellado pensar que se trata del escenario perfecto para cualquier pesadilla.

Cuando finalmente nos decidimos a acercarnos a la figura y entramos en la sala que preside, descubrimos que se trata de la *Magdalena Penitente* de Donatello. A este escultor del Quattrocento se le atribuye la primera escultura exenta (es decir, que puede observarse desde todos los puntos de vista) del arte europeo, su *Judit y Holofernes*. La escultura que tenemos delante, al contrario que la *Judit*, no está hecha en bronce, sino tallada en madera. Sus dimensiones superan el tamaño natural y, al entrar en la estancia, pasamos por alto el gesto que hace, juntando las manos a la altura del pecho en una actitud que puede interpretarse como rezo, pero también como súplica. Su melena cae por la frente, se entromete como zarzas por los pómulos marcados y, al llegar a los hombros, se mezcla con las pieles que le cubren el cuerpo. La decrepitud de su rostro contrasta con unos brazos fornidos pero delgados, que terminan en unos dedos tan huesudos como su cuerpo. Las cuencas de los ojos, hundidas, albergan una mirada que tanto parece que puede cobrar vida en cualquier momento como caer a nuestros pies rodando.

La historia y figura de María Magdalena es una sucesión confusa de personajes bíblicos y apócrifos que se cruzan en la vida de Cristo. En cada evangelio cuenta con un papel diferente, desde la María Magdalena que está presente en la Resurrección, pasando por la María Magdalena esposa de San Juan, hasta la María Magdalena que todas parecemos tener en mente (cabe preguntarse por qué): la prostituta perdonada. La iconografía de la Magdalena Penitente por la que se inclina Donatello es, quizás, la más descarnada de todas. La representa en su versión eremita, cuya leyenda cuenta que vivió aislada «durante treinta años en una celda preparada por los ángeles en el desierto».[40] Cuando un sacerdote la encontró, Magdalena se presentó como «la pecadora bíblica que lavó con sus lágrimas los pies de Jesús, los enjugó con sus cabellos y obtuvo el perdón de Dios».[41] Recibir el perdón de

Dios y pasar aislada treinta años en una cueva en medio del desierto resulta un poco paradójico.

En realidad, el tema de la Magdalena Penitente es fruto de una contaminación iconográfica, un fenómeno que puede venir dado por tres motivos.[42] Primero, porque el significado originario de una representación se va perdiendo con el tiempo. Segundo, porque se añaden significados nuevos a las mismas formas. Y tercero, porque estos añadidos generan confusión en los atributos iconográficos.[43] En el caso de la Magdalena Penitente, la confusión proviene de las fuentes escritas, en concreto de la *Leyenda Dorada* de Santiago de la Vorágine, donde se menciona la historia de la Santa María Egipcíaca. Esta otra santa, que también se habría dedicado a la prostitución, fue la que en realidad se aisló en una cueva donde, a medida que sus ropas se iban deshilachando, el crecimiento de su melena habría actuado como ropaje.[44]

> Si bien el resto de la leyenda difiere de la de María Magdalena, existiría una fusión inevitable entre ambas santas de manera tal que la vida de una se transmutaría en la vida de la otra y ambas acabarían representadas iconográficamente desnudas en su retiro en el desierto, cubiertas en ocasiones púdicamente por los cabellos.[45]

Esta contaminación propició que en algunas representaciones de María Magdalena como penitente se erotizase su situación de semidesnudez. Así es, por ejemplo, como Tiziano la representa en un óleo sobre lienzo de 1533: llevándose la mano al pecho y mirando al cielo con la boca entreabierta, mientras su larga melena rubia cae por todo su cuerpo, pero dejando, como quien no quiere la cosa, ambos pechos al descubierto. Es así como se consigue que en los comentarios sobre ella suela aparecer la palabra «sensualidad» o el adjetivo «sensual». La escultura de Donatello es interesante porque, además de ser un tributo a lo feo, a lo desagradable, a lo no legitimado como digno de ser sujeto del arte, es también una de las pocas ocasiones en las que la penitencia de esta mujer se muestra de manera realista, buscando representar desde la exacerbada verosimilitud cuál es el estado de un cuerpo en ayuno, llevado al límite y que parece que va a romperse con un solo toque de nuestra mano. Más allá de lo sugestivo que pueda ser analizar la *pornificación* de la Magdalena Penitente, en realidad la talla en madera de Donatello es el vehículo para hablar de Tiziano, pintor ya encuadrado en el Cinquecento y la cabeza pensante que, junto a Giorgione, inauguró la tendencia de que cualquier excusa es buena para mostrar a una mujer desnuda o con las tetas fuera. ¿Cómo lo hizo? A través de su *Venus de Urbino*, datada de 1538.

Del mismo modo que la *Magdalena Penitente* de Donatello actúa de conector entre la galería de autorretratos y el inicio de la siguiente sala, la *Venus de Urbino* de Tiziano actúa de conductor entre la pintura del Quattrocento y la pintura del Cinquecento, ayudándonos a introducir otro de los grandes géneros surgidos en el Renacimiento: el género del desnudo. Como ya vimos, el arte medieval respondió a la necesidad del cristianismo de expandirse y legitimarse, lo que implicaba un arte mayoritariamente religioso. Bajo estos parámetros, el desnudo remitía a la vergüenza como castigo por haber cometido el Pecado Original. Como consecuencia, las connotaciones asociadas a la representación de la desnudez eran negativas, sobre todo en el caso de las mujeres, en escenas protagonizadas por Adán y Eva o en escenas que aludían al pecado, como la alegoría de la Lujuria, simbolizada hasta el románico como una mujer semidesnuda cuyo torso es atravesado por una lanza mientras dos serpientes le muerden los pezones.[46]

La recuperación de textos y obras clásicas que tuvo lugar durante el Quattrocento caló en las prácticas artísticas del Cinquecento, por lo que en la Italia de ambos siglos se fue aminorando la valoración negativa de la desnudez, al menos a la hora de representarla artísticamente. Surgió, así, una nueva narrativa acerca del cuerpo desnudo que ya vemos enraizada en obras como el *Nacimiento de Venus* de Botticelli. De esta manera, siempre y cuando hubiese una justificación textual, ya fuese esta bíblica o mitológica, las mujeres fueron progresivamente perdiendo la ropa.

Esto, además, ocurría de manera paralela a la consolidación del imaginario cortesano, el cual premiaba la castidad de las mujeres y reducía su sexualidad a la procreación, alejándolas por tanto del derecho al placer. Es decir, que se fue produciendo un distanciamiento entre el imperativo del decoro en la educación de las mujeres de carne y hueso y el auge del desnudo entre las mujeres representadas en cuadros y esculturas. Así, el derecho de las mujeres a su placer fue sustituido por el derecho de los hombres a encontrarlo mientras las miraban.

En la nueva sala, la pared central está monopolizada por la *Venus de Urbino*. A su izquierda, tenemos a la *Venus de Dresde* (o *Venus dormida*) de Giorgione, fechada un par de décadas antes, entre 1507 y 1510. Los tonos rojizos, verdosos y perlados de las telas y sábanas sobre las que aparecen recostadas ambas Venus, así como de los cojines y cortinas que las rodean, se ven amplificados por la decoración de la propia estancia. Las paredes están cubiertas por un papel con relieve, de un intenso verde oscuro y de la suavidad del terciopelo. Las obras expuestas están franqueadas por pesadas cortinas color borgoña, tras las cuales otras más finas reproducen el tono perlado de las sábanas de las piezas. En un principio, cuando entramos en la sala, las dos obras principales aparecen semiescondidas detrás de ellas. Para verlas al completo, somos nosotras quienes debemos acercarnos, asir los cortinajes y retirarlos hacia los extremos.

Con ambas obras se inaugura la tipología de Venus sedente: una mujer desnuda, recostada y que muestra bien una actitud complaciente mirando al espectador, bien aparece dormida o bien dirigiendo su mirada a otro punto de la escena, favoreciendo así una relación *voyeurística* no correspondida. Es decir: la mujer es observada sin ser consciente de ello. A pesar de que este tipo de obras sean catalogadas como «Venus», lo cierto es que el único atributo que comparten con la deidad romana es la desnudez, empleada como justificación para representar el desnudo sin mucho más quebradero de cabeza.

Patricia Mayayo, en su ensayo *Historias de mujeres, historias del arte*, sitúa el análisis de estas representaciones como uno de los primeros cometidos emprendidos por las críticas e historiadoras del arte feministas de la década de los setenta: «El arte —aducían— desempeña un papel fundamental en la creación y difusión de determinados estereotipos femeninos, adquiriendo de este modo una función prescriptiva y proscriptiva. En otras palabras, el imaginario artístico actúa como un mecanismo de regulación de las conductas mediante el cual se adoctrina a las mujeres sobre aquellos roles que deben representar (virgen, madre, amante, esposa...) y aquellos que deben, a toda costa, rechazar (prostituta, bruja, mujer fatal...)».[47]

Problematizar el género del desnudo pictórico es problematizar también la doble vara de medir que ya señalaron las Guerrilla Girls en 1989 con su cartel «¿Deben las mujeres estar desnudas para entrar en el Met Museum?: Menos del 5 % de artistas de la sección de Arte Moderno son mujeres, pero más del 85 % de los desnudos son femeninos». En este tipo de obras, el componente narrativo es desplazado casi en su totalidad por el componente contemplativo: no cuentan una historia, sino que muestran un objeto, y el objeto es el cuerpo de la mujer. No existe tampoco una equivalencia respecto al desnudo masculino. No vamos a encontrar a Apolo, a Adonis o a Eros plácidamente dormidos en toda su apolínea desnudez. Ante este hecho, pueden surgir argumentos rancios que sigan la línea de «pero el cuerpo de las mujeres es más bello», los cuales debemos tener claro que solo sirven al propósito de seguir legitimando la mirada masculina heterosexual como único lugar válido desde el que analizar el arte. Lo bello y lo estético también se codifican desde lo social; de ahí que los estándares de belleza vayan mutando con el paso del tiempo y sean diferentes en función de las latitudes y culturas. No son algo monolítico ni inherente: son algo cultural.

El género del desnudo puede que sea el inicio de la *objetualización* y cosificación de las mujeres. Al restringir su validez a su belleza, también se está restringiendo su identidad a sus posibilidades de ser erotizada. La gran carga erótica y sexual que se ha impuesto sobre los cuerpos de las mujeres nos ha impedido vivirlos desde la naturalidad y nos ha forzado a vivirlos desde la ocultación. Esto parece ser una consecuencia directa de la instrumentalización a la que nuestros cuerpos se han visto sometidos como objeto de placer visual. También puede que sea por esto por lo que un cuerpo desnudo de mujer es considerado en sí mismo y de manera indistinta como material pornográfico. Prueba de ello es la férrea censura de plataformas como Instagram, que a día de hoy eliminan fotografías de cuerpos femeninos desnudos o semidesnudos hasta cuando no tienen una connotación erótica implícita o explícita o hasta cuando se trata de reproducciones de los mismos cuadros que vemos en esta sala.

Al acercarse a este tema en su ya citado ensayo, Patricia Mayayo reflexiona sobre el papel que juega la mirada en la catalogación de algo como «artístico» o como «pornográfico»: «Si el límite entre arte y pornografía se muestra en ocasiones tan tenue es porque la naturaleza "pornográfica" de una imagen no depende tan solo de su contenido, sino también de las condiciones en las que es percibida por el espectador».[48] La no existencia de fórmulas de representación del cuerpo femenino (al menos, hasta bien entrado el siglo XX), más allá de los límites impuestos por la deseabilidad en términos masculinos, nos lleva a un callejón sin salida. Porque catalogar estas representaciones como «malas» o «nocivas» en sí mismas nos arrastra hacia el concepto cristiano de castidad/recato. Pero catalogarlas como «positivas» o «inocentes» nos aleja de la necesaria conversación sobre cómo la erotización de los cuerpos de las mujeres ha sido utilizada como arma arrojadiza contra nuestras libertades, nuestra reputación y nuestro derecho a la autonomía.

> Los problemas que conlleva la distinción entre imágenes «positivas» y «negativas» de la mujer fueron expuestos por primera vez por Griselda Pollock en un artículo de 1977 titulado «¿Qué problema hay con las "imágenes de las mujeres"?». Muchas de las feministas que combaten las imágenes de mujeres socialmente aceptadas —escribe Pollock— lo hacen utilizando un vocabulario de términos absolutos: acertada o equivocada, buena o mala, verdadera o falsa, tradicional o progresista, positiva o negativa. Lo que sugieren de este modo es que existe un mundo ya formado y definido de significados que las imágenes reflejan y reproducen o, en la mayoría de los casos, distorsionan y falsean.[49]

Actualmente, vivimos una época tan polarizada que cada vez resulta más complicado reivindicar la pertinencia de un término medio, sin por ello entender «medio» como menos crítico, menos politizado o menos incisivo. Suele ocurrir que, cuando se plantea un cambio de paradigma respecto a la interpretación de estas obras y, sobre todo, respecto a la lectura que de ellas debería hacerse en el presente, surgen de las profundidades del Averno dos posturas contrarias que se demuestran igualmente contraproducentes.

Por un lado, tenemos a los sectores de pensamiento decimonónico que manifiestan orgullosos la retórica del «bello sexo» y, como consecuencia, consideran que no hay nada malo o sospechoso en considerar a las Mujeres™ como objetos de deseo. Por el otro, están los sectores agotados de ver repetida La Misma Historia de Siempre™ y que quieren prenderle fuego a todo, empezando por eliminar aquello que sea problemático del circuito cultural y artístico. El término medio, en este caso, sería contraargumentar el pensamiento ya desgastado y con olor a cerrado del primer sector utilizando las herramientas teóricas y discursivas del segundo. O, como dice Mayayo: «La solución no parece ser la de precipitarse con furia vengadora hacia los grandes museos con el afán de retirar los desnudos renacentistas o barrocos que pueblan sus salas, proclamando que se trata de productos "pornográficos". Más interesante resulta analizar la propia categoría de la "pornografía", poniendo de manifiesto la inestabilidad de los límites que separan lo "artístico" de lo "pornográfico". Como demuestra Lynda Nead en *El desnudo femenino. Arte, obscenidad y sexualidad*, los conceptos de "arte" y "pornografía" están muy unidos a ciertas definiciones sociales del gusto».[50]

Los centros educativos —incluyendo dentro de ellos también a los museos— deben dar cuenta no solo de la exposición y difusión del patrimonio cultural y artístico, sino que también deben actualizar el discurso que construyen a su alrededor. Al actualizar sus discursos y hacer que encajen en el presente, podrán exorcizar algunos de los demonios que, inevitablemente, perviven en nuestro patrimonio. Estos demonios suelen ser el racismo, la misoginia, el sexismo o el clasismo, entre otros. Mantener el discurso tradicional es un error y está demostrado que con ello se perpetúan todos estos sistemas de poder ya que, al no confrontarlos de manera crítica, se da por supuesto que no hay nada malo en ellos. Pero, por otro lado, sustraer este patrimonio cultural de las salas de museos y de los temarios es como mover una bolsa de basura de una habitación llena de gente a una vacía: la basura ya no se verá, pero seguirá oliendo.

A lo largo del siglo XVI, en líneas generales, se afianzan y potencian algunos de los rasgos característicos del Quattrocento, así que no haré especial hincapié para no repetir lo ya dicho, limitándome en este caso a dar algunas pinceladas que nos sirvan de nexo, pero también como resumen.

La perspectiva científica, el conocimiento de la anatomía y el estudio de la Antigüedad se desarrollan con todavía más pericia de la mano de la configuración del genio artístico. Estamos en el siglo de la tríada formada por Miguel Ángel, Leonardo y Rafael. De ellos se ha dicho todo lo posible y, a pesar de ello, nunca parece ser suficiente. También ellos han servido, sobre todo los dos primeros, para confeccionar ese estereotipo de genio incomprendido que se corresponde más bien poco con la mayoría de artistas, como adelantan Margot y Rudolf Wittkower en *Nacidos bajo el signo de Saturno*, un texto dedicado a analizar la construcción del artista tal y como la conocemos, en el que intentan averiguar qué hay de cierto y cuánto de leyenda.

El concepto de magnificencia, tan valorado en el siglo anterior, cobra nuevas dimensiones en el Cinquecento: «Erigir magníficos edificios, encargar espléndidos mausoleos, grandes series de frescos, o dedicar un cuadro al altar mayor de una iglesia famosa era considerado un medio seguro de perpetuar el propio nombre y afianzar un valioso monumento de existencia terrenal».[51] Como estos modos de validación y engrandecimiento precisaban de la figura intercesora del artista, las relaciones con la clientela se reconfiguraron y se produjo un trasvase de poder entre quien encargaba la obra y quien la realizaba. Es en este momento cuando personalidades como Miguel Ángel o Leonardo se convirtieron en auténticos fenómenos, continuando el camino iniciado por sus predecesores.

A su vez, los focos de creación e innovación se diversificaron. Aunque Florencia siguió ocupando un lugar importante en el mapa artístico italiano, el papa Julio II se propuso engrandecer la ciudad de Roma para devolverle su antigua gloria, convocando en ella a los nombres más sonados de todas las disciplinas; emprendiendo las nuevas obras de la basílica de San Pedro; y protagonizando una de las controversias más sonadas entre mecenas y artista con Miguel Ángel,[52] a quien tuvo que amenazar primero y rogar después para que volviese a la ciudad pontificia y completase los encargos que tenía preparados para él. Este encontronazo pone de manifiesto cómo los artistas más cotizados empezaron a poder permitirse cierto grado de decisión respecto a sus encargos y cómo hasta el mismísimo papa sabía que dependía de ellos para engrandecer una ciudad y, por tanto, también su imagen. Muchas de las obras arquitectónicas, escultóricas y pictóricas que admiramos hoy día cuando visitamos Roma proceden de esta época, en la cual la necesidad de perpetuarse —y la competencia a la hora de hacerlo— de los comitentes se dan la mano con las ansias de innovación que persiguen sus artistas.

Mientras en Roma las lecciones de la Antigüedad que pervivieron a través de las ruinas y los textos cobraron vida de nuevo gracias a edificaciones como el Templete de San Pietro in Montorio de Bramante,* en Venecia se desplegó una novedosa comprensión de la luz y del color. Es allí donde surge una escuela de pintura (personificada en figuras como el ya citado Giorgione) que consiguió ampliar el foco de atención y disputar en innovación con Roma y Florencia. Por estas razones, el arte del Cinquecento mejora tanto en forma como en contenido: las anatomías se vuelven más precisas, los gestos más realistas y el perfeccionamiento de la perspectiva permite incluir paisajes con mayor profundidad (y también mayor relevancia en las escenas). Por

* Los tres principios básicos desarrollados por Vitruvio en su tratado *De Arquitectura* se convierten en un requisito esencial a la hora de construir, de modo que cada edificación debe cumplir con el criterio de *venustas, firmitas* y *utilitas*, es decir, debe ser bella, firme y útil.

su parte, en el género del retrato, la preocupación por las dimensiones psicológicas se intensifica en las representaciones masculinas, mientras que en el caso de los retratos femeninos se impone cierto grado de idealización, también presente en los temas religiosos y en la enorme prodigalidad de las Madonnas.

Cuando abandonamos la sala, la inmóvil *Venus de Urbino* nos despide con la mirada.

BARROCO
Siglo XVII

Luces y sombras

El telón es de un intenso color borgoña. Cae desde el techo hasta el suelo como una pesada cascada de terciopelo cuyo color lo envuelve todo, nublando los sentidos a excepción del tacto. La textura invita a que te familiarices con ella, a que la toques, a que pasees tus dedos por los pliegues, a que la agarres para comprobar su solidez, preguntándote cuánta fuerza vas a tener que emplear para moverla con la finalidad de atravesarla, porque hay que atravesarla, no podemos quedarnos donde estamos. Su muro aterciopelado tiene tal densidad que impide ver y oír qué es lo que está ocurriendo al otro lado. ¿Hay gente? ¿Suena música? ¿Nos importa acaso?

Trascendemos el pesado umbral de terciopelo con tantas ganas como fuerzas; su pesadez parece inquebrantable en un principio. Después, es su densidad la que nos envuelve: cuenta con tantos pliegues que te pierdes en ellos, no puedes ver nada, pero, por un momento, tampoco pareces necesitarlo. No sabes dónde están las personas que hace escasos segundos se situaban a tu alrededor, aunque todo indica que están también inmersas en el mismo mar textil color borgoña que tú. Es esa idea la que te invita a seguir intentando atravesar el telón que parece no tener fin, que te envuelve y acaricia en una mezcla de tranquilidad y desasosiego. ¿Hay otro lado? Tiene que haber otro lado.

Y —finalmente— salimos de la maraña, damos un paso al frente y ahora ya no es burdeos lo que nos rodea, es la más absoluta oscuridad. Se escucha un suspiro colectivo proveniente de aquellas visitantes que todavía se encuentran escapando del terciopelo, un suspiro que cesa en seco ante la inminente visualización de la nada, de la ceguera. Alguien del grupo de menores de edad empieza a sollozar: tiene miedo a la oscuridad y se ha soltado sin querer de la mano que le guiaba a través del telón. Otra persona murmura entre dientes «qué clase de broma es esta». La agitación empieza a invadir al grupo, y a ti también. Es entonces cuando un foco se enciende, volcando a plomo toda su potencia sobre una escultura situada suficientemente cerca como para que se convierta en nuestro punto de referencia, pero suficientemente lejos como para obligar al grupo a acercarse para verla mejor. Los pies empiezan a moverse casi por inercia hacia ella, como si hubiesen recorrido este camino cientos de veces. A medida que vamos dejando atrás el telón, la sala comienza a cobrar forma una vez los ojos se acostumbran a la falta de luminosidad. Columnas helicoidales se alzan cual serpientes desde el suelo hasta el techo, rodeadas de vides doradas que semejan hiedras asfixiando un árbol antiguo: son columnas salomónicas. El suelo es de mármol de varios colores, decorado con formas geométricas sobre las que resuenan las pisadas, amortiguadas por los tapices que cuelgan de las paredes; estos, por un lado, las adornan y, por otro lado, conservan el calor en el interior de la sala.

La escultura que absorbe todo el protagonismo es el *Rapto de Proserpina*, de Gian Lorenzo Bernini, realizada entre 1621 y 1622. Estamos en la primera de las salas dedicadas al Barroco y, por un momento, somos capaces de empatizar con Proserpina, hija de Deméter y de Zeus, envuelta e inmovilizada por los fuertes brazos de Hades. Recordamos entonces la sensación del telón de terciopelo envolviendo nuestros cuerpos, nuestras extremidades, y recordamos también la ansiedad oculta tras la incertidumbre de no saber cuándo vamos a salir ni qué vamos a encontrar una vez lo consigamos. Nosotras sí hemos podido escapar. Proserpina, tras su secuestro por parte de Hades, es recuperada por Hermes, dios mensajero, con la condición de que no puede consumir ningún alimento del inframundo —a donde la ha llevado Hades— en su ascenso de vuelta a la Tierra. Pero Proserpina consume seis pepitas de granada, las cuales la condenan a pasar seis meses en el inframundo con su captor y seis meses en la Tierra en compañía de su madre.

Nadie le pregunta a Proserpina en ningún momento qué es lo que quiere ella. ¿Quiere casarse con el hombre que la ha raptado a la fuerza con intención de abusar sexualmente de ella para formalizar así su pacto matrimonial? ¿Quiere permanecer protegida bajo las alas metafóricas de su madre? ¿Qué quiere hacer Proserpina con su destino? Nadie lo sabe porque nadie le da voz para expresarlo. Proserpina (también conocida como Perséfone) se queda atrapada entre los designios de una deidad abusiva, Hades, y los deseos de una deidad sobreprotectora, Deméter.

Cuando se observa una obra de arte de tal magnitud técnica, dimensional y narrativa como el *Rapto de Proserpina*, es habitual sentirse abrumada ante tal profusión de recursos. La técnica obnubila el juicio. Su realismo nos desarma por completo. Entonces, a una solo le queda la posibilidad de maravillarse, obviando las connotaciones de violencia sexual que encierra esta obra y tantas otras.

El carácter del arte barroco italiano es, ante todo, efectista: pretende impresionar, cautivar, llamar la atención y despertar las emociones valiéndose de la abundancia de elementos y de las sensaciones que genera para convertirse en un espectáculo en sí mismo. Es necesario puntualizar, sin embargo, el territorio en el que nace la obra: las disputas religiosas que tuvieron lugar a principios de la Edad Moderna en Europa afectaron al modo de concebir los objetos artísticos e influyeron en la finalidad para la que fueron creados. Esta finalidad varió en función del territorio.

El catolicismo y el protestantismo libraron una batalla encarnizada en las calles, en los concilios, en los textos y —también— en las disciplinas artísticas. El Barroco italiano, al que se le suele prestar mayor atención, contó con un gran número de incoherencias que se irán presentando a través de las diferentes salas. El Barroco flamenco, en cambio, aunque hizo asimismo gala de cierta heterogeneidad en sus producciones, respondía a criterios que buscaban alejarse del fervor religioso para acercarse a los valores de la vida terrenal. El Barroco flamenco no buscó conmover porque no necesitó persuadir: su finalidad era alejarse de los excesos de la Iglesia católica para marcar un cambio de rumbo que los redirigiera hacia la pureza de los primeros estadios del cristianismo.

Hemos visto que la persuasión es un concepto clave en el arte de la Baja Edad Media, lo que también podemos aplicar al Barroco italiano, aunque con soluciones artísticas totalmente distintas. Este hecho se comprueba con el furor que causan las esculturas de Bernini, alrededor de las cuales hay agolpadas siempre una gran cantidad de turistas; también en el asombro que se palpa en las multitudes dentro de una catedral gótica, en el momento en el que el sol impacta directamente sobre sus vidrieras generando todo un desfile de colores, luces y sombras en su interior. El arte, en las ocasiones en las que fue puesto al servicio de los poderes fácticos (en este caso, la Iglesia), generó soluciones extraordinarias a problemas políticos y religiosos complicados.

Es difícil hablar y entender el arte de finales del XVI y todo el siglo XVII sin antes profundizar en la escisión entre Iglesia católica e Iglesia protestante, pero —una vez entendemos cuáles fueron las críticas de Lutero al catolicismo; cuál su relación con las producciones culturales y artísticas; y cómo se desarrolló la respuesta de la Iglesia católica ante el auge del protestantismo en distintos puntos de Europa— tendremos las herramientas necesarias para situarnos delante de cualquier obra de arte de este periodo y saber identificarla, leerla y disfrutarla.

Debemos remontarnos, por tanto, a 1517. Por aquel entonces, Martín Lutero ya era sacerdote católico, pertenecía a la orden de los agustinos e impartía clases de Teología en la universidad alemana de Wittenberg. Aquel año decidió ponerse en contacto con el arzobispo de Magdeburgo, Alberto de Brandeburgo, «pidiendo que se pusiera fin a los abusos en la predicación de las indulgencias en la diócesis».[1] ¿Qué eran, pues, las indulgencias? Por explicarlo de forma sencilla, las indulgencias suponían la posibilidad de poder comprar el perdón de los pecados: a cambio de determinada cantidad de capital económico, la Iglesia católica dispensaba el perdón a través de la predicación de indulgencias. Lutero, en su epístola enviada a Alberto de Brandeburgo, lo refleja de la siguiente forma:

> [...] Bajo tu preclarísimo nombre se hacen circular indulgencias papales para la fábrica de San Pedro, en las cuales yo no denuncio las exclamaciones de los predicadores, pues no las he oído, sino que lamento las falsísimas ideas que concibe el pueblo a causa de ellos. A saber: que las infelices almas, si compran las letras de indulgencia, están seguras de su salvación eterna; que las almas vuelan del purgatorio apenas se deposita la contribución en la caja; además que son tan grandes los favores, que no hay pecado, por enorme que sea, que no pueda ser perdonado.

Si librarse del pecado implicaba depositar limosna o invertir capital en indulgencias, del purgatorio solo podrían salir aquellas personas con solvencia económica. De este modo, las indulgencias no suplían el pecado, sino que condenaban a él a quien no pudiese pagarlas, es decir, a la mayor parte de la población. Esta próspera relación entre Iglesia católica y acumulación de capital fue una de las razones principales que llevaron a Lutero a identificar desde dentro la corrupción de la Iglesia y la necesidad de retomar los preceptos bíblicos de caridad y humildad sobre los que se basaron las diferentes órdenes mendicantes en su origen, entre ellas la Orden de San Agustín, a la que pertenecía el propio Martín Lutero. Por así decirlo, la corrupción de las indulgencias fue la gota que colmó el vaso de una larga tradición de hastío respecto a las formas de religiosidad medievales que seguían vigentes en un tiempo ya moderno (entendiendo *moderno* como perteneciente a la Edad Moderna) que precisaba reformas y nuevos modos de entender y practicar la fe.[2]

No en pocas ocasiones se enseñan las disputas religiosas del siglo XVI como una reacción lineal iniciada por Lutero, a la que responde la Iglesia católica posteriormente convocando el Concilio de Trento y configurando con él las líneas de la Contrarreforma. Pero este enfoque ha quedado ciertamente desfasado, ya que, como indica Juan Belda Plans, «el movimiento de la reforma en la Iglesia católica había empezado mucho antes, si bien se fue abriendo paso lentamente a lo largo de la Baja Edad Media hasta culminar en la gran Reforma católica tridentina». Como consecuencia, podemos afirmar que «el estallido luterano galvanizó y potenció las fuerzas [...] católicas para dar un impulso definitivo al clamor de reforma que ya venía aplicándose, aunque lenta y trabajosamente».[3] Dicho en otras palabras: la irrupción del luteranismo en Alemania y del calvinismo en Suiza demostraron a la Iglesia católica que los tiempos de reforma no los marcaba ella; que había tardado demasiado en escuchar y tener en cuenta las demandas internas; y que ahora era ya demasiado tarde para apartarse antes de ser arrollada por la marea. Como colofón, por si fuese poco, apareció otro foco de insurgencia en Inglaterra, esta vez personificado en la figura de Enrique VIII.

Aunque, en su momento, Enrique VIII se opuso ferozmente a la reforma protestante iniciada por Lutero —como monarca que bien podría ser caricaturizado como un niño caprichoso, déspota y soberbio encerrado en el cuerpo de un adulto con mucho poder—, cuando vio que no obtenía un heredero varón de su primera esposa, Catalina de Aragón, pidió al papa Clemente VII la anulación del matrimonio para así poder despachar a Catalina, tratada como mercancía defectuosa, y pasar su testigo a Ana Bolena. El papa Clemente VII, que estaba a su vez entre la espada y la pared por presiones políticas vinculadas con España y que tenía otros asuntos más importantes que atender que los caprichos de un semental, no autorizó el desenlace. Y ¿qué hizo Enrique VIII? Divorciarse igualmente. ¿Reacción del papa Clemente? «Pues te excomulgo.» ¿Reacción de Enrique? «Pues me saco de la manga la reforma anglicana y me caso cuatro veces más.» Se cierra el telón.

Ahora que ya estamos más o menos familiarizadas con algunas de las cuestiones que dan origen a este cisma religioso, podemos empezar a ahondar en cuáles fueron las consecuencias del mismo para el sistema del arte.

La reforma protestante rechazaba el culto excesivo a las imágenes debido a que consideraba demasiado fina la línea entre culto religioso e idolatría, algo semejante a lo que había ocurrido en Bizancio con la etapa iconoclasta. Al centrar toda su atención en la figura de Cristo, se desechaban las figuras intermedias entre la divinidad y la feligresía. De hecho, esa era una de las razones principales por la que el luteranismo rechazaba los sacramentos y las figuras mediadoras como la Virgen María o los santos.[4] Esto, como parece lógico, afectó a las imágenes artísticas que se generaban, las cuales ya no tendrían como prioridad el arte religioso, sino el arte laico. Trasladado a la decoración interior de las iglesias, este hecho se traduciría en la ausencia de imaginería* y de obras que pudiesen nublar el juicio y potenciar la idolatría. Es por ello que, en los países declarados afines al protestantismo, se desarrollaron nuevos géneros pictóricos que se distancian de aquellos practicados en los estados afines al catolicismo, aunque se den determinadas confluencias. Pero, para evitar confusiones, vayamos paso a paso. Volvamos a Bernini.

En un primer momento, puede parecer incongruente que se aluda al carácter eminentemente religioso de la pintura del sur de Europa pero se dé comienzo al recorrido con una obra mitológica como el *Rapto de Proserpina*. Esto no es casual: estas incongruencias, como bien apuntábamos con anterioridad, están presentes en la producción artística de la mayor parte de países europeos. Las escenas provenientes de la mitología clásica europea fueron frecuentes en las cortes, en los interiores palaciegos y también en las estancias personales de la élite eclesiástica; es decir, en el ámbito de lo privado.

Esta escisión entre lo público y lo privado aseguraba, por un lado, el carácter catequético y persuasivo de las obras situadas en los interio-

* Entendemos por «imaginería» una especialidad de la escultura centrada en la representación plástica de temas religiosos, por lo común realista, y cuya finalidad es devocional, litúrgica, procesional o catequética.

res de las iglesias y centros de culto. Por el otro, favorecía la competencia (en cuanto a niveles de excelencia y suntuosidad) en el catálogo de las obras situadas en interiores elitistas. La Edad Moderna, además, es testigo de la expansión de un grupo poblacional que, pese a no contar con los privilegios de la nobleza ni el clero, sí cuenta con el privilegio del capital económico. La burguesía —formada por mercaderes, banqueros, comerciantes y prestamistas, entre otras profesiones— desarrolla un gusto propio, seguido de cerca por unas inclinaciones estéticas específicas y unas ansias insaciables de mimetizarse con la aristocracia. Ya que no pueden hacerlo en origen, intentan hacerlo en forma, decorando sus estancias con nuevos géneros, como la pintura de paisaje o el bodegón, o encargando retratos inspirados en aquellos que solicita la nobleza. *Fake it until you make it.*

Un buen ejemplo de ello es la figura de Lavinia Fontana, una artista boloñesa que fue la primera mujer europea en situarse a la cabeza de su propio taller y, también, una de las primeras artistas en dedicarse al género de la pintura mitológica. Al contrario que Sofonisba Anguissola, de quien hablamos en las salas dedicadas al Renacimiento italiano y español, Fontana no pertenecía a una familia noble, pero sí a una estirpe de artistas. Su padre, Prospero Fontana, había contado durante muchos años con el beneplácito del papado, pero el manierismo comenzaba a entrar en decadencia y su hija Lavinia era capaz de sintetizar con mayor talento los nuevos lenguajes del Barroco.

Además, debemos tener en cuenta que Bolonia no contó con un gremio de pintores hasta 1599, lo que sin duda facilitó que Lavinia Fontana pudiese situarse a la cabeza del taller familiar, desplazando a su padre para ser ella quien marcase el nuevo ritmo artístico. A este hecho debemos sumar un pensamiento boloñés mucho más aperturista en comparación con otros territorios italianos y europeos, lo que sin duda facilitó la inclusión de las mujeres en las prácticas artísticas: Barbara Longhi, Properzia de' Rossi y Elisabetta Sirani nacieron también en Bolonia y gozaron de gran fama como artistas.[5] Debido a ello, puede establecerse una genealogía de *mujeres* artistas boloñesas que seguramente conocían la trayectoria de sus compañeras y en absoluto se sabían unas *rara avis*. Al contrario de las lecturas que tan a menudo suelen hacerse de sus contribuciones, situándolas como casos aislados, eran integrantes de toda una tradición de creadoras que iban recogiendo el testigo de las anteriores y pasándolo a las siguientes.

Pese a todo, no debemos caer en el error de considerar a Bolonia o a la sociedad boloñesa como un remanso de paz ni para las mujeres ni para las artistas. Un ejemplo a destacar es el de Elisabetta Sirani, uno de los máximos exponentes del Barroco boloñés, quien falleció a los veintisiete años, probablemente por problemas de salud relacionados con su alta y constante carga de trabajo.[6] A Sirani le sobraron encargos pero le faltó credibilidad: no fueron pocos los clientes que pidieron estar presentes mientras ella pintaba, y no lo hicieron precisamente como quien paga un Meet & Greet con una cantante de éxito para poder verla antes del concierto. Lo hacían porque no creían que una mujer pudiese tener el talento para la pintura que ella demostraba (creían que sus cuadros los realizaba su padre) y, sobre todo, que ninguna artista pudiese pintar a la velocidad a la que ella lo hacía. Elisabetta Sirani ni sabía ni podía parar de pintar, así que —además de ser una gran figura del Barroco— su caso también es un buen ejemplo de la explotación laboral a la que se vieron sometidas muchas artistas para poder sobrevivir.

> Parece que Elisabetta cumplió todos los encargos que le llegaban. Su padre se quedaba con todo el dinero que ella ganaba, como si fuera una aprendiza de su taller [...]. Giovan Andrea (su padre) no tuvo ninguna intención de encontrarle un marido a su atareada hija [...]. Cuando su madre necesitaba dinero, Elisabetta pintaba obras a escondidas para que esta las vendiera por su cuenta. Trabajaba del amanecer al crepúsculo, cuando se retiraba a rezar, todos los días excepto los domingos, y todavía encontraba tiempo para entretener a sus huéspedes y clientes cantando. También abrió su estudio a otras mujeres deseosas de aprender a pintar y estableció una verdadera escuela. Quizás no fue el primer estudio de ese tipo, pero parece que en sus dimensiones no tenía precedentes.[7]

Y todo esto en tan solo veintisiete años de vida. ¿Es o no es un caso digno de haber pasado a la historia? Pues, bueno, no lo hizo: a su nombre se suele llegar casi siempre por casualidad y casi nunca por costumbre u obligación. Cuando falleció, la población de Bolonia se congratuló de haber dado a luz a una artista de su talla en lugar de preguntarse cómo se podía haber evitado tirar tanto de la cuerda hasta romperla.

En los primeros autorretratos conservados de Lavinia Fontana, como su *Autorretrato tocando la espineta* de 1577, pueden apreciarse con claridad los intentos de la burguesía por asemejarse a la aristocracia en el vestir y, también, en la educación recibida. En este retrato, Lavinia Fontana aparece tocando dicho instrumento mientras una sirvienta sostiene la partitura, detalle que pone de manifiesto la bonanza económica de la familia, suficiente como para poder tener servicio en casa. Además, Fontana firma la obra con su nombre, ligado al de su padre, mostrando así que no solo tiene conocimientos de pintura y música, sino que también sabe leer y escribir. En un cuadro de pequeñas dimensiones como es este autorretrato, la artista consigue condensar toda una declaración de intenciones.

Por otro lado, el sesgo de género presente en las firmas de algunas artistas bien merece ser mencionado: Lavinia Fontana firma esta obra añadiendo la partícula «VIRGO», incorporándose así a la tradición de otras artistas de su tiempo. Dicha partícula no hace referencia a su signo zodiacal, sino a su condición de mujer virgen, es decir, de doncella casadera. Asimismo, en el caso de Lavinia Fontana, señalarse en la firma como hija de Prospero Fontana también le resta autonomía como artista, al obligarla a situarse a la sombra de su figura paterna. De esta manera, a pesar de que se presenta y reivindica como dama que maneja las artes y las letras, su identidad sigue constreñida por la castidad y delimitada por el carácter patrilineal de la estirpe.

Era habitual que las familias de mujeres jóvenes encargasen retratos de sus hijas para poder enviarlos en el proceso de búsqueda de marido, sobre todo en matrimonios en los cuales la pervivencia del linaje jugaba un papel importante en el estatus familiar. De aquí parte también la declaración de intenciones llevada a cabo por Lavinia Fontana: «Sé tocar la espineta, tengo servicio en casa, vivo en un interior burgués, visto como una mujer de la aristocracia y, además, pinto mis propios retratos porque, ante todo, soy artista». No hay titubeo en su legitimación como artista, lo que, sin embargo, no le ahorra verse obligada a remarcar su virginidad en la firma. ¿Se imagina alguien un cuadro realizado por Caravaggio, por Rubens o por Velázquez —los tres, pintores también del Barroco— en el que se especifique si habían mantenido relaciones sexuales en el momento de su creación? Suena absurdo, ¿no es cierto? La doble moral sexista también lo es.

Retomemos ahora algunas de las hazañas llevadas a cabo por Lavinia Fontana que contradecían la tónica imperante respecto al trato recibido por las artistas. Para empezar, los temas que trataba: no solo retrato de las élites burguesas, sino también pintura religiosa y, sobre todo, pintura mitológica. Los géneros mayores de la pintura, como vimos con anterioridad, estaban vetados explícita o implícitamente a las mujeres que se dedicaban a las artes. En primer lugar, en muchos casos estos géneros precisaban un manejo de las fuentes escritas que, como es lógico, llevaba comprendida la capacidad de leer y, es más, la posibilidad de acceder a los textos en los cuales aparecían tanto los mitos como los pasajes religiosos. ¿Cuál era el problema? Que este se trataba de un derecho generalmente reservado a los hombres y —como vimos cuando hablamos del *Cortesano* de Castiglione— raras veces se aconsejaba a las mujeres que dedicasen tiempo a la lectura: hasta principios del siglo XX, una mujer leída era una mujer peligrosa. Algo parecido ocurriría con la pintura histórica. ¿Cómo vamos a representar una escena religiosa, mitológica o histórica si no podemos recurrir a sus fuentes escritas? ¿Y, más aún, si no sabemos leer? A esas preguntas hizo frente Fontana.

En segundo lugar, la dedicación a estos géneros se establecía como privativa para las mujeres también debido a la cuestión de la anatomía, ligada a la desnudez. La moral católica —que ya desde la lectura punitivista del Pecado Original asociaba la desnudez con el pecado y la vergüenza— otorgaba un plus de puritanismo en el caso de las mujeres, quienes debían su honor al pudor. Y no puede conservarse el pudor ante el visionado de un cuerpo desnudo, sea tanto de hombre como de mujer. Por ello, las mujeres que querían dedicarse a las artes tuvieron que batallar durante siglos para tener acceso a los estudios anatómicos del natural: lo tuvo que hacer Lavinia Fontana a mediados y finales del siglo XVI y tuvieron que hacerlo también muchas artistas hasta prácticamente el XX, aunque de ellas hablaremos más adelante.

¿Cuál era la alternativa? Aprender anatomía gracias a pequeñas esculturas de desnudos mitológicos, valerse de modelos de su propia familia —como posiblemente fue el caso de Lavinia Fontana, quien debió basarse en una de sus hijas (fue madre nada más y nada menos que once veces, por cierto) para la creación de *Minerva vistiéndose* en 1613— o, en última instancia, pagar cantidades desorbitadas a modelos que se desplazaran al taller y estuviesen dispuestas a desnudarse. Tal y como especificaba la teórica Germaine Greer en su libro homónimo, dedicarse a su oficio —para las pintoras— fue toda una *carrera de obstáculos*,[8] extrapolable a la trayectoria de cualquier artista que se quisiera dedicar o se dedicase a otras disciplinas.

Una vez sentadas las bases para una comprensión más cercana sobre la pintura mitológica, la sala parece querer hacernos partícipes de un siguiente estadio y abandona la penumbra para iluminarse por entero. Sucesivas filas de velas de luz titilante se encienden a lo largo y ancho de las paredes que nos rodean. En un primer momento, la mirada se queja debido al cambio de luminosidad, pero, a continuación, se queda obnubilada en la profusión de detalles que la rodean.

El rapto mitológico

La sala, antes en penumbra, descubre ahora una tridimensionalidad que parece no tener fin. Las paredes están llenas de recovecos cubiertos de arriba abajo por todo tipo de obras pictóricas de diversos tamaños, algunas de ellas tan pequeñas que es necesario acercarse para descubrir qué es lo que pretenden contarnos, eclipsadas por otras que alcanzan un tamaño colosal. Parecen estar agolpadas sin ton ni son, sin seguir un orden lógico más allá de la intención de cubrir las paredes como si de un tapiz se tratase. Los ojos bailan alrededor de la sala en un movimiento agotador, semejante al que tiene lugar cuando leemos con avidez la página de un libro o fijamos la mirada en la sucesión de elementos que aparecen y desaparecen por la ventana de un vehículo en movimiento. Nadie repara más en la obra de Bernini, ahora olvidada hacia el final de la sala, porque los estímulos que proporciona son ya demasiado conocidos como para seguir paliando el hambre por la novedad.

Esta sensación de agolpamiento y de incapacidad de sobreponerse a un número excesivo de estímulos visuales son componentes habituales dentro de la experiencia museística. El ojo y la mente humana no están preparados para diversificar y fragmentar su atención en tantos elementos al mismo tiempo. Las salas de los museos suelen hacer sentir pequeña a la gente que las visita, y no en un buen sentido. La magnificencia de las obras expuestas —tanto en contenido como en tamaño como en presencia— nos recuerdan en cierto modo lo insulso de nuestras vidas, y la distancia epistemológica marcada entre su correcta lectura y las herramientas que suelen tener las visitantes parece insalvable. Por eso, además de pequeña, la gente suele sentirse también ignorante, y tampoco en un buen sentido, ya que las salas y las obras expuestas en ellas parecen recordarles continuamente lo poco que saben.

La experiencia del arte barroco, cuando se contemplaba en los interiores en los que vivían los grandes coleccionistas (nobles, monarcas o adinerados aficionados), debía ser también sobrecogedora, aunque por motivos distintos. La diferencia principal estriba en la intencionalidad de la disposición de las obras. En los museos contemporáneos, las obras suelen situarse con cierta distancia entre ellas para fomentar su individualidad: es la inmensa cantidad de espacio que ocupan la que abruma a quien entra a visitarlas. Las salas parecen no tener fin y el itinerario por ellas, tampoco. En cambio, en los espacios de exposición privada de la Edad Moderna no importaba tanto preservar la individualidad de la obra como fomentar el afán acumulativo; de ahí que no hubiese un sistema claro ni jerárquico a nivel expositivo y que las paredes de estos interiores fuesen una miscelánea de todo aquello que se poseía, como bien representa el cuadro *La galería de pinturas de Cornelis van der Geest*, realizado por Willem van Haecht en 1628, o la *Alegoría de la Vista*, realizado por Jan I Brueghel y Peter Paul Rubens en 1671.

En la sala por la que ahora caminamos, se mezclan ambos conceptos expositivos para servir a un fin que difiere diametralmente de los expuestos con anterioridad. Por un lado, se pretende que la visitante se familiarice con los diferentes métodos expositivos del pasado. En ocasiones, al situar las obras sobre las paredes de un museo, estas quedan descontextualizadas y se pierde gran parte de su esencia, porque se las priva de su contexto originario. En este caso, que convivan unas con otras en este caos expositivo tan propio del Barroco nos permite vivir esta sala como si de un viaje en el tiempo se tratara.

Por otro lado, el abigarramiento de los lienzos sobre las paredes no responde exclusivamente a un deseo de reflejar el carácter efectista y sobrecogedor de la pintura barroca: más bien pretende hacernos ver que todas las obras expuestas tienen algo en común y establecen entre ellas una conversación a la que estamos invitadas a participar, aunque el hilo conductor no parezca evidente en un primer momento. Dicha conversación es la violencia y su estetización. ¿Qué quiere decir esto? Que el Barroco sembró la semilla para que la historia del arte occidental convirtiese en estéticas escenas que encerraban altos niveles de violencia, lo que se conoce como «estetización de la violencia» en un lenguaje más o menos académico. De ahí que, aunque la escultura de Bernini haya perdido atención, todas las obras que la rodean amplifiquen su significado.

Entender el género de la pintura mitológica es entender también los tres niveles de normalización de la violencia que dicho arte implica. El primer nivel es el que tiene lugar en las fuentes escritas, es decir, en las propias ficciones de la literatura mitológica. El segundo nivel es el que tiene lugar en la revisión que de esta se hace a partir del Renacimiento, cuando se convierte en uno de los temas principales de los géneros mayores, tanto de pintura como de escultura. El tercer y último nivel tiene lugar en la actualidad, a través de todas aquellas teorías y relecturas que se han hecho desde el siglo XX tanto de las fuentes como de las obras inspiradas en ellas.

Es indudable que la mitología clásica se ha sacralizado con el paso de los siglos, lo cual es en sí mismo un oxímoron si tenemos en cuenta que el contenido mitológico —contenido no cristiano— se encuadra dentro del paganismo, pero que las grandes maniobras de *marketing* —llevadas a cabo mucho antes de que existiese este término— nos hacen concebir la Antigüedad clásica europea, todavía a día de hoy, como terreno sagrado. Aquellas personas que se atreven a revisarla, a criticarla y a mostrar sus vacíos y fallos son juzgadas como herejes. Se piden en bandeja de plata sus cabezas por atreverse a dinamitar su romantización al sustituirla por un acercamiento crítico que no pretende restar valor a sus componentes técnicos o estéticos, sino ofrecer lecturas que inviertan la narrativa a través de la cual se explican estas obras para que, así, tanto el entendimiento como el acercamiento a ellas sea más completo.

Por ello, todas las obras de la galería están atravesadas por el mismo tema: el rapto mitológico, también representado por Bernini en su conocida escultura *Apolo y Dafne*. Este hecho, el rapto, atraviesa la mitología clásica europea con tanta asiduidad que resultaría falaz referirse a él como un hecho aislado.[9] Assela Alamillo, en su conferencia sobre el tema impartida en el X Seminario de Arqueología Clásica que tuvo lugar en la Facultad de Geografía e Historia de la Universidad Complutense de Madrid en octubre de 2002, analizó las representaciones artísticas de más de veinte raptos distintos. De todas estas situaciones, solo dos están capitaneadas por figuras femeninas; las demás son protagonizadas por dioses o héroes.

En su conferencia, Alamillo establece la estrecha relación entre rapto y matrimonio aludiendo también a cómo la cultura popular absorbe los mitos para introducirlos en sus prácticas cotidianas. Por ejemplo, debido a la presencia de los raptos en la mitología, ya en la

Antigua Grecia determinadas poblaciones, como las gentes de Esparta, representaban el rapto de la novia el día de la boda. En una especie de teatrillo, el futuro esposo cogía en volandas a la novia y ella fingía ser sustraída contra su voluntad, oponiendo resistencia y gritando. Si nos preguntamos acerca de la supervivencia de estas costumbres en la actualidad, la respuesta se encuentra en las comedias románticas y en los álbumes de boda: cada vez que el novio alza a la novia, llevándola en brazos ya sea para posar en una fotografía o para realizar la entrada triunfal en la habitación tras la celebración, está reproduciendo inconscientemente la teatralización del rapto en la Antigua Grecia.

La pervivencia de la Antigüedad en la actualidad es el motivo por el que es necesario y pertinente que revisitemos tanto los mitos como sus representaciones. De eso se trata, de preguntarse hasta qué punto las problemáticas que estas obras plantean siguen vigentes hoy día y de cuestionarse si nos estamos acercando a ellas con la suficiente responsabilidad. Porque para cambiar el presente es importante cambiar nuestra relación con el pasado. En líneas generales, la historia del rapto es la historia de la falta de consentimiento, así como la historia de la imposición de los deseos del hombre por encima de los deseos de mujeres y menores. Estas líneas pueden parecer (y, de hecho, les parecerán a muchas personas) una exageración; antes de precipitarnos, echemos un vistazo a las estadísticas de nuestro país.

El Instituto Nacional de Estadística revelaba que, en 2019, 558 personas menores de edad fueron condenadas por delitos sexuales: el 96,24 % eran hombres. En 2020, la cifra descendió ligeramente, siendo condenadas por delitos sexuales un total de 485 personas menores de edad: el 98,35 % eran hombres. Si revisamos las estadísticas de personas adultas condenadas por el mismo tipo de delito, nos encontramos con lo siguiente: en 2019, 3.296 personas fueron condenadas, un 97,57 % de las cuales fueron hombres. En 2020, al igual que en el caso de las condenas a menores de edad, el número desciende pero el porcentaje segregado por género se mantiene: un 97,82 % de los condenados eran hombres.[10]

Debemos tener en cuenta que estas estadísticas se refieren a aquellas personas condenadas, no al número de denuncias interpuestas.

Respecto a estas últimas, determinados sectores parecen bastante preocupados ante su posible falsedad. Según concluyó la Fiscalía General del Estado en su memoria anual —presentada en septiembre de 2021 por su máxima representante, Dolores Delgado—, ninguna de las 150.785 denuncias interpuestas en 2020 por violencia de género fue falsa; y, en los últimos años, el porcentaje de condenas por denuncia falsa supone el 0,0074 % del total.[11] Otro dato alarmante es que, en España, en 2018, se denunciaba una violación cada cinco horas, es decir, más de cuatro al día.[12] En 2021, la cifra aumentó a una denuncia cada cuatro horas, es decir, seis al día.[13]

Pese a que el rastreo y asimilación de estadísticas sea un ejercicio tedioso y en algunos casos problemático —ya que reduce a un mero número el sufrimiento real, diario y prolongado de miles de mujeres y menores—, estas estadísticas son una herramienta útil para combatir la ignorancia en unos tiempos donde los bulos y la desinformación están a la orden del día. Las estadísticas no son opiniones: son datos que reflejan hechos, y estos hechos ratifican que la relación entre rapto y género en la mitología clásica es la relación entre violación y género en la actualidad.

Por esta razón, entre muchas otras, es importante que nos preguntemos cómo se representa la violencia sexual en las obras de arte, porque contribuye a mantener el estado del problema. Pero es, quizás, más importante que nos fijemos en cuál es la narrativa que rodea a estas representaciones, tanto en las cartelas de los museos como en los catálogos de determinadas exposiciones o a la hora de explicarlas tanto en las aulas como en las visitas guiadas a los museos.

En esta línea, es especialmente interesante la diferenciación que hace Julia Cabrera (@blackartandartists) entre «discurso histórico» y «narrativa» en su cuenta de divulgación cultural antirracista en Instagram: «En la historia del arte, por norma general, no se suele discernir entre discurso y narrativa. Como en las teorías decoloniales, el discurso histórico no cambia, pero se desarrolla una forma de narrar el discurso desde una perspectiva consciente y crítica. En la historia del arte, principalmente en el ámbito de la museología, esta es la actitud que deberían tomar las profesionales; si no, se sigue perpetuando la perspectiva única del arte que hace referencia a una mirada hegemónica, blanca, occidental y cisheterosexual proveniente del siglo XIX».[14]

Es decir, el «discurso histórico» se compone de los acontecimientos que tuvieron lugar en el pasado y que, por tanto, no se pueden cambiar: permanecen invariables. No se puede intervenir en el pasado, pero sí se puede intervenir en la forma de contarlo, esto es, en la narrativa que se establece sobre el discurso histórico. Cuando se niegan las contribuciones de las mujeres, se está malversando el discurso histórico a favor de una narrativa patriarcal. Cuando se niega el genocidio de las poblaciones nativas americanas a manos de Europa o se niega la relación entre el auge económico de nuestro continente a partir del siglo XVI y las campañas de secuestro y esclavización de personas africanas, se está malversando el discurso histórico a favor de una narrativa racista y colonial. Cuando se ocultan las revueltas campesinas y se teoriza sobre el Tercer Estado en el Antiguo Régimen o sobre la clase obrera en la actualidad, ilustrándola como una masa homogénea y sumisa, se está malversando el discurso histórico a favor de una narrativa clasista y capitalista.

Cuando se habla de las obras de arte que representan raptos en términos de normalización, estetización y romantización de la violencia sexual hacia las mujeres, no se pretende cambiar el discurso histórico: se pretende cambiar su narrativa. Es demasiado tarde para pedir explicaciones a las poblaciones griegas y romanas; también lo es para exigirle a Rubens o a Bernini, por poner dos ejemplos, que rindan cuentas sobre sus decisiones estéticas respecto a estos temas (también sería injusto responsabilizar por entero a personas individuales de la existencia de un problema social y, por tanto, colectivo). Pero no es tarde para transmitir a las nuevas —y viejas— generaciones que la sustracción no consentida de los cuerpos de las mujeres está mal y no es algo bonito. La mitología clásica es problemática y muchas de sus representaciones también lo son, igual que la manera de nombrarlas. Ahora cabría preguntarse por qué parece que a algunas personas les produce mayor incomodidad nombrar la violencia sexual que saber que existe.

En las salas de arte moderno* de los museos anglosajones, las obras que incluyen la palabra *rape* en el título hacen referencia tanto al concepto de rapto como al de violación. En cambio, en castellano, la palabra «rapto» no manifiesta en su definición el componente de violencia sexual: solo hace referencia al secuestro o sustracción violenta. Esto es lo que vemos en la sala en la que nos encontramos: el secuestro de protagonistas femeninas por parte de protagonistas masculinos, es decir, únicamente el principio de la escena. En este tipo de representaciones, se congela el momento previo a la violación, ya que esto permite que el artista se regodee en los artificios técnicos propiciados por el movimiento de la acción y su dinamismo. No obstante, en este museo no admiraremos dicho trabajo sin facilitar las herramientas necesarias para que sus visitantes, vosotras, podáis reconocer las obras y aprender sobre ellas desde una perspectiva más crítica, capaz de dirigir la empatía también hacia sus protagonistas femeninas y problematizar el goce estético al confrontarlo con la historia que hay detrás. Historia de la cual, generalmente, solo nos han explicado la mitad.

Uno de los dioses más conocidos de la mitología clásica es Zeus (Júpiter, en su vertiente romana). Creo que, respecto a esto, no cabe ninguna duda: más o menos, todas nos lo imaginamos como un hombre barbudo y musculoso que porta un rayo en una de sus manos. Las que somos *millennials*, además, lo recordamos —gracias a la película de animación *Hércules*— como un señor bonachón y gracioso. Si nos basamos en esta película de Disney para emitir un juicio moral sobre él, diríamos que es, en resumidas cuentas, un tío bastante majo. Lo que en realidad nos narra la mitología clásica es que, entre otras cosas, fue un violador obsesivo y reincidente: un personaje que, de ser real, por nada del mundo lo querrías cerca de tus amigas, de tus familiares o de tus hijas. Tampoco cerca de tus hijos. A Zeus no le importaba si eras mujer o menor, divina o humana. Él era el Dios de los Dioses. La palabra «consentimiento» no existía en su diccionario, así como tampoco

* En inglés, el adjetivo «moderno» hace referencia al arte del siglo xx. En cambio, en español, vinculamos «arte moderno» con las obras generadas dentro de la etapa histórica de la Edad Moderna.

los límites. Lo que sí ha existido en la narrativa creada alrededor de sus mitos han sido los eufemismos. De esta forma, cuando se dice «amores de Zeus», lo que se quiere decir en realidad son «víctimas»; y cuando se utiliza el verbo «seducir», lo que se esconde detrás es el engaño y el abuso. Así es como funciona la cultura de la violación en el lenguaje: la violencia se disfraza de romanticismo. Zeus amaba a las mujeres, por eso se metamorfoseó en todo lo imaginable para engañarlas, en algunos casos secuestrarlas y en todos ellos forzarlas a tener relaciones sexuales con él. Todo un romántico, no cabe duda.

Una de las paredes de la sala está dedicada por entero a Zeus y a las diferentes versiones que a lo largo de la Edad Moderna se hicieron de sus raptos. Entre las firmas, destaca sobre todo la de Rubens, pródigo en este tipo de escenas. Tenemos, por ejemplo, varios *Raptos de Europa*, fácilmente identificables gracias a la mujer sentada a lomos de un toro blanco. Este mito nos cuenta cómo Europa, una joven mortal de gran hermosura, estaba tranquila con sus amigas en la orilla del mar cuando apareció un toro blanco que se acercó a ella. Europa, desconfiada al principio, fue familiarizándose poco a poco con el animal. Primero empezó a acariciarlo; después, se fue acercando a él y terminó subida en su lomo. Fue entonces cuando el animal emprendió la fuga a través del mar y la llevó a la isla de Creta. Allí, Europa fue violada sucesivas veces y, cuando Zeus se cansó, abandonó la figura del toro, al que envió al cielo para formar la constelación de Tauro, y dejó a Europa en la isla, nombrándola reina. Todo un detalle.

Tenemos también el mito de Dánae, también joven, bella y mortal, quien fue encerrada en sus aposentos por su padre debido a una profecía. Pero como no hay puerta ni cerrojo que impida a Zeus conseguir lo que quiere, se introdujo en la habitación de Dánae en forma de lluvia dorada y la dejó embarazada. De este «enlace» nació Perseo, quien posteriormente decapitaría a Medusa. Esta vez, la obra que representa el mito de Dánae es de Tiziano, quien además aprovecha para personificar a la sirvienta que acompaña a la protagonista como una mujer racializada y anciana, marcando así la contraposición entre la estética de lo bello y de lo feo. Dánae, pálida y desnuda, ejemplifica el canon de belleza: lo que es deseable. La sirvienta, negra y vieja, simboliza la fealdad: aquello que no lo es. ¿Podemos esperar de una obra fechada entre 1560 y 1565 que sea consciente del sexismo y racismo que promueve? Sería demasiado idealista. ¿Podemos señalar esto hoy en día para invitar a la reflexión sobre cómo las representaciones artísticas potencian y reflejan sistemas de poder todavía vigentes? No es que podamos, es que debemos. La colocación de sirvientas negras al lado de mujeres blancas no ha sido nunca casual ni baladí: servía a una finalidad de contraste comparativo que dejaba muy claro qué era lo positivo y qué lo negativo. Lo hizo Tiziano a mediados del siglo XVI y lo hizo también Manet en su *Olympia* de 1863, tres siglos después, por poner únicamente dos ejemplos. Estas representaciones serviciales y negativas de la negritud siguen tan arraigadas en nuestro imaginario que, todavía a día de hoy, las mujeres negras y racializadas tienen que hacer frente a valoraciones del tipo «eres demasiado guapa para ser negra», lo cual en realidad quiere decir: «como sociedad, solo somos capaces de entender la belleza en términos de blanquitud».

En el caso de la joven Leda, el rechazo por su parte se vuelve explícito en el momento en el que se convirtió en oca para escapar del acoso de Zeus. Este, no contento con la negativa, se transformó a su vez en cisne y la «fecundó». El mito de Leda y el cisne todavía dificulta más que visitantes no formadas en arte o que no tengan nociones de mitología clásica puedan identificar la historia detrás de la obra, ya que solo se representa a una mujer desnuda que interacciona de manera cariñosa con un cisne o que es observada por él. En otras ocasiones, a la escena se suman dos huevos de los que sale la descendencia de Leda: de uno, Pólux y Helena, que Zeus le forzó a tener; y, del otro, Cástor y Clitemnestra, fruto de su matrimonio con Tindáreo. Algunas de estas obras son especialmente sugerentes a la vista y, en muchos casos, el acercamiento de los artistas roza la zoofilia, como es el caso de la *Leda y el Cisne* de Boucher en su versión de 1740, donde Zeus metamorfoseado en cisne acerca el cuello y el pico a escasos centímetros de la vulva de Leda, quien bien podría ser una niña prepúber de no más de once años tendida con las piernas abiertas sobre la cama. O la *Leda y el*

Cisne de Auguste Clésigner, de 1864, actualmente expuesta en el Museo de la Picardía de Amiens. Por el goce con el que muchos de estos artistas representan a Leda, estas obras podrían dar a entender que el sueño erótico de una mujer es ser abusada por un dios metamorfoseado en cisne.

Pero Zeus no siempre se metamorfoseó en animal para someter a mujeres. En el mito de Diana y Calisto podemos ver una remisión más o menos velada al safismo entre dos mujeres. Diana (Artemis, en la mitología griega) es la diosa de la caza a la que posteriormente se vinculó también con la luna; de ahí que, en muchas representaciones, porte el atributo iconográfico de una media luna sobre la frente o a modo de tocado. Fue una deidad estrechamente ligada a la castidad: pidió a su padre, Júpiter (Zeus), que la privase del sexo, para así librarla de la maternidad, y habitó los bosques acompañada de su séquito de ninfas, a las cuales se les exigió la misma castidad. Aquí es donde entra Calisto, una de las ninfas que convivía con Diana, con la que Júpiter se obsesionó. Tanto Diana como sus ninfas rechazaban la presencia masculina en sus terrenos, así que Júpiter sabía que no podía presentarse con su forma natural. ¿Qué se le ocurrió? Transformarse en su hija, para así poder coartar a Calisto desde la posición jerárquica que Diana ocupaba respecto a sus ninfas en un doble abuso: sexual y de poder.

Calisto quedó encinta, dejando por tanto de ser una doncella, y, temiendo la ira de Diana, intentó durante un tiempo ocultar su estado, hasta que fue descubierta y obligada a desnudarse delante de la diosa y el resto de ninfas, mostrando así su tripa de embarazada. Diana, colérica, castigó a Calisto desterrándola tras convertirla en una osa. Otras fuentes del mismo mito cuentan que, en realidad, fue Zeus quien convirtió en osa a Calisto para que así su mujer, Hera, no se enterase de la infidelidad. Sea como sea, el destino de Calisto fue desaparecer de la faz de la tierra: una vez convertida en osa, el dios la envió a los cielos para formar la constelación de la Osa Mayor.

En las representaciones pictóricas de este mito, se ilustran dos mujeres en actitud cariñosa, en ocasiones semidesnudas y, en otras, completamente sin ropa. En algunas obras, Diana acaricia el mentón de Calisto, quien muestra un pecho al descubierto, mientras se miran fijamente. En otras ocasiones, sus cuerpos están tumbados en un enredo. El homoerotismo de las representaciones es evidente, así que —para justificar el lesbianismo explícito de la escena— se suele hacer hincapié en el carácter masculino escondido tras la figura de Diana: en lugar de nombrar la obra *Diana y Calisto*, se nombra como *Júpiter y Calisto*, incidiendo en el carácter heterosexual para que la lectura sea parecida a un «¡Que no cunda el pánico! Estas mujeres no son lesbianas: una es, en realidad, un hombre». En otras ocasiones, cuando el título de la obra no referencia la masculinidad de Júpiter, el recurso compositivo que se emplea es el de ocultar la genitalidad de Diana o representar su físico de manera asexuada, de forma que no se pueda leer como mujer, porque no se le ven los pechos o la vulva, ni tampoco como hombre.

Otra forma de representar este mito es congelando el momento en el que el embarazo de la ninfa es descubierto por la diosa, lo cual sirve como pretexto para representar a un sinfín de mujeres desnudas. Sea como sea, las manifestaciones de este mito también dan pie a entender cómo —desde el siglo XVII— las relaciones sexoafectivas entre mujeres, a pesar de ser condenadas socialmente, constituían un fetiche que a los hombres les gustaba admirar: dos mujeres desnudas equivalen al doble de placer visual. Esta dinámica pervive hoy en día a través de todas esas parejas sáficas a las que un hombre se les acerca en una discoteca para decirles: «¿Sois novias? Venga, daros un beso, que me pone ver a dos tías besándose». También pervive en los incontables vídeos porno en los que dos actrices representan lo que los hombres creen que es el sexo entre dos mujeres. El trasfondo detrás de estas vivencias es la hipersexualización de las mujeres sáficas (término que incluye tanto a bisexuales como a lesbianas), quienes siguen siendo cosificadas como objeto de placer para el hombre incluso cuando este no está incluido en la fórmula.

Por otra parte, Zeus no se limitó exclusivamente a las mujeres: también se fijó en Ganímedes, un joven troyano al que encontró en el monte Ida realizando en solitario la ceremonia de paso entre la niñez y la juventud. Y, de nuevo, aparece la obsesión y la metamorfosis. Transformado en águila, Zeus cayó sobre Ganímedes como una sombra, lo asió con sus garras y lo llevó en volandas hasta el monte Olimpo. Allí cuentan que «lo sedujo», lo convirtió en su «compañero de lecho» y en copero de las deidades olímpicas. Esta forma de narrar el mito es, de nuevo, una forma poco discreta de romantizar el abuso sexual a un menor y, ya de paso, también la esclavitud y la explotación laboral. Es decir, imagina que estás tan tranquila realizando el rito de paso hacia la madurez cuando un águila enorme te rapta, te lleva a su territorio, abusa sexualmente de ti, te pasea desnuda delante de familiares y amistades, y te obliga a trabajar sirviendo copas. Tanto en un relato como en otro, la historia es la misma: lo único que varía es el prisma a través del cual la analizamos. ¿Con qué opción nos quedamos? ¿Con la que romantiza e idealiza que un joven menor sea secuestrado, abusado y esclavizado o con la que se acerca al mito sin ambages ni edulcorantes? Muchas personas se llevan las manos a la cabeza cuando algunas historiadoras del arte ofrecemos este cambio de prisma discursivo. Sienten una rabia iracunda: «¡Pero si Zeus ni siquiera existió de verdad!». En estos casos, siempre me pregunto: «si no existió de verdad, ¿por qué tantas ansias por justificar sus actos como si lo conociéramos? ¿Acaso le debemos algo?». Lo que sí existe a día de hoy es la pedofilia, la pornografía infantil y la prostitución de menores. En estos casos, Zeus se personifica en la figura de cualquier pedófilo que bucea en la red buscando fotos y vídeos de su Ganímedes particular. Zeus también es el viajero que se desplaza a países en vías de desarrollo a buscar a su Ganímedes en las playas, en las calles y en los burdeles. Ganímedes también forma parte de ese 10-20 % de menores víctimas de abuso sexual, aunque la mayoría de ese porcentaje corresponda a niñas.[15]

Para ejemplificar el *Rapto de Ganímedes* contamos con obras de Rembrandt, quien lo representa casi como un infante que, en lugar de ser llevado por una cigüeña, es alzado por un águila; con obras de Correggio, quien también lo presenta en una vertiente infantil; y con obras de Rubens, quien decide representarlo ya como un adolescente. Estas obras se mezclan, sobre la pared, con las de *Leda*, las de *Dánae*, las de *Calisto* y las de *Europa*. Nuestros ojos van de unas a otras, recorriéndolas con atención y curiosidad, buscando posibles rastros que nos den pistas sobre la violencia que encierran estos relatos, pero no encontramos ninguna.

El *Rapto de Europa* y el *Rapto de Ganímedes* quizás sean las que más margen ofrecen a la representación de emociones *negativas*, aunque estas no se vinculan con el horror del abuso, sino, más bien, con el vértigo del rapto. A veces, Europa aparece sentada tranquila sobre los lomos del toro, como si estuviese dando un paseo y la cosa no fuera con ella; otras, en cambio, muestra cierto horror ante la velocidad y el movimiento. Algo parecido ocurre con Ganímedes, en cuyo rostro queda impreso el vértigo del ascenso. En el resto, lo que vemos son obras afables, amables a la mirada porque nos producen disfrute. En realidad, no se trata de dejar de apreciar estéticamente estas obras, de fingir que no están bien ejecutadas, de pretender que no son bellas en sí mismas. Se trata, precisamente, de cuestionar esta estetización de la violencia, de preguntarnos en qué momento se consideró que estaba bien representar como bello un rapto, de debatir acerca de dónde está la línea entre goce estético y responsabilidad moral, de ir más allá de la obra. ¿Qué puede haber de malo en la mera reflexión?

Preguntémonos cuándo ha sido un buen momento para hablar sobre cómo el arte ha fomentado la cultura de la violación tanto en forma como en discurso. Tal y como se apuntaba en un principio, existen sucesivos estadios de naturalización de esta violencia: el ciclo no empieza y termina en la obra, sino que continúa en nuestra forma de entenderla y explicarla. La cultura de la violación sigue vigente hoy en día a través de la culpabilización de las víctimas y la exoneración de los agresores: «¿Qué hacías tan tarde tú sola en la calle?» en lugar de «¿Por qué, como hombre, aprovechas el anonimato de la noche para violentar a mujeres?». Esto es lo que hace Diana con Calisto: culpa a la víctima en lugar de a su padre, el agresor. También esto le pasa a Medusa, abusada por Poseidón, cuando es castigada por Atenea: la sociedad, tanto en la Antigüedad clásica como en la actualidad, siempre encuentra una excusa para que el peso del abuso caiga sobre la víctima.

Estos dos ejemplos, el de Diana y Atenea en relación a Calisto y Medusa, son un ejemplo de cómo desde la literatura clásica ya se promovía la falta de solidaridad entre mujeres. Decía Simone de Beauvoir que «el opresor no sería tan fuerte si no tuviese cómplices entre los propios oprimidos». Tenía razón. A las mujeres nos falta poder y nos sobra culpa. La misoginia interiorizada juega un papel esencial en la perpetuación del patriarcado, igual que en relación a la cultura de la violación. Diana y Atenea actúan como agentes que revictimizan a Calisto y Medusa, entendiendo «revictimización» como «la respuesta que da el sistema a una víctima. Esta respuesta hace que la persona reviva la situación traumática y vuelva a asumir su papel de víctima. Esta vez no es solo víctima de un delito, sino de la incomprensión del sistema».[16] Cuando una mujer revictimiza a otra, está alimentando el pacto patriarcal. Celia Amorós define este pacto como un acuerdo implícito entre hombres para protegerse entre ellos, validar la violencia que ejercen hacia las mujeres[17] y minimizar las consecuencias de sus actos. Un cubrirse las espaldas continuo en nombre de la fraternidad al que también podemos contribuir las mujeres, aunque empujadas por otros motivos, como la misoginia interiorizada en la que somos socializadas. Cuando, como mujeres, actuamos alineadas con el pacto patriarcal, de alguna manera cavamos nuestra propia tumba: olvidamos que *hoy* somos nosotras quienes no creemos a la víctima, quienes la castigamos por serlo, y *mañana* podemos ser nosotras —nuestras vecinas, nuestras familiares o nuestras amigas— la víctima que no es creída.

La mitología clásica también nos enseña a coartar la libertad femenina antes que la masculina. En el mito de Apolo y Dafne, tras la tensión existente entre Apolo y Cupido, este último aprovecha que Apolo se encuentra en el bosque para dispararle una flecha dorada que provoca que caiga profundamente enamorado de la primera persona a la que vea. Esa persona es Dafne, una ninfa que estaba tranquila en sus territorios, a quien Cupido dispara una flecha de acero, la cual causa el efecto contrario. De esta forma, Apolo comienza a perseguir a Dafne y esta huye de él como alma llevada por el diablo, aterrorizada. Cuando Dafne es consciente de que va a ser alcanzada y, por tanto, también violada, pide ayuda a su padre, Peneo, dios del río. ¿Qué creéis que ocurre? Pues bien, Peneo —en lugar de amonestar a Apolo por acosar a su hija— llega a la conclusión de que lo mejor es convertirla a ella en un árbol, concretamente en un laurel. Es por este suceso por el que uno de los atributos iconográficos de Apolo es la corona laureada, y también por lo que la representación de este mito suele centrarse en la escena en la que Apolo, a punto de tocar a Dafne, asiste a cómo ella se metamorfosea en laurel, tal y como se aprecia en la escultura de Bernini y en una pintura de Rubens.

Lo que nos cuenta esta historia es que quien paga el mayor precio por algo que escapaba de su responsabilidad es Dafne, privada de su vida y de su forma humana. ¿Quieres evitar ser abusada? Reniega de tu humanidad, conviértete en otra cosa —nos dice la mitología clásica—. ¿Quieres evitar ser abusada? No camines sola por la calle cuando sea de noche, no lleves minifalda, controla ese escote, no bebas demasiado —nos dicen hoy en día a las mujeres—. Y, ahora, la gran y última pregunta: ¿y ellos qué? ¿Qué se les dice a ellos? ¿En qué se les educa? Cultura de la violación es también educar a las mujeres en la prevención del abuso en lugar de educar a los hombres para que no lo cometan.

Podemos fingir que es una exageración pedirle a la mitología clásica unos estándares morales actualizados, y puede que lo sea. Lo que no podemos fingir es que cada día no sigan ocurriendo las mismas atrocidades que relatan dichos mitos, pero esta vez en la vida real: no con nombres de deidades, sino con nombres de personas de carne y hueso. Desaprovechar estas obras de arte para generar conversaciones sobre los temas que plantean debería ser entendido como una oportunidad perdida para el bienestar colectivo y no como un capricho feminista: si no utilizamos el arte del pasado para concienciar sobre problemas todavía vigentes, quien pierde es la sociedad por entero, no solo un colectivo.

Tras las confrontaciones entre estética y moral por las que acabamos de transitar, cuando salimos de la sala es normal hacerlo con la sangre palpitando en nuestra cabeza. Varias personas la abandonan negándose a reconocer la naturalización de la violencia de género que emana de la mitología clásica y de las obras de arte inspiradas en ella, generando todo tipo de justificaciones para seguir aferrándose a esas narrativas. Otras salen agobiadas porque las historias que representan los cuadros son, en muchos casos, también sus propias historias: historias de abuso sexual infantil, historias de acoso callejero, historias en las que el consentimiento no fue el protagonista. Algunas salen interesadas porque la lectura que de esas obras se hace es novedosa para ellas y les interesa empezar a visitar las siguientes estancias —y también otros museos— con una mirada diferente. Muchas salen sintiéndose aliviadas porque esta variante narrativa sobre el rapto mitológico es la clase de lectura que les hubiese gustado escuchar en sus clases o en sus visitas a determinados museos, ya que les autoriza a cuestionar la romantización de las violencias por las que les hicieron pasar y, al mismo tiempo, les permite explorar la relación entre su dolor y el grado de disfrute estético presente en las obras sin sentir culpa. Pero todas ellas, independientemente de sus emociones, de sus opiniones y de sus pensamientos, se quedan boquiabiertas al entrar en el siguiente espacio.

En primer lugar, la sorpresa se debe al olor, que es, a su vez, una mezcla de muchas fragancias. En segundo lugar, a lo que ven: dos mesas de madera cubiertas a rebosar de todo tipo de alimentos, así como, también, de accesorios relacionados con el mundo culinario. Bandejas, fuentes, jarras, cubertería, copas y vasos llaman ahora nuestra atención. La sala es —en sí misma— un enorme bodegón, y la mezcla de olores genera en el cuerpo una sensación equivalente a la que, en la sala anterior, nos produjo la superposición de estímulos visuales. Que a nadie se le olvide que el Barroco es sinónimo de abundancia.

Han pasado ya algunas horas desde la entrada al museo. El apetito se abre e, igual que los perros de Pavlov, comenzamos a salivar. Como hemos podido comprobar, en este museo la experiencia no es solo visual: también es olfativa, táctil y gustativa. Por lo que, tras unos cuantos titubeos, el grupo de visitantes se permite pasear alrededor de las mesas, sirviéndose en los platos vacíos que encuentran todo aquello que les apetece comer mientras vigilan por el rabillo del ojo, no sin cierta tensión, la inminente entrada de alguien de seguridad que ponga el grito en el cielo.

Al acercarse a las mesas, cobran protagonismo los enormes centros de flores decorativos, situados también sobre diferentes aparadores pegados a las paredes. La sala, además de parecer un bufet libre del siglo XVII, es ante todo un comedor convertido en gabinete. Entre las hogazas de pan y los centros de flores hay calaveras, largos collares de perlas, libros amontonados, globos terráqueos e incluso relojes de arena. Un espectáculo sensorial que poder tocar y degustar para familiarizarse de primera mano con otro de los géneros pictóricos por excelencia del Barroco: el bodegón y las naturalezas muertas.

Si tuviéramos que asociar el género del bodegón con un territorio europeo, este sin duda sería Flandes* (de quien toma el nombre el arte flamenco). Es en Amberes donde el bodegón de flores, por ejemplo, cobra autonomía y se establece como un género pictórico autónomo[18] alrededor de 1600, respondiendo tanto a las realidades como a las necesidades concretas de la burguesía y la aristocracia. Dentro de la tradición flamenca de bodegones florales suelen subrayarse nombres como el de Jan I Brueghel y, también, el de su hijo Jan Brueghel II: ambos gozaron de un sustancioso nicho de mercado para sus obras, de las que se realizaron numerosas copias por solicitud de la burguesía europea.

A la hora de entender el género del bodegón, debemos tener en cuenta que, en un primer estadio, cumplía una función primordialmente decorativa: servía para aumentar la ristra de elementos que llenaban los interiores domésticos y palaciegos con la finalidad de mostrar

* A pesar de los cambios territorial de esta región, durante la etapa del Barroco las citas a Flandes suelen incorporar Bélgica, Países Bajos, Luxemburgo y algunas zonas de la actual Francia y Alemania.

las riquezas de las familias que los habitaban; de esta forma, subrayaba su estatus. Decorar una estancia era demostrar que se contaba con el dinero necesario para hacerlo. Por otra parte, como el arte flamenco se caracterizó por integrar sucesivas capas de significado en sus obras, tras ideas como lo bello o lo decorativo se escondieron otras intenciones relacionadas con el contexto social y cultural de la época.

El siglo XVII no fue solo donde el bodegón cobró autonomía: también fue el siglo intermedio en el proceso de revolución científica de la Edad Moderna, que abarcó desde el siglo XVI hasta el XVIII y que avanzó de manera paralela a los diferentes estadios de la Revolución industrial. A lo largo de estos siglos proliferaron, por un lado, las sociedades científicas y, por otro, los intentos de sistematizar el conocimiento del mundo natural, los cuales derivaron en el desarrollo y empleo de métodos novedosos basados en la observación y la experimentación en lugar de en la justificación filosófica y religiosa.[19] La botánica se enmarca dentro de estos campos de interés científico que gozaron de un amplio desarrollo en la Edad Moderna. Es por su influencia que los bodegones de flores buscaron alcanzar altas cotas de representación científica y su calidad fue juzgada, en muchos casos, en función de si lo conseguían o no.

También debemos tener en cuenta que el acceso a las flores no era tan común como lo es hoy en día, que podemos dar un paseo por la ciudad y encontrar numerosos comercios dedicados a la floristería. Por aquel entonces, las flores eran un bien muy preciado, tanto que la mejor manera de contar con su presencia en casa era colgando de la pared un bodegón con ellas. A esto también debemos sumar que, debido a la colonización de América y al comercio con Asia, en Europa se descubrieron nuevas especies botánicas, consideradas «exóticas», que despertaron un gran interés.

De las flores también podían hacerse, en paralelo, lecturas marianas, esto es, vincular determinadas combinaciones florales con la devoción a la Virgen o relacionarlas con la devoción religiosa en general. La simbología de las flores fue explotada tanto por la Contrarreforma como, posteriormente, en el siglo XIX, por los simbolistas o los prerrafaelitas (lo veremos en las salas correspondientes a esa época), casi siempre vinculándola a la religión católica.

Además, el género del bodegón al completo servía como recordatorio de la futilidad de la vida y de la fragilidad de la belleza. Congelarlas a través del arte era la única forma de conservarlas y, al hacerlo, se recordaba de manera tácita lo efímero de la existencia. El mejor ejemplo de ello son las calaveras, introducidas en muchos bodegones y presentes también sobre las mesas de la sala en la que nos encontramos.

> La meditación en torno al significado escatológico de la muerte no podía quedar al margen de la temática pictórica de uno de los periodos más activos en términos de sus preocupaciones religiosas [...]. En la época barroca, llena de lujos y suntuosidad, el arte nos dirá: la muerte no perdona al alto ni al bajo, es tan cruel con el Papa y el Emperador como con el villano.[20]

Los relojes de arena forman parte también de esta remisión continua al paso del tiempo que es, a su vez, un recordatorio perpetuo de la futilidad de la vida. Quizás esta sea una de las razones por las que el Barroco está lleno de incongruencias: los estamentos pudientes se recuerdan continuamente a sí mismos lo efímero de su existencia y la calidad igualitaria de la muerte, que alcanza a todas las personas por igual, pero lo hacen plagando de bienes materiales sus dominios mientras miran por encima del hombro a los estamentos situados por debajo, como muestra la pintura costumbrista flamenca de esta época, cuya moralina era algo parecido a «mira a estas gentes tan humildes, ¡qué suerte tenemos de no ser como ellas!».

Cuando estos elementos, igual que lo habían hecho las flores, cobran protagonismo individual en las obras, reciben el nombre de «vanitas» o «desengaño».[21] Este se trata de un término conceptual férreamente ligado al Barroco y a su obsesión tanto por la muerte como por su reflexión respecto a ella, herencia del pensamiento de la Contrarreforma que tomó impulso, sobre todo, a través de la figura de San Ignacio de Loyola, fundador de la orden jesuita y figura esencial para el proceso contrarreformista.[22]

Una vez entendidas las razones por las cuales el género del bodegón, tanto en su vertiente floral como en su vertiente de *vanitas*, resuena directamente con los ideales barrocos (profusión decorativa, desarrollo científico y religiosidad), y después de haber llenado nuestros estómagos con las delicias de las mesas, es inevitable que nuestra atención se fije en un elemento todavía inexplorado. Pese a no formar parte directamente ni de las obras ni del banquete que las acompaña, se sitúan ligadas a unas cadenas al lado de algunos lienzos: lupas. Es normal, en un primer momento, no saber muy bien qué hacer con ellas. No hay instrucciones, así que es imposible adivinar qué debemos buscar en el cuadro, motivo suficiente para permitirnos experimentar con la obra. ¿Será algún insecto escondido entre las flores, quizás una mosca sobrevolando los platos? ¿Puede que haya signos de putrefacción en algunos alimentos? La lupa parece excusa suficiente para dedicar un extra de atención a las pinturas, el extra de atención que bien hubiese merecido su autora por parte de la historiografía del arte.

Las obras dispuestas para ser observadas de cerca y con minuciosidad están firmadas por Clara Peeters, pero, en su gran mayoría, no hay un rastro evidente de dicha titularidad: hay que prestar atención, porque las pruebas se esconden en la obra del mismo modo que la historia del arte ha escondido a tantas otras artistas. En la pintura *Mesa con mantel, salero, taza dorada, pastel, jarra, plato de porcelana con aceitunas y aves asadas*, datada hacia 1611, su nombre aparece reflejado sobre la parte inferior del mango del cuchillo, siguiendo la tradición flamenca de grabar la cubertería con el nombre de la persona destinada a utilizarla.[23] En *Bodegón con flores, copas doradas, monedas y conchas*, datada un año después, en 1612, Peeters no firma la obra con su letra sino con su autorretrato, también escondido pero esta vez en los reflejos de la copa dorada de la derecha, que multiplican su imagen al menos seis veces. Este tipo de autorretratos aparecen en, mínimo, ocho de sus obras, de las cuales seis pudieron contemplarse en la exposición temporal que le dedicó el Museo del Prado en 2016: la primera exposición temporal de la institución protagonizada por una artista desde la fundación del museo en 1819.

Clara Peeters era una bodegonista de la que se conserva muy poca documentación y muy pocas obras, sobre todo en comparación con sus homónimos masculinos de igual talento. Por suerte —y, desde luego, no sin motivos—, su obra ha experimentado una clara revalorización en los últimos años. Pese a todo, es extraño consultar algún manual o texto que hable de la pintura flamenca del siglo XVII, o incluso del género del bodegón en general, y que aparezca mencionada como la pionera que fue; algo semejante a lo que suele ocurrir con Catharina van Hemessen, primera artista flamenca documentada en dicho territorio y, también, primera persona en toda Europa en retratarse a sí misma ejerciendo el oficio de la pintura, como ya hemos visto.

Pueden venirnos a la mente algunas justificaciones para esta clase de olvidos, como que el bodegón era considerado un género menor por la teoría del arte italiana al no precisar de inventiva y reducirse a la mímesis, pero dicha justificación cae por su propio peso frente al afán con el que se recuperan los nombres de Brueghel padre y Brueghel hijo al hablar de este género y de su producción en el territorio de Flandes. Rachel Ruysch fue también una excelentísima pintora de bodegones florales que nada tuvo que envidiarles y, en cambio, de ella nadie parece acordarse a la hora de aportar ejemplos sobre esta tipología de naturaleza muerta. Otra justificación podría ser el pequeño número de obras que se conservan (poco más de una treintena), aunque este hecho no ha supuesto un motivo en contra de la recuperación de tantos otros artistas: de Masaccio se conservan tan solo veintisiete obras, menores en número que las conservadas de Clara Peeters, y, aun así, está incluido en los currículos educativos de bachillerato. Al ver un bodegón de Peeters —independientemente de que este género nos produzca mayor o menor simpatía— no cabe duda de que era una artista con talento, tanto por la representación de los elementos que protagonizan sus cuadros como por la minuciosidad con la que se autorretrataba a tan pequeña escala.

De hecho, tenía —y tiene— sentido que las artistas fuesen talentosas en lo relativo a los géneros menores del arte: eran prácticamente los únicos a los que podían dedicarse sin que el fantasma del pudor y las puertas cerradas de gremios y talleres se lo impidiesen. Para pintar flores, alimentos o utensilios no era necesario saber de anatomía, lo que facilitaba que estas artistas se familiarizasen con disciplinas como el dibujo botánico o la práctica de copiar otras obras del mismo género. Esto nos lleva a una pregunta esencial, ya planteada por teóricas de la talla de Estrella de Diego, Patricia Mayayo o Griselda Pollock: ¿se dedicaban las mujeres a los géneros menores porque eran mujeres o son los géneros menores considerados «menores» porque se dedicaron a ellos mayoritariamente las mujeres? Lo que está claro es que no se consagraron a ellos por libre elección, sino más bien por obligación e imposición. Incluso así, fueron pioneras que conquistaron la excelencia, aunque parezca no haber sido suficiente para que se les otorgue el reconocimiento que tuvieron en su época y que, sin duda, merecen que les sea devuelto a día de hoy.

La palabra de una mujer

El recorrido continúa a través de dos grandes puertas abiertas al fondo de la sala-comedor. Al traspasar el umbral, accedemos a una estancia con techos en madera artesonada decorada con patrones geométricos dorados. Las paredes, también de madera, atrapan la luz generando una atmósfera acogedora aunque mistérica: la iluminación es tenue, la temperatura cálida, y la mirada se queda fijada en una pareja de obras que —en un juego de contraposiciones— están enfrentadas a escasos metros de la entrada. Una de ellas, debido a la forma convexa de su soporte, cuenta con un volumen del que carece la que tiene inmediatamente enfrente, que es plana. En un primer análisis visual del espacio resulta complicado identificar ambas obras, pero se trata de la *Cabeza de Medusa*, pintada por Miguel Ángel Merissi (Caravaggio) en 1597, y de la *Alegoría de la pintura*, de Artemisia Gentileschi, realizada entre 1638 y 1639. Para verlas, es necesario situar el cuerpo en medio y observarlas individualmente, de modo que cuando se mira a una, se da la espalda a la otra.

Estas obras, diferentes en forma, se parecen más en contenido de lo que pueda parecer a primera vista: de ambas se ha hablado en términos de autorretrato y ambas fueron realizadas por personas que tuvieron formas semejantes de entender la pintura. Caravaggio es conocido por haber sido el precursor del claroscuro en pintura, a través del cual potenciaba la iluminación lateral o cenital de determinadas zonas en detrimento de otras que quedaban sumidas en un contraste de oscuridad. Gentileschi, por su parte, fue conocida por estar entre los grandes exponentes del estilo pictórico iniciado por Caravaggio. Depende del público interpretar si ambas obras están verdaderamente enfrentadas entre sí o si, en cambio, están estableciendo entre ellas un diálogo.

Esta última sala del periodo barroco del arte europeo retoma la línea histórica expresada al inicio del recorrido: el enfrentamiento entre los modos de concebir la religiosidad cristiana del protestantismo y los cambios introducidos por el catolicismo a través de la Contrarreforma. En concreto, lo hace valiéndose de las conversaciones y debates mantenidos en el Concilio de Trento. Tras haber entendido una parte esencial del contexto histórico, haber visto la incidencia de la mitología clásica y habernos acercado al género del bodegón, es hora de prestar atención a la pintura religiosa.

En la época de la Contrarreforma, este género adoptó un pronunciado propósito didáctico y propagandístico,[24] fruto de la necesidad de reconfigurar las prioridades religiosas y sus lenguajes artísticos. Aunque no funcione como una norma general, sí hay en la pintura religiosa del momento determinadas características que hacen de contrapeso a las propuestas protestantes. Por ejemplo, la especial importancia dada a las figuras intercesoras, como la Virgen y los santos, así como a determinadas escenas del Antiguo Testamento escogidas estratégicamente para servir a fines tanto devocionales como propagandísticos, como veremos en breve con la historia de *Judit y Holofernes*.

El artificio y el engaño también influyeron en las concepciones del arte religioso, seleccionado y promulgado meticulosamente por las élites eclesiásticas para convencer y, también, para exacerbar la fe del pueblo: «el pueblo, en misa, era sermoneado con la palabra a través de continuas alusiones a la vida y pasión de Jesucristo, a la Virgen y a los santos; la imagen con su inmenso poder expresivo fue el mejor acompañamiento para las frases del sacerdote».[25] La introducción de efectos ilusorios y teatrales fue la principal baza para conseguir el fin propuesto. Un buen ejemplo de ello es *La vocación de San Mateo*, de Caravaggio, cuya ubicación en la Capilla Contarelli —en la Iglesia de San Luis de los Franceses, en Roma— muestra la estrecha relación existente entre la obra y el espacio que habita. En *La vocación*, la iluminación de la escena proviene de una fuente de luz que irrumpe con fuerza desde la derecha, como si se acabase de abrir una ventana o una puerta a través de la cual la claridad se cuela. Y así ocurre no solo en el cuadro de dimensiones monumentales, sino también en el espacio en el que está situado: la Capilla Contarelli recibe iluminación gracias a una única ventana semicircular que proyecta su luz en la misma dirección, es decir, desde la derecha, generando así la ilusión de que es la luminosidad natural la que da vida al cuadro.

El arte barroco es, primordialmente, un arte escenográfico que se vale de todos los elementos posibles para fomentar dicha teatralidad. De ahí que, por lo general, la mejor manera de estudiarlo sea a través de la combinación de elementos arquitectónicos, escultóricos y pictóricos. Es importante, también, no olvidar la gran importancia que tuvo durante este periodo el arte efímero (aquel que dura un espacio de tiempo concreto), como la parafernalia perteneciente a los ritos religiosos, los pasos de Semana Santa en España —cuya imaginería se conserva todavía a día de hoy y sigue saliendo en procesión por las calles en diferentes partes del país, siendo la más conocida la de Andalucía— o las fiestas privadas que tenían lugar en las cortes europeas.

El grupo escultórico del *Éxtasis de Santa Teresa*, de Bernini, responde a este carácter escenográfico y teatral. Todos los elementos sirven para realzar el efectismo barroco: el nicho en el que se introduce a Santa Teresa de Ávila en éxtasis, mientras un ángel se dispone a atravesarle el corazón con una flecha, está flanqueado por cuatro columnas adosadas, dos a cada lado, en mármol de colores. Tras el conjunto, una pieza de bronce imita los rayos del sol —que son también los rayos de la divinidad— y, sobre la pequeña cúpula que corona toda la escena, Bernini realiza un trampantojo que simula el cielo. En dicha cúpula, además, se abre un pequeño óculo a través del cual se cuela la luz natural desde el exterior, iluminando la escena. Por tanto, en esta obra tenemos escultura, pintura y arquitectura: todo lo que buscaba el Barroco, condensado en una obra que no puede entenderse sin los diferentes elementos que la componen.

En esta cadencia de la historiografía del arte por diseccionar y jerarquizar hasta el extremo los elementos que la forman, es complejo conseguir hacerse una noción de lugar completa, pues nos acostumbran a estudiar las disciplinas por separado: por un lado, escultura; por otro lado, arquitectura; luego, también, pintura; y, después, todo lo demás. De esto peca, asimismo, el presente libro, como se habrá podido comprobar, pero reconocer el error en el enfoque siempre es mejor que pasar por encima de él sin mencionarlo. En este sentido, correrá a cargo de la lectora intentar aunar las herramientas aportadas aquí con el conocimiento que adquiera a través de otras vías, para que, entonces, pueda disfrutar al completo del componente multifocal del Barroco y, así, entenderlo como un todo, en lugar de como compartimentos que se estudian por separado.

Volvamos a Caravaggio y Gentileschi. En la sala, sus obras aparecen rodeadas de una galería de santas y santos. Todas comparten un aura que se balancea entre la melancolía ausente y la interpelación directa: algunas figuras alzan su mirada para clavarla en quien se sitúa delante de ellas, mientras que otras la desvían, renunciando a su protagonismo. Fue Santiago de la Vorágine quien, a mediados del siglo XIII, compiló los relatos hagiográficos (esto es, las vidas de las santas y los santos) en su *Leyenda Dorada*. Lo hizo para estructurarlos y, al mismo tiempo, para sentar las bases de sus iconografías particulares, cuyos atributos suelen estar formados por las armas empleadas en su martirio o por algunos elementos de su historia personal. El número de personas canonizadas como santas es tal que sería imposible memorizar todos y cada uno de sus atributos. Que nadie se esfuerce en intentar reconocerlas con tan solo mirar las obras: una rápida búsqueda de su nombre en internet nos puede ayudar a discernir qué estamos viendo para, poco a poco, ir identificando al vuelo delante de quién estamos.

Algunas de las personalidades santificadas más fáciles de reconocer son, por ejemplo, Santa Bárbara, siempre acompañada de la torre en la que fue encerrada por su padre o del rayo que mató a este, o Santa Águeda, quien porta sus pechos en una bandeja. También Santa Lucía, que hace lo mismo con sus ojos; San Roque, vestido de pastor y señalando la llaga de su pierna mientras es acompañado por un perro; San Sebastián, maniatado a una columna con su cuerpo semidesnudo atravesado por flechas (cuyas representaciones son sujeto de análisis del homoerotismo masculino en el arte); o Santa Catalina, quien suele ir acompañada de una rueda y, en algunos casos, de una espada. Otros son San Agustín, que sujeta un corazón ardiendo o traspasado por flechas; San Francisco de Asís, reconocible gracias al hábito de los franciscanos (marrón o grisáceo con un cinturón de cuerda con tres o cinco nudos); o San Jorge, vestido de caballero y luchando contra un dragón. La lista, ya se ve, podría ser infinita, por lo que esto es solo una pequeña hoja de ruta para empezar.

Si santas y santos tienen tanto protagonismo en esta sala es porque Caravaggio y Gentileschi llevaron a cabo obras protagonizadas por estos personajes (véase *Santa Catalina* con su rueda) y realizaron otras tantas afines a temas predilectos para la Contrarreforma, como es el caso de la escena de *Judit y Holofernes*. Judit, heroína veterotestamentaria (o sea, del Antiguo Testamento), acude por la noche al campamento militar que había alzado Holofernes para conquistar su ciudad al día siguiente. En compañía de su sirvienta, decapita a Holofernes, deja a las tropas sin su caudillo y salva así a su pueblo. Por un lado, el pasaje simboliza la victoria del bien sobre el mal, de la virtud sobre el pecado. Por otra, simboliza también la victoria del catolicismo sobre el protestantismo. De ahí la razón de que este tema gozara de tanta profusión tras el Concilio de Trento. En el caso de las santas y santos, estas personalidades se erigían como modelos de comportamiento y las obras dedicadas a ellas cumplían una función devocional y ejemplarizante.

En el caso español, el desarrollo del Concilio de Trento y la instauración de la Contrarreforma coinciden cronológicamente con el reinado de Felipe II, un claro defensor de la Iglesia católica que, además, marcó las pautas representativas de la monarquía anteponiendo sobriedad a exceso y estableciendo el negro como color distintivo de la corte. Su legado pasaría después a Felipe III, hijo que tuvo con Ana de Austria (matrimonio que ya examinamos); y, de este, a Felipe IV, quien acogió a Velázquez como pintor de corte.

España alcanzó en el siglo XVII sus máximas cotas de expansión territorial y, en el campo de las artes, atravesó su llamado Siglo de Oro tanto en teatro como en literatura. Cuando se produjo la anexión de la corona de Portugal a la corona española, en ocasiones olvidamos incidir en que el Imperio portugués era, por aquel entonces, una de las mayores potencias de trata de esclavos junto a Inglaterra, Francia y Holanda. ¿Qué papel jugaba España? Concedía permisos a dichas potencias para traficar con esclavos en sus colonias y estableció el puerto de Sevilla y de Jerez de la Frontera como un punto estratégico intermedio en el sistema triangular de trata trasatlántica.[26] Desde los países europeos se importaban bienes al continente africano, los cuales eran intercambiados por esclavos. Estas personas secuestradas viajaban en naves portuguesas hacia el continente americano y, allí, se cargaban de vuelta los bienes producidos en las colonias para enriquecer las arcas españolas y europeas.

No pocas veces se producen intrincados malabares para omitir la introducción de la historia del esclavismo en y desde España tanto en las clases de Historia como en las clases de Historia del Arte. Eufemismos como el «descubrimiento de América» nos siguen alejando de los efectos reales e inhumanos que tuvieron los procesos de colonización y extractivismo tanto en territorio americano como en territorio inglés. Ni siquiera la gravedad del asunto se trata con la responsabilidad que merece cuando estudiamos los mapas políticos de los continentes, en los cuales África aparece dividido con precisión de bisturí. La historia de la colonización y esclavización está presente en Europa, en sus países y en su arte desde el siglo XVI y, pese a todo, seguimos obviando con total naturalidad que Velázquez, entre tantos otros, fue también un esclavista cuando se nos presenta el retrato que hizo de Juan de Pareja, su esclavo, para «preparar la mano» antes de realizar el famoso retrato del papa Inocencio X. Que algo sea habitual no implica que sea natural o que deba ser naturalizado. Sí, era habitual que artistas, monarcas y mercaderes tuvieran en propiedad a personas esclavizadas. No, no es natural que hoy en día sigamos sin incidir en el oprobio que eso constituyó para la historia de los derechos humanos. En *La cena de Emaús*, también llamado *La mulata* y atribuido a Velázquez, se incluye en un primer plano un bodegón acompañado de una persona afrodescendiente a veces leída como muchacho y otras como muchacha. Antonio Palomino, al describir esta obra, se acerca a ella a través de estas palabras: «Un muchacho con una jarra en la mano y, en la cabeza, una escofieta, con que representa con su villanísimo traje un sujeto muy ridículo y gracioso».[27]

El problema no es que Palomino, que vivió entre los siglos XVI y XVII, ridiculice la condición servil obligatoria de los cuerpos negros y racializados, y las ropas que eran obligados a vestir. El problema es, de nuevo, la cantidad de oportunidades que perdemos a la hora de hablar sobre racismo como parte esencial del pasado de nuestro país. Siendo la historia de la colonización y la historia de la esclavitud una parte tan importante de la historia europea, no parece descabellado pedir que sea introducida en nuestros estudios más allá de cuatro líneas o un cuadro de texto olvidado en el margen de una página.

La experiencia y el grado de disfrute artístico vienen condicionados por nuestra inquietud y nuestra capacidad para proyectarla en la lectura que hacemos de determinadas obras. Entender la historia del arte como un discurso en lugar de como un absoluto inquebrantable mejora la participación de las visitantes y el grado de atención que prestan a las explicaciones, así como favorece que se formen una opinión propia no condicionada por los sesgos del paradigma predominante. En otras palabras, les ofrece capacidad para pensar y repensar la información visual que están recibiendo y las capas de significado que pueda haber detrás de ella.

El caso de Caravaggio y Gentileschi es un buen ejemplo para analizar el balance entre carencias y potencias del discurso artístico. También nos sirve para sentar las bases de un debate por ahora solo tratado de pasada: si es o no pertinente separar obra y artista y, sobre todo, cuál ha sido la postura que el discurso tradicional ha elegido al respecto. En este sentido, la historiografía del arte ha tomado posturas contrarias en función del sujeto de análisis. ¿Qué quiero decir con esto? Que lo que en el discurso biográfico de un artista es una ausencia, en el de una artista se vuelve un potenciador.

Miguel Ángel Merissi (Caravaggio) fue, como todas sabemos, un agente disruptor potentísimo para la historia del arte porque reconfiguró los modos y formas de realizar un cuadro. Su visión fue tan novedosa que, en muy poco tiempo, no hubo otra forma de entender la pintura barroca que no fuese a través de ese dramatismo y ese contraste luminoso. Vemos influencias de Caravaggio en Velázquez, en José de Ribera, en Artemisia Gentileschi y por todas partes, en diferentes países de Europa. Pero Caravaggio era un pendenciero, lo cual le acarreó no pocos encontronazos con el papado y su élite eclesiástica. ¿Por qué? Porque Caravaggio era un forofo de la «cultura de la taberna» y se rodeaba de prostitutas, de alcohólicos y de gentes de dudosa moral: un poco como el ambiente reflejado en su *La vocación de San Mateo*, ya mencionado. Además, no solo se rodeaba de ellas, sino que también tomaba a estas personas como modelos para sus obras. Aquí es donde entra el escándalo con la Iglesia: ¿cómo iban a permitir que un rufián pusiera cara a un santo? ¿Cómo iban a estar tranquilos sabiendo que la modelo detrás de una obra podía ser una prostituta?

Pues bien, estos elementos que forman parte de su biografía nos sirven para contextualizar mejor sus obras, el revuelo que causaron y por qué tantos cargos de poder lo consideraron una figura excesivamente problemática. La biografía permea sobre la obra y nos ayuda a acercarnos con mayor rigor a ella. Pese a todo, apenas suele salir a colación que, además de estar frente a un artista, estamos también ante un criminal (y no uno que roba, sino uno que mata). ¿Implica esto que sus obras dejen de ser buenas? No. ¿Quiere decir que tengamos que dejar de enseñarlas y exponerlas en los museos? Tampoco.

En la otra cara de la moneda tenemos a Artemisia Gentileschi, una artista que trabajó en Roma, Florencia, Venecia, Nápoles y —también— en Londres, cuando viajó hasta Inglaterra para trabajar como pintora de corte de Carlos I. Su padre, Orazio Gentileschi, conoció a Caravaggio cuando este llegó a Roma huyendo de la justicia, y se familiarizó con sus lenguajes pictóricos, transmitiéndolos a su prole: Artemisia y sus tres hermanos. Se conservan cartas de Orazio que testifican que, cuando Gentileschi tenía dieciséis años, ya había obras individuales suyas en Roma, aunque la más importante conservada de esta etapa sea su *Susana y los Viejos*. Cuando viaja a Florencia, se convierte en protegida de Cosimo II de Medici; en Venecia aparecen poemas laudatorios a sus obras; y varias cortes europeas contaban con un retrato suyo en las galerías de pintores ilustres, como ella misma menciona en varias de sus cartas. Fue una artista que estuvo en activo más de cuarenta años. ¿Es sobre esto sobre lo que se pone atención si *googleamos* su nombre? No. Sobre lo que se pone el foco es sobre el abuso sexual que Agostino Tassi, su maestro de perspectiva, cometió contra ella en 1611. De esta forma, todo el análisis de la obra de Gentileschi gira en una mayoría apabullante de veces alrededor de este suceso. Y he aquí la pregunta: ¿es el trauma el precio que las artistas deben pagar para pasar a la historia?

En los últimos años, son numerosos los artículos que se dedican a recuperar su figura, pero no tanto su obra. En un fenómeno parecido al de Frida Kahlo y al de Camille Claudel —de quien hablaremos más adelante—, las vidas de estas mujeres (o, mejor dicho, la violencia que se infligió contra ellas) monopolizan sus obras. De ellas sí se hace un análisis biográfico. De esta forma, Frida Kahlo no fue una artista, sino que fue la mujer maltratada psicológicamente por Diego Rivera; Camille Claudel no fue una escultora magnífica, sino la mujer maltratada y abandonada por Auguste Rodin; y Artemisia Gentileschi no fue un exponente brillante del Barroco italiano: fue la joven violada por su maestro. Pensemos por un momento en cómo hemos oído hablar de estas mujeres y en cómo se suele hablar de sus agresores.

Además, en el caso de Gentileschi, debemos sumar a la ecuación el forzado cariz feminista que pretende asociarse con su figura, como si a las mujeres nos volviese feministas que nos violen y que no nos cortemos las venas después. Como Artemisia sobrevivió, es una heroína. ¿Por qué tenemos que verla como una heroína para apreciar su talento? ¿Por qué su talento no puede ser ajeno a sus circunstancias? ¿Acaso decimos de Caravaggio que era talentoso porque era un asesino? ¿De Rodin, que era talentoso porque era un misógino? ¿De Picasso, que fue un genio porque era un maltratador obsesivo? A esto me refiero cuando menciono que lo que en las vidas de ellos es una ausencia omitida conscientemente, en las vidas de ellas es un potenciador que lo inocula todo.

A la hora de realizar un análisis riguroso de las obras de Gentileschi, es necesario tener en cuenta el contexto de la mujer en la Italia del siglo XVII y, sobre todo, las motivaciones que dieron lugar a que se emprendiese un proceso judicial por estupro contra su agresor, Agostino Tassi. Por un lado, cuando hablamos de violencia sexual es necesario saber que, hasta bien entrado el siglo XX, la violación de una mujer no era entendida en términos de violencia contra su libertad sexual, sino en términos de mercancía dañada que afectaba al honor de la familia. El matrimonio era concebido como un contrato mercantil que servía para asegurar el linaje y mantener el estatus, y la mujer actuaba como parte de la transacción económica junto a su dote, comprendida como el precio que valía. Una cláusula esencial para la revaloración del contrato matrimonial era que la mujer fuese doncella, es decir, que no hubiese mantenido relaciones sexuales. Cuando una mujer era violada, perdía valor, y de ahí el término «mercancía dañada»: se convertía en un objeto de segunda mano.

Artemisia Gentileschi no fue quien interpuso la denuncia contra su agresor. Fue su padre. Y no lo hizo para salvaguardar el honor familiar, sino para que le fueran devueltas unas obras que Tassi había sustraído de su taller. Orazio sabía que, denunciando el abuso, pondría a su hija en el centro de los rumores de toda Roma, y le dio igual. Ni siquiera la consultó antes de hacerlo; es más, una vez terminado el proceso, cuando Tassi salió de la cárcel, retomó relación con él. Es paradójico que un proceso al que la víctima no quería someterse sea, al mismo tiempo, el proceso que siempre sacamos a colación para hablar de ella. La narrativa que la rodea tiene tanta fuerza que casi parece un fallo de rigor no mencionarla. Por eso aquí es necesario hacerlo de manera diferente.

A raíz del proceso, Orazio acuerda un matrimonio rápido y, poco después, Artemisia abandona la ciudad para mudarse a Florencia. Desde entonces, como realiza un número considerable de *Judit y Holofernes*, la lectura que se hace de dichas obras —cuando son de su mano— es que las utilizaba como venganza hacia Agostino. De esta forma, Gentileschi se vería identificada como Judith y Tassi se personificaría en el decapitado Holofernes. Parémonos ahora a pensar: ¿por qué una mujer del siglo XVII iba a revivir de manera constante y voluntaria su trauma, exponiéndolo además ante una sociedad que ya la juzgaba por ello? ¿Por qué una víctima de abuso querría limitar su producción artística a referenciarlo? La sociedad italiana del siglo XVII no es la sociedad europea del #MeToo* y, según se deduce de las *Cartas precedidas a las Actas del proceso por estupro*,[28] lo peor que le pasó a Gentileschi no fue el abuso: fue que Agostino Tassi no se casase con ella después, como le prometió.

Por otro lado, en estos análisis parece quedar al margen que, a lo largo de la Edad Moderna, no existía el concepto de artista como personaje que genera obras que luego son vendidas a galerías o particulares: el mercado artístico funcionaba mayoritariamente por encargo. Si Gentileschi realizaba sucesivas obras de un mismo tema era, en primer lugar, porque se las encargaban y, en segundo, para regalarlas a sus patrones. La importancia de sus decisiones como artista no recae por tanto en su elección de los temas, sino en cómo los ejecutaba.

* En 2006, la activista Tarana Burke creó el hashtag #MeToo (Yo También) para tejer redes virtuales con mujeres racializadas que habían sido víctimas de abuso sexual. Una década después, entre 2017 y 2018, la iniciativa se viralizó a raíz del caso Harvey Weinstein (famoso magnate y productor de la industria cinematográfica condenado por varios delitos sexuales) y las redes se llenaron de millones de testimonios y mensajes de apoyo. Fueron dos años de intensa visibilización y reivindicación que se vieron reflejados en una participación ciudadana sin precedentes: en 2018, la asistencia a las manifestaciones feministas que se convocaron en España fue masiva.

Sobre las paredes de madera artesonada de la sala cuelgan obras que nos ayudan a realizar ejercicios comparativos: tenemos la versión de *Judit y Holofernes* realizada por Gentileschi entre 1612 y 1613 y la producida por Caravaggio en 1599. También una de las primeras obras conocidas de Gentileschi, su *Susana y los Viejos* de 1610, a la que acompaña la misma escena realizada por Tintoretto en 1560-1565; la de Veronés, cercana a 1580; y una de Guido Reni fechada en 1620.

Para que nos hagamos una idea de hasta dónde llega la lectura biográfica sensacionalista de Gentileschi, podemos señalar su primera *Susana y los Viejos*: pese a estar fechada un año antes de que tuviese lugar el abuso, suele aparecer referida como un «cuadro vengativo» hacia su agresor. La novedad que introduce esta obra no tiene nada que ver con la vida de la artista, sino con el lugar que como mujer ocupa en el mundo. La historiografía feminista ha mantenido no pocos debates sobre el posible o improbable esencialismo que envuelve el arte realizado por mujeres: ¿tienen las mujeres una forma característica de pintar, de escribir, de crear? Y, si es así, ¿a qué se debe? ¿A cuestiones biológicas, cuestiones culturales o cuestiones sociales? ¿Existe un *arte femenino* y un *arte masculino*? Y, si es así, de nuevo, ¿a qué responde? Autoras como Joanna Russ, Estrella de Diego o Griselda Pollock defienden que las características diferenciales en las obras de determinadas artistas responden más a cuestiones socioculturales que a cuestiones biológicas. Citando a Estrella de Diego:

> Ser mujer es un parámetro tan importante como haber nacido en un determinado momento histórico o en un determinado país, aunque no porque haya una «esencia femenina», sino porque nacer mujer —y convertirse en mujer artista— implica restricciones, exclusiones, vetos... esos obstáculos de los cuales hablaría Germaine Greer ocho años después, en 1979, en otro conocido libro: *La carrera de obstáculos* [...]. ¿Qué ocurriría si las pinturas de Artemisia hubieran sido imaginadas por una mujer que ha decidido romper con el «canon» y contar las historias de un modo diferente, quizás porque las mujeres son diferentes

no debido a predisposiciones biológicas, sino a causa de una educación restrictiva?[29]

Siguiendo esta línea, en la *Susana y los Viejos* de Gentileschi sí se puede contemplar un acercamiento empático que en el caso de la mayoría de sus homónimos masculinos no está presente. En el *Libro de Daniel* se cuenta cómo dos ancianos, al visitar a un amigo, se obsesionan con su mujer, Susana. Un día, aprovechando que el marido de Susana, Joaquín, no está en casa, se cuelan en la vivienda, descubren a la joven bañándose desnuda y comienzan a acosarla. Ante la negativa de Susana, los viejos proceden a extorsionarla: o cede o la acusarán de adulterio so pena de ser lapidada públicamente. Como Susana se resiste, los ancianos cumplen su promesa y es llevada a juicio. Entonces aparece en la escena el profeta Daniel, quien pide que se le permita interrogar a cada viejo por separado. Como ambos ofrecen declaraciones diferentes, se prueba que han dado falso testimonio y que Susana, como había mantenido desde el principio, es inocente. Lo que esta historia nos muestra no es que «la verdad siempre termine abriéndose paso». Lo que muestra es que la palabra de una mujer no vale nada.

Cuando los artistas abordaron este tema, tendieron a centrarse o bien en el momento previo a que los viejos se acerquen a Susana —mientras esta se baña ajena a sus miradas— o bien en el momento en el que intentan convencerla de que ceda al abuso. En el primer caso, la actitud de Susana es distraída; en el segundo, en más de una ocasión la muestran complaciente o sosegada o a veces —también— desconfiada. En el caso de la obra de Veronés, por ejemplo, uno de los viejos le toca un pecho a Susana sin que esta se inmute. Aquellas en las que expresa sin miramientos su rechazo son las menos habituales, y esta es la actitud que escoge Gentileschi.

Obviando toda decoración auxiliar, la artista coloca un muro a modo de separación entre los dos viejos y la protagonista, quien se inclina con los brazos extendidos hacia ellos en señal de repudio, con el gesto atravesado por la incomodidad. Gentileschi prescinde de la joyería y adornos con los que en tantas ocasiones es representada

Susana, y tampoco contextualiza la escena añadiendo un paisaje en tercer plano. Lo importante para ella es la reacción de la protagonista, así que la artista no añade información prescindible al cuadro. En este caso, sí podemos apuntar una variante en la ejecución basada en su experiencia como mujer. Una posible lectura feminista de la obra no tiene tanto que ver con la vida de Artemisia en sí, sino con la perdurabilidad de este tema hasta nuestros días: la mayoría de mujeres nos hemos visto envueltas en situaciones en las que hemos sido acosadas por uno o más hombres, ya fuese por la calle a través de silbidos o en un contexto de fiesta. Nuestra realidad está plagada de encuentros violentos con hombres que actúan como los dos ancianos de esta historia.

Esta es la razón por la que se le suele atribuir a esta artista una conciencia feminista que supone un anacronismo en sí mismo. «Artemisia Gentileschi, de artista olvidada a icono feminista», rezan algunos titulares. Sí, Gentileschi desarrolló una forma novedosa de representar determinadas escenas, pero también —en muchas otras ocasiones— se ajustó a los métodos de representación tradicionales, como en sus obras dedicadas a Cleopatra, a Venus o al Rapto de Lucrecia. Y esto no le quita mérito: simplemente señala que fue muy complicado para las artistas encontrar (y poder mantener) modos de representación propios que no respondiesen a los impuestos por la mirada masculina. Es incorrecto, pues, decir que la mirada artística de Gentileschi fue feminista, como también lo es decir que se ciñó siempre a parámetros masculinos.

En las cartas que envió a Antonio Ruffo, su protector y cliente durante sus últimos años de vida, Gentileschi repite en varias ocasiones frases como: «Mucho compadezco a Vuestra Señoría porque el nombre de mujer hace dudar hasta que no se ha visto la obra»,[30] «No enojaré más a Vuestra Señoría con estas pláticas mujeriles»,[31] «Mostraré a Vuestra Señoría Excelentísima lo que sabe hacer una mujer».[32] En ocasiones, venderla como heroína e icono feminista (y hacerlo únicamente en relación a su abuso) genera una imagen falsa sobre una mujer que, pese a ser excelente y haber alcanzado grandísimos logros, en sus últimos años tuvo que implorar que no le fuese rebajado el precio que pedía por sus obras; una mujer que fue víctima de, al menos, una estafa; y que hacía referencia a su situación de extrema necesidad económica, pidiendo incluso dinero para costear la dote por el matrimonio de una de sus hijas. Si referirnos a ella como heroína implica obviar que, como artista, fue vilipendiada —y si referirnos a ella como víctima implica naturalizar que, como mujer, estuvo atravesada por diferentes tipos de violencia que no dependían de ella sino de la sociedad en la que vivió— quizás deberíamos replantearnos la forma de referirnos a ella. Ni como víctima ni como heroína ni como icono: como humana, como artista y como mujer consciente de que, por serlo, lo tenía todo en contra, que tenía que hacerlo mejor que ellos y que iba a obtener mucho menos a cambio. No necesitamos hacer de Artemisia Gentileschi un icono feminista. Necesitamos empezar a verla simplemente por lo que fue —una gran artista— y no por lo que le hicieron.

Llegadas a este punto, es buen momento para recapitular los aprendizajes adquiridos en las salas de este periodo: ahora, sabemos que el Barroco italiano estuvo cargado de un ímpetu sin apenas precedentes en la historia de la pintura y escultura europea. El arte, puesto al servicio del poder en medio de una guerra iconográfica, fue entendido como vehículo para fomentar el fervor católico a través de la sublimación de los sentimientos vinculados a la piedad, la pasión, el éxtasis y, también, la violencia. Cuando veamos una obra con marcados contrastes entre luces y sombras, en la que se explore la expresión de las emociones o en la que se represente el movimiento en toda su vigorosidad, probablemente estemos ante una obra barroca. También será este el caso cuando veamos un bodegón exuberante que presente (casi) la verosimilitud de una fotografía o cuando nos enfrentemos a un interior doméstico costumbrista, aunque, aquí, las posibilidades de que se trate de una obra del Barroco flamenco serán más altas.

En líneas generales, reconocer una obra barroca frente a una obra renacentista puede ser relativamente sencillo (aunque dependerá del caso) si tenemos en cuenta la iluminación, que suele ser más compleja y profunda; el naturalismo de las figuras, que se opone a la idealización renacentista; e, incluso, la complejidad de los paños o la variedad de posturas, que se alejan progresivamente de la solemnidad de las poses renacentistas hasta en los gestos, siendo estos más humanos.

Teniendo estas coordenadas en mente, probar a identificar y reconocer obras debe ser, más que una competición, un juego en el que nunca se pierde porque siempre se aprende, tanto si se acierta como si se falla.

ROCOCÓ, NEOCLASICISMO Y ROMANTICISMO
Siglos XVIII y XIX

Espejos y privilegios

Los siglos XVIII y XIX pueden ser entendidos como una sucesión de grandes aportes, como una concatenación de estrepitosos fracasos o como ambas cosas al mismo tiempo. Todo depende de la lente a través de la cual se observen. Nuestra mirada inquieta —como ya imaginaréis— tenderá a no conformarse con el discurso oficial, buscando en él las fugas de una historia contada a medias.

El Siglo de las Luces, como se conoce al siglo XVIII, se caracterizó por una quiebra en el sistema de creencias y en la balanza moral que había regido la sociedad europea hasta entonces. La religión seguía atravesando todas las aristas que conforman la vida, pero empezaba a verse debilitada por culpa de un asfixiante absolutismo monárquico que se camufló detrás del despotismo ilustrado —«todo para el pueblo, pero sin el pueblo»— para poder dar sus últimos coletazos. Al mismo tiempo, la aceleración progresiva de los descubrimientos en materia de ciencias y tecnologías permitió que el Tercer Estado o pueblo llano dejara, poco a poco, de verse subyugado por la hoz a través de la agricultura —o por el hollín, debido a la minería— para verse ahora enclaustrado entre las paredes de una fábrica, convertido en lo que todavía hoy conocemos como proletariado o clase obrera.*

Durante aquellas décadas, un reducido número de intelectuales teorizó sobre conceptos como la libertad, la ciudadanía y el progreso. Con sus ideas pretendían cambiar el mundo y, en cierto modo, lo consiguieron, aunque no con la profundidad que se habían propuesto. Al fin y al cabo, todos ellos procedían de los estratos más privilegiados desde un punto de vista tanto social como económico, y si ha habido una tendencia uniforme a lo largo de la historia, esta ha sido la de no morder la mano que te da de comer. Quizás sea por eso que recordemos nombres como el de Rousseau, Montesquieu o Diderot —de los que hablaremos más adelante—, pero que en pocas ocasiones trasciendan a los libros de texto sucesos previos vinculados a la insurrección de los estamentos bajos. Hablo de las revueltas campesinas medievales referenciadas por Silvia Federici en *Calibán y la Bruja*, por ejemplo, o del papel esencial en el germen de la Revolución francesa de las mujeres parisinas, quienes —pese a trabajar más horas de las que vivían— ni siquiera conseguían comprar un mendrugo de pan para alimentar a sus numerosas familias, como indica Erika Bornay en *Las Hijas de Lilith*. En este sentido, el discurso histórico que nos han legado los siglos XVIII y XIX sigue siendo el discurso del privilegio: la historia de un romantizado trasvase de poderes.

Es por ello que no podíamos adentrarnos en este periodo histórico-artístico más que a través de un interior palaciego. Para la primera sala de esta sección del museo se ha emulado la apariencia de la Galería de los Espejos de Versalles: una habitación rectangular de 5 metros de alto, 73 de largo y con nada más y nada menos que alrededor de 350 espejos; además de la correspondiente bóveda decorada con frescos y estucos, y de una sucesión de esculturas en nicho entre las ventanas.

* Conceptualizado inicialmente por Marx y Engels y ampliado con posterioridad por otras voces, hoy en día el término «clase obrera» se extiende mucho más allá del estereotipo (por otra parte, también cierto) de personal de fábrica e incluye a cualquier persona que no sea propietaria de un medio de producción, sino que intercambie su fuerza de trabajo por un salario o contraprestación económica.

Por motivos de presupuesto (y también de sentido común), la sala en la que nos encontramos no es ni tan grande ni tampoco tan ostentosa, pero nos sirve para hacernos una idea del lenguaje del poder, vinculado a la ostentosidad, que caracterizó la primera mitad del siglo XVIII. Este tira y afloja al más puro estilo «a ver quién da más» vio establecida su sede en Francia, región que cogió el relevo italiano tras la etapa barroca, seguida muy de cerca por la corte inglesa y la austríaca, entre muchas otras. De este modo, las monarquías europeas peleaban entre sí para ver quién colonizaba y oprimía a más territorios extranjeros (cogiendo carrerilla para el siglo XIX) mientras decoraban sus palacios y villas de recreo con la mayor pompa posible. Las ansias de legitimación a través de la ostentosidad eran voraces, y así lo demuestra el arte coetáneo.

Este tipo de estancias siguen suponiendo toda una experiencia: aun habiendo visto antes fotografías y películas, al visitarlas continuamos maravillándonos y sobrecogiéndonos ante el festival de elementos dorados, mármoles de múltiples colores, esculturas, fulgurantes espejos y sobrecargados techos, que seguimos y seguimos mirando por mucho que al cabo de un rato nos provoquen tortícolis. Si esto nos ocurre a nosotras, ¿cuál debía ser la impresión de la corte que vivía en ellas? O, aún mejor, la de sus visitantes, que volverían a sus palacios y villas pensando: «necesito ciento ochenta esculturas más en esta sala» o «no es suficiente con los cincuenta cuadros que tengo apelotonados en esta pared; hay que hacer hueco para veinte más». El lujo y la sorpresa se daban la mano en estos espacios, buscando la conmoción pero también el reconocimiento y la validación frente a las cortes de otros países.

Cuando conservan la disposición original de los cuadros y demás obras presentes en ellos, estos espacios palaciegos nos permiten todavía hoy acercarnos a una experiencia estética y artística completa (y compleja): la de ver las obras en sí mismas y la de entender el efecto general que estaban destinadas a causar. Sobre todo, esta experiencia se logra si siguen estando combinadas con la iluminación y con el resto de obras, pues cada sala solía tener una temática concreta compartida por frescos, pinturas y esculturas, estableciendo así una conversación que, muy a menudo, se pierde cuando las contemplamos, en lugar de en su enclave original, aisladas y descontextualizadas en la sala de un museo o en un libro.

El arte posterior al periodo barroco pierde su fuerza emocional para sustituirla por un carácter cada vez más decorativo y cortés, es decir, ya no busca tanto cumplir los preceptos religiosos promulgados por el papado como cumplir con las expectativas de una aristocracia absolutamente ensimismada con su propio ombligo. Los marcados claroscuros poco a poco van dando paso a paletas más depuradas y unificadas, alejadas del fuerte contraste barroco, y también a juegos de luz que crean atmósferas menos asfixiantes, más relajadas y con escenas mucho más *amables*. La claridad y la suavidad de los colores, sumadas a los nacientes temas tratados, dan lugar a un nuevo estilo: el rococó. Pese a ello, cabe destacar que no hay un acuerdo homogéneo respecto a esta distinción: dependiendo de las fuentes que se consulten y de las voces que se escuchen, el rococó puede ser entendido como el periodo de decadencia y crisis del Barroco y, por tanto, como parte de él; o bien puede ser señalado como un periodo independiente, autónomo y que cuenta con características propias. Sea como sea, inmiscuirnos en debates cronológicos y formales no es lo que nos incumbe.

De igual modo, conviene señalar que, a mediados del siglo XVIII, las relaciones entre las estructuras gremiales, el sistema del arte y la red de comitentes se transforman: el abanico —en lugar de plegarse— se quiebra para, así, poder extenderse más allá de sus propios límites. Esto ocurrió, en parte, debido a una acuciante necesidad de comprender y categorizar el mundo sin atender a las fronteras impuestas por la religión cristiana, cuyos dogmas de fe empezaban a mostrarse insuficientes. Se va perfeccionando la necesidad de estudiar el entorno, seguida de la necesidad de nombrarlo y, posteriormente, de la necesidad de catalogarlo. Un ejemplo muy manido para ilustrar esto es *La enciclopedia* de Diderot y D'Alembert, la cual pretendía reunir todo el conocimiento acumulado hasta la fecha, categorizando el saber y utilizando como parámetro la razón.

Aunque menos conocida fuera del mundo del arte, otra figura muy representativa de esta corriente de pensamiento fue la de Johann J. Winckelmann, considerado padre fundador de la Arqueología y de la Historia del Arte como disciplinas y precursor, a grandes rasgos, de la idea de que todo periodo artístico está formado por una etapa de desarrollo (arcaísmo), una etapa de esplendor (plenitud) y una etapa de crisis (decadencia). La importancia de sus textos viene secundada por la vigencia de esta estratificación todavía a día de hoy. No obstante, por suerte, el grueso de su obra ha sido revisado teniendo en cuenta sus múltiples sesgos, como su indudable y obsesivo amor por la Antigua Grecia o las limitaciones en cuanto a precisión técnica y sesgo de conocimiento propios de su época: no olvidemos que, por aquel entonces, la tecnología disponible no permitía siquiera realizar una correcta datación de las obras ni, mucho menos, llevar a cabo los análisis sobre los materiales que posteriormente revelarían que el arte clásico europeo (el griego) estaba policromado y que el aprecio que Winckelmann le tenía a la blancura del mármol no era ni de lejos compartida por los clásicos a los que tanto admiraba. Este ejemplo bien puede servirnos para seguir perfilando un nuevo tipo de verdad: que los discursos objetivos generados alrededor de la historia del arte no han sido —ni son— más que una parcialidad, a veces incompleta o incluso errónea, bien estructurada. Por eso es tan importante que no temamos mirar el arte con nuestros propios ojos, porque ni la sabiduría ni la erudición están exentas de cierto grado de ceguera.

Del mismo modo que Vasari había detestado los aportes artísticos del medievo, calificándolos de bárbaros, Winckelmann rechazó los aportes artísticos del Barroco y del rococó, por considerarlos artificiosos y sentimentaloides. Para él, lo importante no era la emoción, sino la belleza, y esta solo podía encontrarse en la Grecia y la Roma clásicas, en concreto en la escultura clásica. De ahí que sus teorías, hipótesis y argumentaciones al respecto lo convirtiesen en uno de los teóricos más importantes de la corriente artística que se opondría al rococó: el Neoclasicismo. De todas formas, vayamos poco a poco; metamos marcha atrás y retrocedamos hasta principios del siglo XVIII.

Podemos dividir este siglo en dos mitades casi exactas, entendiendo la segunda mitad como una reacción de oposición absoluta a lo ocurrido en la primera. Entre todas las pugnas que tuvieron lugar a lo largo de la Edad Moderna, una que nos puede ayudar a entender el arte del siglo XVIII es la progresiva escisión entre el poder monárquico y el poder religioso. Ambos poderes, como hemos visto ejemplificado hasta la saciedad a estas alturas, hicieron del arte un vehículo de propaganda y monopolizaron la gran mayoría de encargos. Aunque algunos autores sitúan el inicio del capitalismo en la Revolución industrial, otras voces apuntan que el desarrollo tecnológico, económico y científico de los siglos XVIII y XIX es, en realidad, la recogida de los frutos plantados por Europa a través de la colonización desde finales del siglo XV.[1]

Puede que, a priori, estos hechos carezcan de conexión para un gran número de personas, pero —como hemos visto en salas anteriores— lo cierto es que las campañas de expropiación forzosa de bienes y materias primas por parte de las monarquías europeas en los territorios que habían sitiado como propios —es decir, aquellos en los que situaron sus colonias—, permitió que dichas monarquías se lucrasen por encima de las posibilidades que hasta entonces había tenido el papado. Este enriquecimiento de las monarquías europeas extraído de las colonias —sumado a la riqueza obtenida por comerciantes, mercaderes y banqueros involucrados en cada pieza del engranaje colonizador— se tradujo en nuevas formas de poder económico que, a su vez, configuraron nuevos gustos y necesidades estéticas.

Así que tenemos, por un lado, a una aristocracia en una posición de todavía mayor ociosidad y, por el otro, a una burguesía que conseguía, cada vez con mayor facilidad, hacer acopio del suficiente capital económico como para parecerse a la aristocracia. Mientras esto pasaba, el carácter piadoso inspirado por la Contrarreforma y proyectado a lo largo del Barroco perdía fuerza frente a una nueva corriente que buscaba entretener a través del arte, pero sin que este hiciese pensar demasiado. Además, el carácter del arte como barómetro de estatus se elevó a su enésima potencia. En una sociedad en la que cada vez más personas ajenas a la nobleza y a la aristocracia tenían acceso a cierta solvencia económica, apareció la necesidad de desarrollar mecanismos de distinción competitivos; de ahí, el carácter primordialmente decorativo y recreativo del periodo rococó. A mayor poder adquisitivo, mayor capacidad para sobrecargar los espacios que habitas y, por tanto, mayor relevancia social. Un poco como lo que vimos en la sala de bodegones barrocos, pero multiplicado por diez.

De esta forma, las estancias de la monarquía y la aristocracia se llenaron de un sinfín de artefactos vinculados al interiorismo cuya finalidad era sacarle el máximo provecho decorativo a un mismo espacio. Ahora no solo importaban las artes mayores, sino también todo lo demás, por eso en el rococó tuvo especial importancia el mobiliario y hacer bello tanto aquello que tenía utilidad como aquello que carecía de ella. Las fiestas y sus respectivas escenografías contribuyeron también a este clima de hedonismo y despilfarro. Debido a que constituía un arte efímero, gran parte de la parafernalia involucrada no ha llegado a nuestros días más que a través de menciones y descripciones (como ocurre con las escenografías barrocas), pero —contemplando y conociendo los interiores en los que tenían lugar— podemos imaginar el nivel de las celebraciones.

Por otro lado, a lo largo del siglo XVIII, sobre todo durante la primera mitad, cogió impulso una iniciativa que se remonta a la Italia de finales del siglo XVI y a la Francia de mediados del siglo XVII: las academias reales. Estas academias fueron entendidas y promovidas como centros de formación artística estandarizada. Aglomeraban enseñanzas teóricas y prácticas sobre las artes y, de manera progresiva, fueron sustituyendo a las estructuras gremiales como parte del proceso de elevar el estatus del artista más allá de las fronteras de la *simple* artesanía. En este sentido, cuando Luis XIV de Francia otorga su permiso en 1648 para fundar la Real Academia de Pintores y Escultores francesa, lo hace con la vista puesta en la Academia de San Lucas en Roma, fundada en 1593; del mismo modo que sobre la Academia de San Lucas ejercía un gran poder el papado (cosa lógica si tenemos en cuenta que lo tenían al lado), sobre la Real Academia francesa tuvo gran influencia la monarquía.

En una relación de interés mutuo (no entraremos aquí en si la balanza estaba o no equilibrada), el surgimiento de las academias permitió a muchos artistas tener acceso a una formación reglada y multidisciplinar —además de ofrecerles mayores probabilidades de obtener encargos—, a la vez que le permitía a la monarquía tener un control considerable sobre las tendencias y enseñanzas artísticas, las cuales dependían ahora de su patronazgo. La aristocracia también obtenía de las reales academias cierto grado de divertimento: Luis XIV tuvo la brillante idea de poner a disposición de este público las obras realizadas por los académicos en los llamados «salones». De este modo, la contemplación artística se convirtió en otro pasatiempo para la aristocracia. Estos salones funcionaban, por tanto, como un espacio de exposición y, además, como una especie de «bolsa de empleo» para los artistas, ya que —si sus obras gustaban— daban pie a la posibilidad de recibir futuros encargos. Fue así como el mercado artístico se reconfiguró, poco a poco, desde una estructura plenamente gremial a una estructura académica (que, tras su colapso, vería nacer la figura del marchante de arte y la de las galerías, aunque para eso todavía quedaban varias décadas).

En la sala en la que nos encontramos, la luz se cuela sin ningún tipo de timidez por las ventanas, a plomo, desparramándose sobre el suelo y paseando, ávida, hasta trepar por los espejos. El dorado del sol es también el dorado de las lámparas, de los candelabros escultóricos que se alzan a tamaño natural entre las ventanas; también el de los capiteles de las columnas adosadas a los muros de la sala. Las vetas del mármol que los cubren recuerdan vagamente a los juegos ópticos que provoca el agua del mar al reflejarse en la arena.

A día de hoy, los espejos de gran tamaño siguen siendo un bien costoso, pero en la Edad Moderna suponían un auténtico lujo. Era complicado encontrar la fórmula perfecta para que no fuesen cóncavos pero tampoco convexos, y todavía más difícil resultaba tratar los materiales como para obtener dimensiones que permitieran reflejar el cuerpo entero. Del mismo modo que China guardaba con recelo la fórmula de su porcelana, la República de Venecia se reservaba el monopolio de fabricación de estas superficies reflectantes y mantenía a buen recaudo a los trabajadores y artesanos que las realizaban. La ostentosidad, en épocas pasadas, era traducida a lenguajes que no entendemos hoy; sus elementos forman ahora parte de nuestro día a día sin mayor sorpresa ni reparo.

En el ecuador de la sala, una copia de la escultura de la Venus Capitolina rompe el libre deambular por la estancia. Esta tipología representativa de Venus es referida también como «Venus Púdica» porque, a pesar de su desnudez, intenta cubrirse con las manos. Por esa misma razón, su pose fue asimilada por el cristianismo como representación de Eva, fruto de las pervivencias iconográficas del arte clásico durante el medievo. Su colocación en medio de la sala no es en absoluto armoniosa: parece que está colocada en un ángulo que no le corresponde, como si alguien la hubiese girado levemente sobre sí misma. Si nos acercamos a ella, nos damos cuenta de que ese equilibrio compositivo tiene otro punto de referencia que no es la propia estancia en la que nos encontramos, sino la que se abre paso a través de un arco custodiado por dos de los inmensos espejos. Venus se cubre el cuerpo como si quisiera evitar ser mirada desde ese nuevo espacio en el que todavía no hemos entrado.

En él, lo primero que llama nuestra atención es un elemento flotante que no parece destinado a habitar las salas de un museo. Es un columpio. Las sujeciones son cuerdas entrelazadas entre sí y el asiento, una simple pieza de madera. Todo aparece engalanado con enredaderas de las que brotan flores blancas. Las flores blancas, en la iconografía europea, simbolizan la pureza; por eso, entre otras cosas, a la Virgen se la asocia con un lirio de dicho color. Las dimensiones del columpio son desproporcionadas, de modo que parece más una imponente instalación artística que un objeto destinado al recreo. Está orientado en dirección a la Venus Capitolina, a la que damos la espalda al entrar en la estancia. Volvemos nuestra vista hacia ella. ¿Frente a qué se tapa? No tiene sentido. Tiene que haber un motivo para la colocación de estos elementos, así que nos disponemos a buscarlo.

En la nueva sala hay cuadros de diversos tamaños colgados de las paredes. A grandes rasgos, y para resumirlo de forma sencilla, representan a gente muy bien vestida haciendo cosas. Sin embargo, no parece haber una conexión muy clara entre ellos. En ciertas obras hay grandes grupos de personas en entornos bucólicos, mientras en otras pueden intuirse remisiones a la mitología clásica a través de agrupaciones de mujeres desnudas. Algunas imágenes, en cambio, muestran a mujeres sin ropa pero de manera individual. También podemos ver cuadros en los que parejas heterosexuales interaccionan entre sí, descubriendo en ellos un componente de sorpresa o, mejor dicho, de apuro. Tampoco hay relación entre los ámbitos en los que se desarrollan las escenas: tenemos ejemplos tanto de ambientes exteriores como interiores. Entonces, ¿cuál es el hilo conductor de las obras?

Encontramos la respuesta fijándonos en el espacio comprendido entre las cuerdas que sujetan el columpio. Ellas son las encargadas de enmarcar nuestra mirada y dirigirla hacia una obra que descansa en la pared del fondo, ligeramente aislada del resto. Entendemos entonces que tiene cierta relevancia respecto a las demás y, cuando nos acercamos, descubrimos por qué. A primera vista no es una obra que destaque por su tamaño; muchas pinturas del rococó no lo hacen, debido a que estaban destinadas a ser contempladas de manera individual, a actuar como regalo (por lo que debían transportarse) o a decorar estancias privadas. Su protagonista es una mujer engalanada con la moda de la época, con un vaporoso vestido que oscila entre el rosa y el coral, y lleva sombrero. Damos con la conexión al instante: ¡se está balanceando sobre un columpio! ¿Es una escena de recreo? ¿Así es como se entretenía la aristocracia de la primera mitad del siglo XVIII? ¿Columpiándose en medio de un bosque ajardinado? Puede ser, pero —sea como sea— el cuadro tiene más cosas que contarnos.

Una vez hemos analizado la parte central, bajamos la mirada hacia el extremo inferior izquierdo. Es ahí donde vemos a un muchacho con peluca empolvada y traje color perla, con medio cuerpo metido en un arbusto. ¿Qué está pasando? ¿Qué hace ahí tirado? Seguimos buscando indicios para entenderlo y descubrimos una tercera figura situada en el extremo opuesto, el inferior derecho, sumergida en las tinieblas que crea el árbol encargado de sustentar el columpio. Se trata de un hombre que impulsa el columpio valiéndose de unas cuerdas. Hasta ahora, tenemos tres personajes (dos hombres, uno más joven que el otro, y una mujer), un columpio y un entorno idílico aunque espeso. Vemos también, sobre la cabeza del muchacho escondido entre los arbustos, la estatua de un Cupido que se lleva un dedo a los labios pidiendo silencio. Algo está pasando y, por ahora, nos lo estamos perdiendo.

Nos toca fijarnos en el gesto que hacen las piernas de la mujer: una de ellas se alza, lanzando o fingiendo que se le desprende un zapato. Gracias a ese movimiento, sus faldas se levantan en el ángulo exacto para que el muchacho recostado pueda mirar entre ellas. ¡Ya lo tenemos! El hombre que empuja el columpio es su marido, el muchacho recostado —entre extasiado y al borde de un ataque de nervios— es su amante y Cupido nos está pidiendo discreción ante el triángulo amoroso que estamos presenciando. La obra se trata de *El Columpio* de Jean-Honoré Fragonard, uno de los más preciados pintores del rococó francés (junto con Watteau), ávido de representar el ambiente de distensión sexual que debía respirarse entre la aristocracia de aquella época, fruto de un hedonismo desenfrenado no solo hacia la vida, sino también hacia los afectos. Afectos con los que, por cierto, el propio Fragonard contaba y disfrutaba en vida: «La señora Fragonard (Anne Marie Gérard) dejó de pintar para ocuparse de llevar la casa y las cuentas de su marido. Fragonard, por su parte, se beneficiaba del amor físico y de los cuidados de su mujer y de la adulación y el estímulo sentimental que le aportaba la cuñada (Marguerite Gérard, veintinueve años más joven que él)».[2] Es decir, que si *El Columpio* fuese una representación de la situación sentimental de Fragonard, quien estaría sentado en el columpio sería él, mientras que quien lo estaría empujando sería Anne Marie Gérard y quien se escondería entre los arbustos sería Marguerite Gérard.

Más allá de su utilidad para ilustrar la vida del artista, esta obra nos sirve también para situar los elementos esenciales que nos permitan entender el arte pictórico de este momento. Tal como dice Daniela Tarabra: «El rococó fue una respuesta natural a un nuevo estilo de vida aristocrático basado en el refinamiento, la levedad de los sentidos y el amor a las frivolidades, los juegos y los pasatiempos galantes que buscó plasmar, entremezclando la elegancia y la fantasía, el surgimiento de una nueva intimidad».[3] Esta obra de Fragonard, encargada en 1766 por el tesorero de la Iglesia francesa —el barón de Saint-Julien—, incide en dos temas recurrentes en la pintura rococó: los temas galantes o amorosos y, dentro de ellos, los amores furtivos. En ocasiones, la temática galante puede dejarnos con la sensación de que estamos presenciando algo que no deberíamos, como ocurre con *El Columpio*. Pero, en paralelo, lo que se pone de manifiesto es la pompa de las fiestas y congregaciones de las que no habríamos podido formar parte por mucho que hubiésemos estado vivas en aquella época. Estas dos características hacen que la pintura rococó se reconozca con cierta facilidad, ya que en raras ocasiones veremos a tantas personas divirtiéndose y siendo (aparentemente) felices de tantas maneras distintas.

Por otra parte, el hecho de que una obra de estas características fuera encargada por una persona tan cercana a la Iglesia revela hasta qué punto se fue puliendo la disonancia entre lo que se promulgaba de puertas para afuera y lo que se hacía de puertas para dentro. El rococó nos grita desde el lienzo «disfruta ahora, confiésate luego». En oposición a la Venus Púdica situada en el vestíbulo de la entrada, aquí la deidad grecorromana oscila entre lo ingenuo y lo provocador, como en el *Triunfo de Venus* que pinta Boucher en 1740. La pintura galante, por primera vez en el arte europeo, representa la sexualidad de la mujer alejada del juicio religioso que la vincula al pecado y a la suciedad. Con ello, configura la imagen de una mujer activa en sus intenciones, aunque pasiva en sus formas. Así, incluso en un clima de aparente aunque velada libertad sexual, la representación femenina sigue enmarcada y limitada por el disfrute ajeno, a pesar de ser pintada buscando el suyo propio.

Un ejemplo que puede servirnos para ilustrar esta tendencia es el cuadro *Joven recostada*, también de Boucher, realizado entre 1751 y 1752. La hipótesis generalizada sobre la identidad de la mujer representada señala a Louise O'Murphy, una joven que se nos presenta desnuda y tumbada boca abajo sobre un diván. Con ambas piernas abiertas, en la gran mayoría de comentarios de esta obra se incide en términos tales como sensualidad y erotismo. Vista desde el presente, una destacaría también la más que probable incomodidad detrás de su pose, la cual difícilmente responde al deseo de la modelo y que, por ello, debería resultar un tanto artificial. La ya mencionada distensión sexual del rococó dio lugar a nuevas representaciones del erotismo que, analizadas con perspectiva, permiten apreciar la persistencia de un sujeto femenino pasivo, de nuevo sexualizado. En algunos análisis, como es el caso del de Daniela Tarabra, se ha concluido que la modelo tenía alrededor de diecinueve años en las fechas de ejecución de la obra. En otros, en cambio, se concluye que tenía catorce y que, quizás por eso, Boucher —quien, por lo demás, no parecía tener demasiada consideración hacia el pudor o hacia su edad— decidió representarla boca abajo para, así, evitar mostrar sus genitales. Edades aparte, la concepción de la joven ideal como receptora sometida se refuerza. Dentro de este nuevo ideal de belleza femenino ya se perfila la hipersexualización de lo infantil. Esta no es la primera vez que Boucher baña de erotismo un cuerpo que todavía no ha alcanzado la pubertad: tenemos otro ejemplo en su *Leda y el Cisne*.

Quizás esto no sea entendido como un problema en la Francia del XVIII, pero —si tenemos en cuenta que, a día de hoy, la industria pornográfica sigue promoviendo que mujeres ya adultas presenten constantemente atributos asociados a la prepubertad, como la ausencia total de vello corporal y las actitudes de inocencia infantil— podemos redimensionar el alcance de la cuestión. El relativismo histórico, en pro de analizar una obra en función del contexto en el que fue creada, a menudo olvida dejar la puerta abierta a una revisión actualizada con la que trazar una línea entre aquello que, por determinados motivos, era habitual en el pasado pero que debe ser repensado a día de hoy. Como hemos visto con otros ejemplos, que se eviten estas nuevas aproximaciones a las obras impide caminar hacia una comprensión de las dinámicas que operan en las representaciones y, por tanto, normaliza ciertas tendencias en lugar de problematizarlas. Lejos de buscar un borrado o sustitución del contexto pasado, lo cual también sería un error, convendría dirigirse hacia una combinación entre la lectura que se hacía de una obra en su época y la lectura que de ella pueda hacerse hoy.

Teniendo como referencia la pintura galante, podríamos pensar que —en la vida real— las mujeres gozaron de mayor libertad o, al menos, de un menor número de prejuicios. Siento deciros que no fue así. La realidad que aparece representada en los cuadros, como mencionaba Tarabra, configura un nuevo tipo de intimidad; nada más. Durante el siglo XVIII, la separación entre espacio privado y vida pública se impone y crea un lugar especial para nuestra amiga la hipocresía; en casa puedes relajarte moralmente, querida, pero eso no se aplica de puertas para afuera.

Esto lo podemos ejemplificar valiéndonos de las vidas y trayectorias de dos artistas: Élisabeth Vigée-LeBrun y Angelica Kauffmann, ambas enmarcadas en esa transición entre el gusto rococó y el desarrollo colosal del Neoclasicismo como respuesta al primero. Para ello, sin embargo, debemos abandonar la sala en la que estamos y dirigirnos hacia la siguiente.

Sobre el racismo y algunas victorias pírricas

En este nuevo espacio asistimos a un gran contraste. La sala diferencia dos ambientes muy marcados. Uno de ellos es rococó, con brillantes y enrevesados estucos creando ornamentos vegetales que suben por las columnas de capiteles dorados y se extienden por el techo, ofreciéndole volumen tridimensional. El otro es neoclásico. En este segundo ambiente, las columnas pierden su ornamento para recuperar la sobriedad clásica perdida, y los complicados juegos cromáticos son sustituidos por una limpieza y luminosidad protagonizada por los tonos blancos. A un lado tenemos el abigarramiento decorativo hedonista y, al otro, la monumentalidad armónica y racional.

El espacio con reminiscencias del rococó se corresponde con el ambiente en el que vivió Élisabeth Vigée-LeBrun durante su estancia en el Versalles de Luis XVI, como pintora de corte y retratista de María Antonieta. El espacio neoclásico nos habla del entorno en el que tuvo que moverse Angelica Kauffmann durante su paso por Roma, la cuna del Neoclasicismo, antes de mudarse a Inglaterra, en concreto a Londres, donde la depuración de los colores a favor del blanco o del crudo fue sustituida (o combinada) por la abundancia decorativa y utilitaria de la madera. Kauffmann nació en Suiza en 1741 y Vigée-LeBrun en Francia catorce años después, en 1755. Aunque cronológicamente se las pueda situar en ese trance entre la pompa rococó y la sobriedad neoclásica, la vinculación de Vigée-LeBrun a la corona francesa la acerca más a la primera corriente, mientras que Kauffmann se inclina más hacia la segunda.

Ambas supieron hacer algo que quedó fuera del alcance de artistas previos, como Fragonard y Boucher, esto es: ser capaces de adaptarse a los cambios estilísticos de su tiempo para desarrollar carreras longevas solo detenidas por su propia muerte. No obstante, a pesar de sus éxitos, ni a Kaufmann ni a Vigée-LeBrun se les perdonó tener talento, éxito y belleza. Este último atributo, la belleza, condicionó tanto la representación de las mujeres en las artes como su adscripción a las mismas. Germaine Greer nos lo explica de la siguiente manera: «La belleza femenina, en cuanto fuente de inspiración para los pintores, las condenó a un papel pasivo. Las mujeres artistas no luchaban como los hombres por dar una expresión estética a las visiones de un objeto universal de deseo; ellas eran ese objeto de deseo estético. La joven que mostraba talento no era una artista sino una musa. Su obra no era la prueba de lo que podía hacer sino de lo que ella era».[4]

Una desagradable tendencia a la hora de referirse a las artistas es incluir juicios de valor sobre su aspecto físico que, además, aparecen casi siempre vinculados al valor de sus obras. En el caso de que ostenten belleza, sorprende que también sean talentosas: no deberían ser artistas, deberían haberse conformado con el papel de musas. En el caso de que carezcan de ella, la actitud roza la conmiseración —«pobrecita, era muy fea, pero logró pintar muy bien»—, como si la fealdad fuese un obstáculo en el desarrollo del talento de las mujeres. Por ejemplo, hablando de la pintora barroca Giulia Lama, el escritor italiano Abate Conti dijo cosas como: «La pobre mujer es atormentada por los pintores, pero su talento triunfa sobre sus enemigos. Es verdad que es tan fea como inteligente, pero habla con gracia y elegancia, así que se le perdona la cara...».[5] ¿Alguien se imagina un comentario de este estilo emitido sobre Caravaggio, Toulouse-Lautrec o sobre Goya? ¿Es esta información sustancial para analizar una trayectoria artística? La belleza ha sido —y sigue siendo— un arma de doble filo para las artistas, que se les clava en la espalda tanto si la poseen como si carecen de ella. Si no hacemos valoraciones estéticas al hablar de los autorretratos de los pintores, ¿por qué caemos en la trampa de hacerlo cuando hablamos de los de ellas?

Tanto Vigée-LeBrun como Kauffmann tuvieron que protegerse continuamente de sucesivas difamaciones respecto a su vida sexual y amorosa. De hecho, Greer menciona que una de las razones por las que Kauffmann contrajo matrimonio pudo ser, precisamente, por los continuos rumores sobre sus amoríos, aunque lo cierto es que esta artista trabajaba tanto y tan duro que lo sorprendente es que le quedase tiempo para tener siquiera vida social. En el caso de Vigée-LeBrun podemos entrever, además, la doble moral que se vierte sobre hombres y mujeres. En función de su género, una persona capaz de tejer una red de contactos que asegure su éxito es sospechosamente interesada o maravillosamente metódica. Si ellas aprovechan *sus encantos* para que estos jueguen a su favor, son calculadoras y ávidas en el juego de la manipulación. Si son ellos quienes lo hacen, son ágiles y tienen grandes capacidades sociales.

En un momento histórico donde se estaban empezando a sentar las bases de la concepción moderna de valores como la libertad, la ciudadanía o el progreso, Greer cuenta que «para obtener el permiso de acceder a las galerías de cuadros y pintar allí, [Vigée-LeBrun] se vio obligada a conquistar a grandes personajes que intervinieran a su favor, y después los necesitó para tener clientes de sus retratos en la alta sociedad. Logró casi siempre acallar los chismes maniobrando hábilmente entre la protección real y una rigurosa atención a las apariencias de corrección». Si, a lo largo de la historia, a las mujeres se les ha concedido un número muy limitado de cartas para enfrentarse a la partida, ¿por qué sigue recayendo sobre ellas la presión de no utilizarlas y la culpabilización en caso de que decidan hacerlo?

Vigée-LeBrun había contraído matrimonio, sin saberlo, con un ludópata derrochador que esquilmaba los ingresos que ella generaba a base de viajar por Europa trabajando como retratista de alto nivel. Este es otro lugar común en el que convergieron muchas artistas: el de ver su economía manejada por sus padres, hermanos o maridos sin poder hacer nada para remediarlo salvo trabajar, trabajar y trabajar.

> Hacia 1772, [Vigée-LeBrun] ya ganaba mucho dinero, pero no era suficiente para pagar todos los gastos de la casa de su madre y de la educación de su hermano. Su madre se había casado otra vez en 1768 con un rico pero avaricioso joyero que se adueñaba de todas las ganancias de Elisabeth y les dejaba a ella y a su madre sin blanca [...]; en 1774, se casó con el marchante de arte Jean-Baptiste-Pierre Le Brun, bien parecido pero disoluto [...]. Con la excusa de manejar los asuntos de ella, él fijaba los altos precios de los cuadros, se embolsaba las ganancias y mantenía a su mujer en la estrechez.[6]

Kauffmann, cuando residía en Londres, era conocida por la rapidez y fluidez con la que ejecutaba sus obras, muchas de ellas copias del mismo estilo y tema. ¿Por qué hacía eso? Por un motivo parecido al de Elisabetta Sirani siendo explotada por su propio padre: porque Kauffmann se casó con un estafador que solo abandonaría el país tras una compensación económica. El matrimonio, por tanto, fue un obstáculo más al que se tuvieron que enfrentar las artistas por el mero hecho de ser mujeres. Un contrato social y civil —convertido, en demasiadas ocasiones, en yugo (contra su desarrollo personal, artístico y económico)— del que no podían prescindir, ya que la soltería femenina no era aceptada como una elección libre, sino como una situación forzosa. Algo que, aunque nos cueste aceptarlo, sigue ocurriendo hoy en día. En las mujeres, la soltería ha sido —y es— una razón de desconfianza y, en ellos, bien un símbolo de estatus o bien una cuestión de relativa irrelevancia, exceptuando aquellos casos en los que ha sido empleada como tapadera frente a una homosexualidad obligatoriamente ocultada.

Soltero era precisamente sir Joshua Reynolds, quien —junto con Angelica Kauffmann— reconfiguró el género del retrato neoclasicista en Inglaterra. Ambos establecieron una relación de amistad y de intercambio artístico que no salvó a Kauffmann de ser perseguida por la difamación de una enérgica y variada vida amorosa. Mientras tanto, Reynolds, «soltero empedernido», distaba mucho de ser cuestionado y era analizado bajo el prisma del interés artístico y no bajo el de la especulación amorosa, de manera que estas fabulaciones solo afectaron a la reputación de Kaufmann.

Claro está: el discurso histórico ha favorecido la figura de Reynolds por encima de la de Kauffmann, quien solo recientemente ha sido incluida en los currículos de bachillerato y que, con un poco de suerte, podremos oír mencionada en las clases universitarias del grado de Historia del Arte —aunque, por desgracia, ese no fue mi caso—. Para entender la gravedad de este hecho, echemos un vistazo a otra de las informaciones que aporta Germaine Greer en su ensayo: «Un indicio del éxito de cualquier cuadro es haber sido reproducido en grabados. La publicación procuraba fama y dinero al pintor y muchas mujeres tuvieron la alegría de ver sus obras favorecidas de este modo. En ese sentido, pocos pintores de ambos sexos han alcanzado más éxito que Angelica Kauffmann, cuya obra fue grabada más de seiscientas veces. Sin contar con que sus diseños fueron usados en todo tipo de medios, abanicos, muebles pintados, jarrones, tazas, tabaqueras, jarras de vino, servicios de té y como inspiración para figuritas de porcelana».[7] Es decir, que cuando hablamos de artistas y estas son mujeres, no basta con alcanzar un éxito rotundo en vida. El reconocimiento de sus coetáneos es insuficiente para prevenir que, casi tres siglos después, se ponga en tela de juicio su talento. Pero la única razón de que no se hable de ellas es que *no ha habido grandes mujeres artistas* y que sus obras no alcanzaron la suficiente calidad, ¿verdad?

La eclosión de multitud de academias (monárquicas, religiosas y laicas) no liberó precisamente de obstáculos a las artistas. Tras la formación de la Academia de San Lucas en Roma y su reformulación por parte de Luis XIV durante el Barroco en Francia, este tipo de centros protagonizó una rápida expansión. Hacia 1720, existían en Europa diecinueve academias y, en 1790, había ya casi cien establecidas. En un principio, estos centros de formación tenían un carácter marcadamente elitista, pero —a medida que el pensamiento ilustrado fue calando en Europa bajo premisas como las de Diderot («Instruir a un país es civilizarlo»)— se fueron abriendo progresivamente al público.

Lo mismo ocurrió con los salones, que —partiendo de la idea de exponer las obras de los académicos— se convirtieron en espacios expositivos periódicos gracias a los cuales surgió la figura del crítico de arte: literatos e intelectuales que acudían a los salones, realizaban reseñas de las obras y, con ellas, contribuían al auge o caída de los artistas, así como a la potenciación o disminución de determinadas tendencias. Estos críticos de arte jugaron un papel esencial en el nombramiento de ciertas tendencias, sobre todo en el siglo XIX y principios del siglo XX. Al igual que ocurrió en casos como el gótico o el Barroco, y como veremos también cuando nos adentremos en las vanguardias, sorprende darse cuenta de cómo los términos que empleamos para referirnos a determinadas etapas artísticas surgieron, en realidad, como un insulto a sus características principales.

Cuando algunas artistas empezaron a presentar sus obras a las academias como requisito para ser aceptadas, los académicos que ya formaban parte de ellas se dieron cuenta de que en sus normativas y estatutos no habían establecido ninguna pauta de exclusión explícita. A mi parecer, esto lo que revela es que esperaban que la exclusión fuese entendida en términos implícitos a través de otros mecanismos. Las mujeres del siglo XVIII provenían de longevas tradiciones de disuasión respecto a la dedicación a las artes, en concreto a las artes consideradas mayores. Estas tradiciones utilizaron métodos indirectos para convencer a las mujeres de que estas disciplinas no estaban hechas para ellas, como —por ejemplo— los manuales de conducta, que potenciaban que, de querer dedicarse a alguna disciplina artística, lo hiciesen con el bordado o con los pequeños formatos en lugar de con los grandes géneros. Sobre dedicarse a la escultura o a la arquitectura, supongo que mejor ni hablar.

Las mujeres —al entrar en las academias— tuvieron que hacer frente a tres actitudes predominantes por parte de sus compañeros: la del acoso, la del derribo y la de la adulación. Al no ser vistas ni consideradas en igualdad de condiciones, afrontaron una sucesión de privaciones de las cuales la más conocida fue el viejo problema del desnudo al natural. Lo cierto es que, incluso en una época como el periodo rococó —donde en la pintura eran representadas alcanzando grandes cotas de picardía y desenfreno—, en la vida real se les seguía exigiendo modestia y decoro. La modestia les impidió desarrollar personalidades ambiciosas y competitivas, y el decoro les impidió familiarizarse con la anatomía al natural. Su acceso a las clases con modelos desnudos permaneció vetada, lo que continuó reduciendo y cercenando sus posibilidades de adquirir la práctica necesaria para poder dedicarse a los grandes géneros. Es decir, que un problema que ya habíamos planteado en el Renacimiento seguía presente tres siglos después.

La forma que encontró Angelica Kauffmann de superar esto fue aprovechar su estancia en Roma y su itinerancia por diversas ciudades italianas y europeas para aprender los secretos de la anatomía a base de copiar numerosas esculturas, como había hecho en su momento Lavinia Fontana. Si a esta vicisitud le sumamos que, durante el Neoclasicismo, se le dio mucha importancia a la escultura como disciplina y como principio estético, adivinaremos que lo que siempre había sido un hándicap, en este caso supuso una virtud. Las figuras que realizó Kauffmann en su última etapa italiana contaban al tiempo con la ligereza de la pintura y con el volumen de la escultura. De hecho, fue la formación anatómica que había adquirido valiéndose del estudio de la escultura la que le permitió, una vez dejó atrás su etapa inglesa, dedicarse a lo que verdaderamente parecía gustarle, que era la pintura mitológica y no el retrato de la sociedad del meñique levantado a la hora del té.

Su talento y su éxito justifican que —en 1768— formase parte, junto con la también exitosa bodegonista Mary Moser, del grupo de personalidades que fundaron la Real Academia de Londres. En el retrato colectivo que realiza Zoffany de este grupo fundacional un par de años después, a simple vista no se las ve por ninguna parte: los integrantes de la obra forman un desfile de pelucas lacadas que conversan entre sí, rodeados de moldes de yeso y cuadros, en compañía de dos modelos masculinos que, guiados por el profesor de anatomía, empiezan uno a quitarse la ropa y el otro a posar. En la obra no están presentes todos los miembros fundadores, lo que puede llevarnos a pensar que, por casualidades de la vida, esto justifica que Kauffmann y Moser tampoco estén. En cambio, sí que aparecen, aunque no en carne y hueso, sino representadas en dos retratos que cuelgan de la pared, a la derecha de la composición. Ellas, que fundaron también la Real Academia de Londres y contribuyeron a revalorizar la pintura inglesa del siglo XVIII tanto como sus homónimos masculinos, aparecen en el retrato colectivo como un mero añadido decorativo. Se las desplaza de la escena inventada —en la que Zoffany mezcla la clase de yeso y la clase de desnudo— y, lo que es más grave, se les impide con ello formar parte de las conversaciones que los demás miembros están teniendo sobre pintura, escultura y teoría del arte.

Las nociones de modestia, decoro y recato no solo perjudicaron el acceso de las mujeres a las academias o la posibilidad de que desarrollasen una personalidad ambiciosa, sino que también fomentaron que no pudiesen relacionarse en igualdad de condiciones con sus compañeros y, por tanto, que quedasen a merced de la superioridad (y, en muchos casos, de la hostilidad) de los profesores, sin posibilidad de construir una red de apoyo ni de nutrir vínculos artísticos con otros integrantes, cosa que —por supuesto— podían hacer los hombres. Ellos sí tenían la posibilidad de reunirse en cafeterías y tabernas después de asistir a las lecciones académicas. También la de transitar por la vía pública sin el acompañamiento de sus damas e, incluso, la de acudir a clase sin ellas, porque no necesitaban tenerlas. Tampoco debían preservar su recato ni mostrar decoro. Por tener, hasta tuvieron la ventaja —en Francia— de poder optar al Prix de Roma, una de las más prestigiosas becas concedidas por la Real Academia francesa, consistente en una estancia pagada en Roma para entrar en contacto con las ruinas clásicas y los principios renacentistas, tan relevantes para el desarrollo del gusto estético neoclásico.

Es por esta clase de circunstancias por las que es comprensible que tanto Germaine Greer como Estrella de Diego se refieran a la entrada de las mujeres en el sistema académico de los siglos XVIII y XIX en términos de «victoria pírrica». La pregunta, por tanto, no debería limitarse a si ha habido o no grandes (mujeres) artistas y por qué, sino, más bien, a: ¿cuántas más hubiese habido si el sistema hubiera funcionado de forma diferente?

Al final de esta sala —ya saliendo— podemos contemplar el retrato colectivo de Zoffany, estratégicamente situado en la línea ilusoria que divide los dos ambientes: el rococó y el neoclasicista. De este modo, la obra actúa de bisagra entre ambos, invadiéndolos y conectándolos. A pesar de los numerosos cambios que tuvieron lugar durante el siglo XVIII en materia de pensamiento, proceder científico y progresivo desmantelamiento del Antiguo Régimen, muchos de los antiguos sistemas de poder sobrevivieron, adoptando nuevas formas. Los niveles de disonancia entre las teorías del proyecto ilustrado y cómo fueron llevadas estas a la práctica son, vistos desde el presente, notables.

El acceso a la siguiente estancia se produce a través de un pasillo abierto, tan sobrio y monumental como el propio Neoclasicismo. Allí nos recibe una obra cuyo tamaño ha sido ampliado para una mejor observación y que, a su vez, actúa como díptico. Está formada por dieciséis retratos familiares con sus correspondientes dieciséis inscripciones debajo de cada uno de ellos. Estas se encuentran en castellano, por lo que no requieren traducción. A pesar de que las obras de este tipo deberían ser ampliamente conocidas en España, lo cierto es que no son pocas las personas que se sorprenden al descubrirlas, reconociendo no haberlas visto con anterioridad. Son las llamadas «pinturas de castas» o «cuadros de mestizaje», y constituyeron todo un fenómeno artístico del siglo XVIII en los territorios americanos que, tras la colonización española, fueron renombrados como Nueva España.

Además de clasificar a la población en función del mestizaje, estas obras contribuían también a degradarla en base a sesgos étnicos y raciales. De esta forma, los dieciséis retratos se agrupan de mayor a menor grado de *pureza* y, por tanto, de mayor a menor grado de deseabilidad y estatus social. Como es de esperar desde un prisma etnocéntrico, el mayor grado de pureza lo ostentaban las familias blancas y el menor grado, las familias negras o racializadas. En este tipo de obras —de hace más de tres siglos— aparecen términos todavía empleados a día de hoy, lo que revela las implicaciones racistas y coloniales que siguen habitando nuestros imaginarios y, también, nuestro lenguaje. Palabras como «mulato/a» o «jíbaro/a» actuaban como mecanismos de identificación racial, a través de los cuales se restringían libertades y derechos.

El término «mulato/a», por ejemplo, deriva del sustantivo «mulo/a», que designa a su vez una hibridación entre un asno y una yegua o entre un caballo y una burra; por tanto, le concedía un matiz racial negativo que animalizaba a la persona definida a través de él. Es por ello que —desde plataformas de activismo antirracista como la revista *Afrocolectiva*— se educa en la huella colonial, tanto del lenguaje como del imaginario, para repensar el legado racista español y crear conversaciones sobre la mejor manera de proceder: ¿es posible seguir utilizando una palabra sin la carga que conlleva? ¿Se puede desestigmatizar el lenguaje? ¿Es suficiente con intercambiarla por otra, como sería en este caso el término «mestizo/a»? ¿Asociar cualquiera de estos dos términos a las personas no es una forma de perpetuar la falsa creencia de que hay etnias más *puras* o *válidas* que otras? Más allá de plantear una solución definitiva, o una fórmula universal, el hecho de que se mantengan este tipo de conversaciones —así como que las personas blancas podamos escucharlas, aprender de ellas y darles el valor que merecen, es decir, sin restarles importancia por considerar el lenguaje un daño colateral de menor trascendencia que otros tantos— ya marca un precedente y un cambio de paradigma respecto a las posturas tomadas en otros siglos por nuestras antepasadas.

Con esta conversación en mente es con la que iniciamos el recorrido por la sala. La colonización, el racismo y las teorías civilizadoras basadas en la supremacía blanca convivieron en el siglo XVIII con las discusiones intelectuales sobre la libertad y los derechos universales. Los derechos universales ¿de quién?, deberíamos preguntarnos. Y, a continuación: si benefician a un porcentaje minoritario de la población, ¿podemos definirlos como *universales*? Las fracturas del proyecto ilustrado comienzan a desvelarse por sí solas. Recordemos de nuevo la frase de Diderot: «Instruir a un pueblo es civilizarlo». El concepto de *lo civilizado* —y, como consecuencia, de lo incivilizado— fue uno de los ases que las monarquías europeas se sacaron de la manga para justificar la violencia, el genocidio y la cristianización de territorios externos a Europa.

El carácter racista de las campañas de colonización emprendidas desde Europa hacia América y África, de ser resumido, podría reducirse a dos vertientes básicas. Por un lado, tenemos aquella que concibe a las poblaciones nativas como «salvajes» y entiende, por tanto, a los colonizadores como *salvadores* que *ayudan* a ese territorio a alcanzar el *progreso* (definido y estandarizado por y desde Europa, por cierto). Por el otro, está aquella vertiente que resta importancia, peso o verosimilitud a las consecuencias negativas que dichas campañas tuvieron en los países y territorios a los que fueron dirigidas. En algunos casos, la segunda vertiente es una consecuencia de la primera. Ante ambas, conviene recordar algunas citas de documentos coetáneos. En este caso, comenzamos por uno recogido por Luis Navarro García: «En 1750, el célebre marino Jorge Juan de Santacilia aconsejaba al marqués de la Ensenada establecer una colonia en las proximidades del Estrecho de Le Maire; pero, como a su juicio, no debía España mermar su población, proponía establecer allí "un número considerable de católicos extranjeros", y añadía; "como lo hacen todas las naciones, con lo cual consiguen no solo aumentar su pueblo, sino disminuir los demás"».[8]

Es decir, que en el mejor de los casos se conseguía a la fuerza la catolización de la población nativa. Pero si, como ocurría con «todas las naciones», dicha población quedaba mermada o disminuía, esto no era entendido, al parecer, como algo negativo; es más, por el tono empleado parecía hasta un fin deseable. El británico Robert Cushman, por ejemplo, «publicó un alegato en defensa de los colonos ingleses [...]. A fin de no parecer demasiado próximo a los españoles, llegó al punto de afirmar que, a diferencia de la conquista violenta de los españoles, los indios de Massachusetts habían sido conquistados "por amistosos gestos de amor, paz, honestidad y sabiduría"».[9] Como cabe esperar, ni los españoles ni los británicos se apropiaron de estos territorios empleando amistosos gestos de «amor, paz, honestidad y sabiduría», pero eran muy conscientes de los métodos violentos empleados por otras potencias europeas y los utilizaban como propaganda negativa contra ellas y a favor de sí mismos.

Las mismas potencias europeas que fletaban barcos con colonos en dirección a las Américas se encargaban también de secuestrar y traficar con las vidas de millones de personas africanas en dicho continente. Kenneth Morgan señala la *Transatlantic Slave Trade Database* como una de las bases de datos más importantes (y fidedignas) en la actualidad para informarse sobre la mayor forma de migración intercontinental forzosa de la historia moderna, ya que «contiene información de 33.367 viajes, que embarcaron a 10.148.288 esclavos en África, y de 33.048 viajes que desembarcaron 8.752.924 esclavos, principalmente en las Américas, entre principios del siglo XVI y mediados del siglo XIX. La base de datos abarca casi el 80 % de todos los viajes de tráfico de esclavos transatlántico».[10]

De nuevo, hay que señalar la pertinencia de preguntarse por qué la mayor parte de la población blanca española con formación secundaria o universitaria no sabría indicar en qué se tradujo la colonización y la trata de esclavos en términos de bonanza española y europea. En las aulas, la prosperidad económica suele justificarse y explicarse a través de conceptos abstractos que parecen diseñados para evitar esta cuestión, como —por ejemplo— «desarrollo del comercio» o «enriquecimiento de la clase comerciante». Es fácil enriquecerse cuando traficas con millones de vidas humanas a las que obligas a trabajar hasta la extenuación de manera gratuita; y todo esto sin mencionar el extractivismo de materias primas y bienes de los territorios tanto colonizados como constituidos como núcleos de trata de seres humanos. El margen de beneficio es tan grande que, de nuevo, no debería hablarse de desarrollo económico —ni de desarrollo cultural y artístico a partir del Renacimiento— sin mencionar explícitamente hasta qué punto esto fue posible gracias al tráfico de personas esclavizadas, a la esquilmación de materias primas fuera de Europa (para después importarlas a coste de ganga) y a la colonización de territorios (tanto si la población nativa sobrevivía como si no). La colonización y sus consecuencias no deberían ser entendidas como un hecho lejano externo a nuestra órbita cuando las sociedades actuales del norte global seguimos obteniendo beneficios de ella.[11]

Como ocurre con la representación femenina, la falta de representación de personas racializadas en el arte europeo de la Edad Moderna es más un vacío consciente que una falta de material sobre el que educar, como reflejó la exposición temporal «Tornaviaje: Arte iberoamericano en España» del Museo del Prado. En ambos casos, una de las razones para ello puede resumirse en lo siguiente: señalar la ausencia femenina y señalar la ausencia negra es tener que afrontar incómodas conversaciones sobre patriarcado, racismo y supremacismo. Sobre por qué se han obviado pese a haber existido y sobre por qué se siguen obviando pese a haber pasado *tanto tiempo* desde que fueron realizadas dichas obras de arte hechas por mujeres o en las que aparecen personas negras y racializadas. Es obligarnos a exorcizar nuestros demonios. Pero no podemos hacerlo porque seguimos sin reconocer que nos habitan.

Todo lo ajeno

Como el cuadro de castas actúa como díptico, para continuar el recorrido es necesario acercarse a él y empujarlo con las manos, como si de una doble puerta se tratase. Descubrimos entonces que la superficie sobre la que aparece la obra es de madera tan maciza como antigua, así que —a medida que se ejerce presión sobre ella para desplazarla— se escucha su crujido junto al rechinar de los goznes que la mantienen sujeta a las paredes. En el interior, nos recibe una sala rectangular con multitud de vitrinas de caoba que resguardan objetos de todo tipo. A medida que nos adentramos en ella descubrimos que, además de las vitrinas de exposición dispuestas a lo largo del centro de la estancia, también contamos con la presencia de todo tipo de muebles: desde aparadores a mesas de despacho y juegos de sillas. Parece una mezcla entre una muestra de interiorismo de mediados del siglo XVIII y la exposición de un museo etnográfico del XIX.

Una vez asimilamos la abundancia de elementos que plagan la sala, nos fijamos en un cartel que cuelga sobre nuestras cabezas y que actúa como mensaje de bienvenida, aunque en realidad se trate de una pregunta formulada en mayúsculas: «¿QUÉ ES EL EXOTISMO?». Este interrogante, junto al concepto que lo protagoniza, actuará de hilo conductor tanto en esta sala como en una de las tendencias pictóricas que veremos cuando lleguemos al siglo XIX. A veces bajo el nombre de «orientalismo», a veces bajo el nombre de «chinerías» —y, otras, bajo el nombre de «primitivismo»—, los lenguajes culturales y artísticos externos a Europa (igual que las sociedades a las que pertenecían) fueron catalogados como materiales exóticos.

Lo exótico, en este sentido, siempre tomó —y sigue tomando— una deriva unidireccional, es decir, exótico es todo aquello que no procede de o pertenece a Europa. En lo exótico, al mismo tiempo, confluyen todo tipo de adjetivos, como misterioso, extraño, fascinante, desconocido, desafiante, lejano o curioso. Estas catalogaciones y definiciones parten de la desigualdad: las aprovechamos a nuestro favor, considerando lo ajeno algo inferior, mientras empleamos su estética como algo que moldear para que cumpla nuestros estándares y que podemos desechar en caso contrario.

Un ejemplo de esto sería, por ejemplo, el mercado artístico de las llamadas chinerías. En el siglo XVIII se desarrolló una fascinación absoluta por la estética china o, mejor dicho, por lo que desde Europa se entendía como estética china: «China, lejana y misteriosa, colmó el deseo de novedades en el interiorismo y el repertorio ornamental. Más que de un interés científico real por el arte y la arquitectura chinos, fue una moda exótica, como lo demuestra que los rasgos originales pasaran por el filtro de una reelaboración de gusto occidental».[12]

Es decir, en raras ocasiones desde Europa se mostró un interés genuino por familiarizarse con lo ajeno, sino que era —más bien— una intención de utilizarlo a nuestro favor a cualquier coste. El ejemplo de la porcelana china puede servirnos para ilustrar este fenómeno: su fórmula, como comentamos por encima anteriormente, era muy compleja y, además, secreta. Pese a todo, no fueron pocos los intentos europeos de descubrir soluciones semejantes. Estas tentativas prosperaron en la ciudad alemana de Meissen, donde un alquimista logró desarrollar una fórmula que, pese a no ser la misma, guardaba gran parecido. En 1719, dicha fórmula fue vendida de manera clandestina a la manufactura de Viena y, de ahí, se extendió a las manufacturas reales del resto de Europa. Estas manufacturas reales contaban con leyes muy severas que regulaban su comercio,[13] para así poder controlar los precios, obtener mayores beneficios y competir con las manufacturas reales de otros territorios. La mentalidad europea vinculada al expansionismo había abierto el abanico de posibilidades artísticas, así que estas manufacturas enfrentaban grandísimos índices de competencia. Todas pretendían generar piezas únicas cada vez más preciosas que aplacasen la sed consumista de la sociedad rococó.

La extracción de materias primas en territorios colonizados abarataba los costes de adquisición del material, que era entendido como un recurso infinito cuya riqueza derivada no se distribuía en el territorio de origen, sino que terminaba en Europa. De esta forma, a lo largo del siglo XVIII, y también en esta sala, aparecen muebles hechos de maderas *nuevas* (no europeas) de altísimo valor que Francia conseguía gracias a sus colonias en ultramar.

Al otro lado del canal de la Mancha, el comercio transatlántico de la madera propició la aparición de un estilo inglés autónomo que se alejaba del rococó promulgado por Francia y que tenía como protagonistas la caoba —extraída de América— y la figura del ebanista Thomas Chippendale,[14] de quien dicho estilo toma prestado el nombre.

Junto a la reelaboración de elementos provenientes de Asia, en concreto de China, las artes decorativas europeas también dejaron patente su supremacía sobre los cuerpos de las personas negras esclavizadas, introduciéndolos como motivo decorativo en muchos de sus objetos. En esta sala podemos encontrar, por ejemplo, relojes decorativos en los que, empleando el oro, se muestra la figura de un colono británico sujetando con una cuerda el cuello de una persona negra, situada en una posición de sumisa inferioridad. O un soporte para tres jarrones —de Andrea Bustolon— en cuya parte superior, a modo de sujeción para el jarrón de mayor tamaño, aparecen representados tres esclavos encadenados al cuello del soporte. Más allá del mal gusto subyacente en este tipo de piezas, que la esclavitud de seres humanos fuese empleada como un motivo decorativo es, además, de una perversidad sin igual. Este tipo de obras subrayaban el desarrollo del supremacismo blanco europeo y lo siguen subrayando todavía a día de hoy en muchos espacios museísticos o musealizados, como es el caso del Museo del Romanticismo en Madrid, donde se suele poder contemplar el reloj decorativo mencionado anteriormente, al igual que una mesa cuyo soporte es la caricatura de un hombre negro vestido de bufón que, haciendo el pino, sujeta sobre sus pies la tabla. Así veían las consecuencias de la esclavitud las clases altas europeas: como un divertimento.

El empleo de figuras antropomorfas como soportes o patas de mesas fue habitual en esta época: cariátides o atlantes están presentes en muchos objetos. La diferencia principal entre el uso de cariátides o atlantes y el uso de caricaturas de personas negras estriba, en primer lugar, en que unos pertenecen a la mitología y otros existen realmente. Y, en segundo lugar, en que la connotación es distinta. En el caso de las cariátides, lo que se destaca son sus características estilizadas; en el caso de los atlantes, su fortaleza. En el caso de las personas negras, sin embargo, lo que se señala es su inferioridad socialmente construida. No ofrecer estas lecturas en las cartelas o discursos museísticos es, de nuevo, restar importancia o no estar dispuesta a ofrecer atención a dinámicas que, al no haber sido todavía enfrentadas con responsabilidad, siguen reproduciendo la desigualdad y el racismo.

Para quien piense que estas dinámicas están «ya superadas», supongo que solo es necesario tomar el ejemplo de la cabalgata de Alcoy, en Alicante, en la que cada año se sigue consintiendo y aplaudiendo que personas blancas se disfracen imitando estas caricaturas dieciochescas de personas negras (haciendo *blackface*).[15] La piel negra y los hinchados labios rojos están presentes en este tipo de arte mobiliar y, trescientos años después, las personas blancas seguimos repitiendo la misma caricaturización deshumanizante. Por tanto, ni parecemos haber aprendido nada ni parecemos ser conscientes de todo lo que nos queda por aprender y reparar.

Centrémonos ahora en el interior de las vitrinas de caoba, donde podemos encontrar las mencionadas chinerías. Algunas de las vitrinas están repletas de jarrones, estatuillas y vajillas de porcelana, así como de servicios de té. El auge de este tipo de útiles y objetos estuvo estrechamente ligado, por un lado, al comercio con China y, por otro, a la mano de obra gratuita, producto de la esclavización. Fue en la Edad Moderna cuando empezó a importarse té desde China, café desde América y cacao desde África. En un principio, estas bebidas se consideraban tan exóticas como los parajes de los que procedían, aunque solo en el caso de China su llegada a Europa fue fruto de un comercio en relativa igualdad de condiciones, es decir, de una transacción económica que enriquecía el territorio del que provenía. Las plantaciones de café y de cacao eran campos de trabajo forzoso donde la recolección no enriquecía a las personas que la llevaban a cabo, solo a sus propietarios blancos (tal y como sigue ocurriendo hoy en día) y cabe destacar que el exotismo asociado a estas bebidas implicaba que no fuese precisamente barato tener acceso a ellas en Europa.

A pesar de que esta sala sirve de crítica hacia determinados discursos museísticos y costumbres racistas, también peca de lo mismo que señala. Al transitar por la sala de un museo o de una galería, una mirada inquieta cuestionará tanto la presencia como la ausencia, es decir, tanto lo que vemos como lo que puede faltar. Pero no solo eso: también se preguntará cómo se enseña lo que vemos, cuál es el discurso que legitima la muestra y, sobre todo, si se sigue transmitiendo como algo aislado de nuestra cultura o si, en cambio, se entrelaza con el discurso oficial.

Esta estancia autónoma refuerza el discurso oficial porque aglomera en un mismo espacio objetos artísticos de diversa índole, procedencia y connotación: mezcla todo lo entendido como «ajeno», implicando con ello que todo lo ajeno es igual entre sí sin tener en cuenta sus diferencias. Segregar estas obras es seguir manteniéndolas fuera de la hegemonía, seguir subrayando su carácter exótico, seguir designándolas como «no suficientemente relevantes» como para que formen parte de salas o muestras genéricas. Con ello, lo que se consigue es fomentar un discurso museístico parcial en lugar de uno integral.

Al dejar atrás esta sala, seguimos arrastrando con nosotras una duda que va afianzándose cuanto más reflexionamos sobre ella: ¿fue el siglo XVIII tan revolucionario como creemos que fue? ¿O estuvo el llamado Siglo de las Luces plagado de más sombras de las que hemos querido identificar y señalar? Con esto en mente, continuamos avanzando por las siguientes secciones del museo, dedicadas —ahora sí— plenamente a la segunda mitad del siglo XVIII, monopolizada por la explosión de la Revolución francesa y el definitivo desplome de lo que conocemos como Antiguo Régimen.

Como todo gran suceso de insurrección, sería complicado entender el año 1789 de forma aislada, es decir, como un brote espontáneo en lugar de como la gota que colmó un vaso que llevaba mucho tiempo a punto de desbordarse. El Antiguo Régimen y su universo feudal, al institucionalizar la diferencia, «habían levantado en el espacio de las relaciones humanas todo un sistema de separaciones, escalonamientos, obstáculos, símbolos de diferencia cualitativa y signos de protección antaño otorgada por el soberano al vasallo. La protección había desaparecido, pero la desigualdad de las condiciones persistía [...]. Permanecían, pues, las separaciones injustificadas, las prohibiciones absurdas, las barreras cuyo único efecto era mantener a la mayoría de los hombres al margen del disfrute pleno de los derechos "naturales" propios de la existencia humana».[16] La principal diferencia es que, ahora, ese «disfrute de unos pocos a costa del sufrimiento y penuria de muchos» empezaba a quedar patente sin ningún tipo de reparo, sobre todo en Francia.

Dicho país atravesó un 1788 de muy malas cosechas y un 1789 de mucho mucho frío. El hambre, sumado a una climatología que hacía imposible la subsistencia, se combinó con el colapso de las arcas del Estado que, como es lógico, no fueron capaces de soportar un siglo de despilfarro, jolgorio, fiestas y excesos. De esta manera, los altercados civiles de las provincias, potenciados por la escasez de alimento, generaron sufrimiento, inquietud y agitación en un pueblo que ya no podía más. El pastor protestante y diputado del Tercer Estado, Rabaut Saint-Etienne, dijo: «No se puede describir la sorpresa de la nación ni su indignación cuando conoció el montante del déficit: los males de Francia solo se habían sentido, no se habían calculado». Esto mismo, Jean Starobinski lo resume de la siguiente forma: «La riqueza que necesita el libertino para renovar sus placeres tiene como correlato la indigencia del pueblo. El sombrío poder de la necesidad, la escasez y la miseria es la sombra producida por los goces exclusivos de los más privilegiados».[17] Tanto la monarquía como la aristocracia estiraron la goma hasta que esta terminó rompiéndose, y cuando el pueblo clamó al cielo pidiendo protección y pan, la única respuesta que pudieron formular fue «no podemos daros nada porque lo hemos esquilmado todo».

Llegado ese momento, los avances previos en materia de pensamiento filosófico y teorización de las libertades básicas del ser humano que vinieron de la mano de Voltaire, de Rousseau o de Diderot, entre muchos otros, fueron tomados como una profecía; también como el trazado de la única vía posible a seguir. Pero lo cierto es que todos estos señores tenían poco o nada que perder: contaban con los mismos privilegios del estamento que pretendían combatir o desestructurar desde la teoría. Estaban tan lejos de las dificultades que tenía que atravesar diariamente el Tercer Estado —un pueblo muerto de hambre que veía morir a diario a familiares y amistades— como lo estaba la monarquía o la élite eclesiástica. Las que azuzaron a las masas no fueron únicamente las teorías ilustradas (la población era mayoritariamente analfabeta), sino el hartazgo frente a la tiranía de los poderes temporales. Por eso, el contexto revolucionario fue también un contexto de profundo anticlericalismo, no tan dirigido a atacar el sentimiento religioso como a lo que la institución eclesiástica suponía en sí misma: lujo, privilegio y dispendio.

Esto explica que fuese durante el periodo revolucionario cuando se embistió contra todos los símbolos asociados a estos dos poderes. ¿Y cuál es uno de los símbolos de poder más importantes? El arte. La expropiación de los bienes de la Iglesia, la destrucción de la Abadía de Cluny o el saqueo de Versalles nos cuentan que el arte es portador de significados y que, muchas veces, su destrucción es fruto de un intento por destruir también los ideales que representa, que ejemplifica o que legitima. Por eso las obras de arte no son simples objetos o piezas, sino reductos de la memoria, y su poder trasciende la forma para amplificarse a través de su significado y connotación: las obras son también aquello que representan.

Este pudo haber sido uno de los motivos por el cual el proceso revolucionario no generó nuevas formas artísticas, sino que oficializó las ya existentes, como el Neoclasicismo. En un conflicto armado a gran escala, bien es cierto que los artistas no tienen demasiado que aportar: su trabajo es hacerlo después, no durante. «Los años turbulentos de la Revolución francesa reducen a una inactividad casi completa a los artistas que dependían de los encargos de la aristocracia y de las clases adineradas [...]. Muchos de quienes se montan al carro de la Revolución o se convierten en sus artistas oficiales —como Louis David— se ven obligados a sobrevivir practicando artes menores. Otros, relacionados con la nobleza, emigran a partir de 1789, y tardarán en ser reemplazados».[18]

La primera sala de la Revolución francesa es circular. El círculo puede ser entendido como una forma geométrica que no cuenta con principio ni fin o como una metáfora que remite al hecho de que el inicio de algo permanece indisolublemente conectado a su final, sin que exista una diferencia marcada entre ambos. Se escucha un molesto sonido capaz de hacer rechinar los dientes a cualquiera tras varios minutos colándose por los oídos. Es un ruido pausado pero incesante: se trata de un goteo propio a cuando olvidas cerrar bien el grifo o tienes goteras en algún lugar de tu casa. Inunda todo el espacio. Reverbera por las paredes. La sensación de humedad es asfixiante y la congestión existente en la sala lo inunda todo cuando entramos en ella. Como si estuviésemos en una sauna, el vapor nos envuelve, nos hace sudar y nos impide ver con claridad. Tenemos que ir caminando despacio, prestando atención al suelo y a nuestro alrededor, para no chocarnos con nada. Esta sensación de falta de control y desconocimiento del espacio nos produce cierta incomodidad; también cierta desconfianza. Vemos poco y lo único que oímos es nuestro murmullo de desconcierto y un goteo que bien podría ser real o bien podría ser una reproducción de sonido ambiental. Al dar el siguiente paso, el vapor se disipa lo suficiente como para permitirnos vislumbrar algo enfrente y, al mismo tiempo, sentir que estamos paradas sobre un suelo mojado. Miramos abajo y, efectivamente, descubrimos que una fina pátina de agua se extiende sobre el pavimento, empapando nuestro calzado.

Delante descubrimos una bañera. Es antigua y está a rebosar. Sobre sus bordes se apoyan sábanas blancas que caen hasta el suelo, a través de las cuales se filtra el agua que no encuentra espacio dentro. El líquido no está limpio: presenta un alarmante color rojizo que, además de empaparlas, también las mancha. Sobre la bañera, suspendido en la atmósfera vaporosa de la sala, está el cuadro *La muerte de Marat*, de Jacques-Louis David, fechado en 1793.

Starobinski explica que «en el momento de naufragio de la monarquía tradicional, todo aquel que sostiene una pluma se convierte en legislador».[19] Esta podría ser una buena frase para sintetizar lo que supusieron los llamados «años del terror», enmarcados entre 1792 y 1793, tras el estallido de la Revolución en Francia. Jean-Paul Marat fue un conocido líder de la facción jacobina, asesinado en su bañera por una integrante de la oposición girondina, Charlotte Corday, cuyo nombre aparece sobre el papel que todavía sostiene en la mano izquierda, apoyada en el pupitre improvisado sobre la tina. El artista, David, dota a su amigo Marat de un carácter sacro, representándolo como un mártir de la Revolución. Para ello, se basa en la iconografía cristiana desarrollada por dos de los grandes artistas del arte italiano renacentista y barroco: Miguel Ángel y Caravaggio. De Miguel Ángel toma las referencias de su *Pietà* y de Caravaggio toma el brazo de Cristo en su *Santo Entierro*. Hasta Baudelaire mostró su sorpresa al conocer la rapidez con la que David ejecutó esta obra: la terminó en tan solo cuatro meses. Desde entonces, ha sido considerada como uno de los adalides de la Revolución francesa, al mismo tiempo que ha competido con *El juramento de los Horacios* como una de las obras maestras del artista por aunar ambas en el lienzo tanto los presupuestos neoclasicistas como los presupuestos revolucionarios.

El año del estallido de la Revolución coincide con la firma de la *Declaración de los Derechos del Hombre y del Ciudadano*. Este texto fundacional marca la línea entre el Antiguo Régimen y la Edad Contemporánea y es referido como un hito de las libertades y derechos naturales del individuo. Por desgracia, cuando los franceses dictaminaron que dicha declaración cubría los derechos del hombre y del ciudadano, se referían exclusivamente al hombre y al ciudadano y, para ser más concretas, al varón y al ciudadano blanco: «En los diversos procesos de formación de sus estados nacionales, de sus revoluciones burguesas, las metrópolis forjaron sistemas políticos basados, supuestamente, en la libertad y la igualdad de todos los ciudadanos. Sin embargo, no olvidemos que el artículo 17 de la Declaración de Derechos del Hombre y del Ciudadano rezaba: "Siendo la propiedad un derecho inviolable y sagrado, nadie puede ser privado de ella, salvo cuando la necesidad pública, legalmente comprobada, lo exija de modo evidente, y a condición de una justa y previa indemnización", y esta sagrada máxima entraba en violenta contradicción con la abolición y radicación de la esclavitud, puesto que los esclavos eran propiedad privada de sus amos, de la que sacaban sustanciosos beneficios, en una producción y comercialización que extendía sus redes por los cinco continentes».[20]

De esta forma, cuando los hombres ilustrados procedieron a forjar un aparato de estado democrático, dejaron fuera de él a los territorios que habían subordinado y, con ellos, también a millones de personas en situación de esclavitud.[21] En el caso de las mujeres blancas, fue precisamente con la firma de la *Declaración de Derechos del Hombre y del Ciudadano* cuando fueron plenamente conscientes de que el plural masculino no era —ni es— universal, sino restrictivo, porque no las incluía a ellas. Pese a haber sido las instigadoras de la Marcha a Versalles,[22] gracias a la cual se impidió la fuga de Luis XVI de París, y a haber formado parte activa del proceso revolucionario, pronto fueron olvidadas y —de nuevo— supeditadas a los hombres. Su descontento viene reflejado en los conocidos *Cuadernos de Quejas*, un dispositivo puesto en marcha por los Estados Generales que servía para conocer las necesidades y sugerencias de la población. Gracias a ellos, sabemos que las mujeres francesas empezaron a tomar conciencia colectiva como «Tercer Estado del Tercer Estado». En este contexto se sitúa el desarrollo de la primera ola feminista europea como movimiento organizado por un bien común: la emancipación de las mujeres.

Olympe de Gouges fue una de sus primeras teóricas y, dos años después de la publicación de la *Declaración de Derechos del Hombre y del Ciudadano*, fue ella quien se encargó de aunar las quejas de las mujeres en una réplica: la *Declaración de Derechos de la Mujer y de la Ciudadana*. Dos años después fue guillotinada públicamente por su apoyo a la facción girondina. Desde Inglaterra, otra pensadora, filósofa y escritora dio también impulso a esta primera ola feminista europea: Mary Wollstonecraft, a través de su *Vindicación de los Derechos de la Mujer*. Murió cinco años después dando a luz, paradójicamente, a una de las voces más importantes de la literatura contemporánea: Mary Shelley. Aunque su legado raras veces sea reconocido y honrado, a ella le debemos la semilla del movimiento por el sufragio femenino en Inglaterra que, desde luego, no es poco.

Ahora que hemos conocido las características esenciales que nos ayuden a entender el siglo XVIII desde —quizás y ojalá— otras perspectivas, podemos inmiscuirnos poco a poco en el siglo XIX con mayor aplomo. Antes de nada, debo reconocer que cuanto más he ido indagando en él a lo largo de los últimos años, menos he entendido por qué ha gozado siempre de tan poca atención. Recuerdo que —en mis múltiples viajes a la biblioteca para llenar mi mochila de libros durante la escritura de este libro— solía mirar de reojo la alacena dedicada al arte del siglo XIX para descubrir que era la que menos material tenía. Como mucho, una quincena de libros, mientras las alacenas dedicadas a los demás periodos estaban a rebosar. En un principio, inocente de mí, pensé: «¡Vaya!, qué interesada está la gente, ¡que se los lleva todos!». Pero, a partir de la cuarta visita, viendo que el volumen ni subía ni bajaba sustancialmente, tuve que barajar otra posibilidad: ni la gente ni la biblioteca parecían tener interés por aumentar su catálogo. Esto era, en realidad, un reflejo de lo que había escuchado decir a diferentes personas del profesorado, así como en diferentes conferencias, a lo largo de mi paso por la universidad.

Una de las razones por las que me apasiona el siglo XIX es porque me ayuda a entender muchas de las dinámicas y problemáticas del siglo XXI. Creo que seguimos siendo una sociedad decimonónica en demasiados aspectos y estructuras. Puede que el hastío generalizado que percibo en el mundo del arte hacia el siglo XIX sea, de hecho, fruto de un efecto espejo. Podemos llegar a vernos tan reflejadas en él que preferimos cubrir el reflejo con una sábana que nos ayude a marcar una distancia ficticia entre lo que *fueron* y lo que *somos*.

La racionalización de la misoginia

La siguiente sala tiene las paredes pintadas de color borgoña, cortinas de terciopelo verde colgando a ambos lados de las ventanas y suelos de madera. En ella nos encontramos por primera vez con una de las majas de Goya, en todo su esplendor y desnudez. Durante las décadas posteriores a su ejecución, establecida entre 1795 y 1800, esta obra no era conocida como *La maja desnuda* sino como una de las *Venus* que Goya realizó por encargo para el palacio de Godoy, primer ministro del monarca Carlos IV por aquel entonces. El grabador Pedro González de Sepúlveda, tras su visita al enclave en compañía de Ceán Bermúdez, anotaba en su diario: «Una Venus desnuda de Goya pero sin dibujo ni gracia en colorido».[23] Y es que Goya, igual que Velázquez en su etapa madrileña, era más amigo de la pincelada que del dibujo, tendencia que en su momento le causó, como podemos ver, alguna que otra crítica. Entre otras cosas, el Neoclasicismo había incidido en la supremacía del dibujo sobre el color, del mismo modo que —mucho después— el impresionismo y las vanguardias se inclinarían sobre el color frente al dibujo, sintiendo, pues, especial predilección por la pincelada de Velázquez y Goya, a quienes consideraron visionarios por ese motivo.

La maja desnuda de Goya nos sirve para hablar de los diversos y numerosos nombres que determinadas obras de arte han tenido a lo largo del tiempo. En la Edad Moderna, el título de las obras solía ser una descripción del tema que representaban, y así es como aparecían también en los inventarios. De esta manera, durante aproximadamente veinte años, Goya pintó a una Venus y no a una maja. Esto tiene sentido si tenemos en cuenta, de nuevo, el discurso iconográfico en el que se insertaba: en el gabinete privado de Godoy, esta obra de Goya compartía habitación con dos Venus de Tiziano, así como con la *Venus del Espejo* de Velázquez. A Godoy, como a tantos otros hombres poderosos y no tan poderosos, le gustaba tomar decisiones y alejarse del trasiego rodeado de mujeres desnudas. Es por ello que Goya retoma la tradición de desnudo femenino iniciada por Tiziano con su *Venus de Urbino* para realizar esta obra, que solo obtendría el nombre de *La maja desnuda* por comparación con su compañera vestida a partir de 1814, cuando los bienes del antiguo ministro son incautados e inventariados.[24]

Como solía ocurrir, el género pictórico del desnudo estuvo monopolizado en el siglo XIX por modelos femeninas pintadas por manos masculinas. Debido a ello, es larga la literatura artística que se ha estrujado los sesos intentando desarrollar teorías más o menos plausibles sobre quiénes son las representadas o a quién pueden hacer referencia. De *La maja desnuda* se ha dicho que pudo ser desde la duquesa de Alba —sobre quien pesa la leyenda de haber sido amante de Goya— hasta Pepita Tudó, la amante de Godoy en las fechas en las que fue encargada y realizada la obra.[25] ¿La verdadera identidad de la retratada? Sigue siendo un misterio. Misterio que, a su vez, bien podría servirnos para añadir un par de leños a la larga y paradójica hoguera del anonimato de las modelos de desnudo.

El cuerpo de las mujeres ha sido colocado en todas las posturas posibles, dentro (y fuera) de todos los escenarios posibles. En cambio, el mismo acto del posado ha sido considerado impudoroso. Es decir, que los artistas han cosechado grandes sumas de dinero a costa de un género pictórico que solo les beneficiaba a ellos, como artífices y como receptores. Para una mujer de la nobleza o de la aristocracia, ser reconocida en un cuadro de desnudo en el gabinete privado de un alto cargo, o de un hombre de su mismo rasgo social, no constituía en ningún caso algo que mejorase su reputación, sino algo que la manchaba, desatando todo tipo de rumores y señalamientos. La libre expresión (y disposición) de la sexualidad de las mujeres ha sido —y, en muchos casos, sigue siendo— un privilegio masculino, no una posibilidad femenina: quienes se han beneficiado de ello han sido los hombres, no nosotras.

Para ilustrar esta situación, recordemos el acoso y derribo al que se vieron sometidas Angelica Kauffmann o Élisabeth Vigée-LeBrun ante los rumores de hacer en privado lo que la maja desnuda de Goya hace sobre el lienzo. O cómo en algunas obras de mediados y finales del XIX se presenta el modelaje como un suceso dramático al que las mujeres de clases bajas se veían empujadas por la necesidad económica, como se muestra en el cuadro de Rafael de la Torre y Estefanía, *Luchar por la vida*, de 1895, o en *Desnudo de mujer*, de José Jiménez de Aranda, fechado alrededor de 1885. Como afirma Carlos Reyero: «En general, la modelo es un tipo vituperado en el orden burgués, no solo por las connotaciones eróticas que tiene el desempeño de esa profesión, sino también por su excesivo conocimiento del mundo de los hombres».[26] El traslado de estas realidades al arte respondió a la aparición del realismo social como tema, el cual ofreció «un catálogo tan amplio de mujeres forzadas a posar sin ropa, que el propio desnudo como argumento plástico se quedaría atrás frente al que verdaderamente importaba, el drama vital de la modelo»,[27] según palabras de Carlos G. Navarro. Sobre este punto volveremos después; ahora toca regresar a nuestro amigo Francisco de Goya y Lucientes.

Podríamos decir que Goya fue un artista profundamente incomprendido en su tiempo, aunque gozase del patronazgo real. Muchas de las pinturas y grabados por los que se le conoce hoy en día son también aquellas y aquellos que menos casaban con el sistema artístico en el que se insertaban. Sus *Desastres de la Guerra*, sus *Pinturas negras* y sus *Caprichos* muestran tanto la decadencia en la que estaba sumida España como todos los demonios que aterrorizaban a sus gentes y también al propio Goya, que se ganó el título de «afrancesado» por defender el proyecto ilustrado. España había vivido su Siglo de Oro en el Barroco, mientras que durante el rococó y el Neoclasicismo tuvo que hacer frente a la pérdida de presencia territorial en sus antiguas colonias, al fracaso en conflictos militares y a la incapacidad de sobreponerse al instigador ascenso de Inglaterra y Francia como potencias europeas de primera línea. De esta forma, a finales del siglo XVIII y principios del siglo XIX, nos encontramos con una España que Goya caricaturiza en sus grabados, pero a la que también refleja con el realismo más agudo que su mirada fue capaz de alcanzar.

Aquí no nos interesan tanto sus *Fusilamientos del 3 de mayo* o su *Carga de los mamelucos*, sin por ello insinuar que sean obras que carezcan de interés tanto histórico como plástico. Más bien preferimos centrar nuestra atención en esa representación de una España que huele a putrefacción, que se esconde en las sombras —a donde no llega la luz de las velas— y que lleva a sus bocas sin dientes mendrugos de pan recubiertos de moho. Una España que dista mucho de las brillantes condecoraciones y lujosos ropajes del retrato *La familia de Carlos IV*. Me interesa quedarme con ese Goya pintor de la fealdad, en oposición a su faceta como pintor de cartones para tapiz y encargos de la nobleza.

Así es cómo encaramos las *Pinturas negras*. En el espacio de la sala dedicado a ellas, nos recibe un panel en el que se insertan tres obras de distintos periodos y, también, de distintos tamaños.

La primera es una reproducción de un grabado de Durero, fechado a finales del siglo XV, en 1497. En él se representa a cuatro mujeres desnudas en un interior arquitectónico. Una de ellas nos da la espalda. Otra, a su izquierda, también, aunque su rostro aparece de perfil. A la derecha tenemos a la única figura femenina que muestra por entero su cuerpo de frente y, sobre su hombro, vemos asomar el rostro de una cuarta mujer. Antes siquiera de desplazar la mirada a la segunda obra, la conexión que establecemos en nuestra cabeza con la que tenemos delante —independientemente de nuestro grado de familiarización con la historia del arte— es inmediata: parecen *Las tres Gracias* de Rubens, salvo porque en el grabado de Durero son cuatro las mujeres representadas.

Efectivamente, al lado del grabado tenemos la representación de estas tres deidades en su óleo sobre lienzo fechado entre 1636 y 1639. La atmósfera es totalmente diferente. En primer lugar, porque tiene lugar en un exterior ciertamente bucólico; y, en segundo lugar, porque no es difícil darse cuenta de que es un tributo a la belleza. En el caso de Durero, algo en la estrechez del interior arquitectónico produce cierta sensación de agobio, de enclaustramiento. Esto, sumado a las proporciones de los cuerpos de las protagonistas, nos susurra que no es la belleza lo que pretende ser representado, sino la fealdad.

Al lado de la archiconocida obra de Rubens —vinculada a la estética de la belleza—, nos encontramos con una de las muchas de Goya asociadas a la estética de la fealdad: *El conjuro*, fechada entre 1797 y 1798. En ella, un grupo de cuatro ancianas cubiertas con mantos negros rodean a una quinta figura femenina, también de edad avanzada, cuyo manto es una de las únicas notas de color de toda la escena; un amarillo tan fulgurante como la capa que lleva Judas en uno de los frescos de Giotto y que simboliza el color de la traición. Esta anciana, a su vez, extiende las manos sobre una sexta persona, que se agacha atemorizada en el extremo derecho de la composición. Su identidad parece generar dudas. En ocasiones aparece referida como una mujer joven y, en otras, como un muchacho. A veces, incluso en un mismo comentario de texto es referida como mujer joven y como muchacho a la vez.[28] Toda la composición se corona con el vuelo de los búhos y con una séptima figura que sale del cielo, portando huesos en las manos.

Las tres obras generan entre ellas un juego de contrastes, iniciado por el grabado de Durero. Por un lado, concuerda en forma y postura con *Las tres Gracias* de Rubens pero, en cambio, la temática la comparte con *El conjuro* de Goya. La razón por la cual la obra de Rubens aparece separándolas —y, al mismo tiempo, uniéndolas— es sencilla: dar pie a la reflexión sobre cómo los encuentros privados entre mujeres pueden ser leídos en clave de disfrute o en clave de misterio; y cómo lo primero se asocia a la belleza —y, por tanto, también a lo positivo—, mientras lo segundo se asocia a la fealdad —y, por tanto, también a lo negativo.

Esta lectura maniqueísta ha sido frecuente a lo largo de la historia del arte y, a través de ella, ha sido habitual vincular lo bonito a lo bueno y lo feo a lo negativo. La relevancia de este hecho fue tal que es esta base sobre la que se sustentó la pseudociencia de la frenología, hoy por suerte más que descartada, pero que en su momento pretendió determinar en función de los rasgos físicos de una persona —incluidas las facciones— su carácter o su criminalidad. Es por esto también por lo que las brujas han sido representadas como mujeres feas, deformes y viejas desde que Brueghel el Viejo, a lo largo del siglo XVI, se convirtió en el precursor de su iconografía. En esto, Goya no supo separarse demasiado de la tradición europea, sino que se dedicó a reforzarla.

A día de hoy sabemos que la persecución de las brujas fue otra de las muchas persecuciones masivas que sufrieron las mujeres por traspasar los límites de la dominación masculina. En la mayoría de los casos, sus aquelarres nada tuvieron que ver con ritos satánicos, sino más bien con la recuperación de encuentros comunitarios que la privatización de la tierra censuró a partir de la Edad Moderna.[29] También sabemos que la mayor parte de sus conjuros eran, en realidad, la transmisión oral y a veces escrita de los inicios de la fitoterapia, la farmacia y la medicina, de cuyo ejercicio se las privó cuando los hombres empezaron a profesionalizarse en dichos ámbitos.[30] Asimismo, conocemos que su existencia respondía al mantenimiento de una espiritualidad ajena a la cristiana: de ahí que la primera mujer asesinada por bruja en Nueva Inglaterra fuese Tituba, una mujer negra esclavizada. Y, por supuesto, también entendemos que su leyenda medieval tiene más de construcción moderna que de realidad histórica, pues los conocidos Juicios de Salem tuvieron lugar a finales del siglo XVII, y no antes del siglo XV, como sugiere la vinculación entre brujas y oscuridad medieval. Por otra parte, el primer manual propiamente dicho que recoge los pasos a seguir para identificar y perseguir a las brujas tampoco lo encontramos en la etapa medieval, sino a finales del siglo XV: el *Malleus Malleficarum* fue publicado por Enrique Kramer y Jakob Sprenger en 1487. De él se estima que circularon unas 30.000 copias por toda Europa.[31]

¿Qué nos muestran estos datos? Que la temida y difamada Edad Media fue, en muchos casos, más amable con las mujeres de lo que lo serían posteriormente tanto la Edad Moderna como la Edad Contemporánea; y que las obras de arte contribuyeron a generar una iconografía que sustentase esta clase de sistemas de control y adoctrinamiento del comportamiento femenino. En este sentido, el siglo XIX fue una de las etapas más prolíficas para ello; las numerosas pinturas y grabados que Goya dedicó a seguir difundiendo el mito suponen simplemente la punta del iceberg.

En la pintura del siglo XIX encontramos, por un lado, cómo el arquetipo de la «buena mujer» se mantiene más o menos estable en relación a periodos artísticos anteriores, mientras que el arquetipo de la «mala mujer» se amplía de forma sustancial y, lo que es más peligroso, de manera mucho más sutil. Esto se debe principalmente, y entre otras cosas, a la aparición de la sociedad de clases; a la proletarización y precarización de la clase obrera; al auge del feminismo como movimiento social, y al acceso masivo de las mujeres a los diferentes ámbitos laborales. En toda época de grandes cambios, aquellos que ostentan el poder procuran poner de su parte todos los medios posibles para seguir legitimándose en él.

¿Recordáis a Rousseau, uno de los grandes teóricos del siglo XVIII? Pues bien, digamos que Rousseau, en su obra el *Emilio*, configuró un tratado filosófico que puede entenderse también —a grandes rasgos— como un manual de comportamiento para el nuevo hombre contemporáneo, así como para la «nueva» mujer. Resumiéndolo de otra forma: lo que sembró Rousseau en el siglo XVIII —recogido posteriormente en el siglo XIX— fue la racionalización de la misoginia, es decir, que todo aquello que con anterioridad había sido legitimado por la religión, ahora pasaba a ser certificado por la ciencia, la razón y la filosofía. Este giro teatral de los acontecimientos fue decisivo para seguir perpetuando viejos sistemas de opresión, pero desde otras argumentaciones. Lo que Rousseau expresaba en el *Emilio* en el año 1762 —que «la educación de las mujeres siempre debe ser relativa a los hombres: agradarnos, sernos de utilidad, hacernos amarlas y estimarlas, educarnos cuando somos jóvenes y cuidarnos cuando somos adultos, aconsejarnos, consolarnos, hacer nuestras vidas fáciles y agradables»—[32] fue reproducido por Schopenhauer en *El amor, las mujeres y la muerte*, en 1819, de la siguiente forma: «Lo que hace a las mujeres particularmente aptas para cuidarnos y educarnos en la primera infancia, es que ellas mismas continúan siendo pueriles, fútiles y limitadas de inteligencia. Permanecen toda su vida siendo niños grandes, una especie de intermedio entre el niño y el hombre».[33]

Es decir, que —tal como defiende Erika Bornay en sus *Hijas de Lilith*— a medida que las mujeres iban siendo conscientes de su situación de supeditación y minoría de edad crónica impuesta por los hombres e intentaban liberarse de ella, la respuesta reaccionaria por parte de intelectuales, escritores y hombres con capacidad y medios para hacer valer su palabra no tardó en dejarse ver y fue preparando el terreno para asegurar su invalidación. De esta manera, a lo largo del siglo XIX se materializa el arquetipo del «ángel del hogar» y este, a su vez, se contrapone con el desarrollo de la iconografía de la «mujer fatal».

El ángel del hogar es el modelo gracias al cual las mujeres de las clases burguesas son domesticadas, mientras que el modelo de la *femme fatale* es aquel a través del cual las mujeres obreras —las mujeres subversivas— son demonizadas. El ángel del hogar es la Virgen María. La mujer fatal son Eva y Lilith. El ángel del hogar es la esposa y madre. La mujer fatal es la prostituta, la literata y la feminista. De esta manera, el concepto de pecado cristiano trasciende la sexualidad para envenenar también las ansias de libertad. En una sociedad que hace valer conceptos en dicha línea —como «libertad» o «democracia»—, es demasiado arriesgado seguir abanderando prohibiciones tácitas, por lo que fue necesario desarrollar tácticas más sutiles que se moviesen en el terreno de lo simbólico y de lo indirecto, en aras de conseguir los mismos fines, aunque a través de otros medios.

Tanto en el siglo XX como en el siglo XXI, esta manera de proceder se repetirá, extenderá y perfeccionará, de modo que —a medida que las mujeres fuimos consiguiendo derechos en el terreno de lo civil, lo jurídico o lo educativo— las restricciones y violencias en el terreno de lo inmaterial, lo simbólico y lo psicológico fueron agudizándose. De ahí que, a día de hoy, por ejemplo, a medida que vemos aumentar el número de feminicidios, de condenas por malos tratos, de violencia vicaria y de denuncias por violencia sexual, haya cada vez más sectores reaccionarios que claman al cielo que ya existe igualdad entre hombres y mujeres, únicamente porque así lo dice la ley y, por tanto, porque así se contempla en el terreno formal.

La siguiente sala sirve al propósito de ayudarnos a identificar cómo el arte del siglo XIX fue configurando los diferentes tipos de mujer y determinando cuáles eran deseables y cuáles no. En este caso, en lugar de una contraposición directa —es decir, enfrentar ambos modelos como ocurrió con la sala dedicada al rococó y al Neoclasicismo—, las obras aparecen mezcladas para así enfatizar la convivencia simultánea de los diferentes modos de representación. Esta simultaneidad ofrece mayor dinamismo a la hora de relacionarse con el espacio: en vez de ofrecer unas pautas concretas de lectura, son las visitantes de la estancia quienes dialogan con y sobre las obras para establecer a qué modelo pueden remitir y si este está cargado de connotaciones positivas o negativas.

La sala, como consecuencia, se nos muestra plagada tanto de buenas como de malas mujeres que conviven unas al lado de otras. Los retratos burgueses de mujeres bien solemnes, bien risueñas, de Federico y Raimundo Madrazo, conversan en las paredes con las protagonistas mitológicas de las pinturas de Bouguereau, como Pandora o Venus. También se enfrentan al misterio o al patetismo que envuelve a muchas de las mujeres representadas por los prerrafaelitas, como Circe u Ofelia. En otras obras, mujeres anónimas interaccionan con sus hijas o aparecen rodeadas de su descendencia, ensalzando esa configuración de la maternidad como algo tan sagrado como deseable para las mujeres. También se las refleja en interiores domésticos leyendo, cosiendo, tocando instrumentos o, simplemente, en actitud pensativa.

En la pintura del siglo XIX, estos interiores domésticos son entendidos como el *lugar natural* de la mujer. Es por ello que surgen obras que advierten de los peligros de transitar por la vía pública.[34] Mujeres que vagan solas por las calles, sin sus damas de compañía, son asaltadas por hombres en chaqué y sombrero de copa que las obligan a reaccionar bajando la mirada, apartando el rostro y apresurando el paso mientras las personas que rodean la escena miran de soslayo, juzgan directamente con la mirada o cuchichean, como ocurre en *El consejo del padre*, de Plácido Francés y Pascual, firmado en 1892; en *Escena urbana*, de Félix Mestres en 1896; o en *El caballero molesto*, de Berthold Woltze, fechada en 1874. Hasta bien entrado el siglo XX, como veremos más adelante, una mujer que transita sola por la calle es un blanco fácil para el acoso callejero por una sencilla razón: las únicas mujeres que tienen derecho a hacerse con la vía pública son las prostitutas y las obreras. En este sentido, a la misoginia, el sexismo y la violencia se le suma el clasismo y la idea de que solo las damas merecen respeto y, pese a todo, este respeto siempre debe ser ganado. ¿Cómo? A costa de su individualidad y derecho a la libre disposición del espacio público.

Después tenemos a esas *otras* mujeres: las que no son burguesas y, por tanto, no pueden ser damas. Tanto Griselda Pollock en *Visión y Diferencia* como Erika Bornay en su ya citado texto, explican cómo la condición de mujer no ha sido universal y no ha venido determinada únicamente por nacer con unos genitales u otros, sino por un mapa mucho más complejo en el que se ha mezclado, como decía Angela

Davis, el género, la raza y la clase. Las prostitutas no eran concebidas como mujeres, sino como objetos, y algo semejante ocurría con las mujeres negras y racializadas, quienes eran vistas como animales y no como personas. Por ello, del mismo modo en el que Andrea Dworkin ya nos advertía que «el patriarcado llama objetividad a la subjetividad masculina»,[35] no en pocas ocasiones el movimiento feminista ha universalizado una condición femenina minoritaria: la de las mujeres blancas burguesas.

Problematizar las relaciones del sistema sexo-género produce hoy en día mucho vértigo y no poca confrontación, lo que es normal. La catalogación patriarcal de la totalidad de las mujeres como la «otredad», lo ajeno, ha impedido que nuestra historia sea incluida dentro del discurso tradicional y hegemónico. Esto conlleva que, cuando finalmente parece que somos capaces de trazar nuestra propia genealogía, consideremos como un obstáculo o un retroceso la posibilidad de generar una nueva compartimentación. Pero las mujeres no hemos sido ni somos un colectivo homogéneo.[36] Así lo demuestra el diferente tratamiento recibido en función de nuestra clase o nuestra etnia. El llamado «bello sexo», término decimonónico al que hace referencia Estrella de Diego, aplicaba a las damas, no a las obreras.[37] La llamada «hembra humana» aplicaba a las mujeres blancas, no a las mujeres negras.[38] Por ello —aunque no esté en posición de ofrecer una respuesta absoluta, ya que todavía estoy intentando entender el pasado para así poder entender mejor el presente—, no puedo evitar señalar la reproducción de sistemas jerárquicos desde el seno de la teoría feminista. Una mirada crítica, curiosa y rigurosa debe ser aplicada no solo hacia la historia que escribieron los hombres, sino también sobre la que escribimos las mujeres. El desarrollo histórico tanto del patriarcado como del racismo como del clasismo se ha dado desde muchos y muy variados frentes. Por tanto, no considero descabellado plantear que la solución al problema engendre otros nuevos: las cuestiones complejas implican respuestas complejas.

Dicho esto, podemos también plantearnos por qué la concepción de la mujer fatal decimonónica ha sido asumida por muchos sectores feministas como una fuente de poder, en gran medida derivada de la explotación de este tropo en la cultura cinematográfica. La Hermandad Prerrafaelita fue pródiga en ensalzar la moral victoriana, envolviendo a las mujeres en una bruma de delicadeza que daba pie a su infantilización y, como consecuencia, al más rancio paternalismo. O en ensalzar esa misma moral victoriana hacia la creación de un modelo de mujer misterioso y, por tanto, perverso. Los altísimos índices de prostitución generaron en Francia e Inglaterra una auténtica epidemia de sífilis y enfermedades de transmisión sexual cuya culpa recayó —cómo no— en las mujeres. Los índices de mortalidad de mujeres en situación de prostitución no parecieron importar en ningún momento, pero sí los índices de mortalidad en damas de la burguesía que fueron contagiadas por sus maridos, puteros empedernidos. La alegoría de la sífilis que podemos ver en carteles publicitarios —como el realizado por Ramón Casas ya a principios del siglo XX— pone rostro y cuerpo a un problema que asedió todo el siglo anterior y que estigmatizó todavía más a las mujeres que vivían fuera de los límites de la domesticidad. La sífilis tenía rostro de mujer y ayudó a construir la imagen de la mujer joven, bella y descarriada que, con sus encantos, seduce al hombre hasta llevarlo a su terreno y, así, acabar con su vida.

Circe, la hechicera, ejemplifica bien este estereotipo de la mujer fatal que atrae con su belleza perversa a los hombres para convertirse en su perdición. Pandora, con su curiosidad, simboliza cómo en el siglo XIX la causa de todos los males encontraba su origen en la existencia y proceder de las mujeres. Cleopatra, cuya figura fue ampliamente recuperada en el Romanticismo y a través del orientalismo, ejemplificó la maldad femenina en todas sus formas. Mujeres otrora poderosas, ahora eran interpretadas dentro de los límites de la peligrosidad, como Salomé. Surgieron también las mujeres murciélago; se retomó la iconografía de las sirenas como mujeres bellas que, con su canto, atraen a los hombres; y se explotó de nuevo a las Eva y Lilith que portan en su seno el pecado.

Todas estas quimeras fueron una invención masculina que en ningún momento se correspondía con la realidad de la época: las mujeres precarias y precarizadas, las mujeres prostituidas, las mujeres literatas... no podían ser Circe ni Pandora ni Salomé. No podían votar, no podían administrar su propio dinero, no podían escapar de la manipulación y el escarnio público, no tenían capacidad de agencia sobre sus propias vidas. La creación decimonónica de la *femme fatale* otorgaba en pintura un poder que las mujeres no tenían en la realidad. Es por eso que las mujeres misteriosas y letales del siglo XIX no reflejaban un hecho existente, sino un miedo latente en el imaginario de los hombres que veían cómo iban perdiendo poder sobre ellas:[39] se lo daban en la pintura mientras se lo quitaban en vida. Cuando, como mujeres, hacemos propia esa imagen sensual y misteriosa de mujer empoderada e independiente de la *femme fatale*, debemos ser conscientes de que estamos haciendo propia una iconografía diseñada por los hombres para destruirnos e invalidarnos. Como afirma Celia Amorós: «El feminismo y, por ende, las feministas, no cuestionan las decisiones individuales de una mujer, sino las razones que la obligan a tomarlas».

En pos de una ficción

Del mismo modo que, en el siglo XVIII, el Neoclasicismo surgió como oposición al rococó, una vez el Neoclasicismo fue absorbido por los ideales de la academia, desde diferentes sectores de la sociedad artística surgió paulatinamente un movimiento que se le fue contraponiendo. Fue así como —frente a la belleza vacía y ostentosa que protagonizó la primera mitad del siglo XVIII y a la belleza clásica que imperó en la segunda mitad— fue desarrollándose una nueva sensibilidad que se abrió paso en dos nuevas vertientes: lo pintoresco y lo sublime.

Alexander Cozens definió, a partir de 1750, «lo pintoresco» no como sinónimo de «lo pictórico», sino como lo opuesto al ambiente sereno y bucólico de los paisajes hasta aquel entonces tradicionales.[40] Lo pintoresco fue —desde entonces— lo emotivo, lo nostálgico y —también— lo inquietante. Al mismo tiempo, una nueva forma de apreciar la naturaleza y los elementos que la conforman dio pie a teorías estéticas sobre el concepto de «lo sublime». Esta idea surgió como consecuencia de diferentes debates que tuvieron lugar alrededor de la esencia de lo bello. ¿Puede la belleza encontrarse únicamente en la armonía, la proporción de las partes con el todo, la simetría? ¿O puede haber belleza en lo inquietante, lo misterioso y lo recóndito? Según Daniela Tarabra: «Mientras la mayoría de intelectuales se limitaba a identificar la belleza con el ideal clásico (armonía, gracia, mesura), otros sostenían que su variedad y complejidad eran insondables y que no se podía reducir a una sola definición [...]. Edmund Burke afirmó que, junto a la idea de belleza tradicional, positiva, basada en principios de armonía y perfección, existe otra nacida de las pasiones y los sentimientos, que mezcla el placer con el dolor o el miedo».[41]

Artistas como Caspar Wolf, William Turner y Caspar Friedrich trasladaron a sus lienzos estas inquietudes por lo indómito, modelando con ellos los inicios del pensamiento romántico. Este ideal se oponía a las teorías de Winckelmann, las cuales ensalzaban lo solemne y lo racional como único requisito de la belleza. Como consecuencia, se opuso diametralmente a las directrices académicas. Los románticos (o romanticistas) se recrearon en la contemplación, la reflexión y el pasado, pero —en lugar de contenerse a través de la razón— prefirieron dejarse llevar a través del sentimiento. Gracias a ello, revitalizaron e impulsaron el género del paisaje, que adquirió unas dimensiones y una profundidad emocional nunca antes vista. Fueron ellos también quienes supieron apreciar y reivindicar el valor de la ruina, en relación a una lectura dramática de los resquicios del pasado. El pasado es, para el Romanticismo, un espacio al que no se puede volver, que solo se puede honrar; sus ruinas nos recuerdan lo efímero de la existencia y el carácter sobrecogedor del paso del tiempo.

Las obras románticas, tanto en el paisaje como en el retrato como en la pintura histórica, se dedican a explorar el extenso terreno de los sentimientos y emociones humanas. Esto podría recordarnos —en teoría— al Barroco, aunque cabe recordar que la diferencia principal es que, si bien ambos movimientos se inclinaban más hacia el *pathos* que hacia el *ethos* griego, la finalidad del Barroco era efectista y buscaba conmover. La finalidad del Romanticismo, en cambio, era la de explorar y expresar, es decir, la de potenciar la reflexión introspectiva. Delacroix o Géricault son dos de los otros grandes nombres de esta corriente.

Para navegar a lo largo de la sala dedicada al Romanticismo debemos tomarnos este verbo no de manera metafórica, sino de manera literal. Tras abandonar la espinosa exposición sobre los modelos de mujer en la pintura decimonónica, pasamos de pisar el estable suelo del museo a movernos sobre un estrecho muelle de madera que nos obliga a caminar en línea o, como mucho, en parejas de dos, mientras nos dirigimos a un pequeño embarcadero que nadie se explica de dónde ha salido, pero ahí está. En él, el grupo se va distribuyendo en las sucesivas barcas que nos permitirán desplazarnos a lo largo de la sala, ahora abierta ante nosotras como si fuese una laguna o un estanque. La profundidad del agua es suficiente como para que nos preguntemos hasta dónde nos cubriría en caso de caernos. Si estiramos los brazos, podemos acariciar con la punta de los dedos los juncos que se alzan al lado de las paredes, sobre las que descansan las tormentas y ruinas de Turner, *El caminante sobre el mar de nubes* de Friedrich o los bosques de Corot. El acondicionamiento del paseo en barca, sumado a las vistas de los paisajes a los que asistimos a través de los cuadros, nos sustrae más allá del tiempo hacia un espacio indefinido donde, al cabo de unos minutos, desaparece todo lo que hemos dejado atrás. Quedamos suspendidas en este momento, dejándonos mecer por el movimiento de la barca, acompañadas por el suave sonido de los remos al abrazar el agua para impulsarnos hacia delante, mientras nos imaginamos habitando los paisajes a veces idílicos, en ocasiones sugerentes, en otras amenazantes, que van pasando por delante de nuestros ojos.

La pintura de paisaje es, con frecuencia, entendida en términos de observación, como la mayoría de géneros restantes. La gente se acerca a ellos, se para delante e invierte desde unos cuantos segundos a unos pocos minutos de su tiempo en recorrer con la mirada el lienzo, analizar lo que allí aparece representado y moverse hacia la siguiente obra para repetir el mismo proceso. En realidad, la pintura de paisaje debería ser una experiencia de inmersión donde la imaginación sustituyese a la observación o, como mínimo, donde la complementase. La magia del paisaje reside en nuestra capacidad para imaginarnos dentro de él o para permitirnos pensar qué sentimientos evoca lo que vemos, cómo nos sentiríamos si lo tuviésemos frente a nosotras. Del amplio género del paisaje, el romántico es el que más facilidades nos da para disfrutar de una experiencia inmersiva.

A pocos metros, vemos cómo —para continuar nuestro paseo acuático por la sala— debemos realizar un suave giro a la derecha. Una vez sorteamos el matorral de juncos que protegen la esquina de la pared, dos obras de excepcional tamaño salen a nuestro encuentro. Una se sitúa en la pared de la derecha y otra en la de la izquierda. La primera es fácilmente reconocible, ya que guarda un lugar destacado en el imaginario de todo el mundo: se trata de *La Libertad guiando al pueblo* de Delacroix. Enfrente de ella, se encuentra una obra también muy famosa, pero que goza de menor trascendencia general: *La balsa de la Medusa* de Géricault. Este lienzo sentó un precedente respecto a la pintura de historia que, alejándose de la distancia racional neoclasicista, impulsó las necesidades emocionales del Romanticismo; algo que vemos ya culminado en la obra de Delacroix, realizada once años después.

Ambas obras nos sirven para hablar de la relevancia en el siglo XIX de la pintura de historia, uno de los géneros más aclamados por la tradición artística desde sus inicios y también por el academicismo decimonónico. Fue en este siglo cuando el género histórico trascendió las barreras del poder para inclinarse hacia las realidades de la clase. La representación de los sucesos históricos ya no se limitaba a reproducir las victorias bélicas, las coronaciones monárquicas o los pasados gloriosos. Ahora, la pintura de historia también servía para congelar en el tiempo tragedias marítimas, como la reflejada en *La balsa de la Medusa*, o levantamientos ciudadanos, como es el caso de *La Libertad guiando al pueblo*, aunque en ella Delacroix siga limitando la acción revolucionaria a los hombres y reservando la función de musa a la mujer.

El arte del siglo XIX, a pesar de ser en muchos casos un arte que huele a cerrado, en muchas otras ocasiones nos acerca como en ningún periodo anterior a la realidad más íntima, cruda y diversa de la sociedad de aquel momento. Pese a todo, es evidente que si de algo ha pecado la historia del arte ha sido de una cuestionable selección de lo que merece ser amplificado y lo que merece ser obviado. Por ello, determinados acontecimientos se encuadran dentro del género de historia y otros dentro de la corriente del realismo social. En realidad, lo que representan es lo mismo: sucesos. En algunas ocasiones, los sucesos adquieren carácter cotidiano y, en otras, carácter legendario, pero sirven a un mismo fin: representar la realidad histórica. Para ello nos sirve de igual manera el Romanticismo, con su idealismo vinculado al patetismo y el vigor, y el realismo social, algo más racional en su orientación, aunque peque de cierto moralismo.

En Francia, uno de los miembros fundadores y máximos exponentes de este último fue Courbet, asociado como artista y como individuo al socialismo revolucionario, y quien acuñó el término «realismo» al titular así su exposición individual[42] de 1855. Si tuviésemos que definir el realismo social en unas pocas palabras, podríamos decir que fue el género en el que confluyeron las realidades de todos aquellos grupos —sobre todo, las clases obreras y trabajadoras— anteriormente ignorados como sujetos dignos de ser representados en una obra de arte. El realismo social del siglo XIX está plagado de personas campesinas, como puede apreciarse en las obras de Jean-François Millet; de mujeres insertas en una red de trata de blancas, como en las que pintó Sorolla; de interiores de hospital donde personal sanitario, estudiantes y monjas rodean a todo tipo de personas convalecientes. En definitiva, el realismo social puede entenderse como una descripción moralizante de la sociedad, como un proceso de documentación y, por último pero no por ello menos interesante (todo lo contrario), como una crítica social. Es en el siglo XIX cuando por primera vez se emplea el arte como soporte de denuncia contra los sistemas opresivos que someten a la población, la arrastran a la miseria y le escupen en la cara.

Esto es posible, en parte, porque los artistas ya no dependen exclusivamente de un reducido número de promotores y comitentes pertenecientes a la monarquía, la Iglesia y las altas esferas. A medida que la nobleza, la aristocracia y —más tarde— la burguesía fueron ganando poder, fue abriéndose el abanico de posibilidades. Aun así, el arte que generaban artífices y artistas seguía moviéndose entre estamentos privilegiados —ya fuese por nacimiento o por economía— y, por tanto, fuera del alcance de la mayoría de la población. Cuando las academias entraron en su periodo de decadencia, los salones donde se realizaban las exposiciones nacionales abrieron sus brazos para permitir el acceso a artistas que ya no tenían por qué contar con el beneplácito académico, aunque —a cambio— se endurecieron las condiciones del jurado a la hora de conceder el visto bueno a las obras presentadas. Sea como sea, a partir de la aparición de las academias surgió un fenómeno que no existía con anterioridad: se empezaron a producir obras con independencia de encargo.

Como punto y aparte de ese proceso, la relativa democratización del arte llegó de la mano del surgimiento de galerías y marchantes, que actuaban a modo de intermediarios entre artistas y clientela. La libertad creadora a partir de entonces se disparó y el grueso de artistas pudo decidir no solo cómo se enfrentaban a un tema, sino también el tema en sí mismo. Aunque obtuvieron más libertad creativa, esta fue acompañada de una disminución de la seguridad económica: «Precisamente fue la sensación de seguridad lo que los artistas perdieron en el siglo XIX. La ruptura con la tradición había abierto un campo ilimitado para escoger [...]. Pero cuanto mayor se había hecho el campo para elegir, menos fácil se había vuelto el que los gustos del artista coincidieran con los de su público. Los que compraban cuadros generalmente tenían una idea determinada en la cabeza, buscando algo muy similar a lo que habían visto en alguna otra parte».[43]

De esta forma, el siglo XIX generó una brecha insalvable entre el arte academicista y el arte que se oponía a él, así como entre artistas y clientes. La clientela burguesa quiso seguir emulando los gustos legitimados como válidos por la tradición aristocrática, asumiéndolos como propios, así que demandaron una escala de valores estéticos que ya no se correspondía con el desarrollo de la personalidad y orgullo del artista. Es en este momento cuando surgen las disputas alrededor de la alta cultura y la baja cultura, y cuando el concepto de artista se va perfilando hacia el sentido de lo bohemio, de lo disruptivo y de lo contrahegemónico. Buen ejemplo de ello es una carta escrita por Courbet en 1854: «Confío siempre ganarme la vida con mi arte sin tener que desviarme nunca de mis principios ni el grueso de un cabello, sin traicionar mi conciencia ni un solo instante, sin pintar siquiera lo que pueda abarcarse con una mano solo por darle gusto a alguien o por vender con más facilidad».[44]

¿Y qué pasaba si estos principios que menciona Courbet encajaban a la perfección en el molde del gusto de la época? Que surgían personalidades como las de Rosa Bonheur, una de las artistas más cotizadas del siglo XIX. Bonheur no pintó el pasado, tampoco la realidad social de su presente: Bonheur pintó animales, sobre todo caballos, pero también ganado y especies salvajes. Son sus obras las que decoran las paredes del último tramo de nuestro paseo en barca. En concreto, una de ellas nos obliga a desencajar la mandíbula: su tamaño es colosal. Se trata de su *Feria de caballos*, realizada entre 1852 y 1855, con unas dimensiones de casi dos metros y medio de alto por más de cinco de largo. Esta artista nos sirve para rescatar una reflexión que la historiadora del arte y gestora cultural Semíramis González hizo en una entrevista: quizás estamos equivocadas cuando asumimos que las artistas, en tanto que mujeres, trabajaron en los márgenes del sistema. No en pocos casos —algunos de los cuales hemos examinado aquí— su trayectoria demuestra que no es que trabajasen al margen del sistema, es que trabajaron en su centro. Los márgenes son el lugar al que se las relegó posteriormente, no donde existieron. Este matiz puede ayudarnos a entender la historia del arte no como una sucesión de excepciones positivas[45] (Miguel Ángel, Leonardo, Velázquez, etc.) sino como un relato canónico que, a posteriori, ha decidido quién pertenece —y permanece— en él y quién no. Nuestra ciega confianza en las autoridades de la erudición y de la academia nos empujan a creer ciegamente que aquello que aprendemos es todo lo que hay: si no se menciona nada más, es porque no existe. Y es esto, precisamente, lo que debemos aprender a desafiar sin despeinarnos.

Lo que tuvo de tradicional el arte de Rosa Bonheur, lo tuvo de atípico su vida. Nunca conforme con los mandatos del género, fue una de las pocas mujeres en Francia que obtuvo permiso para vestir con pantalones. Esto nos ayuda a entender, por un lado, lo férrea que era por aquel entonces la construcción estética de la masculinidad y la feminidad, hasta el punto de que se considerase travestismo que una mujer abandonase las faldas para sustituirlas por pantalones, necesitando un permiso firmado para poder hacerlo. Y, por otro lado, cómo esto afectaba a las artistas que no querían dedicarse a pintar interiores domésticos, sino que querían salir a que les diese un poco el sol en la cara.

Imaginémonos por un momento la moda decimonónica impuesta a las mujeres: crinolina por aquí, falda de aros por allá, que si el corsé, que si los bajos arrastrando por el barro, que si el peso y volumen de todas las capas impidiendo el libre movimiento. Ahora imaginémonos con toda esta parafernalia yendo a una feria de caballos o paseando por un camino al lado del cual pastan las ovejas. El fango ensuciándolo todo. La humedad haciendo que las ropas pesen todavía más. La frente perlada de sudor por el esfuerzo. Una se agota solo con pensarlo, ¿verdad? Hasta la ropa fue un obstáculo para que las mujeres pudieran practicar la pintura o el boceto al aire libre. Y, claro está, Bonheur quería el menor número de obstáculos posible en su camino hacia la observación de la naturaleza y la fauna: «Desde la infancia, Rosa Bonheur había preferido los trajes masculinos; en 1857 obtuvo de la policía permiso para aparecer en público vestida de hombre, aparentemente para no ser molestada mientras trabajaba. En realidad, vestía siempre de hombre en casa y en el campo y no llevaba falda más que para la calle en París y en ceremonias oficiales».[46]

Incluso a la hora de aludir al inmenso éxito de Bonheur, se suele subrayar que esto responde en mayor medida a su «sobrevaloración originaria»[47] y no a que fuese una gran artista. ¿No puede ser ambas cosas? Una gran artista y, además, una artista que tuvo la pericia de explotar el gusto de la clientela a su favor. Las conclusiones son exasperantes: si una mujer alcanza el éxito, lo debe a las modas y no a su talento, por tanto, fue sobrevalorada. Si una mujer no lo alcanza, entonces es que, de todas formas, no tenía talento, así que para qué valorarla.

Esta artífice, además de un referente artístico, es también un referente sáfico. En no pocas ocasiones «dijo que no le gustaban los hombres y bromeaba con que los únicos machos que le atraían eran los toros que pintaba».[48] En su veintena, se reencontró con una amiga de la infancia, Nathalie Micas, y vivieron juntas hasta que esta falleció. Cristina Domenech, brillante investigadora de mujeres sáficas en la historia europea, apunta que en el siglo XIX la consideración de las mujeres como sujetos carentes de deseo y apetito sexual fomentó una invisibilización sistemática del lesbianismo, fruto de la ignorancia misógina, y que esto potenció que la era decimonónica fuera *una buena época* para cualquier mujer que sintiera atracción por otras:[49] al ser consideradas sujetos asexuales, se llamó «amistades intensas» a lo que probablemente fueron relaciones amorosas entre mujeres. Desde la literatura, la novela *Las bostonianas*, de Henry James, popularizó el término «matrimonio bostoniano» para hacer referencia a estas *amistades* entre mujeres que vivían juntas. Irónicamente, Alice James, hermana del escritor, mantuvo este tipo de enlace con una mujer, igual que Rosa Bonheur con Nathalie Micas primero y con Anna Elizabeth Krumple después. Esto debería servirnos para entender que la historia del arte debe y puede asegurar no solo referentes masculinos y femeninos, sino también referentes diversos en cuanto a sexualidad, etnia y clase. Debido a que ha habido artistas de todo tipo y condición, el discurso debería asegurarnos poder llegar a ellas en pro de una diversidad que no se limite a lo blanco, a lo heteronormativo o a lo burgués.

Tras el visionado de *Arando en Nevers*, en el que Bonheur representa a varias parejas de bueyes arrastrando un arado, y *El Cid*, retrato de la imponente cabeza de un león que fue donado por el marchante de Bonheur al Museo del Prado en 1879 (en cuyos depósitos permaneció hasta ciento cuarenta años después), nuestro bote llega a un nuevo embarcadero y, desde ahí, nos dirigimos a la siguiente sala.

La entrada está presidida por un gran arco conopial del que cuelgan largas telas amarillas. Su carácter traslúcido deja que la luz de la siguiente estancia se cuele a través de ellas, pero sin permitir ver más allá. El acto de atraparlas con la mano y moverlas hacia un lado para poder pasar tiene un significado simbólico: estamos descorriendo un velo y, al hacerlo, nos encontramos con una explosión de azulejos blancos, amarillos, azules y naranjas. Recorren el suelo y suben hasta la mitad de la pared. Algunas baldosas tienen diseños geométricos; otras, vegetales. Diseminadas por la estancia, grandes macetas de terracota albergan plataneras que proyectan su sombra sobre cojines esparcidos por el suelo; estos son de todos los tamaños y colores. La luz natural se cuela por ventanas con forma de arcos de herradura e impacta sobre una pequeña piscina en el centro de la sala. Todo el espacio imita la imagen que la mirada europea creó del harén y de los baños turcos: es como si estuviésemos habitando un cuadro de Fortuny, de Gerôme o incluso de Ingres o de Delacroix.

Nos encontramos en la sala dedicada al orientalismo. Esta corriente artística, estrechamente ligada a la nostalgia del Romanticismo, coincidió cronológicamente con el desarrollo de los nacionalismos, con las campañas imperialistas y con un nuevo empuje del concepto de lo exótico. Mientras se exaltaba lo nacional, se estereotipaba lo extranjero. Así surgió en Francia, Inglaterra y España (entre otros países) esta nueva temática que, valiéndose sobre todo de la pintura y la literatura, se acercaba a Oriente con ojos de Occidente y hacía pasar por verosímil aquello que era, en gran medida, una proyección.

Edward Said fue uno de los primeros teóricos en atreverse a abordar con rigurosidad y criticismo esta corriente en su libro *Orientalismo*, publicado por primera vez en 1978. En él, Said se proponía examinar las relaciones entre Occidente y Oriente como un hecho complejo y multidimensional, así que las definió atendiendo a varios niveles o capas. De esta forma, podemos entender el orientalismo como «un modo de relacionarse con Oriente basado en el lugar especial que este ocupa en la experiencia de Europa occidental [...]. Oriente es también su contrincante cultural y una de sus imágenes más profundas y repetidas de lo Otro. Además, Oriente ha servido para que Europa se defina en contraposición a su imagen, su idea, su personalidad y su experiencia».[50] Pero, también, como una institución colectiva cuya relación se basa en «hacer declaraciones sobre él, adoptar posturas respecto a él, describirlo, enseñarlo, colonizarlo y decidir sobre él: en resumen, el orientalismo es un estilo occidental que pretende dominar, reestructurar y tener autoridad sobre Oriente».[51] Es decir, que la corriente orientalista de la pintura parece decirnos más sobre lo que somos que sobre lo que representa: tiene más de signo del poder europeo-atlántico que de discurso verídico, como diría Said.[52]

Estas coordenadas son las que no debemos perder de vista y tener siempre en mente a la hora de acercarnos a cualquier pintura orientalista, sea una *Odalisca* de Ingres, un baño de Gerôme o una estampa de Fortuny. Bien es cierto que el caso español difiere del caso francés e inglés debido a razones obvias: el pasado de España también es musulmán y, por tanto, contamos con una idiosincrasia que difiere de los dos anteriores, basados en el belicismo y la dominación. Esto no implica que debamos olvidar los intentos de erosionar dicho pasado —como, por ejemplo, la quema de libros impulsada por el cardenal Cisneros entre 1499 y 1500 tras la toma de Granada—, pero sí que tengamos en cuenta que artistas como Fortuny, Moreno González, López Portaña o Masriera y Manovens generaron ficciones menos ilusorias.

Asimismo, debemos entender el orientalismo como una ficción en lugar de como una invención. En palabras de Said: «No hay que creer que el orientalismo es una estructura de mentiras o de mitos que se desvanecería si dijéramos la verdad sobre ella [...]. Después de todo, un sistema de ideas capaz de mantenerse intacto [...] desde finales de 1848 hasta el presente en Estados Unidos, debe ser algo más grandioso que una mera colección de mentiras».[53] Y lo es. Lo que sí debemos hacer es preguntarnos si entendemos *lo ajeno* como lo que es o como lo que nos han dicho que debería ser. Cuando, en el siglo XIX, llegaron hordas de viajeros a España buscando nuestro pasado musulmán, se decepcionaron al no encontrar en nuestro país lo que la pintura orientalista francesa les había prometido. Hoy en día, esta es la actitud con la que muchas personas viajan al continente africano y asiático, buscando esa promesa oriental que han visto en películas occidentales, leído en libros occidentales y apreciado en pinturas occidentales. No van, por tanto, buscando la realidad; persiguen una ficción.

Los cuadros de baños, odaliscas y harenes orientalistas son una buena muestra de esta ficción artística. Si nos fijamos en ellos, lo primero que debería llamar nuestra atención es la asombrosa blanquitud de la gran mayoría de las figuras, en algunos casos alcanzando la totalidad del conjunto. Estos contextos de baño servían a los artistas para —con un nuevo decorado— hacer lo que llevaban siglos haciendo: mostrar a mujeres desnudas. Las protagonistas de estas escenas siguen siendo mujeres blancas que se presentan en cueros. Las mujeres racializadas actúan como elemento auxiliar, como sirvientas esclavas que van vestidas. De esta forma, se sigue imponiendo un canon estético occidental a través de su jerarquización de la belleza, sustentada sobre el prejuicio del colorismo. Este término fue acuñado por la escritora Alice Walker en 1982 y, según la plataforma *Afrocolectiva*, «conceptualiza el hecho de que cuanto más oscura es la piel de una persona negra, más está sujeta a los prejuicios. En contrapunto, cuanto más clara es la piel del afrodescendiente y más finos son sus rasgos, más será visto dentro del patrón europeo y, por lo tanto, será más apreciable y tolerable socialmente».[54] En los cuadros orientalistas, por norma general, cuanto más oscura es la piel de las figuras, menor relevancia tienen en la escena y más auxiliar es la función que cumplen.

En la pintura orientalista, por otro lado, sí se enfrenta la cuestión de la esclavitud. ¿Cómo se hace? A través de una lente cosificadora que las sexualiza a ellas y los deshumaniza a ellos. Como ejemplo, en la estancia tenemos expuesta una pareja de obras firmadas por el español Antonio María Fabrés y Costa: *La esclava* y *El ladrón*, fechadas hacia 1886 y 1887, respectivamente. Sobre una pared clara, con los pies descalzos en el pavimento gris, estas dos personas son castigadas por haber intentado robar un manojo de joyas que aparecen colgando ante sus ojos. Encima de sus cabezas, un cartel en árabe: «Muerte de ladrón». El castigo consiste en un grillete fijado a la pared, donde queda apresado el cuello, al que están unidos mediante varas otros dos grilletes en los que introducir las manos. En el caso de *La esclava*, el roto del vestido muestra uno de sus pechos blanquecinos. Esto, combinado con la boca entreabierta de la mujer, genera una lectura que varía entre el dolor y el placer en lo que podríamos definir como la erotización de lo inhumano: en ningún caso remite a un relato realista sobre la esclavitud, sino más bien a un ensueño erótico decimonónico.[55] Esta obra fue regalada por el artista al monarca Alfonso XIII, quien la depositó en el por aquel entonces Museo de Arte Moderno (ahora conocido como Museo del Prado). Su compañera, *El ladrón*, nos muestra exactamente la misma escena pero protagonizada por un hombre negro. Fue recurrente en la obra de Fabrés pintar a ladrones recibiendo un castigo y, a pesar de la crueldad de la sanción, el artista siempre encontraba la forma de recrearse en la viveza de los colores y el detalle de los ropajes.[56] No se acerca al sufrimiento desde la crítica o la emoción, sino desde su estetización.

Esta fue una postura asidua en el sistema y mercado del arte español del siglo XIX y principios del siglo XX: aquello que reforzaba la escala de valores del momento era aceptado y promocionado, mientras aquello que la desafiaba era ciertamente condenado al ostracismo. Para entender a qué se refiere esta apreciación debemos abandonar el espacio en el que nos encontramos. Mientras lo hacemos, las paredes que en un principio habíamos creído plagadas de azulejos empiezan, a nuestras espaldas, a despegarse por las esquinas, mostrando lo que eran en realidad: un trampantojo a modo de vinilo, pegado al muro.

Tras abandonar el espacio dedicado a la crítica al orientalismo, volvemos a toparnos con los valores neoclasicistas, pero esta vez en su vertiente escultórica. La excesiva amplitud de la sala viene justificada por su carácter de taller y no de lugar de exposición: algunas de las esculturas presentes aparecen veladas por gruesas telas blancas, quedando a disposición de la visitante la posibilidad de retirar el tejido para descubrir qué se esconde debajo; otras aparecen atadas y aseguradas con cuerdas que penden del techo, simulando el momento previo al traslado desde el taller hasta el lugar de exposición. Todas son de gran tamaño, muy superior al natural, y algunas de ellas están acompañadas por los moldes de arcilla empleados en los primeros momentos de ejecución.

El proceso creativo de la escultura puede que sea tan o más desconocido que el proceso creativo que tenía lugar en los talleres de pintura de la Edad Moderna. Estos dos procesos están plagados de tópicos que fomentan la comprensión individualista del trabajo artístico en lugar de su reivindicación como trabajo colectivo. Este hecho le jugó una mala pasada a no pocas escultoras, que vieron su talento puesto en entredicho hasta el punto de llegar incluso a denunciarlo, como el caso de Harriet Hosmer, de quien contamos con algunas esculturas en esta sala.

Harriet Hosmer fue una de las escultoras más famosas del neoclasicismo tanto en Europa como en Estados Unidos, donde nació. Perdió a su madre a una edad muy temprana así que su educación dependió enteramente de su padre, James Hosmer, que lejos de ejemplificar la tan manida figura del padre ausente se volcó en la educación de su prole y lo hizo, además, siguiendo patrones progresistas. Como en el caso de Rosa Bonheur, Harriet Hosmer gozó desde pequeña de una libertad vetada a un gran número de mujeres nacidas en el siglo XIX: fue educada sin distinción de género. James, que tras enviudar y perder a una hija (la hermana mayor de Harriet) había intentado proteger al resto de su familia de la muerte, consideraba que el ejercicio físico era beneficioso para la salud (mucho antes de que esto fuese probado científicamente) e instaba a Hosmer a experimentar con el medio, con la fuerza y con el cuerpo.[57] De esta forma, la niña esquivó los problemas propios de otras tantas pertenecientes a una clase acomodada: Harriet Hosmer no tuvo que crecer bajo los parámetros de la indefensión física aprendida, tan habitual dentro de una lógica burguesa que esperaba de las mujeres una falta total de movimiento y un recato absoluto.

La premisa misógina y acientífica de la inferioridad mental de las mujeres y su debilidad física frente a los hombres cobraba una importancia especialmente perversa en relación a la escultura. A pesar de que el proceso creativo en cualquier taller involucraba todo un equipo de trabajo, de manera que raras veces la persona que diseñaba la obra y se llevaba los aplausos por ella era la misma que intervenía directamente en todas las etapas del proceso, la debilidad física de las mujeres fue una de las principales cartas que se utilizó para mantenerlas alejadas de esta disciplina, al menos en teoría. En la práctica se demostró —o, mejor dicho, ellas mismas demostraron— que todas estas elucubraciones no eran más que eso. Digo «ellas» porque Harriet Hosmer fue una de las integrantes del amplio grupo de escultoras que viajaron desde Estados Unidos hasta Roma para formarse profesionalmente en el ámbito de la escultura gracias a la intercesión y financiación de Charlotte Cushman. Este grupo, apodado como The White Marmorean Flock (El marmóreo rebaño blanco) por Henry James, estuvo integrado por Louisa Lander, Emma Stebbins, Margaret Foley, Florence Freeman, Anne Whitney, Edmonia Lewis, Blanche Nevin, Vinnie Ream Hoxie y la propia Harriet Hosmer.[58]

El flujo de trabajo del grupo reflejaba también el flujo de trabajo habitual dentro de los talleres de escultura: «Ellas ejecutaban la parte del trabajo que consistía en crear la idea y modelar la composición. Luego contaban con la ayuda de operarios que las ampliaban, devastando en mármol los volúmenes generales mediante la técnica de la saca de puntos. A continuación, ellas definían las formas por medio del puntero, repasaban los detalles con la gradina y finalmente lijaban toda la escultura hasta concluirla. Esta forma de trabajar ha sido empleada a lo largo de la historia por la mayoría de los escultores de peso, los cuales contaban con artesanos que dominaban la técnica y les ayudaban en los procesos mientras ellos se dedicaban a la creación».[59] Pese a todo, este flujo de trabajo fue empleado como arma arrojadiza por los críticos de la época solo contra ellas, nunca contra ellos, para restarles legitimidad y validez. Por poner un ejemplo: Rodin, de quien hablaremos más adelante, era conocido por trabajar en su taller con multitud de mujeres que ejercían como ayudantes. Esto implica que se consideraba que las mujeres no tenían la fuerza suficiente para ser escultoras, pero, en cambio, sí para trabajar como mano de obra barata o gratuita en los talleres de los «grandes escultores» haciéndoles el trabajo sucio.

Supongo que desde hace muchos siglos las mujeres tenemos o carecemos de fuerza en función de si se nos tiene que dar rédito o no por lo que hacemos con ella y, sobre todo, en función de los niveles de conciencia de clase que se añadan o no a los análisis sobre la fuerza de las mujeres. Alrededor de esta cuestión se vuelcan mitos que tienen mucho que ver, en primer lugar, con la ausencia de la perspectiva de clase, pero también, en segundo lugar, con la ausencia de perspectiva decolonial. Creo que todas, en algún momento de nuestras vidas, hemos escuchado y creído la famosa frase «las mujeres empezaron a incorporarse progresivamente al mercado laboral en el siglo XIX y de manera masiva a partir de la segunda mitad del siglo XX». Mi pregunta es, ¿qué mujeres exactamente? ¿Las mujeres que trabajaron en los campos y las granjas desde la aparición de la agricultura y la ganadería? ¿Las mujeres que se partieron la espalda y deshicieron sus pulmones en las fábricas y las minas? ¿Las mujeres que hicieron esfuerzos colosales para parir criaturas sin descanso a lo largo de toda su vida fértil, en tantas ocasiones muriendo en el intento? ¿Las mujeres que durante siglos han levantado el peso muerto de sus maridos, de sus familiares o de desconocidos varias veces al día como cuidadoras, enfermeras o internas durante todas las etapas de su vida, pero sobre todo en la vejez? ¿O hablamos acaso de las mujeres que fueron esclavizadas durante siglos y explotadas como mano de obra gratuita en plantaciones, talleres y casas particulares? ¿No será que cuando muchas veces decimos «mujer» queremos decir «mujer blanca de clase media/alta» y que, en realidad, las mujeres de clase obrera (que son, al mismo tiempo, la mayoría de las mujeres que existen y han existido) siempre han trabajado y siempre han utilizado la fuerza, en igualdad de condiciones que los hombres, para hacerlo? ¿De qué falta de fuerza estamos hablando exactamente? ¿A qué debilidad física nos estamos refiriendo? ¿A la que no prueban ni la evidencia científica, ni la historia de la clase obrera, ni la historia de la colonización, el imperialismo y el esclavismo? ¿O a la que ha inventado, fomentado y difundido el discurso misógino sin base científica ni histórica?

A medida que Harriet Hosmer, la que alcanzó mayor fama del grupo, fue haciéndose cada vez más conocida, sus compañeros de profesión no tardaron en difamarla aludiendo a que no era ella sino sus operarios quienes realizaban por entero las esculturas. Esto no debería resultar novedoso pues fue similar a lo que le ocurrió a Elisabetta Sirani en Bolonia, viéndose obligada a pintar delante de sus clientes como única forma de que su palabra tuviera validez. En el caso de Hosmer, lo que se vio obligada a hacer fue publicar un artículo explicando su proceso creativo («The Process of the Sculpture», de 1864), presentar una demanda legal y tener que afrontar en 1862, cuando expuso por primera vez su obra *Zenobia in Chains* en la Exposición Internacional de Londres, que la crítica pensase que «se trataba de una obra realizada por su maestro John Gibson» ya que, en su opinión, «las mujeres no tenían la fuerza suficiente en la mano ni en el brazo para esculpir en mármol un monumento de 2,13 metros de altura».[60] Hosmer ganó la demanda y sus detractores tuvieron que disculparse públicamente por difamarla. Un dulce final para un agrio principio.

Agria es también la invisibilización sistemática de la red sáfica en la que Hosmer estuvo inmersa tanto en Estados Unidos como en Italia e incluso su instrumentalización para seguir alimentando mitos lesbófobos. Charlotte Cushman, la famosísima actriz que financió el viaje de Hosmer a Roma, fue también una conocida lesbiana que estuvo envuelta en diversos matrimonios bostonianos a lo largo de su vida, igual que la propia Hosmer y que tantas otras artistas del grupo The White Marmorean Flock. Estas mujeres sáficas (es decir, estas mujeres que amaban a otras mujeres y convivían con ellas) formaron parte integral de los círculos culturales y artísticos, no ocultaron en la mayor parte de los casos su orientación y dejaron tras de sí numerosa documentación, ya fueran diarios o cartas, que atestiguan su existencia como mujeres sáficas que vivieron en el siglo XIX. Pese a todo, en algunos análisis biográficos posteriores sobre la vida y obra de Hosmer, su orientación sexual se emplea como arma arrojadiza para llegar a conclusiones profundamente sesgadas que, de ser algo, son la proyección de la homofobia de quien los escribe. Este es el caso de Dolly Sherwood, quien sugiere que «Hosmer hizo estos bustos (Daphne y Medusa) para procesar el terror al sexo porque nunca se había casado ni tenido hijos. Esto carece de sentido, ya que Hosmer participó en ceremonias de matrimonio lésbico con sus compañeras y envió cartas eróticas a Louisa Baring, Lady Ashburton, a lo largo de su relación. Lo que no estaba es interesada en casarse con un hombre».[61] Vemos aquí cómo la homofobia y la misoginia interiorizada alían sus fuerzas para, por un lado, perpetuar la falsa premisa de que el «estado natural» de la mujer es la maternidad y el matrimonio (misoginia) y, por otro, reducir a un estado patológico cualquier alternativa que no incluya una o ambas variantes (homofobia).

También es agrio darse cuenta de que dentro del amplio grupo de escultoras que viajó a Roma solo una de ellas era una mujer racializada: Edmonia Lewis, de ascendencia afroamericana y nativa estadounidense. Lewis, a través del empleo de las premisas neoclásicas, fue una de las primeras escultoras en generar imágenes dignificantes de la historia de la población esclavizada, además de rendir homenaje a distintas figuras de la historia nativa de Estados Unidos. Por su doble condición de mujer y, además, de mujer negra, tuvo que hacer frente a dificultades que sus compañeras blancas ni soñaban con atravesar, como haber sido apaleada por una de las numerosas hordas de personas blancas que brutalizaban los cuerpos de las personas negras a través del linchamiento mucho después de que la esclavitud fuese abolida y hasta bien entrado el siglo XX. No sorprende, por tanto, que Lewis no contase con la libertad de movimiento con la que sí contaban sus compañeras blancas: para Edmonia Lewis pisar suelo estadounidense o plantearse volver a su país natal implicaba unas dificultades y unos riesgos que para las demás mujeres del grupo no existían, así que no sorprende que la mayor parte de su carrera la desarrollase en Roma y, posteriormente, se quedase a vivir en el continente europeo, como muchas de las escultoras blancas sáficas que encontraron en Europa un ambiente mucho más relajado de cara a vivir con relativa libertad su orientación sexual. Igual que Hosmer, Lewis nunca se casó y tampoco fue madre.

La siguiente sala, la última del siglo XIX, está habitada únicamente por tres obras: una de ellas firmada por Antonio Fillol y otras dos firmadas por Pedro Sáenz Sáenz. Estos artistas pueden enmarcarse en los dos posicionamientos nacidos de la escisión entre academicismo y romanticismo/realismo: uno de ellos se mostraba afín al discurso artístico predominante (Sáenz Sáenz) y el otro lo desafiaba (Fillol). En el caso de Sáenz Sáenz, me gustaría acercarme a sus dos obras contando una anécdota de mi visita a «Invitadas».

Cuando pisé por primera vez esta exposición temporal que tuvo lugar en el Museo del Prado entre finales de 2020 y principios de 2021, lo hice sabiendo que me enfrentaría a estas cuatro obras en persona por primera vez, después de haber estado estudiándolas por mi cuenta durante —aproximadamente— un año. Lo que no sabía era que, tras haber examinado la *Crisálida* y *La inocencia* de Sáenz Sáenz y pasar a la siguiente obra (casualmente, *La esclava* de Fabrés), oiría a mis espaldas a un grupo de mujeres de mi edad, y que una de ellas exclamaría alterada: «Pero ¿¡y estas obras qué hacen aquí!? ¿Qué era este tío? ¿Un pederasta?». En ese momento, olvidé mi timidez —también mi introversión— y me giré para decirles: «Pues probablemente». Desde entonces, cada vez que hablo de este artista y sus obras, me viene a la cabeza esta anécdota, la reacción de esas mujeres y la mía. Creo que no sería justo referirse aquí a Sáenz Sáenz como pederasta; tampoco como pedófilo. Creo que lo justo es referir la sociedad decimonónica como una sociedad que fomentaba esta cultura, la cultura de la pedofilia. Sé que estas palabras son fuertes, pero no por ello menos legítimas: a veces, el arte nos pone en tesituras complicadas y nos obliga a mantener conversaciones incómodas. Sáenz Sáenz retrató a muchas menores, y dichas menores estuvieron casi siempre sin ropa. El Estado las premió en las Exposiciones Nacionales concediéndoles medallas. Por tanto, el problema no era exclusivo de Sáenz Sáenz, era un problema de dimensiones colectivas.

En *La inocencia*, la protagonista es tan joven, tan niña, que ni siquiera han empezado a crecerle los pechos. Aparece tumbada con los brazos cruzados tras la cabeza, apoyada a su vez en un cojín. Su mirada atraviesa el cuadro y se clava en nosotras. Una pierna flexionada tapa sus genitales. Está totalmente desnuda y nos está sonriendo. Sobre la tela que actúa de fondo y que cubre el suelo, a su lado, hay tres rosas blancas: al menos una debe haber sido desflorada, porque se ven pétalos esparcidos. La carga erótica del cuadro, con la pose parecida a *La maja desnuda* de Goya, y la relación simbólica que se establece entre la obra, su título y los elementos presentes, creo que no puede calificarse de otra manera que no sea nauseabunda y perversa. La inocencia de la niñez se protege, no se desnuda. A las niñas se las cuida, no se las cosifica ni, mucho menos, se las sexualiza.

Esta obra fue comprada por el Estado en 1899, el mismo año en el que Sáenz Sáenz la presentó a la Exposición Nacional. La incomodidad y bochorno del Museo del Prado respecto a ella debe ser enorme: todavía a día de hoy, pese a haber sido expuesta temporalmente, sigue sin contar con descripción en la página oficial. Cuando el museo la incluye bajo la sección virtual de «Arte incómodo», lo hace reconociendo que la conversación que propicia la obra lo es, pero no se hace cargo de ella. ¿Por qué cuesta tanto posicionarse en la descripción oficial de una obra en contra de la sexualización de menores? La segunda obra presente de Sáenz Sáenz es muy parecida. En *La crisálida*, el artista introduce en el título una referencia a ese paso entre la niñez y la madurez. Por eso la protagonista, con el pelo adornado por un infantil lazo rosa, aparece sentada de perfil y también desnuda, con un aro y una pelota que se recortan sobre la tela que actúa de fondo. La lectura es la misma: Sáenz Sáenz coge elementos tradicionalmente presentes en el género del desnudo, pero intercambia a la mujer por una niña. De esta forma, a las mujeres en los cuadros de desnudo se las infantiliza, privándolas de vello corporal y sonrosándoles las mejillas; y a las niñas se las hipersexualiza, al representarlas en poses y actitudes sugerentes.

Lo que Sáenz Sáenz potenciaba en sus cuadros fue lo que Fillol criticó en los suyos. Mientras a uno lo premiaba la academia, el otro era rechazado y catalogado como «pintor inmoral». En *El sátiro*, Fillol realiza una incisiva crítica social y moral que el jurado de la Exposición Nacional no estaba preparado para recibir. A la derecha de la composición vemos a un señor de avanzada edad que extiende una de sus manos señalando una fila de hombres situados a la izquierda. Con la otra mano, rodea el estrecho cuerpo de una niña tan pequeña que no debe tener más de siete años. La menor se lleva las dos manos a la boca —parece que está mordiéndose las uñas— y ladea la cabeza de manera que no podemos verle bien la cara. Detrás del grupo formado por abuelo y nieta, un alguacil toma apuntes sobre una mesa. Estamos presenciando la rueda de reconocimiento de un abuso a una menor. Fillol está denunciado una violación, pero también la pederastia. ¿Las consecuencias? El lienzo fue rechazado, junto con otros cuatro, por «ofensor de la decencia y el decoro».[62] Todavía a día de hoy sigo preguntándome cómo el jurado pudo ver en Fillol una ofensa a la decencia y el decoro mientras en Sáenz Sáenz veía una segunda medalla.

Tras este recorrido por el último siglo de la Edad Moderna y el primero de la Edad Contemporánea, no debería resultarnos demasiado difícil saber que, a partir de ahora, las escenas que sean excesivamente alegres o descaradamente pícaras probablemente se correspondan con el rococó. Del mismo modo, cuando veamos a una mujer vestida y pensemos «vaya, esto podría llevarlo María Antonieta» es que, efectivamente, podría llevarlo, así que también será rococó. ¿Escenas en interiores lujosos entre mujeres que cuchichean, que reciben cartas o que las entregan? Rococó. ¿Hay muchos colores pastel, se romantiza lo bucólico y la vegetación parece tan frondosa como mullida? Efectivamente, también rococó.

Si las protagonistas parecen sacadas de un medievo idealizado o de un cuento de hadas, es prerrafaelita. Si estas protagonistas medievales van acompañadas de caballeros a los que parecen seducir: prerrafaelita también. Si las ruinas son las protagonistas de la escena, es posible que se trate de una obra del Romanticismo (y que sea de Turner o de alguien que se inspiró en él). Si las figuras parecen atormentadas o reflexivas, apostemos —de nuevo— por el Romanticismo. Si la escena podría ser una estampa fotográfica, es realismo. Si, además, la gente representada aparece trabajando, se trata de realismo social. Si las personas del cuadro parecen sacadas de la Antigua Grecia o Roma, pero con un rigor anatómico alejado del Renacimiento, es Neoclasicismo.

Si es un exterior con camellos y palmeras: orientalismo. ¿Personas con turbantes? Orientalismo. ¿Mujeres desnudas en unos baños interiores? También orientalismo. ¿Mujeres perversas, misteriosas, impasibles, acompañadas de serpientes o con cola de sirena? Definitivamente siglo XIX, aunque desconozcamos la corriente.

IMPRESIONISMO Y VANGUARDIAS
Siglo XX

La ruptura de una ruptura

Nos encontramos en un punto de no retorno, pendiendo de un hilo entre finales del siglo XIX y principios del siglo XX. Podríamos decir que el recorrido por las salas que acabamos de visitar ha sido tranquilo, al menos mayoritariamente, así que nos enfrentamos a lo que viene con curiosidad y sosiego. Hasta que vemos el puente. Para continuar el itinerario debemos atravesar una pasarela de cristal que se extiende ante una nada que parece inmensa; un gran abismo negro como el alquitrán que amenaza con tragarnos. Algunas de las visitantes se miran perplejas; a otras, la sensación de vértigo empieza a treparles por el estómago y sienten que en cualquier momento podrían vomitar. En un ejercicio de confianza, aquellas con menor tolerancia a las alturas se tapan los ojos con una mano mientras con la otra aprietan fuerte la de su compañera, que las guía a lo largo de la plataforma acristalada. Otras intentan recordar si el personal del museo les ha ofrecido en algún momento contratar un seguro de vida mientras miran a ambos lados de la pasarela, preguntándose qué pasará si tropiezan o cuánto peso puede aguantar la estructura. Con mayor o menor esfuerzo, todas conseguimos llegar al otro lado y nos disponemos a recobrar el aliento.

Menos de un minuto después, un estruendo nos pilla por sorpresa. El cuerpo se nos tensa y, cuando miramos atrás, la pasarela ya no está: algo ha impactado contra uno de los cristales. Nos giramos a tiempo para ver cómo, siguiendo un efecto dominó, las sucesivas placas se van resquebrajando y cayendo. Ya no hay conexión entre el lugar del que venimos y el lugar al que vamos.

Algo así supusieron las vanguardias para la historia del arte: la ruptura de una ruptura. Debido a ello, podríamos definir este periodo como una época de experimentación más que como una etapa de representación. El hastío respecto a todo lo conseguido anteriormente fue tal que los modos de entender y producir arte cambiaron radicalmente. Este proceso de escisión con lo anterior se desarrolló de manera tan confusa y convulsa que tardó varias décadas en poder ser historiado: sucedían tantas cosas al mismo tiempo que se volvió imposible montar el puzle sin haberse distanciado antes de él.

A diferencia de la de las salas precedentes, la entrada en este periodo artístico se produce entre ruido, humo y una vertiginosa y constante sensación de velocidad. De nuevo, el suelo parece a punto de ceder en cualquier momento bajo nuestros pies, pero esta vez debido a los temblores que lo atraviesan: los cascos de los caballos que llevan los carruajes se entremezclan con las bocinas de los coches y el humo de los trenes. Es entonces cuando entra en escena un gran grupo heterogéneo que habla en alemán, italiano y francés. No tienen ningún tipo de cuidado al tomar partido en el espacio, por lo que los paraguas de muchas mujeres amenazan con clavarse en los ojos y cabezas de quienes acabamos de poner un pie en la sala. Los sombreros de copa que portan los hombres impiden ver más allá de la multitud, y es entonces cuando entendemos que debemos sortearla —sobreponiéndonos a la confusión que nos genera— antes de que alguien se vea obligada a pedir asistencia médica.

Tras recibir varios codazos en las costillas y propinar varios empujones, conseguimos superar el primer obstáculo de lo que parece una prueba para entender la atmósfera vanguardista europea. Al dejar el murmullo trilingüe de la masa que pretendía arrollarnos, nos enfrentamos a un nuevo ambiente en el que conviven agresivos medios de transporte, que ahora podemos ver cuando hace unos minutos solo podíamos escucharlos: el paso de una locomotora nos impide seguir nuestra ruta; después, debemos esquivar un carro tirado por caballos ante los gritos furibundos de la persona que lo conduce; y, finalmente, estamos a punto de ser arrolladas por varios bólidos que parecen sacados de una exposición conmemorativa del Mercado de Motores de Madrid.

Y es que así fueron las primeras décadas del siglo XX: una convivencia y fricción continua entre lo tradicional y lo rupturista, entre lo nuevo y lo viejo, entre la naturaleza y la tecnología, entre lo academicista y lo vanguardista. Una etapa de binomios dicotómicos que ahora podemos estudiar de manera más o menos estructurada, y que confirma aquello que anticipaba (creo) Duchamp:[1] el arte de principios del siglo XX es, en muchas ocasiones, un arte que precisa de un manual de instrucciones para ser entendido.

En líneas generales, podríamos definir dicho arte como el predominio del color sobre la forma, de la idea sobre el objeto y de la diversidad frente a la homogeneidad. Una lucha encarnizada por replantear los preceptos del Arte con mayúsculas. Si el mundo estaba cambiando radicalmente desde hacía más de un siglo, ¿cómo no iba a hacerlo el arte a modo de reflejo y consecuencia? Tal y como indica Valeriano Bozal, citando al mismo tiempo a Konrad Fiedler, «la forma artística posee un carácter creador y no meramente imitador, e implica una manera de conocer».[2]

Por otro lado, debemos tener en cuenta que no solo la sociedad y el arte estaban mutando: también lo estaba haciendo el mercado. Como anotamos con anterioridad, la progresiva fragmentación de la demanda artística en galerías, marchantes y particulares fue sustituyendo a las exposiciones nacionales del mismo modo que las diferentes academias habían sustituido a los talleres y gremios en el paso entre la Edad Moderna y la Edad Contemporánea. Es interesante volver a retomar este hecho aquí, ya que explica por qué el siglo XX es el siglo en el cual culmina la concepción del artista como genio, sumado a la aparición de la cultura de masas y el fortalecimiento de los medios de difusión y comunicación. La concesión de entrevistas, la aparición en revistas y las colaboraciones con diversos medios inflan el ego de esos sujetos —primero bohemios y luego burgueses— que hacen de su fuerza de trabajo artística una mina de capital económico y social. A veces, su fama se construye sobre la explotación de la propia imagen como artistas y, otras, es el distanciamiento respecto a los medios el componente bruto que potencia el misterio y, como consecuencia, también el interés.

Teniendo en cuenta que esto no ocurrió de la noche a la mañana, sería osado por nuestra parte introducirnos de lleno en este fenómeno sin antes haber sentado sus bases. Hay una pieza que todavía nos falta en el engranaje para que la máquina empiece a funcionar, y esa pieza es el impresionismo. Aunque como movimiento se enmarca cronológicamente a partir de la segunda mitad del siglo XIX, considero que para el público puede ser más sencillo entenderlo si lo ve vinculado a las vanguardias y lo asimila como su antesala en lugar de comparado con el Romanticismo o el realismo social. Si tuviéramos que metaforizar esta sucesión de acciones-reacciones, diríamos que el Romanticismo y el realismo crearon una barricada respecto al academicismo; el impresionismo vertió gasolina sobre ella; y las vanguardias le prendieron fuego.

La escisión definitiva entre hegemonía y rebeldía artística tuvo lugar en 1863, cuando Napoleón III inauguró el Salón de los Rechazados como espacio anexo de exposición de todas aquellas obras que —por un motivo o por otro— no contaban con el beneplácito del jurado de la Academia de Bellas Artes de París, compuesto por quienes en última instancia decidían quién pasaba por el aro y exponía en el Salón oficial de París y quién no. Paradójicamente, de allí surgieron nombres de cuyo talento no nos atrevemos a dudar a día de hoy: Monet,* Manet, Renoir, Degas y Cézanne, entre muchos otros. Como Courbet, de quien

* Como sé que solemos sudar a la hora de aprender a diferenciar a Manet de Monet, me permito la licencia de recomendar un truco mnemotécnico que me sirvió para no equivocarme: Monet es el de los nenúfares. Pintó este ciclo de obras al final de su vida, siendo un anciano octogenario, en su pro-

ya hablamos, este grupo de artistas tenían en común sus ganas de alejarse de las normas establecidas y explorar nuevas formas de creación. También igual que él, no parecían desear el éxito sino la verdad.[3]

A finales del siglo XIX —de manera semejante a como ocurrió con el Renacimiento—, cuando la popularización de una nueva técnica amplió las posibilidades creativas, los procesos industriales trajeron consigo la comercialización de los tubos de pintura al óleo. Antes, los pigmentos y los aglutinantes se adquirían por separado y se mezclaban en el taller para conseguir un tono concreto. De ahí que algunas personalidades anteriores a esta época sean referidas como «buenas coloristas»: cada artista tenía su propia fórmula; algunos pigmentos eran poco comunes y —por tanto— muy caros o de difícil acceso; y la pervivencia de las obras dependía en gran medida de que se supiese mezclar adecuadamente pigmento y aglutinante. Una mala mezcla afectaría la viveza de los colores o, directamente, echaría a perder la obra. Con la venta del óleo ya preparado en tubos, se agilizó el proceso, se abrió el abanico de posibilidades y los precios de determinados colores se regularon debido a la posibilidad de producirlos de manera sintética en lugar de conseguirlos de manera natural. Esto, además de favorecer el bolsillo del grueso de artistas, también les facilitó poder pintar al aire libre.

Y al aire libre pintó Claude Monet. La primera vez que se usó el término «impresionismo» fue, de hecho, para referirse de manera peyorativa a una de sus obras: *Impresión, sol naciente*, de 1874. El crítico de arte y artista Louis Leroy, al ver dicho lienzo, publicó una sátira en el periódico *Le Charivari* en la que se refería a ella como «impresionista» y, al final, a pesar de que su intención había sido la de insultar, terminó acuñando un movimiento.[4] Esta exposición, además de ser relevante por constituir la primera del grupo de artistas que serían conocidos posteriormente como impresionistas, lo es también porque constituye uno de los primeros puntos ciegos de la historiografía del arte respecto a las vanguardias. Tras la humillación del Salón de los

---

pio jardín. Como verle pintar debía de ser una estampa cuanto menos adorable, al imaginarla suelo pensar «¡Qué mono, Monet!». Y ahí lo tenéis.

Rechazados, algunas de sus personalidades se unieron para crear la Sociedad Anónima de Pintores, totalmente desvinculada de la cultura del salón. Su primera exposición fue la que tuvo lugar en 1874, en lo que había sido el taller del fotógrafo Gaspard-Félix Tournachon, conocido como Nadar. Allí expuso la *crème de la crème*: estaban de nuevo Edgar Degas y Claude Monet; también Camille Pisarro, Alfred Sisley, Pierre-Auguste Renoir, Paul Cézanne... y Berthe Morisot.

Morisot estuvo tan presente en los inicios del impresionismo como cualquiera de los nombres restantes; sin embargo, es el suyo el que siempre se olvida. Con suerte, a veces podemos verla referida como la cuñada de Manet, para quien posó en innumerables ocasiones. Por desgracia, Morisot forma parte de esa larga lista de artistas reducidas por la historiografía al papel de «mujer de» o «musa de». Pero Morisot fue antes que nada una artista. De hecho, es alarmante la cantidad de *musas* que fueron en realidad artistas, aunque su legado nos haya sido transmitido a través de los hombres que las retrataron en lugar de por mérito propio.

El error cometido por Gombrich en el siglo pasado al no incluir en su obra maestra a ninguna artista es también el error repetido en nuestro siglo al hablar del impresionismo por el autor del libro divulgativo de arte contemporáneo más vendido de la actualidad: *¿Qué estás mirando?: 150 años de arte moderno*. En él, Gompertz dedica el primer capítulo a hablar del movimiento, de su contexto, de sus antecedentes y de algunos de sus protagonistas. Pero no de Berthe Morisot. Esta tendencia nos hace creer que la presencia y aportes de las mujeres son prescindibles, pero lo cierto es que los artistas impresionistas comenzaron a hacer lo que ellas llevaban haciendo ya un buen rato: capturar lo que tenían delante de los ojos en lugar de pasajes épicos o exteriores lejanos.

Es un error fingir que podemos explicar el impresionismo sin tener en cuenta a Berthe Morisot, a Mary Cassatt, a Eva Gonzalès o a Marie Bracquemond. Una de las razones más habituales por las que se las ha apartado de la corriente principal —pese a haber pertenecido a ella— es debido a una lectura esencialista de sus temas: como son *mu-*

jeres artistas se da por hecho que pintan temas femeninos, y ya sabemos que lo femenino en el arte está degradado... pero solo cuando se asocia a las mujeres. «Si las mujeres se han inspirado en temas de la vida doméstica o de niños, también lo han hecho Jan Steen, Chardin y los impresionistas Renoir y Monet, al igual que Morisot y Cassatt. En todo caso, la simple elección de un ámbito temático concreto o la dedicación a ciertos sujetos no se puede equiparar a un estilo y menos a un estilo eminentemente femenino»,[5] argumentó Linda Nochlin.

Por su parte, Griselda Pollock añade —en *Visión y Diferencia*— que sí hubo algo que las artistas impresionistas no pudieron hacer en igualdad de condiciones que sus compañeros, y no por cuestiones de desfasado esencialismo biológico, sino por una cuestión de falta de libertades: a finales del siglo XIX, las mujeres seguían sin poder habitar el espacio público con tranquilidad. Cuando Monet propone a sus colegas que cojan el maletín de tubos de pintura, la paleta y que se vayan por ahí a pintar —estudiando la luz y cómo esta afecta a los objetos—, estaba haciendo gala como hombre de una libertad de movimiento que le estaba vedada a sus compañeras. Si Berthe Morisot se hubiese situado sola frente a la Catedral de Rouen para representar de manera obsesiva cómo el sol impactaba sobre ella modulando sus colores —igual que hizo Monet—, no hubiera podido pintar tranquila: habría sido acosada hasta la saciedad. Las únicas mujeres que veremos siendo representadas solas en el espacio público serán las bebedoras de ajenjo o absenta, y si algo tienen en común es que representan de manera más o menos velada a las prostitutas o a otro tipo de mujer de clase obrera. Sea como sea, no constituyen en ningún caso un modelo de conducta ejemplarizante. Las bebedoras de ajenjo de los cuadros son el tipo de figura que a las jóvenes se les enseñaba a no ser, a rehuir y a evitar a toda costa; son el contramodelo de feminidad.

Los temas domésticos, cuando los realizan las artistas, no reflejan tanto una inclinación femenina como una imposición social. A estas alturas ya hemos visto que en raras ocasiones las mujeres han tenido plena libertad para pintar lo que querían; pintaron, en todo caso, lo que les permitían. Con demasiada facilidad olvidamos que pretender que las obras de las mujeres encajen a la perfección en un canon creado por y para los hombres es como juzgar a un pez por no saber trepar un árbol como si fuese un mono. No es que el pez no tenga cualidades: es que no estamos teniendo en cuenta el medio en el que se le pide que las desarrolle. Es por esto por lo que una de las principales diferencias entre Linda Nochlin y Griselda Pollock como referentes de la historiografía feminista es que, mientras Nochlin mantuvo que no había habido una artista equiparable a Miguel Ángel o a Leonardo da Vinci, Pollock se preguntó para qué molestarse en incluir a las mujeres en un canon que ya se había demostrado insuficiente (e ineficiente) por sí mismo. No necesitamos a una Miguel Ángel femenina; tampoco a una Picasso mujer. Exigir a una artista que cumpla con la expectativa masculina es tomar una vez más al hombre como medida de todas las cosas, y eso es precisamente lo que tenemos que combatir, no lo que debemos reforzar. El canon existe para ser cuestionado, no para ser reproducido.

La construcción del olvido

Una vez familiarizadas con los antecedentes vanguardistas, se abre una sala de formas geométricas concéntricas que parece no tener principio ni fin. Se perciben ahora sutiles diferencias entre los distintos ambientes, pero la sensación general es de un todo que a la vez se convierte en una gran nada. No hay un recorrido pautado —como ocurría en salas anteriores— y el espacio ofrece la sensación de que podemos vagar libremente por él, experimentando con lo que nos encontremos, salvo por un panel vertical situado en el centro que —a primera vista y ante tanto estímulo visual— no parece llamar nuestra atención pese a que corta en dos el recorrido en línea recta al que estamos acostumbradas. Si miramos al suelo, se puede apreciar la marca de unas flechas blancas que señalan hacia todas las direcciones posibles y en cuyo centro, en contraste, se lee la terminación «-ismos». Nos dirijamos hacia el rumbo al que nos dirijamos, todos los caminos nos llevan a un ismo.

Si elegimos seguir la flecha que nos dirige hacia delante, nos encontramos con el cubismo. ¿O es el expresionismo? Si elegimos la flecha que nos lleva hacia la derecha, nos encontramos con el futurismo, ¿o es el dadaísmo? Si elegimos la flecha que señala hacia la izquierda, nos topamos con el simbolismo... ¿o es el surrealismo? Si volvemos sobre nuestros pasos y descubrimos nuevos pasillos que giran a la izquierda y derecha —allí donde antes había multitud y ruido— nos encontramos con el fauvismo, ¿o se trata del suprematismo? La multiplicidad de términos para referir diversas corrientes de cronologías semejantes se convierte en un verdadero dolor de cabeza para cualquier persona no familiarizada con ellas; de ahí que sea nuestro trabajo poner cierto orden donde no lo hubo.

Antes de nada, un breve consejo: las cronologías exactas no le importan a nadie y no es necesario memorizarlas; para eso ya tenemos a nuestra disposición una rápida búsqueda en Google. Lo importante es aproximarse a las tendencias, aprender a relacionarlas con su contexto y saber identificarlas si la ocasión lo conviene. Para todo lo demás, le pese a quien le pese, ya tenemos internet. No estamos en una cita de Tinder y, aunque ese fuese el caso, la pedantería nunca es una buena opción.

En el panel vertical que divide el recorrido por las diferentes salas aparecen los retratos y firmas de algunos de los nombres más importantes vinculados con este periodo histórico: Duchamp, Picasso, Kandinsky, Rodin y Robert Capa. Como si de un centro gravitacional se tratase —aunque la disposición de las salas y las infinitas posibilidades que advierten las flechas pintadas en el suelo invitan a vagabundear—, nuestro instinto de animal de costumbres nos atrae hacia dichos nombres y sus respectivas fotografías. Sabemos quiénes son: seguramente habremos oído sus apellidos en numerosas y múltiples ocasiones. ¿Sabríamos reconocerlos por la calle si tuviésemos la oportunidad de cruzarnos con ellos? Es lo de menos, porque a medida que nos acercamos a esos rostros —cuya fama les precede—, empiezan a desfigurarse y dan paso a unas imágenes que, en función de la dirección desde la que las mires, muestran cambios en su estructura. Marcel Duchamp pasa a ser Elsa von Freytag. Pablo Picasso, de repente, se metamorfosea en María Blanchard. Vasili Kandinsky desaparece para dejar espacio a Hilma af Klint. Ni Auguste Rodin ni Robert Capa permanecen tampoco, sino que su lugar lo ocupan Camille Claudel y Gerda Taro.

Tal y como se anunció con la mención a Berthe Morisot, cuando se historiaron las vanguardias se creó una especie de espejismo historiográfico que falseó la realidad. Un monstruo masculinizado y masculinizante borró a conciencia las contribuciones femeninas a esta época de ruptura, dando a entender que solo los hombres habían participado en las nuevas corrientes (de ahí lo de masculinizado) y las *pocas* mujeres que pasaron el filtro lo hicieron siempre vinculadas a los hombres con los que se relacionaron (de ahí lo de masculinizante). Ninguna de estas dos premisas es cierta. La aparición de la fotografía, tan devaluada en sus inicios y situada en los márgenes de las disciplinas artísticas, permitió a las mujeres dedicarse a ella con relativa tranquilidad (y éxito) en sus primeras décadas de desarrollo:[6] si las mujeres estaban degradadas como artistas y se dedicaban, además, a un medio inicialmente degradado, no pasaba nada. Pero apenas se menciona su labor cuando se habla de los inicios de la fotografía. La historia se repitió con el séptimo arte, siendo la primera cineasta Alice Guy-Blaché y no Méliès.[7] Y las vanguardias no fueron la excepción: al no depender del beneplácito de las academias, las mujeres engrosaron unas corrientes vanguardistas libres de las limitaciones de los estudios anatómicos, de la correcta y disciplinada aplicación del color y de los grandes géneros pictóricos. En cambio, no fueron pocos los artistas que invisibilizaron sus contribuciones, las obstaculizaron o bien nunca las vieron como iguales, tratándolas en consecuencia. Dicha postura sería la misma que tomarían los estudiosos posteriores al generar conocimiento sobre este periodo.

Por tanto, no sorprende descubrir que la primera obra abstracta realizada en Europa no llevara la firma de Vasili Kandinsky, sino la de Hilma af Klint.[8] Ni que uno de los mejores fotógrafos del siglo XX no fuera quien decía ser, ya que Robert Capa era en realidad el pseudónimo creado por Gerda Taro y su compañero sentimental Andre Friedmann, quien —tras el fallecimiento de Taro al ser arrollada por un tanque durante la Guerra Civil española— obvió las contribuciones de su compañera, atribuyéndose él solo el talento que habían cosechado trabajando codo con codo.[9] Tampoco asombra que la considerada mejor obra del siglo XX, la *Fuente*, no perteneciera, como creíamos, a Duchamp: hoy sabemos que R. Mutt fue el pseudónimo empleado por Elsa von Freytag,[10] conocida como la baronesa dadá. Es más: no solo fueron nombres masculinos los que contribuyeron al auge del cubismo —el cual sobrepasa la trayectoria de Picasso y Braque—, sino que también existió María Blanchard, por ejemplo. Y la carga de trabajo que Auguste Rodin derivó en una de sus ayudantes fue tal que en las exposiciones que él y Camille Claudel realizaron en conjunto resultaba sumamente complicado identificar a quién pertenecía cada obra.[11] Esta información, al ser novedosa para la mayor parte de visitantes sin formación previa (a veces incluso también para aquellas que sí la tienen), suele sentar como que te tiren un jarro de agua fría o como que te den un par de bofetadas cuando te acabas de despertar, así que vamos a aminorar el paso y a explicarlo poco a poco.

Empezando por orden cronológico, la primera mujer con la que nos topamos es Camille Claudel, una escultora a la que ya de pequeña le gustaba modelar bustos de su familia, la cual estaba integrada por la madre, el padre y su hermano Paul. En este sentido, bien podría ser incluida en esa larga ristra de artistas cuya genialidad es explicada a partir de un talento precoz que, de alguna forma, se vende como una premonición. Nochlin define así el mito del Gran Artista: «Objeto de cientos de monografías, único y dotado desde la cuna, a la manera divina, de una misteriosa esencia [...] llamada Genio o Talento [...] y que [...] siempre acaba viendo la luz, por muy complicadas o poco prometedoras que sean las circunstancias. Esta aura mágica que rodea a las artes figurativas y a sus creadores ha dado lugar —cómo no— a mitos desde el principio de los tiempos. Curiosamente, las mismas capacidades mágicas atribuidas por Plinio al escultor griego Lisipo en la Antigüedad —la misteriosa llamada interior en la primera juventud, el desarrollo sin otro profesor que la propia naturaleza— se repiten mucho después, en el siglo XIX, en la biografía de Courbet [...]. El cuento de hadas que relata el descubrimiento, por parte de un artista de más edad o de un mecenas con buen criterio, del niño prodigio [...] puebla la mitología artística».[12]

Enumerando ejemplos como Giotto, Zurbarán, Goya, Monet o Miguel Ángel, Nochlin reproduce esa historia de artista superdotado destinado a convertirse en genio que es compartida, casualmente, por muchos de los grandes nombres de la historia del arte. Esta condición podría haber incluido a muchas mujeres de talento precoz que cumplieron con todos los requisitos, Claudel entre ellas. Si no lo ha hecho, tendremos que buscar —por tanto— motivos ajenos a su talento (como, por ejemplo, que el discurso del genio es más parcial y exclusivista de lo que nos pensamos, y no está diseñado para acoger a las mujeres bajo su ala protectora porque no fue confeccionado teniéndolas en cuenta).

Debido al incipiente talento de Claudel para la escultura, su padre la animó a mudarse a París para formarse académicamente. En 1883 empieza a estudiar en la Escuela Colarossi, que sí permitía el acceso a futuras artistas, y allí es donde —siguiendo el guion vital del Gran Artista— Camille es descubierta por Auguste Rodin cuando este cubre la vacante de su profesor habitual. Poco después, Claudel empieza a trabajar como asistente de Rodin en su taller, ayudándole a completar esculturas y —también— posando como modelo. La sinergia entre ambas personalidades es evidente: no solo Claudel se beneficia de las enseñanzas de su maestro, sino que Rodin encuentra en ella a una aprendiz que pronto se convierte en colaboradora habitual. Recordemos que, en las exposiciones conjuntas, la gente no tenía muy claro qué obra era de una y cuál del otro.[13] Pese a todo, cuando una artista se relaciona con un hombre que también lo es, se produce un giro mágico en la manera de narrar la historia: no importa que ella lo iguale o lo supere —no importa que siga otros caminos—, una artista siempre será referida y limitada a su papel de aprendiz si en algún momento de su vida se relacionó con un hombre que creaba. Porque todas sabemos que ellos enseñan y ellas aprenden. Nunca al revés. Es por ello que incluso en las obras de Rodin que coinciden en cronología con su relación personal y profesional con Claudel solo aparece su nombre, a pesar de que hay constancia de que eran obras colaborativas en las que unas partes las hacía él y otras, ella.

La historia de Camille Claudel es una historia de tristeza, talento y desgracia. Siendo una de las mejores escultoras europeas de finales del siglo XIX y principios del XX, cuando se habla de ella en lo que suele descansar la mirada es en su desgracia. Porque ser encerrada de por vida por tu propia madre y tu propio hermano tan solo una semana después de que haya muerto tu padre es una desgracia. Permanecer aislada del mundo en un sanatorio en contra de tu voluntad durante tus últimos treinta años de vida es una desgracia. También lo es que tus contribuciones hayan sido borradas del legado de tu colaborador, pero que sean expuestas igualmente en su museo.

Un año después de que Camille Claudel realizase su última exposición (1905), lejos de Francia, en Suecia, una joven llamada Hilma af Klint —quien se había graduado en la Real Academia de Bellas Artes de Estocolmo a finales del siglo XIX— pinta la primera pintura abstracta conocida en Europa. Alejada totalmente de los círculos vanguardistas e influenciada por la teosofía, crea —junto a otras cuatro amigas artistas— un grupo secreto llamado «Las cinco». En sus reuniones, realizan sesiones de espiritismo «para encontrarse con lo que ellas creían que eran espíritus que deseaban comunicarse a través de imágenes, por lo que empezaron a experimentar con la escritura y el dibujo automáticos, adelantándose a lo que los surrealistas harían varias décadas después».[14] A raíz de estos encuentros, Hilma af Klint crea su ciclo artístico más importante: 196 pinturas mayoritariamente abstractas divididas en series y subgrupos. En ellas, la artista trató de alcanzar la armonía entre el mundo espiritual y el material; las nociones del bien y el mal; los conceptos de hombre y mujer; y, también, la religión y la ciencia. Lo hizo combinando sus conocimientos sobre las ondas electromagnéticas con las enseñanzas del líder teosófico Rudolf Steiner.[15]

Antes de juzgarla, debemos tener claro que la teosofía estaba muy extendida por Europa y que no pocos artistas vanguardistas se familiarizaron con sus teorías y prácticas. Lo que en la recuperación de la figura de Af Klint fue un hándicap (que fuese médium e hiciese sesiones de espiritismo) no pareció serlo para la carrera de Kandinsky, Mondrian, Kupka o Malevich, hombres artistas también vinculados a estas prácticas y a la Sociedad Teosófica.[16] De hecho, cuando Hilma af Klint le enseñó a Steiner su serie de obras abstractas, este le recomendó que no se las enseñase a nadie, pues no la tomarían en serio. En cambio, cuando Kandinsky le enseñó su primer lienzo abstracto unos años después, Steiner lo alabó. A ojos de Steiner, Af Klint era qué menos que una loca por practicar la abstracción: tenía que esconder su obra. Kandinsky, en cambio, fue considerado un genio y animado por Rudolf Steiner.

De esta forma, Hilma permaneció aislada, creando en secreto obra abstracta y exponiendo únicamente la figurativa y, antes de morir, pidió a su familia que bajo ningún concepto sacaran su obra a la luz hasta dos décadas después de su muerte. Falleció en 1944. Cuando sus herederos se pusieron en contacto en 1986 con el MoMa, el Museo de Arte de Nueva York, para hablarle de ella y mostrarle algunos ejemplos de su primera serie abstracta, la dirección del museo rechazó la propuesta. ¿Para qué quitar a Kandinsky la etiqueta de precursor de la abstracción? Y, además, ¿por qué hacerlo? ¿Para poner en su lugar a una mujer? ¡Ni hablar!

Lo que no se esperaba el MoMa es que, en Suecia, Af Klint causaría furor. A partir de ese momento, cada exposición de su obra congregó a miles de personas, y su figura empezó lentamente a ser reivindicada como lo que es: la primera persona que practicó la abstracción en Europa, cinco años antes que Kandinsky. Una de las argumentaciones recurrentes a la hora de seguir justificando su invisibilización y promoviendo el desinterés hacia su figura más allá de círculos especializados es que «por mucho que ella crease la primera obra abstracta europea, fue Kandinsky el primero en exponer una de dicho estilo». La pregunta es: si la razón es esa, ¿por qué Kandinsky sigue apareciendo como «precursor» e «iniciador» de la abstracción en lugar de como «primer expositor» de pintura abstracta?

Seguimos para bingo. Es 1909. Picasso y Braque experimentan en sus lienzos con todas las perspectivas. Estamos en la etapa del cubismo analítico, caracterizado por la fragmentación y recomposición de la tridimensionalidad. Posteriormente llegaría la del cubismo sintético, en el cual las formas —como indica su nombre— se simplifican y aplanan, suavizando la multiplicidad de aristas y ángulos presentes en la etapa anterior. Este es el año en el que María Blanchard llega a París como beneficiaria de una beca para continuar sus estudios de pintura. Allí se familiariza con el ambiente vanguardista, traba amistad con Angelina Beloff —artista rusa posteriormente nacionalizada mexicana— y emprende con ella un viaje por Europa a lo largo del cual, entre otras personalidades, conoce a Diego Rivera, recordado por el machaque psicológico al que sometió a Frida Kahlo y por pertenecer al movimiento del muralismo mexicano.

Cuando Blanchard —quien provenía de una familia de la burguesía progresista santanderina— regresó de su paseo por Europa, entró como alumna en la academia de otra artista rusa, Marie Vassilief, y gracias a ella se familiarizó con los lenguajes cubistas. Mery Cuesta, en el artículo que escribió sobre Vassilief y Morisot con ocasión de las exposiciones temporales que les dedicó el Museo de Orsay, se refiere a Vassilief como «una pieza fundamental de la bohemia parisina de los años diez y veinte y artista multidisciplinar de alto voltaje individual».[17] ¿A vosotras os han hablado de ella? A mí no. La conocí investigando para este libro. Y se trata de algo grave, pues la academia que abre Vassilief «se convirtió en el punto de encuentro de figuras de la intelectualidad como Juan Gris, Picasso, Chagall, Erik Satie, Nina Hamnett u Olga Sacharoff».[18] Esto ya nos indica que el cubismo no se ciñe únicamente a Picasso y Braque: incluye también a mujeres, entre ellas Blanchard, y cuenta con no pocos exponentes femeninos rusos, territorio en el que se desarrolló la vertiente conocida como cubofuturismo, que mezclaba lenguajes plásticos cubistas con temas propios del futurismo (máquinas, velocidad, industrialización). En la primavera de 2019, el Museo Thyssen realizó un montaje especial de doce obras de su colección firmadas por siete artistas diferentes bajo el nombre «Pioneras. Mujeres de la vanguardia rusa». En 2022, el Guggenheim de Bilbao acogió la muestra «Mujeres de la abstracción», integrada por obras de ciento veinte artistas diferentes que desde el siglo XX hasta el XXI se dedicaron a dicho género. ¿Qué nos dicen estos datos? Aunque el cubismo, el futurismo y el arte abstracto lleguen a nosotras con nombre masculino, su contenido es suficientemente plural como para replantearnos la forma en la que contamos la historia.

La de Blanchard es, por desgracia, una historia plagada de patetismo: no por voluntad propia, sino por imposición narrativa. El capacitismo y el paternalismo se dan la mano con fuerza a la hora de enfrentar su trayectoria.[19] Debido a una caída que sufrió su madre durante el embarazo, María Blanchard nació con una enfermedad de la columna vertebral que le acarrearía problemas durante toda su vida y la dejaría finalmente en silla de ruedas. Su discapacidad no le impidió ayudar y sustentar económicamente a su familia: su madre, sus hermanas, los maridos de estas y sus sobrinos. La imagen de mujer débil que a veces se ofrece de ella contrasta con los esfuerzos físicos, artísticos, psicológicos y económicos que llevó a cabo durante toda su vida hasta, prácticamente, el día de su muerte: «Muchas veces le faltaba el aire. Sujetar los pinceles al llegar la noche, después de trabajar más de doce horas seguidas y sin respirar, suponía una especie de tortura [...]. Durante los primeros años en París soportó largos periodos sin pintar hasta que llegaba la primavera, porque era incapaz de trabajar con el frío. Ahora, en su atelier, tenía algo de calor, pues nunca le faltaba leña para calentar la estufa. Pero el recuerdo de los tiempos en los que se veía obligada a quemar sus propios dibujos y bocetos para calentarse, y que le había dejado una huella dolorosa [...] la atenazaba».[20]

Al hablar de Blanchard, la maternidad (o su ausencia, mejor dicho) se entiende siempre como una pérdida, un enorme vacío, siguiendo ese trazado que marca que una mujer, si no es madre, no está completa. Sin embargo, a lo largo de su trayectoria, su obra tuvo una gran acogida en Bélgica; fue expuesta también en muestras grupales de cubismo y neocubismo; y en España recibió el título de «La dama cubista», siendo alabada por Federico García Lorca en su *Elegía a María Blanchard* pronunciada en el Ateneo de Madrid en 1932, poco después de su muerte.[21] En un artículo del periódico francés *L'Intransigeant* se dijo de ella: «La artista española murió anoche, después de una dolorosa enfermedad. El sitio que ocupaba en el arte contemporáneo era preponderante. Su arte, poderoso, hecho de misticismo y de un amor apasionado por la profesión, quedará como uno de los auténticos artistas y más significativos de nuestra época».[22] Determinar si esta profecía se ha cumplido o no queda, en este caso, a cargo de las visitantes.

En estos tres casos —Claudel, Af Klint y Blanchard— se puede apreciar cómo la inercia de la historia del arte tiende a ignorar los aportes femeninos a pesar de contar con razones para tenerlos en cuenta. En los dos casos siguientes, el de Elsa von Freytag y el de Gerda Taro, la inercia destructiva no es la historia del arte en sí, sino sus amigos y compañeros de profesión.

El 2 de diciembre de 2004, una noticia publicada por *El País* anunciaba lo siguiente: «Un simple urinario de porcelana, que el vanguardista de origen francés Marcel Duchamp envió a una exposición de Nueva York en 1917 con el título de *Fuente*, ha sido elegido por medio millar de expertos, críticos y artistas como la obra de arte más influyente del siglo XX, por delante de obras como *Las señoritas de Avignon*, de Pablo Picasso o el díptico *Marilyn* de Andy Warhol [...]. La *Fuente* de Duchamp ha logrado un 64 % de los votos de los expertos consultados».[23] Todo correcto, salvo que la obra no es de Duchamp.

Las dos fuentes principales que sustentan esta hipótesis son, por un lado, el texto escrito por la biógrafa de Elsa von Freytag, Irene Gammel,[24] y, por otro, la novela de Siri Hustvedt *Recuerdos del futuro*, en la que cita la investigación de Gammel, concretamente una carta fechada en 1917 en la que Duchamp escribió a su hermana Susane: «Una de mis amigas, la cual ha adoptado un pseudónimo masculino, Richard Mutt, ha enviado un orinal de porcelana a modo de escultura».

Por aquel entonces, Duchamp era miembro del comité de la Sociedad Americana de Artistas Independientes a la que iba destinada la pieza, así que la presentó de forma anónima. La pieza fue rechazada y Duchamp dimitió de su cargo. El fotógrafo Alfred Stieglitz fue el encargado de hacer la única fotografía conservada de la obra original; poco después, al urinario se lo traga la tierra y no volvemos a saber nada más de él... hasta 1935, cuando André Breton —fundador y principal exponente tanto del dadaísmo como del surrealismo— se convierte en la primera persona en atribuirlo a Duchamp.[25] Bien es cierto que tendrán que pasar todavía casi veinte años para que Duchamp, mintiendo como un bellaco, admita dicha atribución, coincidiendo con las décadas de los cincuenta y sesenta, cuando el arte conceptual atraviesa un nuevo repunte y se produce una revalorización de la figura de Duchamp y de su obra. Nuestro amigo Marcel debió pensar: «Mi amiga, el fotógrafo y Breton están muertos; no queda nadie vivo que pueda llevarme la contraria, así que... ¡efectivamente, la *Fuente* la creé yo!». Gracias a Irene Gammel y a la carta de 1917 que encontró, hoy día sabemos que la obra más influyente del siglo XX la conceptualizó una mujer: la baronesa dadá Elsa von Freytag-Loringhoven. Ahora solo nos falta reivindicarla como tal y entender que, mientras Duchamp murió entre elogios y reconocimientos en 1968, Von Freytag lo hizo pobre y en la miseria en 1927.

Debido a una casualidad parecida, en 2007 fueron encontrados 4.500 negativos en una maleta abandonada en un apartamento de México. Dichos negativos escondían el trabajo de Gerda Taro, David Seymour y Andre Friedmann, cuyos fotorreportajes fueron considerados los mejores de su tiempo entre 1937 y 1938.[26] Para rastrear su historia debemos partir del exilio: Taro era alemana, Friedmann era polaco y Seymour era húngaro. Coincidieron en París y ahí empezaron a colaborar para intentar abrirse paso en el mundo de la fotografía, donde Taro y Friedmann habían conseguido conquistar algunos éxitos al decidir crear un personaje ficticio al que llamaron Robert Capa. La jugada les salió bien; empezaron a recibir encargos. Poco después estalló la Guerra Civil y vinieron a España a fotografiarla. En este sentido, debemos tener en cuenta que la Guerra Civil española fue el primer conflicto armado que pudo ser fotografiado desde primera línea gracias a la tecnología puntera de cámaras como la Leica o la Rolleiflex, por lo que constituyó «una línea divisoria entre los principales modelos de fotografía, desarrollados en las dos guerras mundiales».[27] Esta guerra fue para la fotografía lo que Vietnam fue posteriormente para la televisión: en las zonas de conflicto se documentó lo que estaba ocurriendo, pero también se configuró una nueva forma de registrarlo visualmente al mismo tiempo que se establecía una relación antes inexplorada entre conflicto, prensa y sociedad.

Es por ello que el trabajo realizado por Gerda Taro fue pionero en su campo, situándola a la vez como la primera fotorreportera de guerra y la primera, además, en morir en combate.[28] A pesar de ello, muchas de sus fotografías fueron atribuidas a Andre Friedmann hasta varias décadas después, cuando empezó a ponerse en valor el trabajo de Gerda Taro primero como parte integral del personaje Robert Capa durante los primeros años y, después, como fotoperiodista autónoma. Todavía a día de hoy, el nombre de Robert Capa sigue resonando como el de un fotógrafo que trabajó siempre solo.

¿Cuántas artistas más permanecen en el olvido a falta de que se encuentre una carta, una maleta, una referencia o un legajo en un archivo, un desván o una subasta? ¿Qué más cosas nos estamos perdiendo? ¿Cuántas obras seguirán mal atribuidas? Esto es lo verdaderamente preocupante: que no estamos ante casos aislados, sino ante la punta de un iceberg colosal.

Con estos ejemplos vemos cómo el discurso historiográfico alrededor de las vanguardias es también la construcción del olvido y el insulto a un legado artístico levantado por igual entre hombres y mujeres, aunque encabezado por unos a costa de otras. Esta tendencia no se limita exclusivamente a la invisibilización de las contribuciones femeninas, sino que también puede extrapolarse a la inmensa deuda que el impresionismo, el postimpresionismo y las vanguardias contrajeron con el arte africano y asiático.

Apreciación y apropiación

Tras habernos acercado a las personalidades que se esconden detrás de figuras como Duchamp, Capa o Kandinsky, rodeamos el panel central para continuar nuestra visita. Al mirar el suelo vemos cómo las flechas que señalan diferentes ismos serpentean por el suelo; algunas se cruzan y otras se pierden en el interior de diferentes salas. Varias se dirigen hacia una misma dirección, así que nos dejamos guiar por ellas sin levantar la vista de nuestros pies. Cuando su rastro desaparece, alzamos la mirada y nos topamos de frente con una infografía que cubre por entero la pared. A ambos lados, dos columnas de números en rojo se alzan desde el suelo hasta el techo: son fechas que van desde 1890 hasta 1935. Entre ellas, algunos rectángulos del mismo color van pautando los puntos de referencia a los que mirar. En su interior hay escritos términos como «estampa japonesa», «escultura negra», «arte del Próximo Oriente» y «estética de la máquina». De estos rectángulos, a su vez, salen flechas que guían nuestra mirada hacia otros nombres: las diferentes corrientes vanguardistas. Lo que tenemos delante es el diagrama que Alfred Barr realizó en 1936 para la exposición «Cubismo y arte abstracto» organizada por el MoMA de Nueva York.

Este diagrama manifiesta tres cosas. La primera es que a día de hoy la estructuración de las vanguardias sigue respondiendo a la que llevó a cabo Barr hace más de ochenta años. La segunda es que gran parte de la base inspiracional vanguardista se debe a influencias externas, alejadas del continente europeo. Y la tercera es que, sin embargo, en raras ocasiones estas obtienen la atención que merecen. Una lectura crítica deja al descubierto la necesidad de replantearnos desde dónde se construyen los discursos que nos hablan del arte contemporáneo —en este caso concreto, del arte vanguardista—. Algo debemos estar haciendo mal (o podríamos hacer mejor) si la población está familiarizada con las vanguardias, independientemente de que sepa nombrar sus corrientes, pero no con sus focos inspiracionales.

A mi parecer, esto se debe no solo a las relaciones jerárquicas establecidas con otros continentes a través del imperialismo y el pensamiento colonial, sino también a cómo se abordan esas relaciones desde los museos todavía a día de hoy. Por ejemplo, recuerdo cuando hace unos años visité una exposición (aquí diré el pecado, no el pecador) que reflexionaba sobre las genealogías del arte contemporáneo tomando como punto de partida el diagrama de Barr. Algo que llamó mi atención en una de las primeras salas fue ver varios cuadros cubistas de Picasso situados al lado de una vitrina con un par de máscaras africanas en el interior. Entendí que esa disposición pretendía establecer un diálogo entre cubismo y arte africano, lo cual es necesario, pero las características de ese diálogo me entristecieron y decepcionaron. Las obras de Picasso estaban perfectamente catalogadas en año y título; en cambio, las máscaras africanas ofrecían únicamente una cronología orientativa y en ningún caso una localización exacta, de manera que era imposible saber a qué cultura pertenecían o cuál era su finalidad (ritual o ceremonial, decorativa, etcétera). ¿Por qué incido sobre esto? Porque todavía en la actualidad, la mayoría de espacios museísticos siguen tratando el continente africano como un país, como si no hubiera diferencia entre una máscara de Liberia, una de Gabón y una de Kenia. No parecen tener interés en educar en la igualdad sino en fomentar la diferencia y, con ella, también la homogeneización artística de un continente por entero.

El mayor problema que plantea esto es que, en la mayoría de los casos, dichos procesos de diferenciación y homogeneización ni siquiera se plantean de manera consciente: son consecuencia de unas estructuras mentales racistas interiorizadas que derivan en diálogos museísticos que también lo son. Esas cartelas informativas tan parcas son consecuencia de toda una tradición museográfica que nos dice que, si queremos hacernos una composición de lugar exacta y concreta sobre arte externo a Europa, debemos acudir a los museos antropológicos y etnográficos. Esto no es algo baladí, porque lo que plantea entre líneas es que a un museo de arte contemporáneo se va a ver arte, y a un museo etnográfico o arqueológico se va a ver artesanía y primitivismo.

Esto contribuye a una jerarquización negativa de las artes en función de la disciplina en la que se encuadran, pero también dependiendo del territorio del que provengan. De este modo, el arte escultórico africano se entiende como artesanía, pero el arte escultórico europeo se entiende como escultura. ¿Dónde están las y los artistas asiáticos, africanos, oceánicos y latinoamericanos en las salas de los principales museos del mal llamado primer mundo? A través de la expropiación de bienes artísticos y culturales, museos como el Victoria & Albert, el Museo Británico, el Museo de Pérgamo o el Museo del Louvre engrosaron sus colecciones de arte antiguo (y no tan antiguo) deslocalizando las obras de sus respectivos territorios para centrar todo su potencial económico en Europa. En cambio, cuando se trata de reivindicar y centralizar igualmente la atención que merecen las creaciones contemporáneas provenientes de esos continentes, lo que se extiende es un cortante silencio que atraviesa la piel y que ojalá atravesase de igual modo las conciencias.

La obra de Van Gogh no puede entenderse sin la incidencia que tuvo en ella la circulación por Europa de las estampas japonesas,[29] pero ¿cuánto sabemos de Van Gogh y cuánto de la estampa japonesa? ¿Cuántas personas conocen a Van Gogh y cuántas de dónde provienen sus influencias? Esta omisión y esta carencia de profundidad en los análisis inspiracionales de las grandes figuras del arte europeo de los siglos XIX y XX parecen denotar una nueva clase de imperialismo que se basa en el extractivismo cultural para seguir perpetuando el continente europeo como germen de toda creación artística, en lugar de situarlo como una máquina de copiado y pegado que ha generado —y sigue generando— millones de euros al año, de los cuales ninguno es redistribuido a los países de cuyo producto interior artístico ha sido extraído.[30]

Las vanguardias nos permiten cuestionarnos sobre las mutaciones que vivió Europa a principios del siglo pasado y que afectaron al arte y a su forma tanto de entenderlo como de ejecutarlo, pero también pueden dar pie a formularnos preguntas sobre las interacciones de Europa respecto a otros continentes: cuánto debemos y cuánto hemos honrado; de cuánto nos hemos apropiado y a cuánto hemos rendido homenaje. Estos interrogantes aparecen reflejados en una de las muchas salas dedicadas a los ismos, en concreto aquella que pivota sobre la crítica al primitivismo.

Valeriano Bozal, en el número que *Historia16* dedica a los orígenes del arte del siglo XX,[31] escribe: «Primitivos son los pueblos al margen de la civilización occidental, europea; los pueblos africanos o asiáticos y sus culturas, considerados, especialmente los primeros, como no civilizados e incluso calificados de salvajes». Punto y aparte. No señalar el racismo implícito en estas lecturas del arte continental africano es, en sí mismo, un acto racista: desde Occidente se tuvieron que justificar conceptual y teóricamente las campañas colonialistas e imperialistas. Debido a ello, el racismo científico fue la herramienta teórica que justificó la subyugación práctica, del mismo modo que la institucionalización de la misoginia legitimó la restricción de derechos y deberes de las mujeres blancas en la realidad decimonónica europea.

A día de hoy es bien sabido que las mujeres no son naturalmente inferiores a los hombres. ¿Por qué, entonces, seguimos justificando las culturas no europeas como naturalmente menos desarrolladas o salvajes? Es necesario analizar las implicaciones geopolíticas y económicas de estos discursos[32] y la peligrosidad de que, todavía en 1999, cuando se publicó este número de *Historia16*, siguieran vigentes. Por suerte, Bozal añade: «La presencia del arte primitivo, africano y polinesio, sudamericano, indígena norteamericano, etcétera, es fundamental para comprender el desarrollo de algunas de las orientaciones del arte del siglo XX». Y procede entonces a explicar por qué estas creaciones deslocalizadas respecto a Europa generaron tanto interés: «El arte primitivo traía, antes que ninguna otra cosa, originalidad y libertad: nuevos materiales, formas nuevas, concepciones diferentes del objeto, del cromatismo, de los volúmenes, objetos diferentes. Las obras primitivas no eran obras de arte, no estaban destinadas a la contemplación estética en los salones o en los museos. Poseían funciones decorativas, suntuarias, religiosas, políticas, pero no artísticas».

Al leer estas líneas, y a estas alturas de la lectura, deberían sonar en nuestra cabeza las alarmas hasta ensordecernos. Como hemos visto con anterioridad, los museos —tal y como los concebimos actualmente— encuentran su germen en los siglos XVIII y XIX en Europa. Por tanto, siguiendo el análisis de Bozal, ¿podríamos decir que todo arte anterior a estos siglos no es una obra de arte, ya que su función no era la contemplación estética en masa? ¿Podemos, por otra parte, señalar que el arte medieval —en concreto el arte gótico, cuya finalidad era primordialmente persuasiva y no estética— tampoco computa como obra de arte, ya que se erige como un objeto religioso, suntuario y también político? ¿Dónde quedaría el arte prehistórico en esta ecuación? El arte generado fuera de las fronteras europeas no es un objeto etnográfico en sí mismo, como aparece referido generalmente en los manuales o en los textos que tratan las influencias de la corriente primitivista. Disfrutar la historia del arte también supone perder el miedo a criticar su discurso y sus métodos, los cuales son también el discurso y los métodos del poder.

En la sala en la que nos encontramos ahora, dedicada a los primitivismos, todo lo que posee materialidad es tratado como una obra de arte, no como un artefacto ni tampoco como un objeto etnográfico. Esta asimilación de conceptos se produce a través de una constante en este museo: el diálogo establecido entre las obras y el diálogo establecido, a su vez, entre ellas y las visitantes. Cuando caminamos por un espacio expositivo, tendemos a fijarnos en lo que tenemos delante y no tanto en la relación que establece con aquello que lo rodea, es decir, solemos aislar las obras del discurso museográfico de la muestra. Esta sala nos obliga a modificar nuestra forma de mirar y de entender lo que vemos, haciendo que nos preguntemos, por ejemplo, si hay alguna relación entre las obras situadas en una misma pared o si su disposición es aleatoria, si hay algún hilo conductor a nivel discursivo y, si es así, cuál puede ser.

En este diálogo establecido entre las obras y sus influencias, se anima a las visitantes a entender las dimensiones plásticas de las reminiscencias y a que respondan por sí mismas cuáles son los límites entre inspiración y apropiación. La muestra aparece acompañada de fotografías finiseculares y de las primeras décadas del siglo XX, pertenecientes al Museo de Etnografía de Trocadero, en París. Este centro fue inaugurado en 1878 y ampliamente visitado por los artistas vanguardistas que vivieron o pasaron por París, entre ellos Picasso, Derain, Matisse y Brancusi. De todos ellos, se han escogido los ejemplos de Picasso y Derain como grandes coleccionistas de arte del continente africano con fotografías de sus estudios y también de su paso por estos centros. No podemos olvidar que, de manera paralela al desarrollo de este tipo de museos, en distintos puntos de Europa (entre ellos París, Madrid y Barcelona) los cuerpos de las personas racializadas eran instrumentalizados como reclamo en zoológicos humanos, como el que tuvo lugar en 1887 en el parque del Buen Retiro de Madrid con ciudadanos de Filipinas.[33] La práctica deshumanizadora de exponer en zoológicos a personas racializadas no desapareció hasta bien entrado el siglo XX, por tanto, no es un suceso tan lejano como podríamos pensar. A finales de 2021, el artista filipino Kidlat Tahimik expuso temporalmente en el Palacio de Cristal de este parque madrileño una muestra de su obra, consistente en tres grandes grupos escultóricos cuyo discurso incide en la historia del colonialismo en Filipinas y la influencia del imperialismo cultural en la actualidad.[34] Otro tipo de discurso artístico y expositivo es posible.

En esta sala, conviven obras plásticas y escultóricas de Latinoamérica, Europa, Asia y Oceanía. La tendencia se invierte, de manera que las máscaras dan de Liberia, las máscaras fang de Gabón y las esculturas makonde de Mozambique se liberan de las vitrinas en las que suelen ser expuestas para colgar directamente de las paredes o descansar sobre expositores individualizados que aseguran que se les preste una atención propia. En la estancia, son las obras europeas inspiradas en lenguajes artísticos extranjeros las que aparecen enclaustradas en determinadas vitrinas, apiñadas entre ellas, desprovistas de su individualidad. No porque esta sea la forma correcta de exponerlas, sino —más bien— porque quizás así, a través de la inversión de jerarquías, seamos capaces de aprender a identificar estas dinámicas cuando las veamos reproducidas en las salas de otros museos.

Muchos de los nombres que asociamos con los movimientos de vanguardia artística fueron coleccionistas de obras de arte de otras latitudes. Antes se mencionaba a Derain y a Picasso como coleccionistas de obras provenientes de África y Oceanía, pero también Rodin, Monet y Van Gogh fueron coleccionistas, en su caso de estampas japonesas. La presencia de estas ukiyo-e en Europa se remonta al siglo XVIII, pero fue en la Exposición Universal parisina de 1867 donde el arte nipón causó un gran impacto en artistas de todo tipo. En gran medida, la corriente impresionista y postimpresionista del arte europeo no puede ni debe entenderse de manera aislada a las relaciones comerciales y artísticas entre Europa y Japón: «Aparte de Degas, que compartía además con Kitagawa Utamaro la misma fascinación por la figura femenina, hubo diversos coleccionistas occidentales que se vieron influenciados por él, como Baudelaire, Edmond de Goncourt, Manet, Monet, Toulouse Lautrec y Mary Cassatt. Esto es debido a que Kitagawata Utamaro fue uno de los autores más reconocidos del ukiyo-e [...] y su reconocimiento tanto en Japón como en Occidente es debido principalmente a su gran fascinación por la figura femenina. Ya fuesen mujeres de la alta cuna o prostitutas, las representaba a todas con un alto nivel de dignidad».[35]

Con dignidad es como representa Manet a la prostituta de su *Olympia*, y sin dignidad es como la sociedad europea se refería a esas mujeres, de ahí la gran conmoción que causó la obra. En cambio, Manet otorga a la mujer prostituida una dignidad de la que priva a la mujer negra que sitúa a su lado como criada: la mimetización de su piel con el fondo la convierte prácticamente en un ente solo recortado sobre la pared gracias a las ropas blancas que lleva. Vimos cómo, desde la Edad Moderna, la colocación de mujeres negras al lado de mujeres blancas servía para alimentar las nociones eurocéntricas y racistas de lo bello (lo blanco) y lo feo (lo negro), al mismo tiempo que se definía la jerarquía entre lo superior y lo inferior: esta obra sigue respondiendo al mismo esquema, aunque varios siglos después. Esto, además, ocurría casi en paralelo a «la gran demanda de escenas de mujeres en kimono que había en Occidente por su matiz erótico, que no dejaba de ser un mero exotismo en el imaginario de la mujer japonesa desde la cosmovisión europea».[36] De modo que, mientras las mujeres afrodescendientes eran deshumanizadas, las mujeres asiáticas eran hipersexualizadas. Por otro lado, la reacción del público a la *Olympia* de Manet pone de manifiesto la hipocresía de una sociedad que juzga a las prostitutas mientras naturaliza a los puteros: si el jurado y la crítica supieron reconocer el ambiente de prostíbulo y los atributos que aludían a la prostitución fue, seguramente, porque los conocían de cerca. Por tanto, lo que molestó a la sociedad francesa no era que la prostitución existiese y que las mujeres se prostituyesen: era que alguien había convertido a una prostituta en sujeto merecedor de ser representado con dignidad.

Al otro lado de la sala, varias obras de Van Gogh conviven con algunas de Utagawa Hiroshige. Violeta Fernández Rodríguez, en el libro que dedica a las influencias del japonismo en el arte de finales del siglo XIX y principios del XX, menciona que Vincent y su hermano Theo eran propietarios de más de cuatrocientas estampas japonesas ahora expuestas en su museo de Ámsterdam. «Fue tan grande la pasión de Van Gogh por las estampas japonesas que [...] le llevó a decir que "de alguna forma, todo mi trabajo se funda en el arte japonés". Esta fascinación también es visible en el hecho de que, desde el año 1885, mencionara constantemente a Japón en las cartas que le escribía a Theo, en las cuales comparaba Arlés con Japón».[37] Van Gogh sería un buen ejemplo para determinar la diferencia entre la apreciación y la apropiación. Picasso podría haber aprendido mucho de él, ya que el malagueño negó siempre cualquier influencia externa en su arte. Del mismo modo que dijo «¿El arte negro? No lo conozco»[38] cuando le preguntaron por su opinión respecto al arte africano (pese a dedicarse a coleccionarlo), también negó cualquier influencia japonesa a pesar de que está registrado que coleccionaba ukiyo-e. Sea como sea, la influencia del japonismo en Picasso se puede determinar también de manera indirecta, pues el artista no parecía tener problema en reconocer las influencias cuando venían de cerca: «Muchos autores en los que él se llegó a inspirar a lo largo de su vida, como Manet, Monet, Van Gogh, Degas y Paul Gauguin, estuvieron influenciados por el japonismo».[39]

No deja de ser curioso cómo mientras desde Europa se buscaba *lo exótico*, desde *lo exótico* se imponía lo europeo. Este fue el caso del surgimiento de las academias en América Latina, a donde se trasladaron profesores de pintura europeos para *enseñar* a pintar a sus artistas, constriñendo la libertad creativa latinoamericana en pro del «verdadero arte», es decir, el arte y las directrices de Europa. Fue así como, en la primera mitad del siglo XX, surgieron en América Latina distintos movimientos que buscaban luchar contra esta tendencia academicista europea, en defensa de recuperar o crear sus propias voces artísticas. Un ejemplo sería el movimiento iniciado por Tarsila do Amaral, artista brasileña, a través de su obra *Abaporu*, y el posterior *Manifiesto Antropófago* (no exento de polémica) de su marido, Oswald de Andrade.

Artista y obra: ¿una separación?

Siguiendo la línea argumental de la masculinización de las vanguardias, la sala en la que entramos ahora se dedica por entero a una de las corrientes que más exaltó los atributos socialmente ligados a la masculinidad: el futurismo. Esta corriente hunde sus raíces en la península italiana y, pese a haber sido despolitizada en su teorización posterior, lo cierto es que fue un ismo muy vinculado a nivel ideológico con los presupuestos que desarrollaría años después el fascismo italiano y, por tanto, una corriente profundamente politizada. En algunas ocasiones, la creación artística es también una forma de hacer política.

Uno de los principios sobre los que se sustentaron las teorías misóginas y sexistas fue la diferencia sexual, la cual mantiene que hombres y mujeres somos diferentes por naturaleza y que traduce dicha distinción en términos de desigualdad y jerarquía. Para configurar las esferas de lo masculino y lo femenino se crearon todo tipo de binomios en los cuales lo asociado con los hombres se consideraba positivo y lo asociado con las mujeres, negativo. Por ejemplo: racional/sentimental, fuerza/debilidad, frialdad/calidez, público/privado. Si trasladamos esto al arte, encontraríamos otro ejemplo en los juicios que reciben las escenas cotidianas cuando las representa un o una artista. Si lo hacen ellos, son visionarios. Si lo hacen ellas, la pintura es catalogada de femenina y pierde automáticamente interés para los entendidos. Estos binomios, además, se disfrazaron de esencialismo, es decir, se pretendió hacer creer a la población que eran características naturales —y por tanto inherentes—, cuando —en realidad— se construyen socialmente. Los hombres no son como son por naturaleza, sino que les enseñan a serlo; y a las mujeres, más de lo mismo.

En este sentido, el futurismo cumple con muchos de los estándares vinculados a la diferencia sexual de la masculinidad, esto es: la velocidad, la vigorosidad y la violencia. Temas como la automoción, el desarrollo industrial, la estética de materiales como el hierro y el acero o los experimentos ópticos fueron sus protagonistas formales, y sus premisas fundacionales podemos encontrarlas en el *Manifiesto futurista*[40] de Filippo T. Marinetti, de 1908. Dicho manifiesto es una oda a la violencia y una declaración de intenciones entendida en términos belicistas:

> 9. Queremos glorificar la guerra, el militarismo, el patriotismo, el gesto destructor de los anarquistas, las ideas por las cuales se muere y el desprecio a la mujer.
>
> 10. Queremos destruir y quemar los museos, las bibliotecas, las academias variadas y combatir el moralismo y todas las demás cobardías oportunistas y utilitarias.[41]

Cuando Marinetti incluye el desprecio a la mujer en la misma línea que la glorificación de la guerra, el militarismo y el patriotismo, parece dar por hecho que estas coordenadas son contrarias al concepto de *lo femenino*. Como consecuencia, lo que hace es exaltar (consciente o inconscientemente) los valores que él considera masculinos, porque así es como los perfila la sociedad. Paradójicamente, no fueron pocas las mujeres que se adscribieron a esta corriente, sobre todo en Rusia, como vimos con el círculo de amistades de María Blanchard.

En líneas generales, la propuesta de Marinetti parte de la romantización de la maquinaria y la sublimación de la fuerza. Con su manifiesto, busca alejarse de lo humano para acercarse a lo industrial. En las tres primeras décadas del siglo XX se produjeron una gran cantidad de avances en materia de industria, locomoción, aeronáutica y arquitectura: aparecen los primeros rascacielos, se intensifica el uso del hierro en la construcción, se respira un clima de absoluta innovación. Y Marinetti reacciona a todo ello como un niño al que acabas de dar un juguete nuevo. Un juguete, en este caso, con una capacidad asombrosa para aniquilar y destruir.

Más allá de lo que sería un interesante análisis en profundidad de cada punto del *Manifiesto futurista* de Marinetti, nos centraremos en utilizarlo como pretexto para subrayar que los artistas son hijos de su tiempo. Esto se materializa como un hecho irrefutable que condiciona y permea sobre las obras de arte que generan: una determinada forma de ver y de estar en el mundo implica una determinada forma de representarlo e interpretarlo. Hasta aquí, entiendo que estaremos de acuerdo: no podría ser de otra forma. La escisión tiene lugar cuando trasladamos esta premisa al debate sobre la separación de obra y artista.

Al principio de este capítulo veíamos que el cambio en los modos de producción artística implicó también un cambio en los modos de recepción y compra de esas producciones, lo que derivó a su vez en un gran peso en la figura del galerista, del marchante y del coleccionista, pero también infló las dimensiones sociales del artista como genio y creador. Estos artífices coquetearon con diferentes corrientes, experimentaron con los lenguajes plásticos, se afiliaron (o no) a determinados partidos políticos y, en muchos casos, también viajaron —algunos llevados por las ansias de conocer, otros llevados por la necesidad de exiliarse—. Todos tenían en común que representaban su visión del mundo y su peculiar perspectiva sobre el entorno. Parafraseando a Susan Sontag[42] y trasladando sus análisis sobre la fotografía a la pintura, en el momento en el que decides qué representar y cómo representarlo, también estás decidiendo qué excluyes de tu mirada y de tu soporte. Esto se sitúa como una decisión y un acto de dimensiones tanto políticas como politizadas, respecto al cual se puede hacer una lectura biográfica que no siempre interesa llevar a cabo.

Ante todo, no podemos olvidar que la historia del arte es también la historia del mercado, y que la construcción contemporánea del genio —asociada al caché de determinados apellidos— codifica el flujo entre oferta y demanda. Muchas de las voces contrarias a la no separación de obra y artista manifiestan la irrelevancia de la postura contraria cuando se trata de artistas ya fallecidos: «Ya está muerto, ¿qué más da lo que hiciese en vida?». Lo que hacen los artistas en vida importa más de lo que pensamos, ya que en el momento en el que mueren, como es obvio, dejan de producir. En el momento en el que dejan de producir, cesan de generar oferta, y es precisamente en ese punto donde las exigencias de la demanda adquieren cotas inimaginables. Esto explicaría por qué tantos artistas no cotizaron en vida por sus obras lo que sí cotizaron tras su muerte: porque su producción se convierte en un bien finito y limitado que otorga nociones de excepcionalidad, originalidad y autenticidad.

Tal y como expresaba Walter Benjamin en su conocido ensayo *La obra de arte en la época de su reproducción mecánica*:[43] «El aquí y el ahora del original constituye lo que se viene en llamar su autenticidad [...]. Todo lo propio de la autenticidad no puede ser reproducido, ya sea tecnológicamente o de otro modo [...]. La autenticidad de una cosa es la esencia de todo lo que contiene desde su creación y que se ha transmitido, desde su duración material hasta su testimonio histórico».[44]

Bien es cierto que la primera versión de este ensayo data de 1936, por lo que —aunque la obra de Benjamin cuente ya con el unánime beneplácito de la crítica y el mundo del arte como uno de los ensayos más influyentes sobre teoría artística— su carácter premonitorio también nos ofrece un breve margen de interpretación y asimilación. Hoy en día —gracias a los medios de comunicación y difusión de masas, magnificados debido a la irrupción de internet (1986) y de buscadores como Google (1996-1998)—, no solo podemos asistir a la democratización en el acceso a las obras de arte (no tenemos por qué desplazarnos para verlas ni tampoco comprar reproducciones; basta con teclear sus títulos o a sus autores), sino también a su viral transformación en iconos e ídolos: nunca antes en toda la historia, las obras de arte y los nombres propios vinculados a ellas habían estado tan grabados a fuego en el imaginario colectivo global.

La paulatina fabricación de la identidad artística como una personalidad fuera de serie —fruto de una combinación extraordinaria entre genética, esfuerzo y talento innato— requería —y sigue requiriendo— una explotación indebida de los rasgos positivos frente a un encubrimiento y justificación reiterada de los rasgos negativos. Al mismo tiempo, como esta fabricación del genio tuvo lugar alrededor de las coordenadas de hombre blanco heterosexual económicamente privilegiado, los grandes nombres de la historia del arte y las grandes obras de arte que produjeron se sitúan como un bien preciado para los museos, las instituciones y los currículos educativos. Por ello, cada vez que —en nombre del rigor tanto histórico como artístico— se pide desde los discursos revisionistas que se amplifiquen las miras a través de las cuales hablamos de estos genios, otra de las respuestas mayoritariamente recibidas es: «si tenemos que apartar sus nombres y obras de los circuitos educativos y de los espacios museísticos, estos se quedarían vacíos».

Este argumento, por un lado, implica el reconocimiento de que esas sombras en sus historiales existen, lo cual invalida por otra parte cualquier intento de encubrimiento. Reconocemos, pues, que muchos de ellos —como Rodin, Gauguin, Picasso, Munch, Schiele o Balthus— llevaron a cabo comportamientos de dudosa moral y, es más, comportamientos que hoy en día constituirían un delito penado con la cárcel, pero anteponemos el capital económico que proporcionan y el capital social que han adquirido frente a la probabilidad de que pierdan autoridad si nos acercamos a sus biografías desde la verdad y no desde el enmascaramiento. Por tanto, no nos interesan tanto sus aportes a la historia del arte: más bien, y de nuevo, lo que nos importa es el dinero que generan y el discurso que ayudan a alimentar. Este discurso antepone lo artístico y lo estético a lo moral, además de poner de manifiesto que hemos promovido un concepto de genio basado en el endiosamiento en lugar de en la rigurosidad. Las obras de estos artistas no pierden calidad técnica o relevancia artística en función de si fueron mejores o peores personas, y no es eso lo que pretendemos cuando desde la historia del arte con perspectiva feminista señalamos sus actitudes. Lo que pretendemos es problematizar el disfrute de sus obras, facilitando a las visitantes de los museos y a las interesadas en el arte toda la información posible; señalando la doble moral a la hora de tratar —al mismo tiempo— las violencias cuando las ejercen los hombres artistas y las violencias cuando las reciben las mujeres artistas; y exigiendo que se aborden sus biografías con rigurosidad y sin miramientos.

Aunque la corriente biográfica como metodología esté desfasada dentro de la disciplina de la historia del arte, sigue siendo la que más llama la atención para el público no formado aunque interesado. Anualmente, determinadas editoriales sacan colecciones de artistas donde la biografía se utiliza como hilo conductor para explicar las obras. Es muy probable que, en una casa donde haya una biblioteca familiar, encontremos volúmenes o textos monográficos sobre determinados artistas (asimismo, con mucha probabilidad, la mayoría serán nombres masculinos): Velázquez, Mondrian, Picasso, Rembrandt. La novela biográfica o la biografía en sí son géneros muy exitosos, y es lógico que lo sean: cuando nos gusta algo, queremos saber más; y dentro de ese *querer saber más* también está incluida la tendencia a querer acercarnos a la persona que se esconde detrás de la creación. Por eso tampoco separamos obra de artista: porque cuando nos gusta una obra, solemos sentir curiosidad sobre quién está detrás. Al final, creo que la crítica se puede reducir a una cuestión de rigor: ¿por qué se invisibilizan determinadas tendencias? ¿Por qué se ensalzan otras? ¿Cuál es el parámetro que se utiliza para decidir qué se esconde y en qué se incide?

La cuestión del rigor está directamente relacionada con la naturalización de los sistemas de opresión, como el patriarcado o el racismo: lo que se oculta en ellos, se explota en ellas. Lo vimos en el caso de Artemisia Gentileschi y Caravaggio, y podemos trasladarlo también al siglo XX. En el caso de las artistas, sus obras suelen analizarse y enseñarse incidiendo en sus dramáticas y muchas veces traumáticas biografías. En otras palabras: ellas resuenan en el imaginario colectivo *debido a* los traumas que les fueron infligidos y ellos resuenan en el imaginario colectivo *a pesar de* los traumas que infligieron. Resulta complicado encontrar fuentes que se acerquen a la figura de Dora Maar como la gran artista surrealista que fue y no como una de las muchas mujeres atormentadas y maltratadas por Pablo Picasso. En cambio, resulta toda una carrera de obstáculos encontrar fuentes que se acerquen a Picasso haciendo una lectura biográfica de sus obras que revele hasta qué punto destrozar psicológicamente a las mujeres de su entorno favoreció las temáticas que trataba en sus cuadros. Y, para muestra, un botón.

Son numerosos los textos y artículos que vinculan el inicio de la etapa azul de este artista con el suicidio de su mejor amigo, Carles Casagemas. Este hecho traumático mediatizó la vida de Picasso y, al hacerlo, influenció las obras de dicha etapa. Por tanto, cuando se lleva a cabo esta relación entre vida y obra para explicar una etapa artística concreta, lo que se está haciendo es una lectura en clave biográfica de determinadas obras, como de *El entierro de Casagemas* o de *Casagemas en su ataúd*. No ocurre así con los retratos dedicados a Olga Khokhlova, su primera esposa, inicialmente naturalistas y, con posterioridad, más cercanos al surrealismo, coincidiendo con la crisis matrimonial que estuvo potenciada por los continuos adulterios del pintor, ducho por aquel entonces en representar a la mujer como un ser castrador y malévolo. De hecho, así es como se refería Picasso a Khokhlova: como un ser castrante. Suponemos que era demasiado pedirle a Pablo Picasso que ejerciera de marido y padre pasándoles una pensión tanto a su mujer —a la que había apartado de su trabajo como bailarina de éxito para que ejerciera de madre y esposa— como a la prole que tuvo con ella. Quizás por ello —porque era pedir demasiado—, Picasso no firmó el divorcio: eso habría implicado tener que dividir sus bienes siguiendo el régimen de gananciales. Si para hablar de su etapa azul es indiscutible que citemos el suicidio de Casagemas, ¿por qué no es también incuestionable que, para hablar de sus retratos de mujeres, debamos mencionar la manipulación y perversidad que nutrieron sus relaciones con ellas? De lo contrario, estaremos renunciando a entender las dimensiones psicológicas de los desnudos que realizó de Marie-Thérèse Walter o el porqué de que reflejara a Dora Maar como la mujer que siempre lloraba.

Algo parecido ocurre en el caso de Camille Claudel, de quien ya hemos hablado: es complicado conocer su obra sin vincularla con la tortuosa relación que mantuvo con Auguste Rodin, autor de la escultura de *El Pensador*. En cambio, es casi imposible ver a Claudel mencionada en las biografías de Rodin. Creo que estas dinámicas son, a su vez, consecuencia de seguir entendiendo las creaciones femeninas dentro de la órbita de lo personal y las creaciones masculinas dentro de la lógica de lo universal. Al reducir a las mujeres a la continua autorreferencia, impedimos darles a los temas que tratan un carácter universal. ¿Por qué concebimos la guerra como algo más universal que la maternidad o el desamor? No deja de ser paradójico que aquello que nos atraviesa a las mujeres —a la mitad de la población— sea valorado como algo residual o como algo personal, cuando es tan colectivo como aquello que atraviesa a la otra mitad —a los hombres—. Siguiendo esta lógica, pienso que de alguna manera se nos ha hecho creer que ellos crean para la humanidad y ellas lo hacen para sí mismas. Y esto, simplemente, no es cierto.

Creo, además, que juega también un importante papel la división sexista del espacio y cómo esto influencia los acercamientos hacia las y los artistas. Ellos, propietarios del espacio público, parecen no verse en absoluto influenciados por lo que ocurre en sus espacios privados. Ellas, relegadas al espacio privado, parecen no poder ser analizadas fuera de lo que ocurre en el interior de sus paredes. En los ejemplos anteriormente aportados estamos hablando de relaciones de estrecha colaboración: tanto Rodin como Claudel generaron un gran número de obras conjuntas, pero solo es el nombre de Rodin el que resuena con fuerza. Tanto Picasso como Maar o Khokhlova o Walter fortalecieron el tópico del artista y la modelo. Pese a todo, se le conoce a él, pero no a ellas, que quedan homogeneizadas bajo el título de «modelo», olvidando que sin modelo tampoco hay obra, y que algunas de ellas —además de musas— fueron también y sobre todo artistas, como es el caso de Dora Maar —fotógrafa y artista plástica— o el de Olga Khokhlova, una de las mejores bailarinas del ballet ruso de las primeras décadas del siglo XX, descendiente de aristócratas y principal introductora de Pablo Picasso en los círculos burgueses de París, que le facilitaron no solo ojos que vieron sus obras, sino también carteras que las compraron y galeristas que las expusieron.

De alguna forma, este tipo de omisiones en las biografías de los artistas refuerzan la poca relevancia y la poca importancia que se suele dar a las mujeres y a lo que estas hacen. Se nos llena la boca argumentando a favor de que debemos separar obra de artista, pero solo cuando surgen informaciones problemáticas ligadas al maltrato, la pederastia o la violación. El resto del tiempo, nos parece perfecto que el caché asociado a un apellido dispare los precios y las ventas porque entendemos que actúa como garantía de calidad. Antes, comentaba que los actos detestables de los artistas no implican una devaluación de sus obras. No voy a entrar aquí en si esto debería ser así o no, pero sí voy a incidir en cómo este hecho funciona cuando una obra anónima recibe su atribución y dicha atribución se corresponde con uno de estos grandes nombres.

En abril de 2021, salía a subasta en Madrid un Ecce Homo* con un precio de salida de 1.500 euros. En un momento dado, salta la voz de alarma y se decide paralizar la venta de la obra: en lugar de un lienzo del círculo de José de Ribera, podría tratarse de una obra de Caravaggio. La noticia vuela como la pólvora. Especialistas en el artista viajan a Madrid para examinar la pieza en privado y empiezan las conjeturas: si efectivamente se trata de un Caravaggio, su precio ascendería a 100 o 150 millones de euros.[45] La obra sería la misma: misma técnica, misma composición, misma mezcla de pigmentos; misma calidad, en resumidas cuentas. Todo permanecería igual, pero, claro, ¡es que Caravaggio es Caravaggio! Del mismo modo que la atribución de una obra a determinado artista genera una inflación en su precio, cuando ocurre lo contrario se suele producir un desplome: «Las obras de arte importantes son las que se consideran de la mano de artistas importantes. No hay criterios intrínsecos de juicio tan seguros como la autentificación de una pintura como obra de un artista muy conocido, grande, importante y cosas por el estilo. Si se descubre que la misma pintura no es de un gran autor, sino de un pintor menos importante, puede perder casi

* Conocemos como Ecce Homo a las representaciones de Jesucristo en las que es mostrado al pueblo tras ser juzgado y torturado. Puede aparecer individualizado o acompañado del resto de personajes de la escena, pero se caracteriza por portar ya la corona de espinas y estar maniatado.

todo su valor. En 1927, el Louvre pagó un millón y medio de francos por dos Watteau: perdieron el noventa por ciento de su valor cuando se descubrieron los dibujos originales de Quillard».[46]

Es en estos casos cuando el discurso a favor de la separación de obra y artista pierde aguas y se muestra como lo que es: una excusa más que un hecho. La vinculación entre estos dos ejes se puede comprobar también a través de la experiencia museística. Debido a las relaciones de verticalidad existentes entre los museos como autoridad y la inexperiencia de la mayor parte de sus visitantes —que acuden a ellos con intención de aprender y lo hacen confiando en esa autoridad—, es habitual ver a personas que se acercan a una obra, la miran durante unos segundos, leen después la cartela informativa y en función del nombre que aparece en ella —es decir, en función de si les suena o no— deciden si dedican unos segundos más a su contemplación o si pasan a la siguiente. De esta forma, la experiencia museística, debido a la sobrecarga de estímulos, se ve reducida en muchos casos a una búsqueda de grandes nombres en lugar de al mero disfrute. La responsabilidad de esto no recae solo sobre los visitantes: también hay que derivarla a las propias entidades, que son en última instancia las encargadas de favorecer determinadas obras por encima de otras.

Como la historia del arte hecho por mujeres ha sido también la historia de las malas atribuciones, todo el caché que le sobra a un cuadro atribuido a un artista de renombre es el caché que le falta por partida doble cuando se descubre que la obra la hizo una mujer. A esto debemos añadir los medios de verificación que se agencia la historia del arte para legitimar su discurso excluyente: las obras de las mujeres suelen ser comparadas con las de sus compañeros para demostrar que son buenas. De ahí que sea habitual ver en campos como el periodismo titulares que, para subrayar la valía de una mujer, la comparan con un hombre. Esto es también lo que ocurre cuando se pretende subrayar la relevancia de una artista racializada a través de su comparación con un referente blanco.

A la pintora flamenca Judith Leyster bien podría haberle servido que muchas de sus obras fuesen atribuidas durante siglos a Frans Hals, a quien Gombrich denomina «uno de los grandes maestros del pasado».[47] En cambio, cuando se descubrió que la obra *Los alegres compañeros* no llevaba la firma de Hals, sino el monograma de Leyster (JL), «la firma inglesa que había vendido el cuadro al Barón Schlighting en París como un Frans Hals trató de rescindir su propia adquisición y recuperar de nuevo el dinero del marchante Wertheimer, que se lo había vendido por 4.500 libras no solo como un Frans Hals, sino como "uno de los mejores cuadros pintados por él"».[48] Una historia parecida se repitió en 1922, cuando el MET de Nueva York compró un David por 200.000 dólares que posteriormente sería atribuido primero a Constance Marie Charpentier, aprendiz del pintor, y después a Marie-Denise Villers.

> Maurois lo llamó «una pintura perfecta, inolvidable». Otros observaron que era más rico en connotaciones que lo que solían ser los retratos de David [...]. En 1951 se admitió finalmente que el David del MET podría no ser un David. Hasta 1977 no quitaron el marco para borrar el nombre de David. El profesor Sterling, del Metropolitan, no encontró nada de qué regocijarse por lo ocurrido; al descubrir que el cuadro era de una mujer, descubrió también que, después de todo, no le gustaba tanto.[49]

En su ensayo *Cómo acabar con la escritura de las mujeres*, Joanna Russ explica cómo estos cambios de atribución también afectaron de forma parecida a las obras literarias femeninas. ¿Cuál es la moraleja? Que lo femenino no solo se devalúa, sino que también se desprecia solo por serlo. Por mucho que a día de hoy escuchemos argumentos de la talla de «yo no juzgo en función del género» o «me da igual si algo está hecho por un hombre o una mujer; si es bueno, es bueno», lo que nos demuestra la tendencia histórica es que sí vemos géneros, del mismo modo que también vemos colores. ¿Cómo explicamos entonces que nuestras estanterías y nuestros referentes estén plagados de blanquitud y masculinidad? ¿No es demasiado curioso que los sujetos mayoritariamente privilegiados sean aquellos que más éxito han tenido? Que creamos no dar importancia al sexo, al género, al color de piel o a la clase no implica que no lo hagamos: implica que lo hacemos sin ser conscientes de ello. Son cosas distintas.

Cuánto más rico sería el discurso y cuánto más educativa la experiencia museística si las obras de Picasso también fuesen utilizadas para hablar de violencia de género; las de Gauguin para hablar de la instrumentalización y violencia sexual hacia las mujeres nativas de territorios colonizados; o las de Balthus para traer a colación la persistencia en el siglo XX de aquello iniciado en el siglo XIX, es decir, de la hipersexualización de la infancia. La no separación de obra y artista no significa retirar del circuito las obras problemáticas o los artistas que también lo son: implica aprender a mantener abiertamente conversaciones incómodas utilizando como hilo tanto al arte como a sus artistas. Para eso están los museos: no solo para exponer, sino también para educar. Y, al obviar estos temas, estamos dejando pasar una maravillosa oportunidad de ser agentes de cambio y de marcar una deriva distinta respecto al pasado. Al no acercarse de frente al maltrato, a la deshumanización o a la pederastia velada en sus obras expuestas, los museos están reconociendo que no son temas del pasado, por mucho que sí lo sean ya sus artistas. Están evidenciando que de esto no se hablaba en el siglo XVIII ni en el XIX, mucho menos en el XX, y tampoco a día de hoy. Por tanto, quizás la sociedad no haya cambiado tanto si seguimos sin estar preparadas para mantener estas conversaciones.

El segundo exilio

Con esto en mente, entramos en la última sala de las vanguardias. De frente, nos topamos con un lienzo colosal que mide dos metros noventa de altura por más de tres de anchura. Lo que representa nos hace sentir como astronautas que observamos el mundo desde el espacio. A la izquierda de la composición, un cubo nos muestra tres de sus caras: en ellas vemos edificios, un río, una playa y un cementerio. Este mundo no está vacío; en él viven adultas que caminan por las calles, menores que juegan en el recreo y gente que se baña en el mar. Fuera de ese mundo flotante suspendido en un espacio indefinido tenemos —a la derecha— una escalera por la que bajan figuras femeninas, salvo una que acerca una vara al sol como si quisiera encenderla con su calor. En el extremo izquierdo, un grupo de mujeres de cabezas ovales sin pelo —que bien podrían ser entes— tocan instrumentos mientras otras guardan silencio. Una de las músicas, la que maneja un arpa de pequeño tamaño, tiene el vientre henchido; ¿estará embarazada?

Las integrantes de este peculiar grupo, mientras escuchan y tocan, portan en sus regazos a figuras más pequeñas. Podrían ser niñas, podrían ser almas: el caso es que las acompañan. Rodeando el mundo flotante —por la izquierda—, un grupo de figuras femeninas —parecido al que descendía por las escaleras— asciende persiguiendo las estrellas. En el extremo superior de la composición, vuela del cementerio un grupo de figuras de largos cabellos trenzados, vestidas de blanco. La obra tiene unas connotaciones oníricas y simbólicas que somos capaces de percibir aunque se nos escape su significado. ¿La artista? Ángeles Santos, perteneciente a las vanguardias españolas y, en concreto, enmarcada en la Generación del 27. ¿La obra? *Un Mundo*, realizada en 1929.

Creo que todas recordamos a la Generación del 27 como esa promoción literata, culta e intelectual a la que tantas horas dedicamos en el instituto e incluso en selectividad. Conocemos de sobra nombres como Alberti, Lorca, Salinas, Dalí e incluso Buñuel. Algunos se dedicaron a la poesía, a la narrativa, a la pintura o al cine, y todos ellos son recordados con cariño y admiración. En cambio, si centramos nuestra atención en sus memorias o en la historia de la Generación del 27 que nos ha sido transmitida, en pocos casos se menciona a las mujeres con las que se relacionaron, con las que crearon y a las que acompañaron en un fructífero clima de producción artística paralelo a la Segunda República.

El olvido respecto a ellas ha sido tan grande que para reivindicar sus figuras se utiliza un término diferente: las Sinsombrero.[50] Muchas de ellas, igual que sus compañeros, tuvieron que exiliarse tras el estallido de la Guerra Civil: eran mujeres progresistas, en muchos casos republicanas cuyas vidas corrían peligro si se quedaban en el país. Así que tuvieron la suerte de poder irse. Algunas murieron en el exilio, pero otras volvieron a finales de siglo, una vez Franco hubo muerto. Cuando lo hicieron descubrieron que ya nadie las recordaba. En España se estaba recuperando el legado de esta generación, pero firmado con nombre masculino. Se conocía a Luis Buñuel y a Salvador Dalí, pero nadie parecía recordar a Maruja Mallo, a Concha Méndez o a María Teresa de León. Fue así como las mujeres de la Generación del 27 conocieron su segundo exilio; el de la historia del arte.

Aunque todas sus biografías son interesantes y sus contribuciones a la revolución cultural de la España de finales de 1920 fueron muchas, en la sala podemos acercarnos únicamente a las obras de Ángeles Santos, de Maruja Mallo y de Remedios Varo. Aunque a esta última no se la suela vincular con las Sinsombrero, su pintura surrealista dialoga bien con las primeras obras de Ángeles Santos, y es el surrealismo la corriente que la une también a Maruja Mallo.

Estas artistas, además de dedicarse a crear arte, se dedicaron también a preservarlo. A pesar de no ser pintora, en la sala hay una mención especial a María Teresa de León. Es a ella a quien debemos la salvaguarda de las obras más importantes del patrimonio artístico español durante la Guerra Civil: «María Teresa estaba convencida de que la cultura es un arma que debe ser utilizada para convencer al pueblo de la necesidad de defender la democracia y la libertad ante el fascismo [...]. El 2 de agosto de ese año [1936], la Junta de Incautación del Tesoro Artístico encomienda a María Teresa León, junto con Rafael Alberti, [...] la gestión para proteger y salvaguardar algunas de las obras de arte más importantes del patrimonio artístico español, que se encuentran en el Museo del Prado, el Museo de Illescas (Toledo) y en el monasterio de El Escorial, y que corren serio peligro de ser destruidas por los bombardeos».[51] Si hoy podemos contemplar *Las Meninas* de Velázquez, el *Retrato de Carlos V* de Tiziano o las obras del Greco, debemos saber que se lo debemos a ella.

Volviendo a Ángeles Santos, cabe destacar que, cuando expuso por primera vez en Madrid, causó tal revuelo que la joven estuvo en boca de todo el mundo. Los miembros de su familia, excesivamente sobreprotectores y no demasiado afines a promocionar la carrera de su hija, interpretaron su éxito como una amenaza para la seguridad de Ángeles, que por aquel entonces no tenía ni veinte años, y la internaron en un hospital psiquiátrico (¿nos suena esta historia?). Gómez de la Serna se hacía eco de la noticia en *La Gaceta Literaria*: «La genial pintora Ángeles Santos, incomunicada en un sanatorio».[52] La periodista Tània Balló, en su libro *Las Sinsombrero*, añade: «En él, el escritor ataca la decisión familiar, acusando la falta de libertad a la que Ángeles está sometida: "No sé lo que sucederá en Madrid, porque el mundo está sumido en oscuridad de tiranías, y las familias, retrasadas respecto a los tiempos nuevos, vuelven a no comprender al artista"».[53] Cuando sale, Santos dice que ya no pintará más con la imaginación sino con la realidad, y así lo hizo. El mundo que había creado en su obra homónima, la que abre esta sala, dejó de existir porque el precio que tuvo que pagar por él fue demasiado alto.

Esta historia no solo se parece a la de Camille Claudel, sino también a la de la artista brasileña Anita Malfatti, tan duramente criticada por su visión expresionista del arte que la sociedad no le dejó otra opción más que la de adaptarse al molde que le tenían reservado como mujer y como artista. Cuando se habla de ellas, se vuelve habitual percibir cierto paternalismo, el cual alude a la debilidad personal en lugar de responsabilizar a las fuerzas ajenas a ellas: «Pobres, no fueron capaces de hacer valer su visión, se doblegaron demasiado pronto». Hicieron valer su visión, pero el público no estuvo preparado para enfrentarla. No se doblegaron demasiado pronto: la sociedad las invalidó y cuestionó hasta que no les quedó otra opción más que creer que el problema lo tenían ellas. A veces es más fácil cambiarse a una misma que cambiar a toda una sociedad, y nadie debería ser juzgada o responsabilizada por ello. La historia de Ángeles Santos es también la historia de cómo lo que en ellos es visto como genialidad, en ellas es un defecto.

A lo largo de nuestro paso por estas salas hemos visto cómo los avances tecnológicos permitieron que se incorporasen elementos a la práctica artística que, a su vez, facilitaron el desarrollo de la pintura al aire libre, de nuevos tipos de pincelada y de una novedosa comprensión de lo que era el arte, de cuáles eran sus límites y de cómo podían sobrepasarse. Debido a ello, el arte de las vanguardias es —en la mayoría de los casos— fácilmente reconocible. Por ejemplo, sabemos que si la figuración se desdibuja en formas geométricas tenemos delante una obra cubista. Si, además, a esta geometría le sumamos temas como la velocidad, los automóviles, las ciudades o cualquier elemento relacionado con el vigor o la energía, estaremos hablando de futurismo. Si lo que presenta la obra podría ser el decorado o el protagonista de cualquier sueño o pesadilla, es surrealismo. Si los colores de lo que vemos no se corresponden con su tonalidad real, quizás no nos equivoquemos al señalarla como expresionista. Y si lo que tenemos delante nos parece tan absurdo que llegamos a cuestionarnos por qué es arte, entonces es dadaísmo. Para todo lo demás, una rápida búsqueda en línea y solucionado.

ARTE CONTEMPORÁNEO

Los límites de la creación (y de la exposición)

Las luces que alumbran el corredor amenazan con fundirse en cualquier momento y su parpadeo incesante agota la vista y agudiza el resto de sentidos. La estrechez del pasillo no parece dejar espacio a la posibilidad de dar marcha atrás. Las paredes de hormigón pretenden insonorizar el ruido exterior, pero entre ellas se cuela el sonido amortizado y ya familiar de lo que parecen ser explosiones de bombas. No hay ninguna señalización que pida silencio, pero el propio ambiente es lo suficientemente persuasivo como para que no queramos hablar: de hacerlo, nos parece una falta grave no recurrir a los susurros.

Tras caminar varios metros que se hacen eternos y hostiles, la presencia de un ascensor industrial oxidado manifiesta que subirse en él es el precio simbólico que hay que pagar para acceder al último tramo del museo. Aunque sus estructuras amenacen con fallar a mitad de camino, la incomodidad que se palpa en ese minúsculo espacio nos hace preferir la posibilidad de quedarnos atrapadas en el ascensor. De esta forma, quien sube tiene la sensación de haber pasado de transitar un museo a dejarse llevar por el interior de un búnker. En la subida, los sonidos de bombas colisionando sobre el terreno colindante desestabilizan el montacargas y generan una sensación de desazón en el pecho con la que es complicado lidiar. Las manos sudan y el corazón palpita detrás de las orejas. Del mismo modo que la distancia recorrida en el pasillo se hizo eterna, también eternos son los minutos de ascensión hacia lo desconocido.

Cuando el ascensor llega finalmente a su destino y sus puertas se abren para asegurar la salida, lo que en un principio se había proyectado en la imaginación como un alivio se convierte en un nuevo terror: de repente te ves inmersa en una vorágine de hedor y masacre. Cuando intentas salir de ese claustrofóbico espacio que te ha transportado a lo largo de varios pisos, te das cuenta de que la guía que marca el camino a seguir son varios metros de alambre de espino que te impiden decidir con libertad cuál será tu próximo movimiento y amenazan con engancharse tanto en tu pelo como en tu ropa como en tu piel. Parece una broma pesada, quizás una cámara oculta, así que dentro de ti deseas que pronto se enciendan las luces, suenen risas enlatadas, que por megafonía alguien diga que —como premio por el mal trago— podrás decidir entre llevarte cincuenta mil euros o un coche totalmente nuevo.

En lugar de ello, sobre el hormigón que constituyen las paredes de esta sala, comienza —por un lado— una proyección de propaganda fascista; por otro, imágenes de los campos de concentración, de las bombas de Hiroshima y Nagasaki, y —resonando por toda la estancia— grabaciones de voz en diferentes idiomas que hablan sobre la guerra, el avance de las tropas y la destrucción de las ciudades. La cantidad de estímulos es tal que las piernas comienzan a caminar con rapidez, como queriendo escapar de este bombardeo incesante de información que no solo no trae ninguna buena noticia, sino que recuerda la maleabilidad de nuestro código moral como sociedad. ¿Dónde está la salida? ¿Cuándo va a terminar esto? ¿Qué tengo que hacer para poner una reclamación y exigir que me devuelvan el dinero?

Para cuando has planeado a la perfección la respuesta a la tercera pregunta, el alambre de espino desaparece, las proyecciones cesan y las voces se callan. Hemos salido de lo que únicamente era la antesala. Vuelve la tranquilidad, aunque las secuelas permanecen dentro, enraizándose en nuestro sistema nervioso y alimentando el estado de alarma en el que está sumido ahora nuestro interior. Esta experiencia —un mal trago que, como mucho, ha durado veinte minutos— no ha sido nada en comparación con lo que vivió el mundo occidental llegado el año 1945. ¿Qué son unos minutos en comparación con seis años de guerra, millones de muertos, dos bombas atómicas y millones de vidas destrozadas? Una no puede entender el arte contemporáneo si no entiende que el trauma que arrasó el mundo como si fuese metralla incrustada en el pecho también atravesó el arte, la forma de entenderlo y la forma de crearlo.

¿Quién querría regocijarse en un gran cuadro de historia cuando la historia del siglo XX no es algo de lo que enorgullecerse, sino de lo que avergonzarse? ¿Quién podría encontrar consuelo en la figuración cuando es la desfiguración, precisamente, la característica que mejor define esta etapa? ¿Quién sería capaz de apostar por un arte científico y analítico más propio de un cirujano que de un artista? El trauma no se cura con jarrones de flores ni con obras historicistas ni con ironía y sarcasmo. El arte como concepto debía ser reconstruido, de la misma forma que tuvo que ser reconstruida Europa. Y ¿dónde tuvo lugar eso? Pues en Estados Unidos, país que —disfrazándose de Virgen de la Misericordia— acogió en su seno no solo a hordas de inmigrantes —quienes escapaban del horror y de los escombros a los que habían quedado reducidas sus casas—, sino también a las diferentes élites intelectuales y artísticas que se fueron de Europa hasta que la gente que no tenía opción de escapar volviese a reconstruirla. La construcción del sueño americano no habría sido posible de no haber tenido lugar la Segunda Guerra Mundial. Cualquier realidad parecería un sueño en comparación con el horror de la guerra, así que la situación de crisis europea fue el caldo de cultivo perfecto para iniciar la gran campaña de *marketing* estadounidense que solo en el siglo XXI empieza a resquebrajarse por su propio peso.

Es en este contexto donde se configura el artista casi como un mago capaz de convertir un montón de cenizas en algo digno de ser visto, entendido y comprado. Lo artístico se asimila con lo viril, con lo visceral, con lo abstracto. En un mundo donde lo figurativo ha alcanzado sus máximas cotas y estas se han señalado como insuficientes, lo que prima es la idea, el concepto. No aquello que se ve, pues ya se ha visto todo, sino aquello que se intuye. A partir del siglo XX no importa lo virtuoso, sino lo novedoso. A partir de 1945 no importa el soporte: lo que importa es la idea, la intención y el discurso. Del mismo modo que el arte de vanguardia precisaba en muchos casos de un manual para ser entendido, el arte contemporáneo requiere un proceso mental cuya pincelada es guiada por la mano del artista.

A simple vista, puede que muchas obras de arte contemporáneo no nos digan nada, porque ha sido el propio sistema artístico el que, desde su hegemonía, nos ha enseñado a ver con sus ojos y a opinar con sus palabras. Es complicado deshacerse de esas nociones aprehendidas de *buen arte* y *mal arte*, de *alta cultura* y *baja cultura*. La mayor parte de las personas preferirían tener en su casa un Rubens y no un Pollock. La pregunta es: ¿por qué? ¿Podrían esas personas, acaso, justificar sus decisiones, fundamentar sus gustos? ¿Es el gusto algo innato o algo socialmente construido? ¿Es Rubens mejor que Pollock? ¿Velázquez mejor que Fontana? Y, si es así, ¿por qué? Y, si no es así, ¿por qué no? Estas son las preguntas y estos son los procesos que el arte contemporáneo busca: una ruptura constante con lo establecido, con lo académico, con lo socialmente aceptado y con lo culturalmente legitimado.

A partir de 1945, al mismo tiempo que la figura del artista se mitifica también se democratiza. Antes se valoraba casi exclusivamente la técnica, lo formal; ahora la técnica se diluye y el premio del millón de dólares se lo lleva en muchos casos la idea, no su ejecución. Por eso es complicado apreciar el arte contemporáneo: porque exige nuestra participación, no solo nuestra atención. No basta con mirar, sino que también hay que pensar y, en muchos casos, dialogar con la obra. Nunca un periodo artístico ha ofrecido tanto margen a la interpretación y al debate. El arte contemporáneo es como haber pasado semanas memorizando una ponencia, salir a impartirla y quedarte en blanco. Como hacer chuletas para un examen y, al sacarlas, darte cuenta de que están vacías. Como preparar tu mejor receta y descubrir que quien va a degustarla es intolerante a todos los ingredientes. El arte contemporáneo es la dinamita en el centro mismo de la noción de arte... y dicha dinamita está a punto de hacer volar todo por los aires.

La primera sala de esta ala del museo es como el recorrido que la antecede: oscura y claustrofóbica. Las paredes están teñidas de negro para que podamos prestar atención al único elemento en la estancia que no lo es: un lienzo de dimensiones desproporcionadas (más de dos metros y medio de alto por más de cinco metros de ancho) que pronto empieza a absorbernos, como si se hubiese convertido en nuestro centro gravitacional. No parece una obra a la que poder acercarse desde el siglo XXI; no —al menos— sin antes habernos acercado al contexto en el que fue engendrada. Esto, tras tan largo recorrido, ya no nos parece una novedad: cada obra es heredera tanto de su artista como de su tiempo. Jackson Pollock bien puede ser empleado como ejemplo para el suyo. Esta primera obra expuesta, de hecho, es de él: *Ritmo de Otoño (Número 30)*. La termina en 1950 y muere seis años después, a los cuarenta y cuatro, en un accidente.

¿Hasta qué punto las vidas y contextos de las personas (en este caso, artistas) son clave fundamental para entender por qué hacían lo que hacían y cómo lo hacían? Mi formación profesional me obliga, en cierto modo, a limitarme simplemente a presentar hechos. Mi (de)formación profesional, por otro lado, me incita a mantenerme alerta: a veces, los hechos también dan pie a ser interpretados, algo que constataremos a lo largo de este capítulo (que en realidad es una sala, que en realidad es un museo, que en realidad bien podría ser también aquello con lo que nos encontramos cuando salimos a la calle).

El término «expresionismo abstracto» cobra sentido delante de una obra como la de Pollock. En las vanguardias, el expresionismo fue una corriente que antepuso lo emocional a lo racional. La pincelada, la elección de colores y la manera de enfrentarse a los temas no buscaba ser fiel a la realidad exterior sino al proceso interior. De ahí que en raras ocasiones las tonalidades empleadas se correspondieran con los colores que estamos acostumbradas a asociar a determinadas cosas. En el expresionismo, los colores simbolizan sentimientos; en el expresionismo abstracto, el sentimiento es todo el lienzo. La diferencia principal, por tanto, es el paso de la figuración a la abstracción. Esto también parece responder al contexto histórico: la renuncia total de la figuración se revela como un medio, una pulsión, para acercarse a aquello que no puede ser verbalizado. Si tuvieses que volcar tus sentimientos en un lienzo, ¿cómo lo harías? ¿Escogerías formas o te decantarías por representarlos a través de los colores que esos sentimientos evocan? Todavía hoy podemos escoger ejemplos tocantes a esta cuestión, aunque un poco caricaturizados y no exentos de cierto criticismo, como es Paquita Salas dibujando cómo se siente. ¿Y cómo se siente? Pues como una mierda. Igual que Pollock.

La técnica empleada por este artista recibe el nombre de *dripping* y se hace evidente el porqué con echar un simple vistazo a cualquiera de sus obras: el goteo intermitente de pintura de diferentes colores aporta un carácter tridimensional y, a su vez, también tiñe de dinamismo la técnica que las precede. Aunque sea a Pollock a quien vinculamos con el *dripping*, la primera en utilizarlo fue Janet Sobel, precursora del expresionismo abstracto y cuyas obras ejercieron una influencia directa en el artista: sin los aportes visionarios de Sobel, probablemente no podríamos hablar de Pollock en los términos en los que lo hacemos.

Trabajando con el soporte lo más alejado de un caballete posible (en el propio suelo), Pollock se movía sobre él dejando caer auténticos chorros de pintura que azotaban como un látigo la tela del lienzo en un ejercicio que se acercaba más al de un atleta que al de un artista. Así, la obra de Pollock se convierte en *arte de acción* no por lo que contiene, sino por el proceso creativo que hace posible la existencia física y emocional de esa obra. A este proceso creativo raras veces se le da cabida entre las paredes de un museo, donde lo que contemplamos son nombres, fechas, descripciones formales, y no obras que, en estos términos, pueden decirnos entre poco y nada. En las vanguardias, uno de los grandes logros de la pintura fue reformular los límites de cómo se pinta. Después de 1945, el gran logro fue reformular qué es la pintura en sí misma (y qué es el arte como consecuencia).

Volviendo un poco atrás en estas líneas, no deja de resultar curiosa —retomando la palabra «emocional»— la forma en la que la trayectoria de un artista como Pollock se ha reducido a los retazos de virilidad que encuadraron su persona y no a los de emotividad que impregnan su obra. Porque lo que Pollock expresa es sentimiento materializado a través de un caos no figurativo; en cambio, los análisis de su obra parecen priorizar el esfuerzo físico que suponía el proceso creativo (aquí entra el estereotipo que relaciona fuerza y virilidad) en lugar del proceso emocional que había detrás (aquí entra el estereotipo que vincula sentimiento con feminidad). Es decir, parece que nos hemos quedado con el mito del artista que actuaba y no del artista que sentía, y esto en gran parte se debe a la construcción hegemónica de lo masculino como lo duro y lo práctico y lo femenino como lo blando y lo ornamental. Hacer una lectura emocional de la obra de Jackson Pollock la habría desmerecido en su momento, porque la habría vinculado con la feminidad, así que era necesario hacer una lectura tan práctica como física. No creo que encontremos una respuesta esperanzadora a las dudas que ahora nos formulamos sobre si han cambiado o no las dinámicas de recepción de las obras de arte. ¿Seguimos premiando aquello que podemos entender como masculino o abrazamos por igual aquello que podemos entender como femenino? ¿Puede hablarse hoy día de una verdadera igualdad en las connotaciones entre lo masculino y lo femenino? ¿Tanto ha variado la construcción de los estereotipos sexistas y de género?

Parece necesario introducir, llegadas a este punto, a alguien más en la ecuación: a Lee Krasner. Esta artista nace en 1908, en Brooklyn, y se convierte en la primera hija de la familia Krasner —de origen ruso— que nace en suelo estadounidense. A una edad temprana, a los catorce años, Lee Krasner ya sabe que quiere dedicarse al arte, así que desde entonces deriva en ello todos sus esfuerzos. Escucharla hablar de su proceso creativo es entender la razón de ser del expresionismo abstracto sin tapujos, y también sin prejuicios.[1] Krasner mantiene, además, que toda pintura es biográfica y que, por tanto, se puede *leer* a cualquier artista si una se toma las molestias necesarias para ello.

Leer tanto la obra como la vida de Lee Krasner sin vincularla de manera constante a Jackson Pollock es una tarea difícil y, en muchos casos, casi imposible. Es equiparable a cuando Maruja Mallo regresó del exilio y se dio cuenta de que nadie la recordaba —porque nadie se había preocupado en valorar la huella femenina en la Generación del 27— y por ello tuvo que optar por mencionar de manera recurrente lo estrecha que había sido su relación con nombres tan sonados como los de Dalí, Lorca o Alberti. En el caso de Lee Krasner, parece que de no realizarse su vinculación con Jackson Pollock no hay manera de dignificar y legitimar su figura como la gran artista que fue. Ocurre igual con Janet Sobel como precursora del *dripping*. Este es uno de los problemas que surgen a la hora de establecer la genialidad en relación a lo masculino: se excluye de su órbita de acción e influencia a las mujeres que también desarrollaron carreras artísticas antes, durante y después de sus contactos con hombres del gremio.

Es también en esta comparación donde se ven los diferentes espacios desde los que se leen las piezas. En el caso de Pollock, hemos señalado ya la predominancia de la lectura física y material de su obra. En el caso de Krasner, parece que la tendencia se produce a la inversa: se le da importancia al proceso creativo, pero todavía más a aquello que la artista pretende contar con él. Como lo físico se asocia a lo masculino, la lectura de Pollock pivota alrededor del proceso; como lo emocional se asocia a lo femenino, la lectura de Krasner se centra en el resultado. Lo cierto es que los métodos y técnicas de Krasner y Pollock eran similares —podría hablarse en términos de sinergia artística—, pero, como nos resulta ya habitual y más que conocido, cuando una relación fructífera entre dos artistas tiene como consecuencia influencias en la obra de ambas partes, solo cuando se trata de dos hombres se habla de colaboración; cuando se trata de un hombre y una mujer, siempre se habla en términos de influencia y subordinación. Casualmente, además, siempre es la parte masculina la que desarrolla una visión y la femenina quien la sigue. Mi pregunta es: ¿cómo la historia del arte mantiene aún esta teoría sobre la obra de Krasner y Pollock, teniendo en cuenta que se conocieron, precisamente, en una exposición conjunta organizada en 1941-1942 por John Graham en la Galería McMillen,[2] cuando él todavía no era un artista reputado?

Cuando Krasner conoce a Pollock, ella ya se había relacionado largo y tendido con artistas como De Kooning o Stuart Davis,[3] en cambio, su matrimonio con el artista en 1945 la absorbe hacia la esfera de lo doméstico y, desde entonces, en raras ocasiones tendrá oportunidad de existir fuera de la órbita de su marido. Esto es algo que se sitúa en consonancia con la realidad de los años de posguerra, durante los cuales las mujeres fueron relegadas de nuevo al hogar tras los cuantiosos y múltiples esfuerzos que habían realizado por mantener las economías de sus países a flote durante los años de guerra, cuando los hombres jóvenes y no inhabilitados físicamente estaban, de una forma u otra, combatiendo. El fin de la guerra y el largo periodo de recesión que lo siguió de cerca reforzaron la pertenencia de las mujeres de clase media y alta al hogar: debían cuidar de sus maridos, ya veteranos de guerra, en sus casas. Las mujeres de clase obrera no sufrieron este encierro, ya que —con el marido en casa o no— ellas también debían trabajar para sustentar la precaria economía del hogar. En cualquiera de los dos casos, lo que se produjo fue una limitación de las posibilidades de las mujeres para dedicar su tiempo a tareas que no estuviesen relacionadas con el cuidado y con el trabajo. ¿Y en qué se tradujo esto? En una limitación de sus posibilidades de crear.

Mientras unas se veían enclaustradas de nuevo entre las paredes del hogar —como les había acontecido a las mujeres burguesas en el comienzo de la Edad Contemporánea—, otras tenían que hacer frente a la doble y a veces triple jornada laboral: la jornada de trabajo asalariado mal remunerada y la jornada de cuidados, ni remunerada ni reconocida, que comenzaba cuando regresaban a sus casas. Cuando Krasner contrajo matrimonio con Pollock, faltaban cuatro años para que Simone de Beauvoir terminase su tesis *El segundo sexo* y dieciocho años para que Betty Friedan escribiese *La Mística de la Feminidad*. El movimiento feminista todavía no había salido de un tortuoso periodo bélico y de entreguerras que se usaba como justificación para seguir posponiendo el acceso de las mujeres a los mismos derechos y deberes que la ciudadanía masculina. Las mujeres no podían administrar sus propias cuentas bancarias sin contar con el beneplácito de familiares masculinos o de sus maridos, y se esperaba de ellas que, si estudiaban en la universidad, dejasen de lado el ámbito académico una vez conseguido *su verdadero objetivo vital*: un marido con el que tener descendencia. Además, en Estados Unidos, las leyes de divorcio variaban en función de los estados, y —en muchos de ellos— para deshacer el matrimonio era necesario el beneplácito de un tribunal.

En España, por aquel entonces, se vivía todavía la hambruna y la miseria de nuestra propia posguerra en los albores del primer franquismo, que también había retomado la retórica decimonónica del ángel del hogar para que las buenas mujeres se quedasen en casa cuidando a su marido y a su prole mientras *las pobres desgraciadas* que no tenían tanta suerte hiciesen —al menos— algo de provecho para la sociedad, aplicándose en sectores considerados femeninos, es decir, vinculados a las labores de cuidados, enseñanza y auxilio. En 1938 se derogó la ley de divorcio y no fue aprobada de nuevo hasta 1981. Es normal, por tanto, que en un contexto mundial de trauma colectivo y de movimientos centrífugos para dejar atrás el horror de la guerra, fuesen muchas las mujeres que, al casarse, dejasen de lado sus proyectos personales, sus empleos y sus pasiones. Si a las que habitamos el siglo XXI nos sigue costando aprender a anteponer nuestros sueños a lo que se espera de nosotras desde la inercia social, ¿cómo no les iba a costar a todas las que vivieron en aquel clima ideológico?

Teniendo en cuenta este marco, no sorprende que, en los once años que duró su matrimonio, la artista expusiese únicamente en dos ocasiones, ni tampoco que fuese olvidada durante una década —hasta que se organizó su primera retrospectiva en 1965, en la Whitechapel Gallery de Londres— y ocho años más hasta que tuvo lugar su segunda exposición de este tipo en el Museo Whitney de Nueva York en 1973. Lo que sí sorprende es que estas tendencias no sean analizadas, expuestas y criticadas ni, por supuesto, incluidas en la devastadora mayoría de temarios cuando también deberían ser objeto de análisis.

Por ello, una vez las visitantes han podido deambular por la sala teñida de negro, unas poleas automatizadas elevan la obra de Pollock para descubrir —tras de sí— un hueco amplio entre dos postes: el espacio nos cede el paso a la llamada Sala Krasner. Aquí, multitud de obras son expuestas de manera apabullante, generando una sensación de estupor en quien las mira. Todo el dinamismo que salpica las obras parece hacerlo también sobre la espectadora, quien no sabe muy bien hacia dónde mirar o qué hacer, ya que los lienzos son de tan gran formato que a una le da la sensación de que —de despistarse— se le podrían venir todos encima.

La finalidad de esta sala, más allá de generar un diálogo emocional entre visitante y artista, es practicar juegos de percepción y de análisis. Las obras no vienen acompañadas por cartelas, por lo que no sabemos en qué año fueron realizadas, así como también desconocemos los materiales, los títulos y, sobre todo, sus autorías. Al poner un pie en la Sala Krasner, unas proyecciones de luz sobre el suelo concentran por un momento nuestra atención y nos advierten:

> En esta sala han sido cuidadosamente mezcladas —sin identificar— obras de Lee Krasner y Jackson Pollock, con la intención de favorecer un diálogo sano, justo y en igualdad de condiciones entre dos artistas que en raras ocasiones han gozado de este punto de partida. El objetivo principal no es otorgar un premio a quien consiga identificar la autoría de cada obra, sino —más bien— invitar a quien transite la estancia a ser consciente de la imposibilidad de hablar de unas piezas sin remitir a las otras. Ya que en el transcurso de la historiografía contemporánea ha sido imposible separar a Lee Krasner de su marido, con esta sala se pretende centrar la atención en la imposibilidad de separar también a Jackson Pollock de su esposa.

Una vez la proyección lumínica cesa, el suelo se desvela como una superficie de cristal transparente a través de la cual pueden verse determinados lienzos desde arriba —tal y como los concebían estas artistas— y en la posición original en la que trabajaron sobre ellos, de manera que se puede pasear por encima sin miedo a dañarlos. Visitar un museo no debería ceñirse a la contemplación de una multitud inagotable de obras colgadas en las paredes; a veces debería hacerse del paseo una experiencia sensorial para que el público no empatizase únicamente con *lo bonito* o *lo armonioso*, sino también con lo abstracto y, a simple vista, feo e insustancial. También con todos los procesos ajenos a la exposición de una obra pero que forman igualmente parte de ella: el estudio de su artista, las condiciones de su elaboración o las características de la técnica empleada.

Quizás si en cada exposición de expresionismo abstracto que se ha realizado o que se realizará, se situase al final una gran sala cuyo suelo estuviera recubierto por entero de lienzos en blanco, botes de pintura, herramientas, y se les permitiese a las visitantes —aplicando la psicología del color y la fuerza de la que disponen— reflejar cómo se sienten, cómo ha sido su día, en qué momento de su vida se encuentran —cediéndoles tanto el espacio como los medios para hacerlo allí mismo—, no solo entenderíamos mejor el expresionismo abstracto, sino que aprenderíamos a no acercarnos a él ni desde la condescendencia ni desde un análisis que prime la forma sobre el contenido.

La museografía debe encontrar mejores formas de acercarse al público que la visión unidireccional de otros periodos artísticos. Exponer el arte contemporáneo colgado de la misma forma en la que cuelgan *Las Meninas*, y dar tan pocas explicaciones como se suelen dar en estos espacios, aumenta las posibilidades de generar rechazo. Cada vez que una persona abandona un museo sintiéndose ignorante, sintiendo que no pertenece a ese lugar, se produce una gran pérdida para el mundo del arte y para la sociedad en su totalidad.

Al mismo tiempo, un análisis meramente formal de estas obras en los espacios museísticos es una constante oportunidad perdida de imbricar el arte con la historia, el significante con el significado, el contexto con sus resultados. Sí, es interesante mencionar que a Krasner le encantaba trabajar con óleo porque adoraba su olor y su carácter orgánico, y que su baja estatura condicionaba cómo la hacía sentir trabajar con formatos que la excedían físicamente por todas partes. También es interesante saber que, para Pollock, lo importante no era representar los sentimientos, sino directamente expresarlos. Todos estos detalles que forman parte de lo anecdótico pueden ayudarnos a recordar determinadas obras e incluso a desarrollar simpatía por determinadas artistas, pero no nos ayudan en absoluto a revisitar un pasado que seguimos sin interiorizar. En la actualidad, solo se nos concede la posibilidad de hacerlo bajo presión a través de determinadas asignaturas en determinados cursos, todo encorsetado además por un sistema educativo que no nos enseña a nutrir nuestra curiosidad o nuestra inquietud; más bien se empeña en destruirla. Por ello, los museos pueden instituirse también como auténticas máquinas del tiempo que nos dirijan hacia la comprensión de que, en muchos casos, la única lectura posible es aquella que es plural y que —si bien no es capaz de aportarnos todas las respuestas que necesitamos— se asegura al menos de generarnos todavía más preguntas e intención de resolverlas.

Sacralizar lo profano

En este viaje a través de la segunda mitad del siglo XX, priman los contrastes como resultado de una rica pluralidad. No hay una palabra para definir el arte contemporáneo; ni siquiera sirve para ello el adjetivo «caótico» ni el adjetivo «diferente». El arte contemporáneo es el resultado de todos los debates, todas las experiencias y todas las realidades existentes y conglomeradas en los últimos cien o cincuenta años (lo que se dice pronto pero no es poca cosa). En muchos casos es incluso un meta-arte: un lenguaje artístico que critica un lenguaje artístico presente o anterior, en un diálogo tan enrevesado que, aun pretendiendo alcanzar la baja cultura, se catapulta hacia la alta cultura. Como ocurre con el arte pop.

Se dedica a él la siguiente sala, cuya transición —para ser sinceras— se produce con tanta brusquedad que por un momento recordamos esa noche de fiesta en la que la persona que pinchaba desde su lista de Spotify encadenó una canción de Rocío Jurado con una canción de Abba con una canción de Britney Spears con una canción de Bad Bunny. A veces, una no puede buscar cohesión donde no la hay, pero —aun así— parece haberse intentado: en el centro de la estancia circular se alzan dos pirámides. Una de ellas está formada por las famosísimas latas de tomate Campbell y la otra, de las mismas características, por una serie de latas ocres en cuyo envoltorio aparece lo siguiente: «Mierda de artista. Contenido neto: 30 gramos. Conservada al natural. Producida y envasada en mayo de 1961».

Andy Warhol y Piero Manzoni son las dos figuras escogidas para realizar la transición al arte posterior a 1950. La primera ya forma parte del imaginario colectivo y de la cultura de masas, en un ejercicio de regurgitación en el que profundizaremos más adelante. La segunda, también polémica en su retórica sobre el mercado del arte, suele ser menos conocida fuera de círculos especializados o relacionados con las disciplinas artísticas. Ambas parten de una misma base sobre la que construyeron su éxito: atreverse a ofrecer la categoría de arte a elementos que pocas veces habían tenido espacio en una galería o un museo con anterioridad. El arte pop y una facción del arte conceptual contraen, debido a ello, una deuda con el dadaísmo vanguardista, cuyos presupuestos fueron tan antiartísticos como antiestéticos.

El Arte con mayúsculas había dejado de tener sentido para la gran mayoría de población (aquí podríamos preguntarnos si lo tuvo alguna vez), la cual se sentía más cercana a una sopa de tomate que a un lienzo historicista del siglo XIX. Permitiendo que la serie *Lata de Sopa Campbell* entrase en una galería, se permitía también a las masas entrar en ella. Alejado de los grandes lienzos barnizados que muestran escenas mitológicas, de los retratos de señores con peluca y de los interiores palaciegos tan ajenos al interior de la mayoría de viviendas, el arte pop convierte lo cotidiano en un objeto artístico, estableciendo un diálogo más allá del elitismo. Es una puesta en escena de referencias culturales populares que, a la vez, forman parte de la construcción de una identidad nacional, en este caso la estadounidense pero que bien podríamos equiparar con las etiquetas de marcas como Anís del Mono o con las latas de hojalata de pimentón de la Vera, e incluso con las cajas de galletas de nuestras abuelas donde encontrábamos bobinas de hilo y agujas en lugar de pastas que mojar en el café.

El arte de gran formato que contemplamos en las pinacotecas más famosas del mundo también fue en su momento publicidad y propaganda, aunque su restringido recorrido, el estatus de sus comitentes y el virtuosismo de sus ejecutores le confiera un valor que raras veces asociamos con los enseres de nuestras casas. Como sabemos, la historia del arte guarda una estrecha relación con la historia del poder, e interpelar esas dinámicas de poder nos permite conferírselo a otros elementos más cercanos, más personales y que guardan mayor relación con nuestro día a día. ¿Cuál es la diferencia entre idealizar un retrato monárquico para lograr una legitimación política y elevar a la categoría de arte un envase lleno de materia orgánica con el fin de sacralizar lo profano? Puede que incluso parezca un sacrilegio pararse siquiera a formular esta comparación, pero quizás esta pregunta fue la que tantas artistas de la segunda mitad del siglo XX se hicieron: ¿qué es el arte? ¿Quién determina que lo es? ¿Cuáles son sus límites? ¿Cuáles sus posibilidades? Gracias a que le perdieron el respeto al Arte construyeron nuevas vías para producirlo, exponerlo y viralizarlo.

Manzoni es un buen ejemplo de ello. Partiendo de la mitificación de la figura del artista —ese genio iluminado no tanto por el Espíritu Santo ni por las musas, sino por sí mismo—, el artista italiano desplaza la intencionalidad artística de la forma al pensamiento. Esto, en realidad, tiene mucho que ver con el arte moderno, el cual es entendido como el arte comprendido entre los siglos XV y XVIII. Como vimos en salas anteriores, uno de los grandes debates de la teoría del arte en la Edad Moderna fue la defensa de la liberalización de la pintura para elevarla por encima de los procesos mecánicos: las pintoras y pintores, antes de pintar, piensan cómo van a hacerlo. De esta forma, existe un proceso creativo anterior al proceso técnico y formal. Este podría ser un buen punto de partida para entender y explicar el arte conceptual: no importa lo que ves, sino lo que hay detrás.

No es relevante si hay o no heces de Piero Manzoni dentro de sus noventa latas cilíndricas: lo importante es el significado de que exista una obra de arte consistente precisamente en esa idea, en ese endiosamiento de la figura del artista que nos empuja a concebirlo como un superhombre hasta el punto de que su propia mierda sea un objeto digno de cualquier subasta. Este hecho puede parecer poco plausible, pero no se diferencia tanto de algo que ocurrió en 2012: la salida a subasta de unos calzoncillos sucios de Elvis Presley por los que la casa esperaba conseguir, al menos, entre ocho mil y diez mil dólares.[4] No se alcanzaron dichas cifras, pero sí hubo una persona que pujó seis mil. Seis mil dólares por unos calzoncillos blancos con manchas de suciedad, pero no unas manchas cualesquiera: ¡unas manchas generadas por el culo y por los genitales de Elvis Presley! En esa misma subasta, una Biblia que permaneció al lado del Rey del Rock durante más de veinte años (según cuenta la leyenda) se vendió por 62.000 dólares. Es decir, el libro más vendido del mundo multiplicó exponencialmente su precio simplemente por haber acompañado a un ídolo popular durante un determinado periodo de tiempo. En una sociedad global cada vez más secularizada y distanciada de la religión, las masas siguen necesitando creer, pero escogen hacerlo en artistas, convirtiéndolos en sus nuevos dioses.

Quizás esto explique por qué una de las latas de Manzoni alcanzó en una subasta de 2007 la desorbitada cifra de 124.000 euros y otra fue vendida por 275.000 en 2016,[5] cifras mucho mayores a la tasación inicial del artista, que las vendió literalmente a precio de oro tras tomar como referencia la cotización real de ese metal. No deja de ser paradójico cómo la reacción del mercado del arte hacia estas piezas ejemplifica lo que Manzoni caricaturiza y critica en ellas.

De vuelta en la sala, lo único en lo que podemos fijar nuestra atención es en lo que tenemos delante: las dos pirámides. La inercia nos obliga a atravesarlas, a rodearlas, pero siempre en línea recta. Ciertas personas las habrán mirado con fascinación al reconocerlas; otras se habrán quedado observando con escepticismo; y algunas seguirán buscando esa cámara oculta que a estas alturas deberíamos saber que no va a aparecer. El arte contemporáneo no es una broma, señoras y señores. Quizás la broma sea todo aquello que habíamos visto con anterioridad.

Una vez explotadas todas las posibilidades de la instalación, somos conscientes de que no parece haber salida, como si el espacio en el que nos encontramos fuese un fin en sí mismo. Al menos hasta que una de las visitantes, sorprendida, adivina un cambio de color en una de las paredes laterales: ve una delgada línea azul que parece abrirse paso entre el blanco nuclear que nos ha rodeado casi por completo en los últimos minutos. Cuando se acerca, descubre que un efecto óptico —conseguido gracias a la unificación de los colores parietales entre la sala actual y la siguiente— fingía un trampantojo que impedía discernir la continuación del recorrido. Como si de un velo se tratase —una vez se avanza hacia la pared, se destapa la ilusión y se accede por la derecha a la siguiente estancia—, el blanco da paso a un azul que ocupa todo el espacio. Es un azul oscuro eléctrico, vibrante, parecido al azul ultramar. La nueva sala está por entero tapizada en él. El azul es un color que suele vincularse a la tristeza y a los estados melancólicos. No parece casualidad, de este modo, que *blue*, en inglés, signifique también triste. En este caso, la tonalidad de azul que nos envuelve es diferente, enérgica. Tiene nombre propio: *azul Klein*.

Esta tonalidad fue registrada por Yves Klein en 1960 y, aunque nunca llegó a ser formalmente patentada, la fama del artista francés hizo el resto y hoy se reconoce este color como suyo. En 1958 lo empleó por primera vez, y tanto su uso como sus características eclipsaron el resto de su obra. Sus piezas más conocidas son aquellas que pertenecen a la serie *Antropometrías de la época azul*, las mismas que cuelgan ahora de las paredes a disposición de quien quiera pararse a mirarlas.

Sobre un fondo blanco, cinco formas azules nos hacen pensar en el test de Rorschach.* ¿Qué vemos en ellas? Podría tratarse de la representación minimalista de dos cuerpos que se dan la espalda, pero también de pollos desplumados y descabezados. La solución va más allá: son cuerpos de mujer. Para realizar sus *Antropometrías*, Klein actúa como un director de orquesta que, con su batuta, dirige esos cuerpos femeninos hacia los botes de pintura y luego hacia el lienzo. Él permanece impoluto, totalmente vestido y distante de su propia obra. Ellas, en cambio, se convierten en instrumento y materia de la misma: es la huella de sus cuerpos embadurnados en azul lo que tenemos ante nosotras. Esta obra y la sucesión de acciones que la preceden merecen un análisis.

* El test de Rorschach es el conocido «test de las manchas» para evaluar la personalidad.

En marzo de 1960, en la Galería Internacional de Arte Contemporáneo del conde Arquian, el artista francés invitó a un selecto grupo de personas que, sentadas, presenciaron durante cuarenta minutos diversos hechos que tenían lugar simultáneamente. El primero de ellos se trataba de una orquesta integrada por veinte solistas interpretando la llamada *Sinfonía Monótona.*[6] El segundo, la entrada en escena de tres mujeres blancas desnudas que, siguiendo las instrucciones de Klein, se situaron delante de tres cubos en cuyo interior estaba la famosa materia azul y empezaron a utilizar una esponja para esparcirla sobre ellas. Una vez cubiertos sus torsos y extremidades inferiores, se dieron la vuelta para dirigirse a los lienzos a sus espaldas. Valiéndose de varias plataformas colocadas a diferentes alturas, las modelos adhirieron sus cuerpos al soporte, dejando en ellos la pintura impregnada con su forma. También había un lienzo sobre el suelo, y también sobre él vertieron sus propias siluetas. En determinado momento, una de las modelos se tumbó boca abajo sobre él mientras las otras, sujetándola por las manos, la arrastraron de un lado a otro.

Analizar las *Antropometrías de la época azul* no es del todo posible sin establecer un diálogo con la producción artística de otras dos figuras. De una de ellas —Jackson Pollock— ya hemos hablado; de la otra hablaremos en páginas siguientes. Su nombre es Ana Mendieta.

Recuerdo un examen en el que cierta pregunta consistía en dos imágenes. En una aparecía Jackson Pollock pintando; la otra mostraba el instante en el que dos de las modelos de Klein se cogían las manos, una en el suelo y otra de pie, en plena realización de su serie de antropometrías. La profesora esperaba que identificásemos las imágenes y que desarrollásemos un comentario sobre ellas. A simple vista, ambas obras parecían manifestar lo mismo: el empleo del cuerpo como elemento para pintar y el empleo de la acción física como elemento para llevar a cabo la obra. Pero, en realidad, no podían ser más diferentes.

La diferencia esencial entre Pollock y Klein es cómo se involucran en sus obras más conocidas. Pollock lo hace de lleno, sobre el lienzo, utilizando su cuerpo y toda su potencia física para expresar a través de la materialidad procesos internos. Se mancha y suda. Su pintura es física, grumosa. En cambio, Klein toma distancia: actúa como director, no como ejecutor. Entre Pollock y su obra, la única mediación es la de las herramientas que portan sus manos. Entre Klein y su obra, la mediación pasa por el cuerpo de determinadas mujeres que actúan de modelo y pincel, generando incómodos binomios tales como artista/modelo, vestido/desnuda o dirección/subordinación. En la obra de Pollock no hay ausencias: su esencia lo abarca todo, porque todo termina y empieza en él. En la obra de Klein, al requerir la participación activa de terceras personas para hacer tangible una idea artística, se genera una brecha en el importantísimo papel que juega y ha jugado siempre la modelo en la propia obra de arte: aunque las *Antropometrías* no existirían sin la acción de las modelos, el protagonismo recae en el artista. La reflexión es inevitable: cuántas mujeres desnudas hemos visto en los museos y qué poco sabemos de todas ellas.

Dicha instrumentalización del cuerpo femenino —tantas veces llevada a cabo— se convierte a partir de los años sesenta en una vía de crítica y análisis feminista tanto de la realidad de las mujeres como de su representación en el arte. Nada mejor que la serie *Glass on body* de Ana Mendieta para confrontar las *Antropometrías* de Klein. Esto es lo que ocurre, precisamente, entre las paredes de esta sala.

A un lado, las cinco manchas azules que dejaron mujeres cuyo nombre no conocemos y que parecen no haber importado a nadie. A otro lado, una serie de fotografías donde se ve a una mujer de nombre Ana y de apellido Mendieta que, valiéndose de un cristal, lo va presionando sobre diferentes partes de su cuerpo desnudo. El resultado de este acto es la deformación y la desproporción: un pecho cuelga por encima del cristal, otro queda aprisionado contra él. Unos labios se magnifican y distorsionan, una boca se deforma, una ceja se alza y una barriga se aplana. Esta serie es un análisis casi al completo de cómo un cuerpo reacciona ante la presión de una superficie plana que, por su condición transparente, nos permite además ver el resultado en una conversación sobre el desnudo en el arte y, en este caso concreto, en la fotografía.

El cuerpo de Ana Mendieta, como el cuerpo de la mayoría de mujeres con corporeidades normativas, es un cuerpo que ha sido educado para ser consumido (y ser consumible). Es complicado ver el cuerpo desnudo de una mujer sin que la alarma de la cultura occidental nos pite en los oídos. Lejos de verlo como lo que es, un cuerpo, tendemos a verlo como un bien de consumo, sobre todo cuando se trata del cuerpo de una mujer. La publicidad, el arte y el porno se han encargado durante siglos de que así sea; negarlo ahora sería inútil. La religión, por su parte, se ha ocupado de asumir su presencia como un pecado —por eso se ha asegurado de taparlo— y también de segregar a las mujeres en función de la porción de piel que enseñan: santas o putas, decentes e indecentes. La moral protege el cuerpo cubierto y el capital lo monetiza cuando está desnudo. Ana Mendieta subvierte esta realidad de forma diametral: desprotege su cuerpo atentando contra la moral impuesta sobre él, pero impide también que sea sexualmente capitalizado al deformarlo. Un cuerpo desnudo de mujer se convierte, de repente, en una crítica a los ejes de opresión que sobre él actúan.

Estos son los ejes sobre los que oscila la obra de Mendieta, artista cubana que emigró siendo muy pequeña a Estados Unidos tras ser incluida en el Programa Peter Pan.[7] Este programa, que pretendía «salvar» infancias cubanas del «monstruo del comunismo», las arrojó al abismo del desarraigo territorial y del abandono en casas de acogida entre las que iban danzando como si de una cadena de montaje se tratase.

Desde el siglo XIX, la mayoría de artistas han plasmado en su obra parte de sus inquietudes y contextos vitales. Pero también hemos visto que, cuando se trata de *mujeres* artistas, estas inquietudes y contextos han sido apartados del flujo discursivo principal por considerarse concretos y exclusivos, y se han etiquetado y degradado como parte de un *arte femenino*. Las preguntas que nos hacíamos en las salas dedicadas a las vanguardias también encuentran su amplificación aquí: si nunca hablamos de arte masculino, ¿por qué deberíamos hacerlo de arte femenino? ¿Por qué las realidades que atraviesan a las mujeres se consideran minoritarias? ¿Por qué basta con que algo sea categorizado como femenino para que millones de personas a lo largo y ancho del planeta pierdan su interés en ello? ¿Por qué? ¿Por qué lo femenino es degradante y degradado? ¿Acaso no nos hemos preocupado nosotras por la historia de los hombres? ¿Por sus contribuciones? ¿Por sus hazañas? ¿Por qué el foco no puede ponerse también sobre las nuestras? ¿Por qué se nos trata con tanta asiduidad como piedras que no han contribuido en absoluto al devenir de la historia más que para ser moldeadas por el paso del caudal de lo vivido y escrito por ellos?

La obra de Ana Mendieta, igual que la obra de todas las artistas feministas de la década de los setenta, los ochenta y los noventa, es también una contribución universal: cualquier mujer puede sentirse identificada en ellas, desde cualquier ciudad, cualquier país y cualquier continente. ¿Cómo puede ser que estas experiencias nos hayan sido vendidas tantas veces como aisladas cuando atraviesan a tantos millones de existencias? Para contrarrestar dicha tendencia, en estas páginas no hablaremos de arte femenino, sino de arte feminista: aquel que pone el foco donde siempre debería haber estado; aquel que recupera problemáticas universales que deben ser puestas en el centro; y aquel que reivindica, como decía bell hooks, que el feminismo es para todo el mundo.

En *People looking at blood moffitt*, acción llevada a cabo en 1973 y documentada[8] en una serie de fotografías y en un cortometraje en Super-8, la artista utiliza la sangre —y las vísceras— como material creativo, vertiendo ambas materias desde el interior de su casa hacia la calle. Como desarrollarían algunas décadas después el matrimonio de artistas Jeanne-Claude y Christo, la finalidad de la obra no es la obra en sí misma, sino el efecto que esta causa en quien la contempla. La documentación fotográfica muestra a todo tipo de perfiles que pasan por delante: algunos pisan directamente el reguero sin ser conscientes de él, otros se giran a mirar pero pasan de largo; un hombre con un paraguas lo toca, otro se queda contemplándolo un rato. La reacción mayoritaria es el desapego hacia la violencia implícita en encontrarte un reguero de sangre mientras caminas por la calle. ¿De dónde viene? Del interior de una vivienda. ¿Por qué se ha formado? No nos importa. Seguimos.

Resulta complicado no relacionar esta *performance* con las contribuciones de Susan Sontag a la teoría sobre la violencia, el dolor y hasta qué punto forman parte íntegra de nuestra rutina, de modo que ya no nos sorprenden, ideas desarrolladas en *Ante el dolor de los demás*. Sobre esta idea del dolor de los demás también trabaja Mendieta en un crítico y visual aullido que ruge por una implicación colectiva genuina en las violencias que ignoramos con la misma rapidez con la que las presenciamos.

En 1973, la artista dirige su atención hacia los interiores, en concreto hacia los interiores universitarios donde tienen lugar altísimos porcentajes de violencia sexual hacia las mujeres. En 2016, un estudio de la Asociación Americana de Universidades[9] ponía de manifiesto que, a partir de una muestra de 150.000 personas, una de cada cinco universitarias era víctima de abusos sexuales: 20 % de mujeres frente a un 5 % de hombres. En 2019, otro estudio llevado a cabo por el Departamento de Justicia de Estados Unidos[10] mostraba que, de la totalidad de estudiantes víctimas de abuso sexual, más del 80 % no llegaba a denunciarlo.

Mientras Mendieta estudiaba en la universidad de Iowa, una compañera suya, Sara Ann Ottens, fue brutalmente violada y asesinada. Para visibilizar la problemática de la violencia sexual hacia las mujeres, Mendieta invitó a una serie de amistades y profesoras a su piso, pidiéndoles que llegasen a determinada hora. Cuando estas acudieron, vieron que el apartamento estaba a oscuras, con la puerta abierta. Al entrar en él, se encontraron con la *performance* de la artista: basándose en el informe policial del asesinato de Ottens, Mendieta había recreado meticulosamente el ambiente y la posición en la que su compañera fue encontrada, de manera que sus amistades y parte del profesorado invitado pudieron transitar las emociones y el trauma subyacente a esta clase de violencias al encontrarse el cuerpo de su amiga y estudiante ensangrentado, semitumbado sobre una mesa.

El arte, en este sentido, es también un arma política y una herramienta de representación de lo socialmente invisible o, mejor dicho, de lo socialmente invisibilizado. La violencia sexual hacia las mujeres tiene rostro, tiene cuerpo, tiene sangre, y se aleja enormemente de las representaciones mitológicas que la romantizan, la eufemizan y la vuelven palatable a la mirada masculina para la que son realizadas. Es necesario invertir el discurso y exponerlo tal y como es vivido. Si somos capaces de introducir en aulas y exámenes los *Fusilamientos del 3 de Mayo* de Francisco de Goya, también podemos —y debemos— introducir en las aulas y los exámenes *Rape Scene* de Ana Mendieta. ¿O acaso vamos a jerarquizar también las violencias?

Entre las paredes de esta sala, las pinturas de Klein y las fotografías de Mendieta mantienen una exhaustiva conversación con trece años de distancia que pone de manifiesto cómo la incorporación de los estudios de género (recordemos que Linda Nochlin publica *¿Por qué no ha habido grandes mujeres artistas?* en 1971) en el ambiente académico y artístico generó un cambio de paradigma en la forma de concebir y emplear el arte contemporáneo. La conceptualización de las emociones que había realizado Pollock y la conceptualización del color recogida por Klein adquieren un matiz social y colectivo en la obra feminista de la década de los setenta que nunca antes se había visto en la práctica artística.

En palabras de Griselda Pollock: «Un cambio de paradigma ocurre cuando se descubre que el modo dominante de investigación y elaboración de explicaciones no logra dar cuenta satisfactoriamente de los fenómenos que esa ciencia o disciplina tiene la tarea de analizar».[11] El sistema del arte no había sido capaz de eliminar los obstáculos que impedían el acceso equitativo a sus circuitos para las mujeres, así que —con la llegada de la segunda ola feminista estadounidense— las artistas se propusieron dinamitarlo, trasladando a la práctica artística la consigna más repetida en esta época: que lo personal es político. Un buen ejemplo de cómo se manifiesta la traslación de esta premisa de la teoría a la práctica es la obra de Suzanne Lacy.

Al final de la sala, cubriendo la pared casi por entero, descansan dos murales que recrean la obra performativa *Three Weeks in May* («Tres semanas en mayo»).[12] Como indica su nombre, durante tres semanas del mes de mayo de 1977, Suzanne Lacy (en colaboración con la artista Leslie Labowitz) se propuso trasladar las conversaciones sobre violencia sexual —en concreto, sobre violación— del ámbito de lo privado al ámbito de lo público. ¿Cómo lo hizo? Primero instaló un mapa de la ciudad de Los Ángeles en un centro comercial cercano al ayuntamiento. Después visitó (a diario) la oficina central de la policía para localizar los puntos en los que se habían reportado violaciones el día anterior. Y, finalmente, al día siguiente procedió a marcarlos en rojo, valiéndose de un sello, en el mapa de la ciudad. Debido a la estimación de que por cada violación que se denunciaba tenían lugar nueve más que no eran reportadas a las autoridades, Lacy también las añadió, pero esta vez empleando menos tinta para marcar la diferencia entre ambas.

Este ejercicio performático se combinó con todo tipo de actividades relacionadas con la violencia sexual: desde grupos de apoyo para las víctimas, pasando por coloquios y ponencias, hasta *performances* de otras artistas. Dentro de estas últimas, destaca la intervención directa de la vía pública: en aquellos lugares donde se produjeron los asaltos, se marcó la acera con un espray rojo, indicando que habían sucedido. De esta acción se conserva una fotografía en la que una mujer grafitea en el suelo: «Cerca de aquí fueron violadas dos mujeres. 9 de mayo. 21 de mayo».

En el año 2010, Lacy colaboró con el Museo Nacional Centro de Arte Reina Sofía, llevando a cabo otra acción llamada *Tattoed Skeleton* («Calavera tatuada»). Su motor fue «examinar de manera crítica cómo los medios y el discurso político oficial construyen las narrativas alrededor de la violencia de género, y cuál es su efectividad en el dominio público». Para mostrar la brecha existente entre la experiencia de las mujeres que sobreviven a situaciones de maltrato y las medidas legislativas y sociales que se toman, Lacy reunió los testimonios de cuatrocientas mujeres de todo el país, los cuales fueron escritos a mano en las consiguientes cuatrocientas máscaras blancas. La elección de este soporte, según explica la artista, simboliza el anonimato al que se ven empujadas las víctimas por miedo al castigo o a la venganza, entendiendo esta tanto en términos personales (en relación a su agresor) como en términos colectivos (la sociedad y los medios).[13]

Mujeres como Ana Mendieta o Suzanne Lacy son solo dos ejemplos de entre cientos de artistas que hicieron de su trabajo un manifiesto político y una reivindicación feminista, demostrando que el arte puede ser también soporte y vehículo de crítica social. Por desgracia, Mendieta falleció en 1985, a los treinta y siete años, tras caer por la ventana de su vivienda, en el piso número 34 de un rascacielos en el que vivía con su pareja, también artista, Carl Andre. Las circunstancias de su muerte, precedida por una acalorada discusión con Andre, apuntaban en la dirección contraria al suicidio: Mendieta estaba en la cumbre de su carrera y, cuando la policía llegó a la vivienda, se encontró a su pareja con rasguños en rostro y brazos. Pese a todo, Andre fue declarado inocente en el juicio por falta de pruebas y recibió el apoyo de la comunidad artística, que no tardó en olvidar a Mendieta. Lo que ella criticaba en sus obras fue lo que probablemente acabó con su vida: la violencia hacia las mujeres y, en concreto, hacia las mujeres racializadas.

Las conversaciones y diálogos que se inician desde las salas de los museos son importantes ya que reflejan cuáles son las conversaciones y diálogos que somos capaces de mantener como sociedad. Actúan como cámaras de resonancia que muestran a qué cosas se le presta atención y cuáles se pasan por alto. Estas conversaciones tienen lugar más allá de la información presente en las cartelas y más allá de los textos seleccionados para los catálogos de algunas exposiciones temporales: pueden darse entre las obras presentes en un mismo espacio a través del criterio de selección, como vimos en la sala anterior y como vemos también en la que nos adentramos ahora. A veces es más fácil comprender la obra de una artista poniéndola a conversar con la de otras pues se pone en marcha un proceso de enriquecimiento de la propia obra y de las conexiones que puede establecer con la de otras personas.

Los museos, en tanto en cuanto espacios de legitimación de ciertos discursos, tienen la responsabilidad de cuidar a sus visitantes. Esto pasa por reconocer ciertas problemáticas e iniciar protocolos que se hagan cargo de ellas. En la sala en la que nos encontramos, en las paredes de ambos lados, se intercalan obras de Paula Rego y de Balthasar Klossowski, más conocido como Balthus. De la primera se han seleccionado varias obras de su serie de pasteles sin título alrededor del aborto. Del segundo pueden verse varios de los retratos que hizo de su vecina, Thérèse Blanchard, cuando esta tenía entre once y trece años. En los retratos de Balthus no abundan las mujeres adultas, sí lo hacen en cambio niñas de cuerpos retorcidos y poses imposibles, jóvenes que fingiendo estar ausentes levantan una pierna que permite verles las bragas, como en *Thérèse soñando* (1938). Son retratos problemáticos, imbuidos de una atmósfera sobrecargada que se alimenta de la hipersexualización de la infancia y que desde la crítica de arte construye todo un sistema de luz de gas a través del cual estas menores de edad aparecen definidas como «sensuales», en «poses provocativas» y «actitudes seductoras». Al trasladar la esfera de la seducción a la infancia, se contribuye a seguir alimentando la cultura de la pedofilia. La maniobra de luz de gas se pone en marcha cuando alguna voz autorizada que es, además, feminista, señala que es necesario que nos acerquemos a la obra de Balthus desde otras perspectivas: unas que dejen de proteger, justificar y minimizar las consecuencias del deseo masculino por otras que tengan en cuenta el punto de vista de las mujeres. A esas voces autorizadas feministas se las tacha de exageración, de puritanismo e incluso de perversidad. Yo me pregunto: ¿qué hay más perverso que poner a una niña de once años a cuatro patas sobre el duro suelo de un salón, sacarle fotografías que de encontrarse en internet computarían como pornografía infantil, emplearlas después como referencia para grandes óleos y decir que todo este proceso es inocente? No hay tanta diferencia entre las obras de Sáenz Sáenz y las niñas de Balthus.

En 2021, Save the Children publicaba un estudio sobre los abusos sexuales a la infancia a raíz de analizar 394 sentencias judiciales que tuvieron lugar en 2019 y 2020:[14] «En España, un 44,7 % de los abusos sexuales cometidos hacia menores de edad se producen entre los 16 años, aunque la edad media en la que los niños y las niñas comienzan a sufrir abusos es muy temprana, a los 11 años y medio. Además, en el 78,9 % de los casos las víctimas son niñas y chicas adolescentes, y el 84 % de los abusadores son conocidos, en mayor o menor grado, por los niños y las niñas».[15] También se establece que entre un 10 y un 20 % de la población en España ha sufrido algún tipo de abuso sexual durante su infancia, lo que se traduce en que, aproximadamente, una de cada cinco menores sufre abuso sexual infantil antes de cumplir los 17 años.[16]

¿Qué tienen que ver estas cifras con los museos? Más de lo que nos creemos. En 2018, la Fundación Mapfre inauguró la exposición temporal *Derain, Balthus y Giacometti. Una amistad entre artistas* y, un año después, el Museo Thyssen hizo lo propio con su exposición monográfica sobre Balthus. En ninguno de los dos casos, a la hora de preparar el recorrido de la exposición, los textos del catálogo, la información de las cartelas o el nombre de las diferentes salas pareció tenerse en cuenta que las probabilidades de que algunas víctimas de abuso sexual infantil asistieran a esas exposiciones, ya fuera por iniciativa personal o como parte de los grupos de estudiantes que visitan estas muestras desde sus colegios, institutos o universidades, eran muy altas. Cuando, en lugar de reconocer abiertamente una problemática, se niega, las visitantes que son también víctimas quedan en una triple situación de desprotección: la desprotección en el hogar, la desprotección judicial y la desprotección simbólica. El excesivo proteccionismo con el que se tratan las imágenes de menores en la obra de Balthus y, sobre todo, sus motivaciones para realizarlas es otra forma de negar la importancia de tratar el abuso sexual infantil también desde los museos. ¿No sería más interesante aprovechar estas exposiciones, aprovechar su obra, para educar sobre esta cuestión? ¿De verdad preferimos reducir a menores como Thérèse Blanchard a niñas «en poses sensuales y actitud provocadora»? ¿Es este el mensaje que queremos enviar desde los museos y como profesionales de la Historia del Arte?

Una vez más, como con el falso mito de la separación entre obra y artista, perdemos la oportunidad de emplear las obras de arte y el recorrido de sus artistas para mantener conversaciones importantes. Conversaciones que pueden salvar vidas, ayudar a identificar casos de abuso y reparar, de algún modo, la dignidad de las víctimas. Nada de esto es posible negando la vinculación de la obra de Balthus con la cultura de la pedofilia. Nada de esto es posible obviando la responsabilidad que tienen los museos de cuidar a las personas que los visitan, sobre todo si son víctimas de algún tipo de violencia. ¿Qué deseamos de estos espacios? ¿Que protejan y legitimen la violencia de los agresores o que protejan y visibilicen el dolor de las víctimas? Las historiadoras del arte feministas no pedimos, queremos o exigimos que los artistas misóginos, pedófilos, racistas, homófobos... salgan de los museos. Lo que queremos, pedimos y exigimos es que estas problemáticas se estudien desde los museos, se contemplen desde los museos y se eduque sobre ellas desde los museos. No buscamos silencio ni queremos censura. Buscamos justicia y pedimos diálogo sincero.

De ahí que en esta sala las obras de Balthus dialoguen con las obras de Rego. Hace aproximadamente un año y medio, en una entrevista con Déborah García Sánchez-Marín, reflexionaba con ella sobre cómo, de alguna forma, para mí las niñas de Balthus son las mujeres que abortan clandestinamente en la obra de Rego. Mujeres de cuerpos retorcidos, pero esta vez no por el capricho de un artista sino por los dolores de una intervención insalubre en un espacio que también lo es. Mujeres que en muchos casos recuerdan la inocencia de la infancia al aparecer vestidas como Blancanieves, pero dobladas sobre sí mismas, escondiendo la cara con vergüenza. ¿Por qué son ellas quienes deben tener vergüenza? ¿Por qué no podemos manipular la dirección de este sentimiento, desplazarlo hacia quien ejerce violencia y no hacia quien la recibe? Paula Rego supo entender a la perfección que el cuerpo femenino es político y que su representación en el arte también lo es. Rego pudo haber pintado a mujeres desnudas, a mujeres con poca ropa, a mujeres que se abren de piernas mientras nos miran fijamente. Y lo hizo. Pero lo hizo como crítica, nunca como contribución a la rueda de la hipersexualización de los cuerpos femeninos.

En la obra de Paula Rego también nos encontramos con niñas, pero a las niñas de Rego no podemos colgarles el cartel de «sensuales» o «provocativas». Son niñas, mujeres, jóvenes que sufren, que se ponen en riesgo, que habitan en los resquicios del ostracismo. Mujeres a las que el Estado resta agencia sobre sus cuerpos y sobre sus vidas. Mujeres a las que han dejado embarazadas por voluntad, por error o por abuso. Mujeres sobre las que se carga toda la responsabilidad, también todo el riesgo, de decidir qué ocurre con ese embarazo. Rego nos recuerda que cuando se legisla sobre el aborto, en realidad lo que se está legislando es qué tipo de cuerpos tienen acceso a él. La diferencia entre un Estado que posibilita y facilita el acceso al aborto y otro que no lo hace son los niveles de seguridad e higiene que pueden alcanzar las mujeres que deciden abortar, sobre todo aquellas que carecen de recursos económicos para atravesar un océano o las fronteras de un país para abortar igualmente, pero en otro lado dando no las traten como bestias ni las juzguen como criminales. Creo que las mujeres que abortan en la obra de Paula Rego debieron conocer en su vida a muchos hombres como Balthus y parecen estar cansadas de que ellos se lleven los aplausos mientras ellas cargan con las bofetadas.

La ausencia a través de la presencia

Antes de entrar en el siguiente espacio, un cartel nos comunica la única condición necesaria para hacerlo: pensar en cinco personas, vivas o muertas, con las que cenaríamos si tuviésemos la oportunidad de hacerlo. Casi de forma automática, en nuestra cabeza empieza a materializarse su recuerdo a partir de retratos, fotografías o incluso grabados que hemos visto de ellas. Las imaginamos sentadas alrededor de una mesa que, quizás, presidimos nosotras mismas con una mezcla de adrenalina, curiosidad y estupefacción. Ahora, reflexionemos: ¿cuántas de esas personas son mujeres? ¿Cuántas de esas personas no proceden de Europa o de Estados Unidos? ¿Cuántas de esas personas no son blancas? ¿Cuántas de esas personas no tienen una orientación sexual normativa? Podríamos seguir acotando el sesgo, pero el ejercicio requerido para entrar a la siguiente sala con sus consiguientes conclusiones ha quedado resuelto.

Una vez dentro, descubrimos que las paredes, de nuevo, son oscuras. Varios focos iluminan el centro, donde una amplísima mesa triangular parece abarcarlo todo, invitándonos a sentarnos. En ella no vamos a encontrar a las personas con las que hace unos segundos afirmamos querer cenar (o puede que sí, depende de nuestras elecciones). La mesa triangular, en realidad, es una obra de arte y su autora es Judy Chicago. A ella debemos el primer programa de arte feminista de Estados Unidos,[17] que impartió junto a su amiga y artista Miriam Schapiro, para contrarrestar la tendencia institucional de apartar los nombres femeninos de los currículos educativos.

Conviene destacar que, hoy en día, en nuestro país es complicado encontrar asignaturas en carreras como Historia del Arte o Bellas Artes donde la presencia de referentes femeninos y masculinos se presente con equidad. No son pocas las opiniones, además, que consideran una propuesta exagerada y radical que Chicago y Schapiro decidiesen introducir en su temario únicamente a *mujeres* artistas (la necesidad de resaltar que se trataba de artistas femeninas ya nos dice que, en nuestro imaginario, el término «artistas» se asocia con hombres). Las mentes que emiten esas opiniones, en cambio, nunca parecen haberse sorprendido ante las asignaturas monopolizadas por entero por nombres masculinos. En este caso, parece que lo que molesta no es que en determinadas asignaturas se hable únicamente de las aportaciones de un mismo sexo o de un mismo género, sino que ese sexo y ese género sean el femenino y las mujeres. Chicago era plenamente consciente de ello y de la auténtica carrera de obstáculos que muchas veces supone para nosotras, las mujeres, encontrar referentes pasados en los que vernos reflejadas. También era consciente de que este fenómeno no se debía a una ausencia material de ellos, sino a una ausencia de atención brindada por las autoridades académicas, y quiso compensarlo.

En su instalación *Dinner Party*, la artista recrea un banquete ceremonial para treinta y nueve comensales. Cada uno de los espacios está formado por manteles bordados, cálices y platos de porcelana china decorados con motivos que sintonizan con las personas a las que son dedicados: treinta y nueve mujeres cruciales en el desarrollo de la historia tal y como la conocemos. Como este número no es suficiente, los nombres de otras 999 mujeres están inscritos en oro en la plataforma que sustenta la mesa. En total, *Dinner Party* rinde homenaje a 1.038 mujeres, algunas de ellas reales, otras mitológicas, pero todas producto de una conciencia colectiva que en ocasiones pasamos por alto.

Aunque la relevancia de esta obra sea crucial para entender el arte de la década de los setenta, también es necesario arrojar un poco de luz sobre las conversaciones de las que podría haber formado parte y no lo hizo. Señalando un error similar al cometido por Betty Friedan en la *Mística de la Feminidad* (1963), algunas historiadoras del arte como Patricia Mayayo[18] han realizado críticas muy pertinentes a la visión eurocéntrica y blanca de la mayoría de referentes que Chicago reivindica. Esto da pie a un debate a día de hoy muy candente: la interseccionalidad. No solo es importante y urgente la recuperación y enaltecimiento de referentes femeninos: también lo es su diversificación. Si existen tres ejes principales que atraviesan nuestras vidas —tales como el sexo, la clase y la construcción social de la raza en base a la etnia—,[19] suprimiendo el sesgo sexual y de género nos quedan, al menos, todavía dos más por combatir. No basta con reivindicar la presencia de mujeres, sino que debemos exigir que no todas sean blancas, que no todas sean de clases acomodadas y, puestas a pedir, que no todas se encuadren dentro de la heteronormatividad.

Otra de las críticas emitidas sobre la obra de Chicago fue su carácter ginocentrista: la remisión a las formas vulvares es una constante en muchos de los platos de cerámica, y esto fue entendido posteriormente como una forma de subrayar el mismo esencialismo biológico sobre el que se basó el discurso patriarcal. En acercamientos posteriores a esta cuestión, la artista incide en que una cosa es señalar las vulvas y las vaginas como un factor de exclusión y opresión, y otra muy distinta reducir a las mujeres a sus vaginas.[20] Todavía a día de hoy este tipo de debates siguen abiertos en el epicentro del movimiento feminista, generando no pocos roces entre posturas marcadamente contrarias que se enfrentan entre sí y otras tantas que intentan sobrevivir, resistiéndose a esa polarización. Aquí nos inclinamos hacia estas últimas, es decir, hacia esas posturas que entienden que es necesario buscar —y encontrar— la conciliación entre alejarse de los presupuestos esencialistas que han limitado a las mujeres a su genitalidad y, al mismo tiempo, comprender que tener vagina ha implicado —y sigue implicando— para la mayoría de las mujeres ser expulsadas de determinados espacios, ser limitadas a ciertos ámbitos y ser invisibilizadas en el sistema artístico.

Siguiendo el hilo de la invisibilización y la inclusión, Griselda Pollock escribe en *Visión y Diferencia* sobre la necesidad de plantearse no una inclusión de colectivos minorizados en el canon de la historia del arte, sino de repensar el propio canon para concluir si es válido por sí mismo o si, por el contrario, requiere ser reconstruido. El propio devenir de la historia, con la masculinidad al frente, nos ha demostrado en numerosas ocasiones que la propia noción de poder está corrompida y que las decisiones tomadas alrededor de la masculinidad son insuficientes. Como consecuencia, también los sistemas y estructuras que se han generado a su alrededor lo son. De esta forma, quizás el debate no deba ser «cómo ofrecer a las mujeres y colectivos minorizados[21] poder e igualdad», sino «¿puede haber igualdad en un sistema y en unas estructuras concebidas en base a los parámetros actuales de poder?».

Los intentos de generar un canon alternativo de artistas se han desenmascarado en numerosas ocasiones como igualmente excluyentes, aunque —como se apuntaba con anterioridad— en base a ejes distintos. En otras palabras: ¿de qué nos sirve reivindicar a las artistas si, al hacerlo, la mayoría de ellas son blancas o proceden de contextos económicos privilegiados? ¿No es eso combatir un sesgo generando otros nuevos? En este sentido, es fácil y tentador caer en la trampa de la proximidad. Por ejemplo, cuando empecé a especializarme en perspectiva de género, sentí que ante mis ojos se extendía un abanico inabarcable de posibilidades y no sabía por dónde empezar, así que comencé por lo que tenía cerca: Europa. Poseída por una adrenalina desconocida hasta ese momento, leí todos los libros que pude, consulté todos los estudios que caían en mis manos, intenté responder todas las preguntas que me surgían y, un par de años después, fui consciente de que había aprendido mucho sobre artistas europeas, sí, pero eran casi todas blancas. Y Europa nunca ha sido tan blanca como nos han hecho pensar.

En esto consiste la trampa de la proximidad, que es —también— la trampa de la blanquitud. Cuando nos enmarcamos dentro del continente europeo, podemos pensar en un primer momento que la blanquitud es el primer rasgo que tenemos a mano, pero —debido al pasado colonialista e imperialista de Europa— pensar que la tez característica de nuestro continente es blanca es un juicio que no se corresponde con la realidad. En Europa —y en concreto, en España—,[22] la multiculturalidad siempre ha estado presente. La pregunta que debemos hacernos es por qué, entonces, no ha trascendido a las representaciones artísticas (que sí lo ha hecho en realidad) y por qué en ningún momento se nos ha hablado de ello o, de hablarse, ha sido mayoritariamente por encima y sin profundizar.

Es aquí donde podemos aludir a un sesgo racista a la hora de confrontar nuestro pasado artístico, no solo sexista. La degradación de lo femenino funciona de un modo similar a la degradación de lo negro, lo racializado y lo marrón:[23] como desde nuestra blanquitud no nos identificamos con esa degradación —de hecho, la potenciamos—, no somos capaces de identificar su existencia y, como consecuencia, tampoco desarrollamos los mecanismos pertinentes para solventarla. Es la misma dinámica que se ha señalado a lo largo de este libro: como a tantos hombres les ha costado entender y empatizar con las violencias que atraviesan a las mujeres, se han mostrado incapaces de reconocerlas y, por eso, las han negado, las han invisibilizado y han fingido que no existían. Por tanto, aunque haya cierta inercia lógica detrás de la necesidad de buscar en primera instancia referentes con los que poder identificarnos, es igualmente necesario buscar la justicia, de nuevo, fomentando su diversificación. Al igual que quise hacer yo, también hay mujeres afroespañolas buscando referentes: la diferencia es que ellas lo tienen todavía más difícil. Porque yo, aunque mujer, soy blanca. Y, como blanca, sigo jugando con ventaja, esté dispuesta a reconocerlo o no.

Por todo esto, la última sala de la muestra es un nexo entre el siglo XX y el siglo XXI; entre lo que la historia del arte ha sido y lo que podría llegar a ser; entre lo que hemos hecho mal y lo que podemos aprender a hacer mejor. Las paredes, recubiertas de un fulgurante tono dorado, nos reciben plagadas de obras que interpelan la hegemonía artística occidental. Muchas de las obras presentes o mencionadas a lo largo de nuestro recorrido están en ellas. Identificamos guiños a *La primavera* y al *Nacimiento de Venus* de Botticelli; al *Juicio Final* y a la *Creación de Adán* de Miguel Ángel; incluso al *Hombre de Vitruvio* de Leonardo da Vinci. La diferencia principal es que no son obras repletas de personas blancas: todas las protagonistas son negras. ¿Y quién está detrás de ellas? Una mujer de raíces afrocubanas nacida en Estados Unidos: Harmonia Rosales.

Cuando Rosales empezó a pintar, las galerías no querían exponer su trabajo, nadie parecía interesado en comprar sus obras y hasta le aconsejaron que dejase de representar a mujeres negras (quienes protagonizan de manera mayoritaria sus obras) «porque la gente blanca vende mejor».[24] Esto, en lugar de desmotivar a la artista, subrayó la pertinencia de sus obras: «Elegí recrear estas imágenes para estimular la pregunta... ¿Por qué? ¿Por qué seguimos teniendo como referente icónico de Dios la imagen masculina blanca? ¿Por qué la santidad, pureza y poder tiene que ser una imagen femenina blanca, con rasgos europeos y, además, ser el canon de la belleza durante tanto tiempo? ¿Qué enseña eso a las futuras generaciones?».[25] En sus obras, Rosales no se limita a interpelar directamente los iconos de la pintura occidental, sino que los reinventa introduciendo elementos de otras cosmovisiones, como la religión yoruba. De este modo, no estamos ante el *Nacimiento de Venus*, sino ante el *Nacimiento de Oshun*, una deidad yoruba venerada en Cuba, de donde procede la familia de Rosales. Subvirtiendo la blanquitud, la artista combate la occidentalización ofreciendo nuevos modos de ver y entender el arte, así como de relacionarse con él.

En, por ejemplo, *Still We Rise* («Y aun así nos levantamos»), la obra remite a la composición del *Juicio Final* de Miguel Ángel, aunque cuestiona cómo la religión católica forzó la asimilación de las deidades yoruba (*orishas*) con las figuras santas cristianas; de ahí que todas las personas afrodescendientes del lienzo lleven un nimbo dorado. En la parte inferior de la obra, las naves y barcas de los colonizadores llegan a las costas americanas cargadas de esclavos, a los que asedian con látigos; en la parte central, la figura que en la obra de Miguel Ángel es Jesucristo, en la obra de Rosales es un hombre prendiendo fuego a la bandera confederada estadounidense, asociada simbólicamente con la historia esclavista del país. El título que le concede —*Y aun así nos levantamos*— podría ser un guiño al poema «Y aun así me levanto» de Maya Angelou:

Puedes en la historia retratarme
con mentiras retorcidas, implacables.
Puedes en la tierra pisotearme,
pero, aun así, como el polvo... me alzaré.

[...]

Tras la vergüenza histórica, tras su amparo,
yo me levanto.
Tras un pasado en el dolor arraigado,
yo me levanto.
Soy un negro océano, agitado y ancho;
resisto en la marea creciendo y manando.
Dejando atrás las noches de terror y pánico,
yo me levanto.
Hacia un amanecer increíblemente claro,
yo me levanto.
Por los obsequios que mis ancestros me entregaron,
yo soy los sueños y la esperanza del esclavo.
Yo me levanto.
Yo me levanto.
Yo me levanto.

Otras referencias, otros cánones, otras narrativas son posibles. Convirtiendo a la mujer negra en protagonista de la mayor parte de sus obras, quiebra el imaginario occidental y también el imaginario artístico, poniendo de manifiesto la ausencia a través de la presencia. Parecen decirnos desde el lienzo: «siempre hemos estado aquí y así es como podríais habernos representado». No como esclavas, no como sirvientas o criadas:

como mujeres con autonomía. La viralización de su obra en los últimos cuatro años responde también a un cambio de paradigma. Hoy en día, gracias a las redes sociales y al acceso relativamente democratizado a ellas, las personas pertenecientes a colectivos minorizados pueden hacerse con un altavoz del que los medios de comunicación, las academias y el circuito del arte las habían privado. Las redes sociales son una ventana abierta al mundo donde se pide perdón pero no permiso. El rechazo que Rosales recibió por parte de galeristas y clientes en un principio se transformó en apoyo y furor cuando su *Creación de Dios* (o de Diosa, en su caso) se viralizó en 2017. Desde entonces, sus lienzos han sido expuestos hasta en doce ocasiones, dos de ellas a modo de exposiciones individuales. En la primera, vendió todas las obras. La lógica del mercado y la lógica del público son diferentes, y las redes sociales —en muchos casos— devuelven a artistas y clientes la capacidad de agencia que los circuitos artísticos suelen quitarles. Aunque cabe destacar que no fueron pocos los sectores conservadores que pusieron el grito en el cielo ante su *Creación*, esto lo que demuestra es que la cuestión de la representación es importante. Primero, porque sana: es crucial en el desarrollo de la autoestima, del amor propio y de la autoimagen que todas podamos vernos reflejadas, saber que existimos, saber que importamos. Y, segundo, porque cabrea. Preguntémonos por qué.

Tras recorrer las obras donde la arquitectura renacentista convive con la tipología de la *Madonna con Niño* protagonizada por mujeres y menores negras, con santos que son hombres afrodescendientes y con *Odaliscas* que son mujeres cuya piel aparece decorada imitando el pan de oro, nos dirigimos al pasillo de salida. En él, al fondo, un cartel se alza como la última obra del recorrido. Empleando los lenguajes publicitarios, el título en inglés nos dice en letras grandes y negras: «Ventajas de ser una mujer artista». Está firmado por las Guerrilla Girls, un colectivo anónimo de artistas feministas y antirracistas que, desde 1985, se valen de la cartelería para denunciar la estrechez de miras del sistema artístico y museístico. ¿Su seña de identidad? Las máscaras de gorila.

En el cartel que tenemos ante nosotras, se puede leer en tono irónico una ristra de ventajas tales como: «Trabajar sin la presión del éxito. No tener que exponer junto a hombres. Tener una vía de escape del mundo del arte gracias a tus otros cuatro trabajos. Saber que tu carrera podría despegar tras cumplir los ochenta. Estar tranquila porque independientemente del tipo de arte que hagas será etiquetado como arte femenino. [...] Ver tus ideas pervivir en la obra de otros. Tener la oportunidad de elegir entre carrera artística y maternidad. [...] Tener más tiempo para trabajar una vez tu pareja te deje por otra más joven. Ser incluida en versiones revisadas de la historia del arte. No tener que pasar por el mal trago de que te llamen "genio"».[26]

Cuando ponemos un pie en la calle, la luz del sol impacta con fuerza sobre nosotras. Nos obliga a cerrar los ojos y notamos la calidez en la cara. Permanecemos así, quietas y en silencio, durante un rato. Después, poco a poco, emprendemos el camino de vuelta a casa.

EPÍLOGO

Escribir este libro representa, para mí, una oportunidad de intentar acercarte la historia del arte que a mí me habría gustado conocer y que tardé mucho tiempo en siquiera empezar a bosquejar. Pero también me ha supuesto una confrontación continua con la calidad de mi formación y el foco de mis intereses. No sería justo culpar por entero de ello a un sistema educativo que, por lo demás, considero mejorable en muchos aspectos. Parte de la responsabilidad también la he tenido yo.

A lo largo del proceso de escritura, me repetí más de una vez que no hubiera podido acometer un proyecto de estas características sin mis años de formación universitaria. Y es cierto. Del mismo modo que también es cierto que la mayor parte de los análisis que introduzco —aquellos que se ven influenciados por el feminismo o por el antirracismo— no los aprendí dentro, sino fuera. Pensando mucho, leyendo mucho y escuchando todavía más. En ningún momento me ha abandonado la sensación de vértigo y la duda constante de quien sabe que lo está haciendo lo mejor que puede con las herramientas que tiene, pero que se sigue preguntando si podría haberlo hecho mejor o qué es lo que se le habrá escapado.

Enfrentar ambas realidades (lo que quiero transmitir y las limitaciones que encuentro por el camino) ha tenido como resultado un texto que, en ocasiones, incurre en algunas de las problemáticas que plantea. Por eso también lo concibo como un medio y no como un fin: si puede ser criticado es porque puede ser entendido. Es decir, si una sola persona empezó a leerlo sabiendo entre poco o nada y lo termina siendo capaz de identificar cuáles son sus lagunas, cuáles sus fallos y cuáles sus posibles mejoras, entonces el libro habrá servido a su propósito: que aprendas a mirar el arte con tus propios ojos, desarrollando una mirada inquieta que no se conforma con lo que tiene delante, sino que intenta ir siempre más allá. Aunque lo que tenga delante sea esta obra.

Una de las cosas que más me ha molestado en mi trayectoria académica ha sido la falsa noción de objetividad que nos transmiten los relatos tradicionales. Aquí, he intentado revelar alguno de esos sesgos y señalar su influencia en nuestra percepción de determinadas etapas y periodos, pero mi discurso tampoco está exento de ellos. En este sentido, siempre he preferido ir con la verdad por delante: el relato que (re)construyo, que investigo, que me produce curiosidad e inquietud, también está sesgado. En algunos casos conscientemente y en otros no. Con este libro tuve que hacer un ejercicio de síntesis y selección que constituye un sesgo en sí mismo, y aquí —de nuevo— entraría Susan Sontag diciendo que fotografiar es excluir. Escribir e investigar también lo son, porque cada decisión prioriza un campo de acción frente a otro, y más en un proyecto como este. Elegir como punto de partida a Europa fue, al mismo tiempo, la decisión más inteligente y menos acertada que pude tomar. Hablo de lo que tengo cerca, pero eso forma parte —a su vez— del mismo problema. Por eso, lo que tienes en tus manos es el resultado de un proceso de metaaprendizaje, de un aprender sobre lo aprendido. Remarcar mis limitaciones deja una puerta abierta a la mejora; creo que la historia del arte tiene todavía mucho que mejorar. Y yo también, con ella.

Me hubiera gustado no centrarme tanto en la pintura y haber desarrollado análisis semejantes trasladados a la escultura, a la arquitectura, al arte textil o al mundo de la cerámica, por poner algunos ejemplos. El arte no debería ser reducido a lo que ocurre en el interior de un lienzo. ¿Es la pintura la disciplina que suele gozar de mayor atención? Sí. ¿Justifica esto que su presencia en el libro sea mayoritaria? Solo en su justa medida. Asimismo, me habría gustado introducir más ejemplos de arte de otros continentes; haber hablado de Abya Yala previo a su colonización por parte de Europa; haber sabido profundizar en el arte del continente africano, o haber podido hablar del arte japonés separándolo de la crítica al extractivismo cultural de las vanguardias. Intenté hacerlo, pero en el camino me di cuenta de que estaba en una carrera contrarreloj en la cual no tenía margen para aprender, para repensar lo aprendido ni para intentar quitarle a mi discurso toda pátina de eurocentrismo y blanquitud. Esto sigue siendo para mí una tarea pendiente. Así que, antes de hacer algo estrepitosamente mal, decidí no hacerlo en absoluto, centrándome en aquellos campos que sí conozco, en las críticas que tengo muy rumiadas y en los aportes que sí puedo justificar. Si esto ha sido o no una buena idea, queda al gusto de la lectora.

Algo que sí espero que haya quedado claro es que la historia del arte no es imparcial. Todas las flaquezas de una sociedad se ven tan representadas en el arte como lo hacen sus grandezas. Ocurre algo parecido con las personas que nos dedicamos a historiarlo. Ni los libros ni los temarios ni los museos son espacios exentos de ideología, por lo que han sido utilizados como herramienta política para perpetuar sistemas de opresión o para intentar, en la medida de lo posible, combatirlos. Otra cosa es que tengamos tan naturalizado el posicionamiento dominante que nos hemos acostumbrado a él, pero que parezca neutral no implica que lo sea. Creo que esto es algo que no deberíamos perder de vista nunca y que también —de alguna manera— puede favorecer nuestro disfrute respecto al arte. De ahí que haya incidido tanto en ello: el escepticismo y el inconformismo deberían ir de la mano de la curiosidad a cada paso que demos.

Espero, por tanto, que para alguna de vosotras este libro suponga el comienzo de un largo camino que os lleve hacia muchos más. Deseo —también— que haya logrado acercaros o reconciliaros con la historia del arte, de manera que este sea el museo más reciente que hayáis visitado, pero no el último. Si, cuando piséis el próximo, os sentís más dueñas del espacio y de su discurso que antes, entonces la semilla que intenté plantar aquí habrá dado sus frutos.

AGRADECIMIENTOS

Aunque este libro sea una labor individual, creo en el cliché de que también es fruto de un esfuerzo colectivo: el de todas aquellas personas con las que tengo la suerte de rodearme. Así que este es el momento en el que quienes me conocen buscan su nombre en esta lista. Probablemente me deje a muchas personas por el camino y me lleve las manos a la cabeza cuando me dé cuenta. Espero que nadie se ofenda: culpo a los nervios de escribir mi primer libro.

El agradecimiento principal —como no podía ser de otra forma— va dirigido a mis dos pilares. Gracias a mi madre y a Mani por criarme, cuidarme, quererme y apoyarme de forma incondicional. Ojalá todas las personas tuvieran la suerte que he tenido yo al contar con ellas en cada etapa de mi vida. También gracias a mi padre, por hacer que algo tan difícil como construir un vínculo padre-hija en la edad adulta sea sencillo y por haber hecho posible, con su ayuda, que priorizase la escritura de este libro. A San, por ser el abrazo que necesitaba y la cordura que me faltó en muchas partes del proceso, cuando no me veía capaz de seguir, cuando tenía miedo y estaba llena de inseguridades. A mi mejor amiga (sí, Andreea, eres tú), por auparme, escucharme y aconsejarme. A mis maravillosas amigas: gracias por vuestra paciencia, vuestra comprensión y vuestro acompañamiento. Gracias, Marta, Marina,

Antía, Lariña, Walter, Iciar y Alber. Gracias, Vico, por haberme cuidado tanto durante el proceso. Como bien os dije, a pesar de lo solitario que fue para mí el acto de escribir, conté en todo momento con personas que me dieron el espacio, los ánimos y el apoyo que necesitaba, lo cual me convierte en alguien tremendamente afortunada. Gracias también a Lourdes, por hacer de guía en este camino en el que conocí muchas cosas sobre mí misma, no todas bonitas ni fáciles de digerir.

Tampoco me imagino este libro siendo lo que es sin las puertas que me abrieron Xabi Prieto y Eva Fernández del Campo como profesoras. Lo más bonito es que lo han hecho sin darse cuenta y con muchos años de diferencia. Cuando una docente te cambia la vida, está bien reconocerlo y honrarlo.

Y, en líneas generales, gracias a cada persona que en la última década me ha animado a seguir escribiendo; ha deseado que publicase algo; ha confiado en mis cursos, talleres y visitas guiadas; y ha apoyado mi trabajo en Patreon junto a mi labor divulgativa en redes. Es bonito que haya gente que confía en tu escritura incluso antes de que tú puedas hacerlo. Es este el caso de temas de hoy, así que gracias a ellas también por la sintonía del primer encuentro; y a Sergi por la confianza y enseñanzas durante todo el proceso. Ha sido maravilloso tenerte como editor. Prometo que todo esto no es peloteo: me habéis hecho sentir cuidada y valorada a cada paso.

Gracias a todas.

NOTAS

Prólogo

1. Rich, Adrienne. *Sobre mentiras, secretos y silencios. Prosa escogida (1966-1978)*. Icaria, 1983.

2. Pollock, Griselda. *Diferenciando el canon. El deseo feminista y las escrituras de las historias del arte*. Exit Libris, 2022.

Conceptos básicos

1. Alberola, Miquel. «Las mujeres aumentan la brecha de lectura con los hombres» [en línea]. *El País* (21 de febrero de 2020). <https://elpais.com/cultura/2020/02/21/actualidad/1582288090_293986.html>.

2. ONU Mujeres. «Incorporación de la perspectiva de género» [en línea]. <https://www.unwomen.org/es/how-we-work/un-system-coordination/gender-mainstreaming>.

3. Mignolo, Walter; Walsh, Catherine. *On Decoloniality: Concepts, Analytics, Praxis*. Duke University Press, 2018.

4. Walsh, Catherine (ed.). *Pedagogías decoloniales: Prácticas insurgentes de resistir, (re)existir y (re)vivir*. Editorial Abya Yala, 2013.

5. Escobar, Arturo. *La invención del Tercer Mundo: Construcción y deconstrucción del desarrollo*. El perro y la rana, 2007.

6. Donoso-Miranda, Paz Valentina. «Pensamiento decolonial en

Walter Mignolo. América Latina: ¿transformación de la geopolítica del conocimiento?» [en línea]. *Temas de Nuestra América 30*, n.º 56, pp. 45-56 (2014). <https://www.revistas.una.ac.cr/index.php/tdna/article/view/6417>.

7. Davis, Angela. *Mujeres, raza y clase.* Akal, 2005.

8. Lorde, Audre. *Sister Outsider: Essays and Speeches.* Crossing Press, 2007.

9. Eddo-Lodge, Remi. *¿Por qué no hablo con blancos sobre racismo?* Barcelona: Península, 2021.

10. hooks, bell. *¿Acaso no soy yo una mujer?* Consonni, 2020.

11. Crenshaw, Kimberlé; Gotanda, Neil; Peller, Garry. *Critical Race Theory: The Key Writings That Formed the Movement.* The New Press, 1996.

12. Gerehou, Moha. «Qué es ser racializado» [en línea]. *El Diario* (17 de enero de 2020). <https://www.eldiario.es/opinion/zona-critica/racializado_129_1074959.html>.

13. Porto-Gonçalves, Carlos Walter. «Abya Yala» [en línea]. *Enciclopedia Latinoamericana* (2016). <http://latinoamericana.wiki.br/es/entradas/a/abya-yala>.

14. *Ibid.*

15. Güereca Torres, Raquel. «Violencia epistémica e individualización: tensiones y nudos para la igualdad de género en las IES» [en línea]. *REencuentro. Análisis de Problemas Universitarios*, vol. 28, n.º 74 (2017). <https://www.redalyc.org/journal/340/34056723002/html/>.

16. Pozo-Sánchez, Begoña y Carles Padilla-Carmona. «Criptoginia: Una palabra nueva, un concepto para investigar». *Quaderns de Filología: Estudis Lingüístics*, 26 (2021).

17. Roman, Ayme (@aymeroman). «Epistemología feminista: El concepto de injusticia hermenéutica». *Instagram*, 14 de enero de 2022.

18. Navarte, Julia González; Villar, Mili. «¿Qué es la "mirada masculina"?» [en línea]. *Revista Encuadra* (9 de mayo de 2015). <https://revistaencuadra.com.ar/2019/09/05/que-es-la-mirada-masculina/>.

19. Pollock, Griselda. «La mujer como signo». En *Visión y Diferencia*, pp. 217-272. Fiordo, 2019.

1. «10 curiosidades del Louvre» [en línea]. *Viajes National Geographic* (24 de enero de 2020). <https://viajes.nationalgeographic.com.es/lifestyle/10-curiosidades-louvre_15097>.

2. Galán, Lola. «La Galería de los Uffizi de Florencia abre sus depósitos a los visitantes» [en línea]. *El País* (Florencia, 26 de diciembre de 2001). <https://elpais.com/diario/2001/12/26/cultura/1009321201_850215.html>.

3. Marcos, Laura; Otero, Luis. «¿Cuántos cuadros hay en el Museo del Prado?» [en línea]. *Muy Interesante* (2 de noviembre de 2015). <https://www.muyinteresante.es/cultura/arte-cultura/preguntas-respuestas/cuantos-cuadros-hay-en-el-museo-del-prado-431446455333>.

4. Madariaga de la Campa, Benito. *Sanz de Sautuola y el descubrimiento de Altamira.* Fundación Marcelino Botín, 2000, p. 21.

5. *Ibid.*, pp. 24-25.

6. *Ibid.*, p. 36.

7. *Ibid.*, p. 41.

8. Sanz de Sautuola, Marcelino. *Escritos y documentos.* Institución Cultural de Cantabria, 1976, pp. 16-17.

9. Torres Campos, Rafael; Quiroga y Rodríguez, Francisco. *Boletín de la Institución Libre de Enseñanza*, n.º 90, pp. 161-163 (Madrid, 16 de noviembre de 1880).

10. Eisler, Riane. *El cáliz y la espada.* Capitán Swing, 2021, p. 83.

11. Gombrich, Ernst. *La Historia del Arte.* Debate, 1997.

12. Eisler, Riane, *op. cit.*, p. 46.

13. *Ibid.*, p. 45.

14. *Ibid.*, pp. 45-46.

15. Eisler, Riane, *op. cit.*

16. Patou-Mathis, Marylène. *El hombre prehistórico es también una mujer.* Barcelona: Lumen, 2021.

17. Stone, Merlin. *Cuando Dios era una mujer.* Kairós, 2021.

18. Sanchindrián, José Luis. *Manual de arte prehistórico.* Barcelona: Ariel, 2001, p. 110.

19. Barandiarán Maestu, Ignacio. *Imágenes y adornos en el arte portátil paleolítico.* Barcelona: Ariel, 2006.

20. Verganza Pérez, Markel. *Venus Gravetienses: Interpretaciones y la importancia de la identidad.* Universidad Complutense de Madrid, 2019, p. 9.

21. *Ibid.*, p. 10.

22. Hodge McCoid, Catherine; McDermott, Leroy D. «Toward Decolonizing Gender: Female Vision in the Upper Paleolithic» [en línea]. *American Anthropologist 98*, n.º 2, p. 320 (1996). <https://anthrosource.onlinelibrary.wiley.com/doi/abs/10.1525/aa.1996.98.2.02a00080>.

23. *Ibid.*, p. 321.

24. Eisler, Riane, *op. cit.*, p. 41.

25. *Ibid.*, p. 43.

26. *Ibid.*, p. 43.

27. *Ibid.*, p. 46.

28. *Ibid.*, p. 48.

29. En su libro *Prehistorical Myths in Modern Political Philosophy* (Edinburg University Press, 2017), Karl Winderquist y Grant S. McCall contradicen la visión generalizada de que la mayor parte de poblaciones prehistóricas vivían en el interior de las cuevas.

30. Georgoudi, Stella. «Bachofen, el matriarcado y el mundo antiguo: reflexiones sobre la creación de un mito.» En *Historia de las mujeres: La Antigüedad*. Taurus, 2018, p. 533.

31. Díaz-Andreu, Margarita. «Género y Arqueología: Una nueva síntesis.» En *Arqueología y Género*. Granada: Universidad de Granada, 2005, p. 16.

32. Güereca Torres, Raquel. «Violencia epistémica e individualización: tensiones y nudos para la igualdad de género en las Instituciones de Educación Superior.» *Reencuentro: Análisis de problemas universitarios 28*, n.º 74 (2017).

33. Eisler, Riane, *op. cit.*, p. 49-51.

34. *Ibid.*, p. 53.

35. *Ibid.*, p. 53.

36. *Ibid.*, p. 55.

37. Gimbutas, Marija. *Dioses y diosas de la Vieja Europa: 7000-3500 a. C.* Barcelona: Siruela, 2013.

38. Gimbutas, Marija. «The Early Civilization of Europe». En *Estudios Indoeuropeos 131*, cap. 2. Universidad de California, p. 17.

39. *Ibid.*, pp. 32-33.

40. *Ibid.*, pp. 65-66.

41. Hernando, Almudena. *La fantasía de la individualidad*. Traficantes de Sueños, 2018.

42. Hernando, Almudena. «¿Por qué la arqueología oculta la importancia de la comunidad?» [en línea]. *Trabajos de Prehistoria 72*, n.º 1, pp. 22-40 (2012). <https://dialnet.unirioja.es/metricas/documentos/ARTREV/5137089>.

43. Mies, Maria. *Patriarcado y acumulación a escala mundial.* Traficantes de Sueños, 2018.

44. Gombrich, Ernst, *op. cit.*, p. 68.

45. «Knossos» [en línea]. *Municipality of Heraklion.* <https://www.heraklion.gr/en/ourplace/knossos/knossos.html>.

46. Eisler, Riane, *op. cit.*, p. 95.

47. Rohrlich-Leavitt, Ruby. «Women in Transition: Crete and Suer.» En *Becoming Visible.* Boston: Houghton Mifflin, 1977, p. 49.

48. Wheeler, Brenna. «Charting the Unknown: Alice Kober, Her Phonetic Chart, and the Decipherment of Linear B» [en línea]. *Berkeley Undergraduate Journal of Classics 5*, n.º 1 (2016). <https://escholarship.org/uc/item/1n57m2mf>.

49. Rodríguez López, María Isabel. «Introducción general a los estudios iconográficos y a su metodología» [en línea]. Liceus, 2005, p. 3. <https://www.liceus.com/producto/introduccion-general-estudios-iconograficos-metodologia/>.

50. Panofsky, Edwin. *El significado en las artes visuales.* Alianza, 2004, pp. 47-49.

51. Gombrich, Ernest, *op. cit.*, p. 55.

52. Eisler, Riane, *op. cit.*, p. 106.

53. *Ibid.*, p. 107.

54. *Ibid.*, pp. 121-122.

55. Palaima, Thomas. «Linear B and the Origins of Greek Religion: "di-wo-nu-so".» En *The History of the Hellenic Language and Writing: From the Second to the First Millennium B. C.: Break or Continuity? 2nd International Conference of the Society for the Study and Spreading of Hellenic History,* 1996.

56. Eisler, Riane, *op. cit.*, p. 83.

57. Gombrich, Ernst, *op. cit.*, p. 83.

58. *Ibid.*, p. 77.

59. Gombrich, Ernst. *La historia del arte.* Phaidon, 2001, p. 84.

60. Esta es una tendencia que Eva Fernández del Campo, especialista en arte de la India y profesora en la Universidad Complutense de Madrid, trata tanto en sus publicaciones como en sus clases.

61. Rodríguez Adrados, Francisco. «Contactos culturales entre India y Grecia» [en línea]. *Synthesis 1* (1994). <https://biblat.unam.mx/es/revista/synthesis-la-plata/articulo/contactos-culturales-entre-la-india-y-grecia>.

Edad Media

1. VV. AA. *Historia del Arte (Vol. II): La Edad Media*. Alianza, 1996, p. 9.

2. Ramírez, Juan Antonio (ed). *Historia del Arte: La Edad Media*. Alianza, 1996.

3. VV. AA., *op. cit.*

4. *Ibid.*, p. 4.

5. *Ibid.*, p. 24.

6. García García, Francisco de Asís. «El crismón» [en línea]. *Revista Digital de Iconografía Medieval II*, n.º 3, p. 21 (2010). <https://redib.org/Record/oai_articulo347889-el-crism%C3%B3n>.

7. Lara Martínez, María; Lara Martínez, Laura. «Santa Elena y el hallazgo de la Cruz de Cristo» [en línea]. *Comunicación y Hombre*, n.º 3, p. 40 (2007). <https://dialnet.unirioja.es/descarga/articulo/2469807.pdf>.

8. VV. AA., *op. cit.*

9. Mayor Ferrándiz, Teresa María. «Teodora de Bizancio (497 o 500-548)» [en línea]. *Revista de Claseshistoria: Revista digital de Historia y Ciencias Sociales*, n.º 12, p. 3 (2010). <https://dialnet.unirioja.es/servlet/articulo?-codigo=5167351>.

10. Bango, Isidro; Borrás, Gonzalo. «Arte bizantino y arte del islam» [en línea]. *Historia 16* (1996). <https://dialnet.unirioja.es/servlet/libro?codigo=168619>.

11. Lovisolo, Juan Pablo. «La Querella Iconoclasta: Sus consecuencias en los ámbitos artísticos, religiosos y políticos» [en línea]. *XIV Jornadas Interescuelas/Departamentos de Historia*, Universidad Nacional de Cuyo (Mendoza, 2013). <https://es.scribd.com/document/484150464/Lovisolo-Juan-Pablo-2013-La-Querella-Iconoclasta-Sus-consecuencias-en-los-ambitos-artisticos-religiosos-y-politicos-pdf>.

12. Garland, Lynda. *Byzantine Empresses. Women in Byzantium, 527-1204*. Routledge, 2011.

13. Mayor Ferrándiz, Teresa María, *op. cit.*

14. VV. AA., *op. cit.*

15. *Ibid.*, p. 50.

16. *Ibid.*, p. 57.

17. *Ibid.*, p. 58.

18. Rodríguez Carrera, Marta. «Más de 4.400 personas murieron en pateras intentando llegar a España en 2021» [en línea]. *Ara* (3 de enero de 2022). <https://es.ara.cat/sociedad/inmigracion/4-400-personas-murieron-pateras-intentando-llegar-espana-2021_1_4230135.html>.

19. García Isasti, Prudencio. «El moro como paradigma del otro en el Nacionalismo Español.» En *Occidente y el Otro: Una historia de miedo y rechazo*. Ayuntamiento de Vitoria Gasteiz, 1996.

20. No podría haber incluido la cultura amazigh en este libro sin la incansable labor de activistas como Safia El Aaddam y como Hanan Midan (ambas, mujeres amazigh); y de plataformas de divulgación como @canariasresiste. Su labor —reivindicando la existencia (y pervivencia) de este pueblo, informando sobre su cultura y sobre los continuos intentos de borrado que se han llevado a cabo respecto a ella— son esenciales para una mejor comprensión de la historia de nuestro país. Tengo una deuda enorme con ellas.

21. VV. AA., *op. cit.*

22. *Ibid.*, p. 108.

23. Moreno Martín, Francisco José. «El eterno retorno del reino visigodo. Relecturas desde la heterodoxia» [en línea]. *Intus-Legere Historia 15*, n.º 2, pp. 8-31 (2021). <https://dialnet.unirioja.es/descarga/articulo/8320017.pdf>.

24. Borsari, Elisa. «Auctor y auctoritas: apuntes sobre la traducción de los clásicos durante la Edad Media» [en línea]. En *Actas del XIII Congreso Internacional Asociación Hispánica de Literatura Medieval* (2010). <https://www.ahlm.es/IndicesActas/ActasPdf/Actas12.1/BORSARI_ELISA.pdf>.

25. Greer, Germaine. *La carrera de obstáculos*. Bercimuel, 2005, p. 159.

26. VV. AA., *op. cit.*

27. Jorge, Judith de. «La sorprendente revelación de una mancha azul en los dientes de una monja.» *ABC*, 1 de noviembre de 2019.

28. Rodríguez Calatayud, Núria. *Los textos de la mujer artista durante las primeras vanguardias (1900-1945)*. Institució Alfons el Magnànim, 2012. p. 42.

29. *Ibid.*, p. 43.

30. Greer, Germaine, *op. cit.*, p. 157.

31. *Ibid.*, p. 158.

32. Caso, Ángeles. *Las olvidadas: una historia de mujeres creadoras*. Barcelona: Planeta, 2007, pp. 46-48.

33. Ferici, Silvia. *Calibán y la Bruja*. Traficantes de sueños, 2010, p. 70.

34. Caso, Ángeles, *op. cit.*

35. *Ibid.*

36. Rucquoi, Adeline. «Cluny, el camino francés y la reforma gregoriana» [en línea]. *Medievalismo*, n.º 20 (2010). <https://revistas.um.es/medievalismo/article/view/141431>.

37. Merizalde, Roberto José. «Suger de Saint-Denis y la representación de la luz metafísica» [en línea]. *Revista chilena de Estudios Medievales*, n.º 8, p. 46 (2015). <https://dialnet.unirioja.es/servlet/articulo?codigo=5315527>.

38. Panofsky, Erwin, *op. cit.*, pp. 132-133.

39. *Ibid.*, p. 145.

40. *Ibid.*, p. 157.

41. *Ibid.*, p. 190.

42. Pascual Álvarez, Irene. «Iconografía del Juicio Final en las portadas góticas hispánicas» [en línea]. *Revista Digital de Iconografía Medieval XI*, n.º 21, p. 163 (2019). <https://www.ucm.es/data/cont/media/www/pag-135845/Juicio_final.pdf>.

43. *Ibid.*, p. 161.

44. Claramunt Rodríguez, Salvador. «La muerte en la Edad Media: El mundo urbano» [en línea]. *Acta historica et archaeologica mediaevalia*, n.os 7-8, pp. 205-218 (1986-1987). <https://dialnet.unirioja.es/servlet/articulo?codigo=91031>.

Renacimiento

1. Gombrich, Ernst. *Norma y Forma*. Alianza, 1985.

2. Saga, Manuel. «La catedral de Florencia, maravilla del Renacimiento.» *National Geographic: Historia*, el 10 de diciembre de 2020.

3. Fundación Cultural Estilo. «Los Medici: Arte y política» [en línea]. *Revista Estilo*, el 17 de octubre de 2021. <https://revistaestilo.org/2021/10/17/los-medici-arte-y-politica/>.

4. Clark, Kenneth. *El arte del humanismo*. Alianza, 1989, p. 111.

5. Galende Díaz, Juan Carlos. «Las bibliotecas de los humanistas y el

Renacimiento» [en línea]. *Revista General de Información y Documentación* 6, n.º 2, p. 96 (1996). <https://revistas.ucm.es/index.php/RGID/article/view/RGID9696220091A/0>.

6. *Ibid.*, p. 97.

7. El-Madkouri Maataoui, Mohamed. «Escuelas y técnicas de traducción en la Edad Media» [en línea]. *Revista electrónica de Estudios Filológicos*, n.º 11 (julio de 2006). <https://www.um.es/tonosdigital/znum11/portada/tritonos/tritonos-edadmedia.htm>.

8. Arroyal Espigares, Pedro; Martín Palma, María Teresa. «Humanismo, escritura e imprenta» [en línea]. *Boetica. Estudios de Arte, Geografía e Historia*, n.º 15, p. 237 (1993). <https://revistas.uma.es/index.php/baetica/article/view/671>.

9. Febvre, Lucien; Martin, Henri-Jean. *L'apparition du livre*. París: Les Editions Albin Michel, 1958.

10. Eisenstein, Elizabeth. *La revolución de la imprenta en la Edad Moderna europea*. Madrid: Akal, 1994.

11. Arroyal Espigares, Pedro; Martín Palma, María Teresa, *op. cit.*, p. 240.

12. Taranilla, Carlos Javier. *Breve historia del Renacimiento*. Nowtilus, 2017.

13. Greer, Germaine. *La carrera de obstáculos*. Bercimuel, 2005.

14. *Ibid.*, p. 175.

15. *Ibid.*, p. 136.

16. *Ibid.*, p. 175.

17. Arquillo Torres, Francisco; Aquillo Avilés, David. «El tenebrismo como recurso técnico y concepto estético» [en línea]. En *Ciclo sobre el IV Centenario del Fallecimiento de Caravaggio*, p. 185 (18 de marzo de 2010). <https://idus.us.es/handle/11441/49444>.

18. *Ibid.*, p. 184.

19. Borchert, Till-Holger. *La pintura de los primitivos flamencos: artistas, contextos, audiencias*. Museo Thyssen-Bornemisza, 2013, p. 13.

20. Arroyal Espigares, Pedro; Martín Palma, María Teresa, *op. cit.*, p. 242.

21. Silva Maroto, Pilar. *El retrato en el Renacimiento*. Museo Nacional del Prado, 2008, p. 280.

22. Ruiz, Leticia. *Historia de dos pintoras: Sofonisba Anguissola y Lavinia Fontana*. Museo Nacional del Prado, 2019, p. 90.

23. Santindrián, Pedro R. «Baltasar Castiglione (1478-1529)» [en línea]. En *Humanismo y Renacimiento.* Alianza, 2007, p. 181.

24. *Ibid.*, p. 186.

25. *Ibid.*, p. 187.

26. *Ibid.*, p. 198.

27. *Ibid.*, p. 199.

28. *Ibid.*, p. 201.

29. *Ibid.*, p. 65.

30. *Ibid.*, p. 92.

31. Pulido, Natividad. «"La dama del armiño": ni del Greco, ni de Sofonisba Anguissola; su autor es Sánchez Coello» [en línea]. *ABC* (22 de octubre de 2019). <https://www.abc.es/cultura/arte/abci-dama-armino-greco-sofonisba-anguissola-autor-sanchez-coello-201910211241_noticia.html>.

32. Ruiz, Leticia, *op. cit.*, p. 57.

33. Clark, Kenneth. *El arte del humanismo.* Alianza, 1989, p. 130.

34. Rodríguez Calatayud, Núria. *Ibid.*, pp. 32-33.

35. Kelly-Gadol, Joan. «Did Women Have a Renaissance?» En *Becoming Visible: Women in European History.* Houghton Mifflin, 1977.

36. *Ibid.*, p. 2.

37. Traducción de la autora.

38. Kelly-Gadol, Joan, *op. cit.*, p. 22.

39. En su ensayo *Placer visual y el cine narrativo* (1975), Laura Mulvey acuñó el término «mirada masculina» para «referirse a la estructura o sistema que, sobre la base de la diferencia sexual, determina la mirada o el punto de vista. En esta estructura dicotómica, el hombre se ubica en el polo activo de quien mira y la mujer en la posición pasiva de ser observada. A través de esta perspectiva, Mulvey propone que, en la pantalla, la mujer o lo femenino se constituye como "fetiche" o como pura imagen».

40. Sánchez Morillas, Beatriz. *María Magdalena, de testigo presencial a icono de penitencia en la pintura de los siglos xiv-xvii.* Sevilla: Universidad de Sevilla, 2014, p. 56.

41. *Ibid.*

42. La noción de contaminación iconográfica fue desarrollada por Manuel Antonio Castiñeiras en su texto *Introducción al método iconográfico* (Barcelona: Ariel, 1998).

43. Rodríguez López, María Isabel, *op. cit.*, pp. 9-10.

44. *Ibid.*, p. 57.

45. *Ibid.*, p. 57.

46. Poza Yagüe, Marta. «La Lujuria» [en línea]. *Revista Digital de Iconografía Medieval II*, n.º 3, p. 33 (2010). <https://www.ucm.es/data/cont/docs/621-2013-11-21-6.%20Lujuria.pdf>.

47. Mayayo, Patricia. *Historias de mujeres, historias del arte.* Ensayos de arte Cátedra, 2003, p. 138.

48. *Ibid.*, p. 181.

49. *Ibid.*, p. 174.

50. *Ibid.*, pp. 179-180.

51. Gombrich, Ernst, *op. cit.*, p. 88.

52. *Ibid.*, p. 308.

Barroco

1. Lutero, Martín. *Las 95 tesis de Martín Lutero* [en línea]. Argentina (Córdoba-San Luis): Iglesia Evangélica Luterana, 2013. <https://alatinacolonia2013.files.wordpress.com/2013/05/95-tesis.pdf>.

2. Belda Plans, Juan. «Reforma católica y Reforma protestante. Su incidencia cultural» [en línea]. *Hipogrifo*, 7.2, pp. 333-347 (2019). <https://dialnet.unirioja.es/descarga/articulo/7174008.pdf>.

3. *Ibid.*, p. 336.

4. *Ibid.*, p. 345.

5. Ruiz, Leticia. *Historia de dos pintoras: Sofonisba Anguissola y Lavinia Fontana.* Museo Nacional del Prado, 2019.

6. Greer, Germaine. *La carrera de obstáculos.* Bercimuel, 2005, p. 227.

7. *Ibid.*, pp. 223-224.

8. Greer, Germaine. *La carrera de obstáculos: vida y obra de las pintoras antes de 1950.* Bercimuel, 2005 (publicado por primera vez en 1979).

9. Alamillo, Assela. «El rapto en la Mitología Clásica.» En *X Seminario de Arqueología Clásica* (Facultad de Geografía e Historia U.C.M, 2002).

10. Estos datos pueden ser contrastados en la página oficial del Instituto Nacional de Estadística en el apartado Sociedad > Seguridad y Justicia > Estadísticas de condenados > Resultados nacionales > Condenados por delitos sexuales. <https://www.ine.es/jaxiT3/Tabla.htm?t=28857>.

11. López Macías, Javier. «La Fiscalía desmonta el bulo sobre las denuncias falsas por violencia de género: no hubo ninguna en 2020» [en línea].

20Minutos (20 de septiembre de 2021). <https://www.20minutos.es/noticia/4814213/0/denuncias-falsas-violencia-de-genero/>.

12. Borraz, Marta; Ordaz, Ana. «Las mujeres denuncian en España una violación cada cinco horas» [en línea]. *El Diario* (15 de agosto de 2018). <https://www.eldiario.es/sociedad/mujeres-denuncian-espana-violacion-horas_1_1982308.html>.

13. Molina Gallardo, Violeta. «Aumentan las denuncias por violación: 2.143 agresiones sexuales en 2021, una cada cuatro horas» [en línea]. *El Periódico* (21 de febrero de 2022). <https://www.elperiodico.com/es/politica/20220221/aumentan-denuncias-violacion-2-143-13268951>.

14. Julia Cabrera es graduada en Historia del Arte, investigadora y divulgadora cultural con perspectiva feminista, antirracista y decolonial. Puede consultarse su trabajo en su cuenta @blackartandartists.

15. Save the Children. «Los abusos sexuales hacia la infancia en España» [en línea]. Noviembre de 2021. <https://www.savethechildren.es/sites/default/files/2021-11/Los_abusos_sexuales_hacia_la_infancia_en_ESP.pdf>.

16. Save the Children. «¿Qué es la revictimización?» [en línea]. 25 de noviembre de 2020. <https://www.savethechildren.es/actualidad/que-es-revictimizacion>.

17. Rodríguez, Darinka. «El pacto patriarcal: una complicidad histórica entre los hombres para mantener sus privilegios» [en línea]. *Verne* (18 de febrero de 2021). <https://verne.elpais.com/verne/2021/02/18/mexico/1613666743_196427.html>.

18. Vlieghe, Hans. *Arte y arquitectura flamenca (1585-1700)*. Manuales de arte Cátedra, 2000, p. 327.

19. Redondo Álvaro, Francisco Luis. «Algunos rasgos de la revolución científica en el siglo x» [en línea]. Boletín, Instituto de Estudios Giennenses, n.º 198, 2008, P. 565. <https://dialnet.unirioja.es/servlet/articulo?codigo=2986385>.

20. Ziegler, María Magdalena. «Vanidad de vanidades: Meditación sobre la muerte en la pintura barroca» [en línea]. *Cuadernos Unimetanos*, n.º 22, 2010, p. 24. <https://dialnet.unirioja.es/descarga/articulo/3999537.pdf>.

21. *Ibid.*, p. 25.

22. *Ibid.*, p. 27.

23. Vergara, Alejandro. *El arte de Clara Peeters*. Museo Nacional del Prado, 2016.

24. Vlieghe, Hans, *op. cit.*, p. 22.

25. Taranilla de la Varga, Carlos Javier. *Breve historia del Barroco*. Nowtilus, 2018, p. 15.

26. Lobo Guerrero, Elena. «Dos mercados de esclavos del Reino de Sevilla: Jerez de la Frontera y Utrera (1567- 1590 ca.). Una aproximación» [en línea]. Revista de Demografía Histórica, *Journal of Iberoamerican Population Studies XXXIX*, n.º 1, pp. 147–166 (2021). <https://dialnet.unirioja.es/descarga/articulo/8050965.pdf>.

27. Palomino, Antonio. *Vida de Velázquez*. Casimiro, 2013.

28. Menzio, Eva, ed. *Cartas precedidas de las actas del proceso por estupro*. Ensayos de Cátedra, 2016.

29. De Diego, Estrella. «Introducción». En *Cartas precedidas de las actas del proceso por estupro*. Ensayos de arte Cátedra, 2016, pp. 5-11.

30. *Ibid*., p. 148.

31. *Ibid*., p. 149.

32. *Ibid*., p. 152.

Rococó, Neoclasicismo y Romanticismo

1. Rodney, Walter. *De cómo Europa subdesarrolló a África*. Siglo XXI, 1982.

2. Greer, Germaine, *op. cit.*, p. 102.

3. Tarabra, Daniela. *Los Siglos del Arte: El siglo XVIII*. Electa, 2007, pp. 8-11.

4. *Ibid*., p. 73.

5. *Ibid*., p. 90.

6. *Ibid*., pp. 275-276.

7. *Ibid*., p. 81.

8. Navarro García, Luis. «Poblamiento y colonización estratégica en el siglo XVIII indiano» [en línea]. *Temas Americanistas*, n.º 11, pp. 40–57 (1994). <https://idus.us.es/handle/11441/14545>.

9. Castilla Urbano, Francisco. *Discursos legitimadores de la conquista y la colonización de América*. Madrid: Universidad de Alcalá de Henares, 2014.

10. Morgan, Kenneth. *Cuatro siglos de esclavitud transatlántica*. Barcelona: Crítica, 2017.

11. Kenneth, Morgan. «El legado de la esclavitud.» En *Cuatro siglos de esclavitud transatlántica*. Barcelona: Crítica, 2017, pp. 213-220.

12. Tarabra, Daniela. *Los Siglos del Arte: El siglo xviii*. Electa, 2007, p. 25.

13. *Ibid.*, p. 21.

14. *Ibid.*, p. 46.

15. Bela-Lobedde, Desirée. «Las cabalgatas (racistas) de los Reyes de Oriente» [en línea]. *Público*, 5 de enero de 2022. <https://blogs.publico.es/desenredando/2022/01/05/cabalgatas-racistas-reyes-oriente/>.

16. Starobinski, Jean. *1789, los emblemas de la razón*. Taurus, 1988, p. 31.

17. *Ibid.*, p. 30.

18. *Ibid.*, p. 7.

19. *Ibid.*, p. 33.

20. García Cantús, Dolores. «El tráfico de esclavos y la esclavitud a la base del surgimiento y desarrollo del sistema capitalista» [en línea]. *Anaquel de estudios árabes*, 19, pp. 53–65 (2008). <https://revistas.ucm.es/index.php/ANQE/article/view/ANQE0808110053A/0>.

21. *Ibid.*, p. 56.

22. Bornay, Erika. *Las hijas de Lilith*. Ensayos de arte Cátedra, 2020.

23. Museo Nacional del Prado. *La maja desnuda*.

24. *Ibid.*

25. *Ibid.*

26. Reyero, Carlos. «"¿No sería mejor que en vez de pintar platos los fregase?": La caricatura de las mujeres en el mundo del arte» [en línea]. En *Invitadas: Fragmentos sobre mujeres, ideología y artes plásticas en España (1833-1931)*. Museo Nacional del Prado, 2020, p. 111. <https://dialnet.unirioja.es/servlet/articulo?codigo=7733495>.

27. G. Navarro, Carlos. «Las invitadas y sus anfitriones» [en línea]. En *Invitadas: Fragmentos sobre mujeres, ideología y artes plásticas en España (1833-1931)*. Museo Nacional del Prado, 2020, p. 194. <https://dialnet.unirioja.es/servlet/articulo?codigo=7733499>.

28. Museo Lázaro Galdiano. *El conjuro*.

29. Federici, Silvia. *Calibán y la Bruja*. Traficantes de Sueños, 2010.

30. Ehrenreich, Barbara. *Brujas, parteras y enfermeras*. The Faculty Press, 2006.

31. Henningsen, Gustav. «La inquisición y las brujas» [en línea]. *eHumanista*, 26, pp. 133-152, n.º 139 (2014). <https://dialnet.unirioja.es/servlet/articulo?codigo=5562701>.

32. Lorenzo Modia, María Jesús. «La vindicación de los derechos de la

mujer antes de Mary Wollstonecraft». *Philologia Hispalensis*, 17, n.º 2 (2003), pp. 105-114.

33. Schopenhauer, Arthur. *El amor, las mujeres y la muerte*. El Aleph, 2000, p. 66.

34. Ferrer, Mireia. «Cultura visual y representación de la mujer en el imaginario de la modernidad.» En *Un siglo de estrellas fugaces*. Madrid: Museo Nacional del Prado, 22 de febrero de 2021.

35. Barret, Michèle; Lamas, Marta. «El concepto de diferencia» [en línea]. *Debate Feminista*, 2, pp. 311-325 (1990). <https://debatefeminista.cieg.unam.mx/df_ojs/index.php/debate_feminista/article/download/1931/1732/>.

36. Díaz-Andreu, Margarita. «Género y arqueología: Una nueva síntesis.» En *Arqueología y género*. Granada: Universidad de Granada, 2005, pp. 13-51.

37. Bornay, Erika, *op. cit.*

38. Para más información al respecto, son interesantes los siguientes textos: hooks, bell. *¿Acaso no soy una mujer? Mujeres negras y feminismo*. Consonni, 2020. / Davis, Angela. *Mujeres, raza y clase*. Akal, 2005. / Oyěwùmí, Oyèronké. *La invención de las mujeres: una perspectiva africana sobre los discursos occidentales del género*. En la frontera, 2017.

39. Bornay, Erika, *op. cit.*

40. Tarabra, Daniela, *op. cit.*, p. 80.

41. *Ibid.*, p. 85.

42. Gombrich, Ernst, *op. cit.*, p. 511.

43. *Ibid.*, p. 501.

44. *Ibid.*, p. 511.

45. De Diego, Estrella, *op. cit.*, p. 6.

46. Greer, Germaine, *op. cit.*, p. 59.

47. *Ibid.*, p. 76.

48. *Ibid.*, p. 58.

49. Domenech, Cristina. *Señoras que se empotraron hace mucho*. Barcelona: Plan B, 2019.

50. Said, Edward W. *Orientalismo*. Debolsillo, 2008, p. 19.

51. *Ibid.*, p. 21.

52. *Ibid.*, p. 26.

53. *Ibid.*, p. 26.

54. Olisa, Mariana. «Colorismo. Conceptos del feminismo negro» [en línea]. *Afroféminas* (22 de agosto de 2016). <https://afrofeminas.com/2016/08/22/colorismo-conceptos-del-feminismo-negro/>.

55. Museo Nacional del Prado. *La esclava.*

56. Museo Nacional del Prado. *El ladrón.*

57. GUSTIN, Melissa. «"Two Styles More Opposed": Harriet Hosmer's Classicism between Winckelmann and Bernini». *JOLCER*, 2021.

58. BARRIONUEVO PÉREZ, Raquel. «Harriet Hosmer: Escultora de heroínas mitológicas». *Congreso Internacional de la Asociación Universitaria de Estudios de las Mujeres*, 2012. p. 54.

59. *Ibid.*, p. 55.

60. *Ibid.*, p. 58.

61. GUSTIN, Melissa. «"Two Styles More Opposed": Harriet Hosmer's Classicism between Winckelmann and Bernini». *JOLCER*, 2021 p. 5.

62. BARRIO, Fernando. «Fillol, el pintor valenciano del siglo XIX, rescatado por el boom feminista» [en línea]. *El Independiente* (14 de noviembre de 2020). <https://www.elindependiente.com/tendencias/cultura/2020/11/14/fillol-el-pintor-valenciano-del-siglo-xix-rescatado-por-el-boom-feminista/>.

IMPRESIONISMO Y VANGUARDIAS

1. JIMÉNEZ, José. «El ojo del espectador.» En *Marcel Duchamp: Escritos.* Galaxia Gutenberg, 2019, p. 8.

2. BOZAL, Valeriano. *Los orígenes del arte del siglo* XX. Madrid: Historia 16, 1999.

3. GOMBRICH, Ernst, *op. cit.*, p. 511.

4. GOMPERTZ, Will. *¿Qué estás mirando?: 150 años de arte moderno.* Taurus, 2014, p. 58.

5. NOCHLIN, Linda. «¿Por qué no ha habido grandes mujeres artistas?» En *Amazonas del arte nuevo*. Fundación Mapfre, 2008, p. 284.

6. Stéphany Onfray es historiadora del arte y doctoranda. Actualmente desarrolla su tesis doctoral sobre fotógrafas madrileñas entre 1850 y 1870. En su página web se puede acceder en diferido a algunas de sus comunicaciones y ponencias al respecto.

7. MCMAHAN, Alison. *Alice Guy Blaché: Una visionaria olvidada del cine.* Plot Ediciones, 2020.

8. DYRSCHKA, Halina. *Beyond the visible - Hilma af Klint.* Alemania, 2019.

9. JANECZEK, Helena. *La chica de la Leica.* Barcelona: Tusquets Editores, 2017.

10. Hustvedt, Siri. *Recuerdos del futuro*. Barcelona: Seix Barral, 2019.

11. Desbordes, Michele. *El vestido azul*. Madrid: Periférica, 2018.

12. Nochlin, Linda, *op. cit.*, pp. 286-287.

13. Desbordes, Michele, *op. cit.*

14. Serpentine Galleries. *Hilma af Klint: Painting the unseen* (2016).

15. *Ibid.*

16. Dyrschka, Halina, *op. cit.*

17. Cuesta, Mery. «Morisot y Vassilief: dos mujeres en la vanguardia» [en línea]. *El Mundo* (19 de junio de 2019). <https://www.elmundo.es/cultura/laesferadepapel/2019/06/19/5d03a858fc6c83be6e8b4648.html>.

18. *Ibid.*

19. Magro, Baltasar. *María Blanchard: Como una sombra*. Alianza, 2020.

20. *Ibid.*, p. 9.

21. VV. AA. «María Blanchard.» En *Mujeres con discapacidad en la historia*. Junta de Andalucía, 2013, p. 41.

22. *Ibid.*, p. 47.

23. «Un urinario, la obra de arte más influyente del siglo xx» [en línea]. *El País* (Londres, 2 de diciembre de 2004). <https://elpais.com/cultura/2004/12/02/actualidad/1101942001_850215.html>.

24. Gammel, Irene. *Baroness Elsa: Gender, Dada, and Everyday Modernity*. The MIT Press, 2002.

25. Hustvedt, Siri. «A woman in the men's room: when will the art world recognise the real artist behind Duchamp's Fountain?» [en línea]. *The Guardian* (29 de marzo de 2019). <https://www.theguardian.com/books/2019/mar/29/marcel-duchamp-fountain-women-art-history>.

26. Ziff, Trisha. *La maleta mexicana*. 2011.

27. Arroyo Jiménez, Lorna Beatriz; Doménech-Fabregat, Hugo. «Gerda Taro y los orígenes del fotoperiodismo moderno en la Guerra Civil española» [en línea]. *Fotocinema: Revista científica de cine y fotografía*, n.º 10, p. 122 (2015). <http://repositori.uji.es/xmlui/handle/10234/158909>.

28. Arroyo Jiménez, Lorna Beatriz; Doménech-Fabregat, Hugo, *op. cit.*, p. 121.

29. Rodríguez Fernández, Violeta. *El japonismo en las manifestaciones artísticas europeas de finales del siglo xix y del siglo xx*. Ediciones Azimut, 2021, pp. 57-64.

30. VV. AA. *Devuélvannos el oro*. Colectivo Ayllu, 2018.

31. Bozal, Valeriano. *Los orígenes del arte del siglo* xx. Madrid: Historia 16, n.º 34, 1999, p. 62.

32. Para más información sobre esto, recomiendo encarecidamente la lectura de Rodney, Walter. *De cómo Europa subdesarrolló a África.* Siglo xxi editores, 1982.

33. «El parque del Retiro de Madrid acogió un zoológico humano en 1887» [en línea]. *Público* (25 de septiembre de 2018). <https://blogs.publico.es/strambotic/2018/09/zoologicos-humanos/>.

34. «Kidlat Tahimik conquista el Palacio de Cristal» [en línea]. *Revista de arte-LogoPress* (octubre de 2021). <https://www.revistadearte.com/2021/10/28/kidlat-tahimik-conquista-el-palacio-de-cristal/>.

35. Rodríguez Fernández, Violeta, *op. cit.*, p. 45.

36. *Ibid.*, p. 26

37. *Ibid.*, p. 55.

38. Lubar, Robert. «Picasso: "¿El arte negro? No lo conozco".» En *Picasso y África: Convergencias.* Museo Picasso de Málaga, 7 de junio de 2007.

39. Rodríguez Fernández, Violeta, *op. cit.*, p. 16.

40. Marinetti, Filippo Tomasso. *Manifiestos y textos futuristas.* Ediciones del Cotal, 1978.

41. *Ibid.*, p. 130.

42. Sontag, Susan. *Ante el dolor de los demás.* Debolsillo, 2021.

43. Benjamin, Walter. *La obra de arte en la época de su reproducción mecánica.* Casimiro Libros, 2010.

44. *Ibid.*, p. 15.

45. Panza, Pierluigi. «Un cuadro que se subastaba en Madrid por 1.500 euros podría ser el "Ecce homo" de Caravaggio» [en línea]. *El Mundo* (12 de abril de 2021). <https://www.elmundo.es/cultura/arte/2021/04/07/606e1ce3fdddff562b8b45a3.html>.

46. Greer, Germaine, *op. cit.*, p. 136.

47. Gombrich, Ernst, *op. cit.*, p. 514.

48. Greer, Germaine, *op. cit.*, p. 141.

49. *Ibid.*, p. 145.

50. Balló, Tània. *Las Sinsombrero.* Espasa, 2016.

51. *Ibid.*, pp. 199-200.

52. *Ibid.*, p. 138.

53. *Ibid.*, p. 138.

1. Barbican Centre. Lee Krasner: In Her Own words [en línea], 2019. <https://www.youtube.com/watch?v=9sD2U9NkspY>.

2. Sotheby's. Lee Krasner from the Depths of Dispair to the height of her Careers [en línea], 2019. <https://www.youtube.com/watch?v=iAY2tfks3mA>.

3. *Ibid.*

4. Cadena SER. «La Biblia de Elvis Presley llega a los 62.000 euros en una subasta», 9 de septiembre de 2012.

5. Fuentes, Ángel Gómez. «Precio récord de la obra "Mierda de artista": 275.000 euros en una subasta de Milán» [en línea]. *ABC* (12 de invierno de 2016). <https://www.abc.es/cultura/arte/abci-precio-record-obra-mierda-artista-27500-euros-subasta-milan-201612142052_noticia.html>.

6. González, Semíramis. «A propósito de Yves Klein» [en línea], s/f. <http://semiramisgonzalez.com/a-proposito-de-yves-klein/>.

7. Torres Sifón, Sara. «Ana Mendieta» [en línea]. Woman Art House, 2018. <https://womanarthouse.com/2018/03/11/ana-mendieta/>.

8. Lopez, Alicia. «Ana Mendieta: Artist Overview and Analysis» [en línea, versión en inglés]. The Art Story, 2022. <https://www.theartstory.org/artist/mendieta-ana/>.

9. Adalid, Carolina M. «¿Por qué una de cada cinco universitarias de EE. UU. es víctima de abusos sexuales?» *El Mundo*, 2 de febrero de 2016.

10. Krebs, C.; Lindquist, C.; Berzofsky, M.; Shook-Sa, B.; Peterson, K. *Campus Climate Survey Validation Study*. Informe técnico final [en línea, versión en inglés]. Oficina de Estadísticas de Justicia, Departamento de Justicia de EE. UU. (2016). <https://www.ojp.gov/library/publications/campus-climate-survey-validation-study-ccsvs-final-technical-report>.

11. Pollock, Griselda. *Visión y Diferencia*. Fiordo, 2019, p. 22.

12. Lacy, Suzanne. «Three Weeks in May (1977)» [en línea, versión en inglés], s/f. <https://www.suzannelacy.com/three-weeks-in-may>.

13. Lacy, Suzanne. «Tattoed Skeleton (2010)» [en línea, versión en inglés], s/f. <https://www.suzannelacy.com/performance-installation#/tattooed-skeleton/>.

14. Save The Children. (2021). *Los abusos sexuales hacia la infancia en España*.

15. *Ibid.*, p. 3.

16. La Vanguardia. «Las cifras de abuso sexual infantil, como otra epidemia», 19 de noviembre de 2020.

17. Mayayo, Patricia. *Historias de mujeres, historias del arte.* Cátedra, 2003, p. 93.

18. Mayayo, Patricia, *op. cit.*

19. Davis, Angela. *Mujeres, raza y clase.* Akal, 2005.

20. Broude, Norma; Garrard, Mary. «Conversations with Judy Chicago and Miriam Schapiro». En *The Power of Feminist Art: The American Movement of the 1970s, History and Impact.* Abrams, 1993.

21. Desirée Bela-Lobedde, en su libro *Minorías* (Barcelona: Plan B, 2021), plantea la posibilidad de sustituir el término «minoritario» por «minorizado». Los colectivos minorizados no son minoritarios cuantitativamente, sino que son minorizados cualitativamente.

22. Gerehou, Moha. *Qué hace un negro como tú en un sitio como este.* Barcelona: Península, 2021.

23. Safia El Aaddam, activista feminista y por los derechos de las personas migrantes, reivindica en su perfil de Instagram (@hijadeinmigrantes) la pluralidad de las personas racializadas: hay personas negras, personas asiáticas, personas latinas y personas marrones (amazigh y árabes), todas ellas racializadas, de ahí que se haga referencia a esta problemática en estos términos.

24. «Cuando Dios es una mujer negra. Entrevista a Harmonia Rosales» [en línea]. *Afroféminas* (5 de mayo de 2018). <https://afrofeminas.com/2018/05/17/cuando-dios-es-una-mujer-negra-entrevista-a-harmonia-rosales/>.

25. *Ibid.*

26. Manchester, Elizabeth. «The advantages of being a woman artist.» Tate Modern, 2005.